U0121105

翦伯赞 著

大学者谈史系列

中国史论集

下

中国文史出版社

目　录

（下册）

论明代的倭寇与御倭战争

一　从现在的日寇想到明代的倭寇

倭寇之患，在明代历史上，曾留下不少的血迹。这，虽然已成历史的陈迹，但直至今日，吾人偶读明史，仍觉如在目前。当明代倭寇子孙，又正在中国重演出明代之一幕——虽有其不同之历史基础——的今日，吾人更觉此种历史的遗痛，又临于吾人之自身矣。

任何遥远的历史，对于后来的人类，总是一个教训，抚今追昔，明代的倭寇与御倭战争，不但提示吾人以历史之遗恨，亦启发吾人以自我之深省。

以有时间，明代倭寇之患，几乎与明代历史相始终。从洪武二年倭寇山东起迄万历二十六年倭退出朝鲜为止，其间历二百三十年。（公元 1369—1598 年）

以有地域，从今日之辽宁，沿海而南，中间如山东、江苏、浙江、福建、广东乃至长江腹部之安徽，无不遭其蹂躏，而尤以浙江、福建受祸为最深。今日日寇兽蹄所及，几乎皆曾有其祖先之足迹。

以有入寇之形势，明代倭寇由北而南，由沿海而内地，最后则企图以朝鲜为根据，而发动对中国之大规模的侵略，今日日寇对中国之侵略，又几乎踏袭其祖先之盗掠的遗轨。

以有入寇之进行，明代倭寇的侵掠并不是一贯的连续的进行，而是断续的进行。第一次，是洪武年间倭寇山东，第二次，是嘉靖年间，倭寇东南沿海诸省，第三次，亦即最后一次，是倭寇朝鲜。而且这种掠夺战争之发动，都是始之以恫吓，继之以挑衅，而终之以战争。

以有入寇之影响，其对于明代一般人民者，则"闾巷小民，至指倭相詈骂，甚以嚇其小儿女云。"而倭寇且宣称"唐人畏倭如虎"。其对于明代政府之影响，则"终明之世，通倭之禁甚严"，甚且："后著《祖训》，列不征之国十五，日本与焉。"① 由此而知明代中国人民与政府，实具有最深之"恐日病"，此明代倭寇之所由猖獗欤！

虽然，明代御倭战争终于获得一个光荣的结论，即终于在长期战争中，将倭寇驱逐出中国乃至其藩属。即使这种胜利，是由于倭寇国内的政治变化所引致，而明代政府与人民之抗战，仍为胜利之主要原因也。由于明代御倭战争之历史教训，吾人于此，对于抗战到底，便愈益坚定更深之信念。虽然明代政府与人民，在御倭战争中，亦有不少之弱点；而此诸弱点，或为历史的客观条件所给予，或为主观上之错误。这些客观上与主观上的弱点，即倭寇在明代所以长期为患之主因。因此，学习明代抗倭战争的优点，而避免重复其弱点，对于今日中国的抗日战争是具有重要的意义。

---

① 以上均见《明史·外国列传·日本传》。

二 这是商业资本的发展带来的威胁

明代倭寇之患，是历史的必然，而决不是历史的偶然。明代倭寇之患，是日本封建主义发展的结果，正如今日日寇侵略中国，是资本帝国主义发展之结果。因之，假如今日中国的抗战是殖民地反帝的民族革命战争，则明代的御倭战争是封建主义与封建主义在其发展过程中的矛盾之决裂，即封建主义之闭锁性与其胎育出来的商业资本之流通性间所引起之矛盾。

吾人深知商业资本是一般的，最早的自由的存在方法。一部分是由于在封建生产最初的变革期内，即现代资本的发生时代内，他曾发生压倒一切的影响。倭寇侵掠中国的时代，正是 14 世纪后半纪到 16 世纪中期之间，当时，无论在中国与在日本的封建社会内，都生长出商业资本的因素。这种商业资本，不仅要求国内市场，而且要求国外市场。然而封建主义的闭锁性，对于商业资本的要求，虽无法根本拒绝，但总是予以打击。

明代商业资本之发达，已达到繁荣时代。当时已越去国界，正向海外及西北蓬勃发展。为了统制国际贸易，在明初，曾于"浙江设市舶提举司，以中官主之，驻宁波。海舶至则平其直"[1]。洪武初，令番商止集舶所。在明代，中国使臣赴南洋者七次，前后历二十五年。琉球、占城、真腊、暹罗、缅甸、满剌加、浡泥、苏门答腊、爪哇、榜葛剌等三十余国，皆与中国有通商关系。中国商人足迹所至，远及于阿拉伯南端之亚丁及非洲东岸之木骨都束、竹步、不剌哇。据赵翼《廿二史札记》："三佛齐国为爪哇所占，改名旧港，闽、粤人多据之，至数千家……又吕宋地近闽，

---

[1] 《明史·外国列传·日本传》。

闽人商贩其国者数万人，往往久居不返。"明马观《瀛涯胜览》亦云："爪哇市易用中国钱"，"达其国，（旧港）国人多广东漳泉人，流寓此境。"同时外国商人亦有长住中国者。《天下郡国利病书》中有云："正德中，始有夷人筑室于番澳者，以便交易。"其在西北方面，据《文献通考·土贡考》所载："永乐时……西域之使岁岁不绝，诸番贪中国财帛，且利市易，络绎道途。商人率伪称贡使，多携马驼玉石，声有进贡……比西归，辄沿道迟留，多市货物，东西数千里，骚然繁费。"当时中国东南地主，多已转化为新兴商人。黄有曾《吴风录》中云："至今吴中缙绅士夫，，多以货殖为急。"又云："书生惟借进生为殖生阶梯，鲜与国家效忠。"《天下郡国利病书》中亦云："闽地……以津泊为家者十而九也。"不但如此，当时封建贵族，亦参加商人活动。《明史·李庆传》云："时勋曰武臣，多令子弟家人行商中盐。为官民害。"而且据《天下郡国利病书》云：明代政府当时之"军需国课，半取于市舶。"由此可见当时商业资本发展之一般。

在日本方面，"宋以前，皆通中国，朝贡不绝"，惟"终元世未相通也。"[1]其原因仍系由于蒙古帝国，随着对欧洲之大征服，已转移商路于西北，从元代到明初，日本封建主义，经过一世纪之发展。当时日本的商业资本，亦已发展到冲破国界的时代。据内田繁隆《日本社会经济史》引《海东诸国记》（西海道九州筑前州之部）云："州有博多……居人以行商为业。乃琉球南蛮商船聚集之地。"又引《博多三杰传》云："永亨亨德之际，博多有名神屋永富者，……常营外商，往来于南蛮阿妈港"。内田氏最后的结论则谓"当时的博多，不仅为对明贸易之要港，且为日

---

① 《明史·外国列传·日本传》。

本最初对欧洲贸易之出发点"。据同书所载，当时日本手工业亦正发达，"产生各种美术工艺。在织物方面，有锦织、绫织等高级织品，金属工业，有刀工，甲胄工，铸物工，可以被认为是奢侈品之物品，复时画，陶瓷器，饰品等美术工艺，均极发达。更因从事对外贸易，造船业亦极进步。"证《明史》所载，日本贡物中有"硫黄、苏木、刀扇、漆器之属"，亦正吻合。内田氏又谓："在室町时代，与明代交通贸易开始，以幕府特许之'勘合船'处于先头，由倭寇之名以进行人所共知之私贸易与掠夺。"以后到织田丰臣时代，即明万历年间，日本的商业资本更为发达。据内田氏同书所载："秀吉对外国贸易，更采取积极的奖励政策。"在天正十七年七月与加美丹的贸易免许状中说："南蛮黑船至长崎着岸，……不限金条，不问何物，皆可交易。"① 如据当时加美丹的申告，明白以前就颁发免状（即御朱印），此种朱印船制度乃文禄元年事。于是日本人不特和中国朝鲜，即和西洋人也可从事合法的贸易，遂由倭寇时代发展到通商时代了。

以上乃倭寇时代，中国与日本社会发展之历史的内容。倭寇入寇与中国明代御倭寇战争亦即爆发于这一历史基础之上。明乎此，然后方能进而理解此一历史上之战争。

三　也是朝贡贸易与自由贸易冲突的表现

矛盾是这样展开的。

一方面，中国的政府，只许倭人入贡，换言之，即只许中国

---

① 内田繁隆：《日本社会经济史》，第258页。

政府与日本政府间进行交换,而不许两国人民进行广泛的贸易。实际上当时的入贡,即是变相的通商。据《明史·日本传》:"倭人贪利,贡物外,所携私物增十倍,例当给值。礼官言:'宣德间所贡硫黄、梳木、刀、扇、漆器之属,估时值给钱钞或折支布帛,为数无多,然已大获利。今若仍旧制,当给钱二十一万七千,银价如之。宜大减其值,给银三万四千七百有奇。'从之,使臣不悦,请如旧制。诏增钱万,犹以为少,求增赐物。诏增布帛千五百。终怏怏去。"[①] 但因为入贡有一定的符节,一定的次数,一定的额量,大概年贡一次或两次,船不得过三艘,人不得过五百。因此,当时日本诸侯,有破例各自入贡之事。明代政府不能利用倭人之分裂,反而以其有贡物而无贡表,责其"越分私贡"而却之。致使各地倭人以掠夺而代替入贡,这是明代对倭政策之错误。

另一方面,倭人商业资本之发展,已非入贡方式所能满足,而是要求互市,互市不成,于是入寇。《天下郡国利病书》中有云:"嘉靖中倭倭借入贡蹂宁绍间,皆起于市货不售"。《明史》记陈可愿语云:"有萨摩州者,虽已扬帆入寇,非其本心,乞通贡互市"。[②] 又据《明鉴》:嘉靖二十八年"初,倭虽通贡,而濒海州县数被侵掠,然利中国互市,每贡所携私物,逾贡数十倍。"[③] 实际上,在明代,借入贡而互市者,不仅倭人,据《明史·食货志》:"永乐初,西洋剌泥国回回哈只马哈没奇等来朝,附载胡椒,与民互市。"不过倭人为尤甚耳。

因此,历史条件,就决定了当时中国商人在御倭战争中之必

---

① 《明史·外国列传·日本传》。

② 《明史·外国列传·日本传》。

③ 《明鉴》,第 391 页。

然演着汉奸的任务。因为中国商人为了自己的利益，亦须要求与倭通商互市。在御倭战争之前，彼等不顾政府通番之禁，违反政府"片板不准入海"①之国策，而与倭寇私相勾结。此辈商人，并非普通平民百姓，而为当时之"贵官势家"，"闽、浙大姓"，"士大夫"，此辈势豪，可以指挥当地将吏，可以"运载危禁物。"可以"阑出中国财物，与寇交易。"可以"煽倭为乱"而威胁政府。据《明史·朱纨传》："承平久，奸民阑出入，勾倭人及佛郎机诸国入互市。闽人李光头，歙人许栋踞宁波之双屿，为之主，司其质契。势家护持之，漳、泉为多，或与通婚姻。假济渡为名，造双桅大船，运载危禁物，将吏不敢诘也。或负其值，栋等即诱之攻剽。负值者胁将吏捕逐之，泄师期令去，期他日偿。他日至，负如初，倭大怨恨，益与栋等合。"

不仅此也，当御倭战争开始进行之初，此等商人又极力破坏战争之进行。当嘉靖二十八年，政府派朱纨巡抚浙江，执行肃奸任务，朱纨根据当地人民的建议，所谓"不革渡船则海道不可清，不严保甲则海防不可复"。于是"革渡船（即商船），严保甲，搜捕奸民。闽人资衣食于海，骤失重利，虽士大夫家亦不便也，欲沮坏之。……势家既失利，则宣言被擒者皆良民，非贼党"。②同时，"纨又数誊疏于朝，显言大姓通倭状，以故闽、浙人皆恶之，而闽尤甚。"于是"闽、浙大姓素为倭内主者，失利而怨"。③一面"煽倭为乱"，一面指使其在朝的代言人御史周亮"上疏诋纨"，"御史陈九德复劾纨擅杀"，再加之其党在朝者左右之，于是朱纨被诬陷以死。信哉，朱纨之言"去外国盗易，

---

① 《明史·朱纨传》。

② 以上均见《明史·朱纨传》。

③ 以上均见《明史·外国列传·日本传》。

去中国盗难，去中国濒海之盗尤易，去中国衣冠之盗尤难"。由此，可知当时"衣冠之盗"实遍朝野，通敌图利，狼狈为奸。假使明代政府能及时予以肃清，而使朱纨得以尽其职，则嘉靖倭患，或不至如此之深。乃不此之图，而为奸党所蒙蔽，终使爱国之士，死于诬陷，亦足证明明代政府之腐败矣。

朱纨个人之死诚不足惜，而奸党之势因之而高涨，实国家之害。《明史·朱纨传》曾慨乎其有之曰："纨清强峭直，勇于任事。欲为国家杜乱源，乃为势家构陷，朝野太息。自纨死，罢巡视大臣不设，中外摇手不敢言海禁事。……未几，海寇大作，毒东南者十余年。"①

吾人以是而知内奸不除则外患益滋，此等内奸，始则诬杀朱纨，继复勾结严嵩，残杀御倭将领，终则沈惟敬等公开向政府"重申封贡之议"，与倭寇进行妥协，而直接影响到明代之对倭国策，其流毒于中国，不亦大欤！

四　在怀柔政策之下倭寇爬上了山东半岛

以上乃倭寇及中国御倭战争之一般原因；但明代倭寇侵掠，共有三次，在此三次中，每一次又各有其特殊的历史环境。

倭寇在明代之第一次入寇，是在洪武二年（公元 1369 年）。当时中国的情况，是元代政权已趋崩溃，而明代政权，尚未巩固。一方面蒙古人的残余势力尚盘据近塞，退守陕、甘；另一方面，与朱元璋同时并起的元末农民"叛乱"，尚未完全平息。当

---

① 以上均见《明史·朱纨传》。

此时也，借农民"叛乱"之力而身为高皇帝之朱元璋，其主要任务，仍然以主力剿平农民"叛乱"，尤其方国珍、张士诚之余党。其次要任务，则为防御蒙古人之反攻。而对于倭寇则认为是内乱之延长，是以自始亦抱定一面怀柔，一面抵御的优柔政策。

朱元璋总以为倭寇侵掠乃前此与逐鹿东南的方国珍、张士诚之余党所勾结，即所谓"诸豪亡命，往往纠岛人入寇山东滨海州县"。实际上，直至洪武三年，倭寇尚不知中国已改换了王朝。这从倭王良怀对明使赵秩的谈话中可以看出："'天使亦赵姓（元世祖曾遣使赵良弼招倭），岂蒙古裔耶？……'（秩）徐曰：'我大明天子神圣文武，非蒙古比，我亦非蒙古使者后，'"①不过，当时勾结倭寇的汉奸，确大有人在。但此等汉奸，并非当时的"诸豪亡命"，而是朱元璋之亲信，亦即明代政府之首相胡惟庸。《明史·太祖本纪》："（洪武）十三年，胡惟庸谋逆，欲借日本为助。乃厚结宁波卫指挥林贤，佯奏贤罪，谪居日本，令交通其君臣。寻奏复贤职，遣使召之，密致书其王，借兵助己。贤还，其王遣僧如瑶率兵卒四百余人，诈称入贡，且献巨烛，藏火药、刀剑其中。既至，而惟庸已败，计不行。"

吾人读史至此，而慨然有感于天下之变，往往不生于其所疑，而生于其所不疑。结倭寇以谋朱元璋者，并非其敌人之残党，而为朝夕与共、委以大权之胡惟庸。此朱元璋之所以引为痛心者也。假使朱元璋当时不怀疑"诸豪亡命"，而能肃清其肘腋下之内奸，则亦未始不可消灭倭寇之萌。然而不此之图，却一贯压迫人民，尤其是江南农民，以至使一部分农民，仍不能不沦为盗贼。据赵翼《二十二史札记》："前明一代风气，不特地方有司

---

① 《明史·外国列传·日本传》。

科派横征，民不堪命，而缙绅居乡者，亦多依势恃强，视佃民为弱肉，上下相护，民无所控诉也。"顾炎武《日知录》中有云："吴中之民有田者什一，为人佃者什九……佃人竭一岁之力……而收成之日，所得不过数计，至有今日完租，明日乞贷者。"王思任《均徭全书·序》中亦云："三吴官之不当役，于是有田之人尽寄官户……而役之所得者，其所得者贫弱也。"《天下郡国利病书》云："至于国朝……富至占地万亩，不纳一轻米而莫能究诘；贫弱不取寸草，岁输重课而无所控诉。"《明史·食货志》亦云："且小民所最苦者，无田之粮，无米之丁，田鬻富室，产去粮存，而尤输丁赋。"而在另一方面，"工匠及富商大贾，皆以无田免役。"① 由此，吾人乃知明代因农民之助而建立其政权以后，又转而压榨农民。元末农民叛乱所得之结果，只是"以暴易暴"，并未达到其所希冀之要求。于是农民仍被迫而不得不为盗贼，甚至被敌人所利用。据《明史·日本传》："洪熙时，黄岩民周来保、龙岩民钟普福困于徭役，叛入倭。倭每来寇，为之向导。"又云："成化四年夏，乃遣使贡马谢恩，……其通事三人，自言本宁波村民，幼为贼掠，市与日本。"诚以当时中国人民被倭寇掳以去者，其数正多也。证之洪武四年，倭"遣其僧祖来……送还明、台二郡被掠人口七十余。"② 即可知矣。

因此吾人又知当时村民，即使有为敌利用者，然而皆"困于徭役"或"被敌所俘"。假使明代政府，不压迫农民，而能与农民生活以相当改善，则有力者可以出力。又假使明代政府不偏袒富豪，而能使富豪尽其对国家应尽之义务，则有钱者可以出钱。

---

① 《明史·葛宗礼传》。
② 《明史·外国列传·日本传》。

然而不此之图，却一贯着重于对农民之压迫，使政府失去其民众之基础，因而对倭寇不能不表现为软弱之国策，而演成倭寇一面进贡，一面侵袭之局，良可叹也。

据《明史》，洪武四年，倭一面"遣其僧祖来奉表称臣，贡马及方物"；另一面，却于同年掠寇温州，五年掠寇海盐、澉浦，又寇福建海上诸郡，六年又寇登、莱。同时明朝一面"命僧祖阐、克勤等八人送使者（祖来）还国，赐良怀《大统历》及文绮纱罗"；而另一面，又遣吴祯、于显出海巡倭至琉球大洋。此种情形，一直继续到成化时代。即在倭寇侵掠中，信使往还，未尝断绝也。

由于明初之软弱国策，遂使倭寇贡使横行中国。据《明史》："景泰四年入贡，至临清，掠居民货。有指挥往诘，殴几死。所司请执治，帝恐失远人心，不许。""成化四年……十一月，使臣清启复来贡，伤人于市，……帝俱赦之。""弘治九年三月，王源义高遣使来，还至济宁，其下复持刀杀人。""自是使者益无忌。"并由此而启倭寇入犯之渐，如在永乐十七年，倭大举寇辽东。正统四年，"倭船四十艘，连破台州，桃渚，宁波，大嵩二千户所，又陷昌国卫，大肆杀掠。八年五月，寇海宁。"① 假使明代政府能于当时对倭强硬，决定御倭国策，亦未始不能抑其嚣张于既渐之后；然而不此之图，而彷徨于"怀柔"与"防御"之间，以至酿成嘉靖年间倭寇之大入寇，实可慨也。

---

① 《明史·外国列传·日本传》。

五 倭寇在中国东南大登陆与御倭战争的展开

从嘉靖三十二年到四十三年（公元 1553 年—1564 年）是倭寇第二次入寇，亦即明代倭寇最猖獗时代。此次倭寇蹂躏区域，极为广大。以与今日相较，实已相差无几。

溯自纨被诬致死，海禁遂弛，即至王忬巡浙，则"倭势已不可扑灭"。从嘉靖三十二年起，遂以燎原之势，荼毒东南沿海，深入长江腹部，剽掠流劫，如入无人之境，开始明代历史上之真正的倭寇时代。据《明史》所载：

（嘉靖）三十二年三月，汪直勾诸倭大举入寇，连舰数百，蔽海而至。浙东、西，江南、北，滨海数千里，同时告警。破昌国卫。四月犯太仓，破上海县，掠江阴，攻乍浦。八月劫金山卫，犯崇明及常熟嘉定。

三十三年正月，自太仓掠苏州，攻松江，复趋江北，薄通、泰。四月陷嘉善，破崇明，复薄苏州，入崇德县。六月，由吴江掠嘉兴，还屯柘林。纵横来往，若入无人之境，……倭以川沙洼、柘林为巢，抄掠四出。

明年（34年）正月，贼夺舟犯乍浦、海宁，陷崇德，转掠塘栖、新市、横塘、双林等处，攻德清县。五月，复合新倭，突犯嘉兴。……其他倭复掠苏州境，延及江阴、无锡，出入太湖。……

三十四年九月，"时贼势蔓延，江、浙无不蹂躏。新倭来益众，益肆毒，每自焚其舟，登岸劫掠。自杭州北新关西剽淳安，突徽州歙县，至绩溪、旌德，过泾县，趋南陵，遂达芜湖。烧南岸，奔太平府，犯江宁镇，径侵南京。倭红衣黄盖，率众犯大安德门，及夹冈，乃趋秣陵关而去，由溧水流劫溧阳、宜兴。……遂越武进，抵无锡，驻惠山。一昼夜奔百八十余里，抵浒墅。为官军所围，追及于杨林桥，歼之。是役也，贼不过六七十人，而经行数千里，杀戮战伤者几四千人，历八十余日始灭。"

（同年）十月，倭自乐清登岸，流劫黄岩、仙居、奉化、余姚、上虞，被杀掠者无算。至嵊县，乃歼之，亦不满二百人，顾深入三府，历五十日始平。

其先一枝，自山东日照流劫东安卫，至淮安、赣榆、沭阳、桃源，至清河阻雨，为徐、邳官兵所歼，亦不过数十人，流害千里，杀戮千余，其悍如此。……其自柘林移于周浦，与泊于川沙旧巢及嘉定高桥者自如。

三十五年"时两浙皆被倭，而慈溪焚杀独惨，余姚次之。浙西柘林、乍浦、乌镇、皂林间，皆为贼巢，前后者二万余人。……而江北倭则犯丹阳及掠瓜洲，烧漕艘者。明春（三十六年）复犯如皋、海门，攻通州，掠扬州、高邮，入宝应，遂侵淮安府，集于庙湾，逾年乃克。其浙东之倭，则盘踞于舟山。"

四十年，浙东、江北诸寇以次平……

明年（四十一年）十一月，陷兴化府，大杀掠，移据平海卫不去。……至是，远近震动，亟征俞大猷、戚继光、刘显诸将合击，破之。其侵犯他州县者，亦为诸将所破，福建亦平。①

---

① 《明史·外国列传·日本传》。

其余波所及，直延至隆庆、万历时代。

隆庆时，破碣石、甲子诸卫所。已，犯化州石城县，陷锦囊所、神电卫。吴川、阳江、茂名、海丰、新宁、惠来诸县，悉遭焚掠。转入雷、廉、琼三郡境，亦被其患。

万历二年犯浙东宁、绍、台、温四郡，又陷广东铜鼓石、双鱼所。三年，犯电白。四年犯定海。八年犯浙江韭山，及福建澎湖、东涌。十一年犯温州，又犯广东。十六年犯浙江。然时疆吏惩嘉靖之祸，海防颇饬，贼来辄失利。[①]

倭寇在明代嘉靖年间，其所以能如此横行无阻，这必须要根据当时中倭两国国情，才能得到说明。

当时的日本，正值室町时代。镰仓时代公家和武家对立的现象，虽然随着南北朝的消解而整理，但分权仍然采取新的形态而存在。当时关东有支配十五国之关东管领，九州有九州探题，此等大小诸侯奢侈欲之提高，与商业资本之发展，彼辈倭酋需要更多之物质与货币，于是资助商人，以掠夺其所要求之享乐的财富。实际上，"占主要统治地位的商业资本，到处都代表着一种掠夺制度，它在古代和新时代的商业民族中的发展，是和暴力掠夺、海盗行径、奴隶、征服殖民地直接结合在一起的。"[②] 不仅倭寇，即在世界史上所指示之其他民族如加太基人、罗马人，以及后来的威尼斯人、葡萄牙人、荷兰人等等无一不如此。另其次吾人必须明了者，即当时侵掠中国之行动，显然不是统一的，而是个别的行动。所以中国政府对倭谈判，无法进行。诚如海盗汪

---

① 《明史·外国列传·日本传》。

② 《资本论》第三卷，《马克思恩格斯全集》第二十五卷，人民出版社，1974年，第370页。

直所云："须遍谕（各岛）乃可杜其人犯。"^① 此亦压迫中国政府不得不发动抵御战之原因也。

在中国方面，当时正值明世宗时代。其时，在西北有俺答东犯，屡寇山西，甚且直逼京师摇撼首都。在西南，则瑶、苗叛变，边境不宁。而且饥馑频仍，民不聊生。据《明史·世宗本纪》：二十八年，陕西饥。三十年，江西、山西等地灾。三十二年，河南、山东饥。三十四年，山西、陕西、河南大地震、河、渭溢，死者八十三万有奇。三十五年，南畿灾。三十六年山东、浙江灾。三十七年辽东饥。三十九年，畿内、山西、山东、湖广、陕西灾。四十年，山东、山西、京畿饥。四十一年，南畿、江西、陕西、湖广灾。而当时的政府大权，则掌握于奸佞之手。世宗皇帝，"高居紫闼，衮衣玉食，"而求白日翀举。^② "斋醮无虚日，"土木繁兴，当战争中，尚派员"采木于四川、湖广"。严嵩父子，"唯一意媚上，窃权罔利……戕害人以成其私。"^③ 御倭将领"张经、李天宠、王忬之死，嵩皆有力焉。"^④ "幸臣假托，寻兴大狱"，"阻抑言路，忠荩杜口"。反之"怀奸固宠之徒，则依附结纳。"御倭将领，不贿严嵩，则生命不保；贿嵩，不得不朘削士卒。当时情势，诚如监察御史杨爵所云："今天下大势，如人衰病已极。腹心百骸，莫不受患。即欲拯之，无措手地。方且奔竞成俗，赇赂公行，遇灾变而不忧，非祥瑞而称贺，谗谄面谀，流为欺罔，士风人心，颓坏极矣。诤臣拂士日益远，而快情

---

① 《明史·外国列传·日本传》。
② 《明鉴》，第 380 页。
③ 《明史·严嵩传》。
④ 《明史·严嵩传》。

恣意之事无敢龃龉于其间，此天下大忧也。"[1] 自然当时反动势力之最主要的仍为西南的商人，所谓"贵官势家。"彼等外勾倭寇，内结奸臣，以阻碍御寇战争之进行。甚且严嵩党羽"龙文又招直余党五百人，谋为世藩外投日本，"[2] 以倾覆中国。

在此内外形势之下，明代的御寇战争，自然要遭受许多不必要之艰难。外患的压迫，不但未能造成国内的进步，反而造成国内之腐败。给予倭寇侵掠以更好之客观条件。

此种腐败倾向，首先表现为国防设备之废弛。本来，在"明初，沿海要地建卫所，设战船，董以都司、巡视、副使等官，控制周密。"但时至嘉靖，则"船敝伍虚，及遇警，乃募渔船以资哨守。兵非素练，船非专业，见寇舶至，辄望风逃匿，而上又无统率御之。以故贼帆所指，无不残破。"[3]

其次，表现为奸佞当权，借御倭战争，残害异己，培植私党。逆之者死，顺之者生。忠实御倭者，加以构陷；黩货要功者，反而赏拔。致使人人自危，诸军瓦解。

据《明鉴》，当倭寇入犯之初，严嵩不但不筹御侮之策，反而遣其子赵文华，以"望祭海石"为名，奉制督察御倭诸将。"文华恃宠恣睢，百司震慑，公私财赂填集，江南为之困敝，又牵制兵机，颠倒功罪，虽征兵半天下，而倭势愈炽。"[4]

贪污如胡宗宪之流，则倚为羽翼。"因文华结严嵩父子，岁遗金帛、子女、珍奇淫巧无数……威权震东南。……创编均徭之

---

① 《明史·杨爵传》。

② 《明史·严嵩传》附《严世蕃》。

③ 《明史·外国列传·日本传》。

④ 《明鉴》，第403页。

法，如赋额外，民为困敝，而所侵官帑，敛富人财物亦不赀。"①

其他御倭将领，如张经、李天宠等均以诬陷致死，"天下冤之"。以后周珫"在官仅三十四日，而杨宜代"，"宜在事仅逾半岁"。②十年之内，御倭将领死于严嵩之诬陷者，不知凡几。《明史》记其事曰："倭之蹂苏、松也，起嘉靖三十二年，迄三十九年，其间为巡抚者十人。安福彭黯……畏贼，不俟代去，下狱除名。黄冈方任、上虞陈洙，皆未抵任。任丁忧，洙以才不足任别用，而代以鄞人屠大山，……以疾免，寻坐事下诏狱，为民。继之者珫，继珫者曹邦辅。以文华潛，下诏狱，谪戍。次眉州张景贤，以考察夺职。次周至赵忻，坐金山兵变，下狱贬官。次江陵陈锭，数月罢去。次翁大笠。当大笠时，倭患已息，而坐恶少年鼓噪为乱，竟罢职。无一不得罪去者。"③

后来史家为之叹曰："朱纨欲严海禁以绝盗源，其论甚正。顾指斥士大夫，令不能堪，卒为所龁龆，愤恌以死。气质之为累，悲夫！当寇患孔炽，扑灭惟恐不尽，便宜行诛，自其职尔，而以为罪，则任法之过也。张经功不赏，而以冤戮，稔倭毒而助之攻，东南涂炭数十年。谗贼之罪，可胜诛哉。"④

再次，则表现于商人之汉奸作用，据《明史·日本传》记日本丰后太守源义镇语云："前后侵犯，皆中国奸商潜引诸岛夷众，义镇等实不知"。而当时奸商，又非"编户小民"，而皆"贵官势家"，"晋绅士夫"，乃至"勋旧武臣"。他们一面贿赂严嵩，左右国策；一面通敌联贼，勾倭为乱。与海盗汪直、曾一本之徒

---

① 《明史·胡宗宪传》。
② 《明史·彭黯传》。
③ 《明史·彭黯传》。
④ 《明史·唐顺之传·赞》。

挟倭为雄，而"为倭主内"。据《明史》："汪直之踞海岛也，与其党王澈、叶宗满、谢和、王清溪等，各挟倭寇为雄"。"广东巨寇曾一本、黄朝太等，无不引倭为助。"① 所以终明代御倭战争，商人之勾结海盗，通敌求利以谋不利于祖国，未尝中断也。

而最后驱逐倭寇出中国，结束嘉靖倭患者，则并非贵官显宦，而是几个出身寒微之士，即为众所周知之俞大猷、戚继光、刘显、张元勋、李锡等。据《明史》：

> 俞大猷，字志辅，晋江人，……家贫屡空，意尝豁如。②
> 戚继光，字元敬……家贫，好读书，通经史大义。③
> 刘显，南昌人，……家贫落魄，之丛祠，欲自经，神护之不死。④
> 张元勋，字世臣，浙江太平人，嗣世职为海门卫新河所百户。……元勋起小校。⑤
> 李锡，歙人。世新安卫千户。⑥

由此而观，此诸人者，皆非世荫皇恩，侧身疆寄，而卒能以寒微之士，成其伟业，以视当时"贵之家""士大夫"之流，不顾国家生死，而唯私利是图者，何啻霄壤。虽然，此诸人者，明代政府，亦皆未能重用之。诚如史家所云："俞大猷……数奇屡踬。以内外诸臣攘敛，而掩遏其功者众也。戚继光用兵，威名震

---

① 以上均见《明史·外国列传·日本传》。
② 《明史·俞大猷传》。
③ 《明史·戚继光传》。
④ 《明史·刘显传》。
⑤ 《明史·张元勋传》。
⑥ 《明史·李锡传》。

寰宇。然当张居正、谭纶任国事则成，厥后张鼎思，张希皋等居言路则废。任将之道，亦可知矣。刘显平蛮引疾，而以有司阻挠为辞，有以夫！李锡、张元勋首功甚盛，而不蒙殊赏，武功所由不竞也。"[1]

最后，则表现于官兵不睦，将帅不和，人民与政府不和。在江苏则有"金山兵变"，在广东则有"裨将周云翔杀参将耿宗先，叛附于贼。"[2] 在整个战争中，则"真倭十之三，从倭者十之七，倭战则驱其所掠之人为军锋，法严，人皆致死。而官军素懦怯，所至溃奔。"[3]

总上诸因，此嘉靖年间倭寇之所以猖獗欤！假使明代政府，能铲除奸佞，肃清敌探，减轻苛税，抚绥人民，赏有功而罚贪污，则倭寇之患，或不致如此之久且炽也。惜哉！而竟未及此，徒使后之读史者，为之太息。

六 最后之一役——朝鲜的争夺战

倭寇在明代最后一次入寇，是万历二十年到二十六年（公元 1592 年—1598 年）之入寇朝鲜。

当时，正是日本历史上认为近代期开始之安土桃山时代。丰臣秀吉继织田信长之后而掌握国柄。内则削平六十余州，消灭封建割据，树立中央集权政治；外则奖励对外贸易，伸张其势力于琉球，吕宋，暹罗以及南洋一带。根据商业资本进一步之要求，

---

① 《明史·俞大猷等传·赞》。
② 《明鉴》，第 426—427 页。
③ 《明史·外国列传·日本传》。

于是乃发动侵略朝鲜之战。内田繁降《日本社会经济史》有云：

"此时外国贸易之飞跃，与朝鲜之役，大有关系。前后二次出兵朝鲜，如由军事上或政治上看来，秀吉之失败但因敢于实行日本全国总动员，用船运送数十万大军，这当然是日本造船及海军史上之一大发展。而以此次战争为中心，商人亦大发展。"①

此次入寇显然与以前不同者，即此次入寇乃为直接执行商业资本之任务，诚如日本续史籍集览《义残后觉》所云：此次乃"日本悉倾其所有以赴异国，……各商人遂各备舟楫，或整衣装，或理武具，及预完旅舍，此外如有需用之物，亦详虑备置之……遽如云霞扶群以去。"②

其次，这次入寇，与以前不同者，即此次乃有计划的，全国性的行动。据《明史》："（平秀吉）欲侵中国，灭朝鲜而有之。召问故时汪直遗党，知唐人畏倭如虎，气益骄。益大治兵甲，缮舟舰，与其下谋，入中国北京者，用朝鲜人为导；入浙、闽沿海郡县者，用唐人为导。虑琉球泄其情，使毋入贡。"③又云："初，秀吉广征诸镇兵，储三岁粮，欲自将以犯中国。"于是万历"二十年四月遣其将清正（即加藤清正）、行长（即小西行长）、义智、僧玄苏、宗逸等，将舟师数百艘，由对马岛渡海，陷朝鲜之釜山，乘胜长驱，以五月渡临津，掠开城，分陷丰德诸郡。朝鲜望风溃，清正等遂逼王京。朝鲜王李昖弃城奔平壤，又奔义州，遣使络绎告急。倭遂入王京，执其王妃、王子，追奔至平壤，放兵淫掠。"④

---

① 内田繁隆：《日本社会经济史》，第260页。
② 内田繁隆：《日本社会经济史》，第260页。
③ 《明史·外国列传·日本传》。
④ 《明史·外国列传·日本传》。

这时中国的环境，更趋险恶，外则边警频惊，内则朋党倾轧，饥馑连年，国乱大起，而中官四出，搜括益剧。据《明史》，当时在西北则青海酋永什卜寇甘肃，浩尔齐犯边。鞑靼叛将巴拜据宁夏反，全陕震动。在西南则播州宣慰使纠诸苗叛，大掠川南，寖及湖广。在中央则东林党人如顾宪成、高攀龙等，自负气节，与阉党相抗，讽议时政，裁量人物。国内不能团结，共同御侮倭。同时在这几年间，浙江、河北、湖广、山东、山西，皆大饥馑、徐、淮尤甚。然而即在此时，而中官四出，或开矿，或征税。其开矿者，则"假开采之名，乘传横索民财，……富家巨族则诬以盗矿，良田美宅则指以为下有矿脉。率役围捕，辱及妇女。"① 其征税者，则搜刮入骨。于是河南矿贼大起，湖北民变不断，天下骚然大乱矣。

适于此时，倭寇朝鲜，且暮且渡鸭绿江。中国游击史儒自动抵御战死，副总兵祖承训继之，仅以身免。于是中朝震动，惶惶无所措手足。而朝鲜告急文书，雪片飞来，于是明代政府"以兵部右侍郎宋应昌为经略，都督李如松为提督总兵讨之"。展开明代对倭第三次战争。

然而卒以当时内外环境之压迫，明代政府既有事于西陲，复用兵于南疆，尤其矿贼蜂起，民变方殷，政府需以全力从事对内之镇压。而当时朝野上下，朋党势成，各逞私见，相互倾轧，在朝则有齐、楚、浙三派，借阉党以图私；在野则东林党人，借讲学以反抗时政，意识不能集中，力量因而分散。以是之故，此次战争，一开始便带着妥协求和的倾向。兵部尚书石星之流，甚且公开任用汉奸沈惟敬，置之御倭军中，交通敌人，

① 《明史·食货志》5。

进行所谓"封贡之议",企图对倭妥协,以转移其兵力于西北国防及剿灭矿贼。假如不是倭寇不接受妥协条件,则此次战争,早以妥协而告结束。日本势力不待甲午之役,早在二百余年前,已入朝鲜矣。

据《明史·日本传》:"当是时,宁夏未平,朝鲜事起,兵部尚书石星计无所出,募能说倭者侦之,于是嘉兴人沈惟敬应募。星即假游击将军衔,送之如松麾下。"[1]

又据《李如松传》云:"沈惟敬自倭归,复申封贡之请,如松斥惟敬憸邪,欲斩之。参谋李应试曰,借惟敬绐倭封,而阴袭之,奇计也。如松以为然,乃置惟敬于营,誓师渡江。"[2]证之倭寇以"华人为导"之计划,则新自倭归之沈惟敬,其系日本间谍,实毫无可疑,而政府当局,不但不拘之以审其情,反而授以合法地位,置于御倭前线,使得充分执行其敌探之任务。甚矣此如松之所以一败涂地而"封贡之议"之所以再起也。

如松之大败,"弃倭班师",政府任用汉奸于军中,固其主因,而当时朝鲜政府之腐败,只知逃亡,毫无抵抗,甚且当时朝鲜"亲倭派"且为倭寇任间谍,亦其次要之因也。据《明史》:"朝鲜承平久,兵不习战,(其王李)昖,又湎酒,弛备,猝岛夷作难,望风皆溃。"[3]又据《明鉴》:"朝鲜人有以敌已弃王京遁告者,如松信之。将轻骑驱碧蹄馆,猝遇倭,围之数重,如松几不免,官军丧失甚多,乃退驻开城。"[4]由此以知朝鲜之终于亡国非无因也。

---

① 《明史·外国列传·日本传》。

② 《明史·李成梁传》附。

③ 《明史·外国列传·日本传》。

④ 《明鉴》,第 474 页。

　　如松既败，于是妥协派复张，而封倭之议再起。杨镐、顾养谦之流，或秘密执行失败主义，或公开进行和议谈判。据《明鉴》："养谦亦主款，奏言关白宜封为日本王。二十二年冬，倭遣小西飞入朝，定封贡议，命都指挥杨方亨等充封使，同沈惟敬往……二十四年九月，方亨等至日本，关白怒朝鲜王子不来谢，不肯撤兵。所进表文，又慢无臣礼。是年二月，方亨归，倭罪惟敬，并呈石星前后手书。帝怒，逮星、惟敬按问，下狱论死。……惟敬就逮，向导乃绝。"①

　　惟敬死后，中国在朝鲜之远征军，确曾一度击溃倭寇，几至歼灭其巢穴，然而杨镐却故意按军不进，卒至倭寇援至，大败而溃。据《明鉴》："镐会邢玠、麻贵议进取，分为三协，合攻蔚山，贼出战大败，奔据岛山，结三栅以自固，游击陈寅连破其二，第三栅已垂拔，而镐……遽鸣金收军，再攻不克。明年正月，行长救至，镐狼狈先奔，诸军继之，贼前击，官兵死者无算，辎重多丧失。是役也，倾海内全力，合朝鲜通国之众，委弃于一旦，举朝嗟恨。"②

　　和既不成，战又不胜，明代政府正陷于进退失据之苦闷，但战争却仍然以胶着状态而继续进行，这是明代政府肃清汉奸以后对倭之必然的倾向。适于其时，日本因丰臣秀吉之死，而引起国内政治上之变化。其"渠帅清正，发舟先走"，而"群倭俱有归志"。于是明代政府，乃得乘机予以追逐。在追击倭寇战争中，当时中国将领如麻贵，陈璘，邓子龙，季金，陈蚕，刘綎等，皆曾表现其英勇。而明代倭寇之患，亦即于此后随着倭寇锁国政策

---

① 《明鉴》，第 480—481 页。
② 《明鉴》，第 481 页。

之执行而终止。虽然，诚如《明鉴》所云："自倭乱朝鲜七载，丧师数十万，糜饷数百万，中国与朝鲜迄无胜算，至秀吉死，祸始息。"[1] 亦可慨也。

（重庆《中苏文化》第六卷第六期，1940 年 7 月 30 日出版）

---

[1] 《明鉴》，第 484—485 页。

辽沈沦陷以后的明史

——纪念"九一八"九周年

一　从"九一八"想到"三二一"

　　愈是古远的历史，愈会逸出人类的记忆之外。因为随着时代的推移，这些古远的历史已经渐渐与人类的现实生活不发生直接的关系了。在现在，没有一个人不记得公元 1931 年的九月十八日，是沈阳沦陷于日寇的一天，但是，也许有很多人忘记了，在中国历史上还曾经有过同样的一天，那就是明代天启元年（公元 1621 年）3 月 21 日，沈阳沦陷于后金的一天。

　　1621 年的"三二一"与 1931 年的"九一八"，这两天，在时间上，相距三百一十年，在本质上，是发生于不同的历史基础之上的不同的历史事变。自然，对中国历史也会发生不同的影响与作用。但是，不管其对中国历史的影响与作用如何不同，而其同为引起中国历史走上巨大的变革过程的一天，也是相同的。

　　历史的发展，在形式上看来，往往好像有些事变是重复的，但是假如深入到历史事变的本质，则历史的发展决不是循环的。同样的沈阳的沦陷，而在明代的满人，是中国的一游牧民族；在今日的日寇，则是一个资本帝国主义。前者是游牧民族对趋于腐败的封建王朝之侵袭，因而胜利是属于游牧民族的；后者是濒于没落的资本帝国主义对向上的民主主义国家的侵略，因而胜利是

507

属于民主主义的。这是同样的沈阳事变之不同的结果，也就是历史发展的规律。

虽然，历史发展的规律并不是像"月蚀"一样丝毫不需要人的帮助而如期自己实现的。历史发展的规律，只是提供历史发展以某种可能性。而使这种可能性转变为现实性，则是需要人类主观的努力。这就是说，历史的规律虽然决定了明朝的覆亡，但假如明朝政府和人民能够为了挽救覆亡，而加强其主观的斗争，则亦可以使其覆亡的可能性延期实现；反之，历史规律虽然决定了我们今日胜利的可能性，但如主观的斗争不够，亦复不能实现出来。这又是历史发展之辩证的法则。

明代沈阳的沦陷，是在天启元年，即1621年；而其覆亡，则在崇祯十七年（1644年），中间还有二十三年的时间。假使在这二十三年中，能加强其主观的斗争，则明朝未必不能挽救。而其终于陷于覆亡的命运，固由于客观的因素；但主观的斗争之不够，也是最大的原因。前车之覆，后车之鉴，我们用明代的"三二一"的历史来纪念"九一八"，这是顺便温习一下历史的意思。

二 1621年沈阳失陷的速写

天启元年"三月乙卯，大清兵取沈阳，总兵官尤世功、贺世贤战死。总兵官陈策、童仲揆、戚金、张名世帅诸将援辽，战于浑河，皆败没。壬戌，大清兵取辽阳，经略袁应泰等死之。巡按御史张铨被执，不屈死。"①

---

① 《明史·熹宗本纪》。

从这段纪载中的某某"战死",某某"赴援死",某某"不屈死"等,我们知道当时满人进犯沈阳,是曾经遇到明朝守土将士的坚决抵抗的,而且明朝政府也曾经派兵驰援过沈阳的。其所以失陷,并非由于将士不抵抗,政府不援救,而是抵抗者"战死",援救者"败没",所以沈阳的失陷,在明代,是光荣的。

"九一八"沈阳失陷的情形,在现在,许多人都曾亲历其境;但是"三二一"沈辽失陷的情形,则只有凭着满族统治者的记载了。但在写这段历史的时候,清王朝在中国的统治已经巩固了,所以他并没有改变事实的必要。反之,他正要以暴露明人的坚强抵抗,以显示其胜利的难能而可贵。据《明史·袁应泰传》所载:

天启元年3月12日,"我大清兵来攻沈阳。总兵官贺世贤、尤世功出城力战,败还。明日,降人(蒙古降人)果内应,城遂破,二将战死。总兵官陈策、童仲揆等赴援,亦战死。应泰乃撤奉集、威宁诸军,并力守辽阳。引水注濠,沿濠列火器,兵环四面守。十有九日,大清兵临城。应泰身督总兵官侯世禄、李秉诚、梁仲善、姜弼、朱万良出城五里迎战,军败多死。其夕,应泰宿营中,不入城。明日(二十日),大清兵掘城西闸,以泄濠水,分兵塞城东水口,击败诸将兵,遂渡濠,大呼而进。鏖战良久,骑来者益众,诸将兵俱败,望城奔,杀溺死者无算。应泰乃入城,与巡按御史张铨等分陴固守。诸临司高出、牛维曜、胡嘉栋及督饷郎中傅国,并逾城遁,人心离沮。又明日(二十一日),攻城急,应泰督诸军,列楯大战,又败。薄暮,谯楼火,大清兵从小西门入,城中大乱,民家多启扉张炬以待,妇女亦盛饰迎门,或言降人导之也。应泰居城楼,知事不济,太息谓(张)铨曰:'公无守城责,宜急去,吾死于此。'遂佩剑印自缢死。妇弟姚居秀从之。仆唐世明凭尸大恸，纵火焚楼死。"

我们在三百年后，读了这一篇悲壮淋漓的记载，犹觉沈阳的失陷，如在目前。在这段记载中，我以为除了"民家多启扉张炬以待，妇女亦盛饰迎门"与"清兵从小西门入，城中大乱。"颇有矛盾，显然是那些献媚的历史家所粉饰，其余大概皆为可靠的史实。在这里，我们看见明代的守土将士，他们曾英勇地迎敌人于城外，他们曾沉痛地沿濠列阵以死守孤城。他们在城破后，还曾有计划地"分阵固守，作激烈的巷战"。从3月12日到21日，经过了十天的苦战。他们为守沈阳而英勇抗战，为沈阳不守而壮烈牺牲。虽有越城而遁的诸监司（宦官）及督饷郎中，亦有佩剑而死的"大帅"，焚楼而死的"大帅仆人"。这种壮烈的史实，实足以照耀千古。

关于辽沈失陷，后来历史家多归罪于袁应泰"招纳降人"的政策，其实袁应泰之招降，实亦有不得已的苦衷。因为当时正是明朝与满族争取蒙古的时代，明不招降，则满必招降。据《明史》："当时蒙古诸部大饥，多入塞乞食。应泰言：'我不急救，则彼必归敌，是益之兵也。'乃下令招降。于是归者日众，处之辽、沈二城，优其月廪，与民杂居，潜行淫掠，居民苦之。"因此，我们以为袁应泰的错误，不在招降，而是在招降以后，对降人没有作必要的警戒。致使降人"或阴为敌用，或敌杂间谍其中"，[①] 而袁应泰则深信此辈降人，可以作为进攻满兵的前锋，不知他们早已变成敌探或便衣队，以致为敌内应，成为沈阳失陷的直接原因之一。虽然，降人叛变，只是辽、沈失陷的偶然因素，而其必然因素则是明朝政治已经造成辽、沈无法可守的客观

---

① 以上均见《明史·袁应泰传》。

环境，并给予降人叛变以可能之机会。这正如"九一八"事变，我们不能完全归咎于朝鲜浪人的活动，而应追究于朝鲜浪人何以能活动，是同样的理由。

三　为甚么自动地放弃"六堡"

为了说明辽、沈失陷的原因，我们不能不追溯辽、沈失陷前夕的历史。人们也许记得在"九一八"事变以前，由于清朝政府及北洋军阀的腐败政治，已使日寇势力深入东三省；但人们也许忘记了，在"三二一"事变以前，由于明末万历年间之腐败贪污的官僚政治，已使后金势力深入了辽东半岛。而"三二一"事变，只是这种腐败、贪污的官僚政治之总结。

在万历末年，一方面水旱虫蝗风雹疠疫等天灾普遍地袭击中原的农村；另一方面，由于倭寇不断入侵，以及西南少数民族不断的叛变，战争的负担，重压着全国的人民，以致使社会间敌对的矛盾，日益发展。此外，在上层社会，则党派纷歧，互相对立，宦官党与齐、楚、浙三党"声势相倚，并以攻东林、排异己为事"。而东林诸人，则评议朝政，自命清流，于是在统治者阶层中，也发生矛盾。在朝的士大夫一面要致力相互间的倾陷，另一面又要监视着人民的异动，于是再没有多余的时间应付敌国外患。他们把国防重镇，当做培植党羽的地方，彼此争夺，以致"十年之间更易八帅"[①]。而当时国防将帅，则只有贪污之徒才能当选，他们"以空名支饷，且多克减，边兵屡哗。"

---

① 《明史·李成梁传》。

此种情形，到李成梁经略辽东的时代，便达到顶点。据《明史·李成梁传》：

> 李成梁……子弟尽列崇阶，仆隶无不荣显。贵极而骄，奢侈无度。军赀马价、盐课、市赏，岁干没不赀。全辽商民之利尽笼入己。以是灌输权门，结纳朝士，中外要人无不饱其重赇，为之左右。每一奏捷，内自阁部，外自督抚而下，大者进官荫子，小亦增俸赉金。恩施优渥，震耀当世。而其战功率在塞外，易为缘饰。若敌入内地，则以'坚壁清野'为词，拥兵观望，甚或掩败为功，杀良民冒级。阁部皆共蒙蔽……

像这样的国防将帅，在当时，当然不只李成梁一人，李成梁不过是其中之一个，因之，这样的贪污，也不是李成梁个人的特性，而是当时腐败政治的特征。换言之，个人如果不贪污，即不能生存于当时的政治环境之中。像这样的"将帅"，这样的"权门"、"朝士"、"要人"、"阁部"，除了"奢侈"、"干没"、"贿赂"、"进官"、"荫子"、"拥兵观望"、"掩败为功"……还有什么国防可言呢！于是自然的结果，便发生了万历三十四年（1606年）自动放弃"六堡"之李成梁的建议。这是明代势力在辽东之第一次的自动的退却，亦即后来辽沈失陷之第一次的预告。

所谓"六堡"，就是防守辽沈的六个堡垒。有此六堡，则可以迎击敌人于辽沈东北二百余里的地方，弃此六堡，则辽沈便失去资以防守的前卫。弃六堡，即等于弃辽、沈，这是非常明白的。然而李成梁却以六堡"地孤悬难守，与督抚蹇达、赵楫建议弃之。"而明朝政府要人，亦因"饱其重赇"，竟予批准。于是"尽徙居民于内地。居民恋家室，则以大军驱迫之，死者狼藉。

成梁等反以招复逃人功，增秩受赏"。[1]于是李将军的大军，就这样英勇地替后金肃清了进攻辽沈的道路。于是后金也就追随着李将军英勇的退却，而深入辽东半岛。在六堡放弃后的十二年间，后金从容不迫地并吞了蒙古诸部落，所谓呼伦四国，其中哈达、乌拉、辉发已经先后被他并吞，剩下来的只有一个叶赫了。

后金的锋刃，到现在要转向大明王朝了。于是在万历四十六年（1618年）便借口明朝政府援助叶赫而以"七大恨"誓天伐明，于是而有"抚顺之役"。在这一战役中，从经略杨镐以下"文武将吏前后死者三百一十余人，军士四万五千八百余人，亡失马驼甲仗无算。"[2]而后金兵乘胜破开原，陷铁岭，声势所及，使"沈阳及诸城堡军民一时尽窜，辽阳汹汹，"[3]有大难临头之势。这是明代政府弃六堡以后满清第一次的试兵，也是后来辽沈失陷之第二次的预告。

但是即在此时，假使明朝政府稍有感觉，内息党争，集中力量外整军备，巩固边防，则辽沈未必即不能守。然而朋比为奸者，变本加厉，"军机要务，废搁如故"。忠勇却敌如熊廷弼者，而为阉党姚宗文之徒所排斥，以至熊廷弼所恢复之瑷阳、清河、抚顺、镇江诸要塞，未及巩固其守备而去职，而代以"用兵非所长"之袁应泰，于是而有"三二一"辽沈之沦陷，而辽河以东五十余堡寨营驿及海、益、金、复、耀诸州大小七十余城遂不能不沦于后金之手，于是后金遂得以辽沈为根据，扫荡关外，并进而窥伺关内了。

所以我们以为辽沈的失陷，并非由于袁应泰的"招降政策"，

---

[1] 以上均见《明史·李成梁传》。

[2] 《明史·杨镐传》。

[3] 《明史·熊廷弼传》。

而实由于李成梁的放弃六堡，亦即由于明朝政府的"弃地政策"。诚然，招降叛徒，袁应泰应负其责。然而任用"用兵非所长"之袁应泰而使降人有实现其叛变作用的可能者，则明朝政府不能辞其责。而况六堡既已放弃，虽有能将，亦难保辽沈之不失，如袁应泰者，虽"用兵非所长"，而其勇于抗敌，忠于守土，终于"佩剑印"以殉辽沈，这在中国历史上，也是难得的人物。

四　熊廷弼传首九边

辽沈沦陷以后，东北边防，固已吃紧，然而假使明朝政府能于此时，朝野上下一致团结，集中人才，动员国力，以植党营私为第二，而以敌国外患为第一，则未尝不可拒后金于关外，可惜事实却恰恰相反。

在整个的天启年代中，亦即在辽沈沦陷以后的七年中，明朝的政权，却完全掌握在宦官魏忠贤等的手中。此辈宦官，既无国家观念，更无民族意识，只知谄媚皇帝，盗窃政权，然后利用政权，残害善类，剥削民众。在天启的七年间，南北台谏，肆其诬构；东西厂卫，恣意屠杀，造成有史以来未有的黑暗时代。在人民方面，则"留者输去者之粮，生者承死者之役"。在士大夫方面，则"衣冠填于狴犴，善类殒于刀锯"。于是一方面政府与人民间的矛盾遂爆发而为白莲教的叛乱；而另一方面，统治者阶层中的矛盾，则爆发为东林党狱。以至朝野上下，矛盾交织，而国防大政，因之而益趋腐败。

具体的历史事实指示我们，当时的阉党不但专制朝政，而且左右军机。在天启的七年中，兵部尚书之更换，如转辘轳，前后任兵部尚书者十二人，其中除孙承宗外，如王之臣、高第、王化贞之徒，都是阉宦的党羽，而崔呈秀且为魏忠贤主谋讦的"五虎"之一。此外，七年之中，任边将者也有九人之多，其中除熊廷弼、袁崇焕、孙承宗之外，也多半是阉党的走卒。不但如此，他们派遣宦官，干涉军务，稍不如意，就加之以罪。诚如熊廷弼所云："自有辽难以来，用武将，用文吏，何非台省所建白，何尝有一效。疆场事，当听疆场吏自为之，何用拾帖括语，徒乱人意，一不从，辄怫然怒哉！"① 又如孙承宗所云："迩年兵多不练，饷多不核。以将用兵，而以文官招练。以将临阵，而以文官指发。以武略备边，而日增置文官于幕。以边任经抚，而日问战守于朝。此极弊也。"② 这里所谓"文吏""文官"，就是监军的宦官。他们招练军队，指发战争，所以"兵多不练"而"饷多不核"。再加以在朝的阉党"拾帖括语"，"日问战守于朝"。"一不从，辄怫然怒"。这样，虽有能将，又有什么办法呢？然而正在这个时候，后金却准备对明朝发动大规模的攻势，于是而有"广宁之役"。在这一战役中，锦州、大小凌河、松山、杏山、右屯、前屯大小四十余城，又一度相继沦陷于后金之手。

广宁之陷，由于经、抚不和，即广宁巡抚王化贞牵制熊廷弼，使之不能实现其攻守的战略。而经、抚不和，并非偶然，乃是当时执政的阉党之有意的措施。诚如熊廷弼所云："经、抚不和，恃有言官。言官交攻，恃有枢部。枢部佐斗，恃有阁臣。"而阁臣则受命于魏忠贤。他们上下相因，内外狼狈，故意陷熊廷弼于失败，并借此以杀之。所以熊廷弼当时，非常愤慨，曾上所

---

① 《明史·熊廷弼传》。
② 《明史·孙承宗传》。

疏述其痛苦，其中有云："臣以东西南北所欲杀之人，而适遭事机难处之会。诸臣能为封疆容则容之，不能为门户容则去之，何必内借阁部，外借抚道以相困。"[①] 因此之故，熊廷弼的"三方布置策"不能实现。所谓"三方布置策"，即在广宁、登州、莱州各设巡抚，形成犄角，而集中主力军于广宁，以为固守。但是王化贞却反其道而行之，他分兵戍辽河沿岸，以削弱广宁的防御力量，并谓用毛文龙，用降将李永芳，用蒙古插汉助兵四十万，可以一举荡平满兵。所以结果不出熊廷弼所料，"一营溃，则诸营俱溃，西平诸戍亦不能守。"加以当清兵围西平时，王化贞裨将孙得功阴通敌，于是广宁遂陷。当时"广宁有兵十四万，而廷弼关上无一卒，徒拥经略虚号而已。"由此，可知广宁之败，乃系阉党故意制造为诬杀熊廷弼之借口。而结果竟"以门户屈杀廷弼"，至"传首九边"，而失守广宁之王化贞则以兵部尚书张鹤鸣之偏袒，逍遥法外。明朝政治之黑暗，一至如此。我们读史至此，不能不为之废书一叹。

在熊廷弼死后，工部主事徐尔一，曾为之辩其冤曰："廷弼以失陷封疆，至传首陈尸，籍产追赃。而臣考当年，第觉其罪无足据，而劳有足矜也。……当三路同时陷没，开、铁、北关相继崩溃，廷弼经理不及一年，俄进筑奉集、沈阳，俄进屯虎皮驿，俄迎扼敌兵于横河上，于是辽阳城下凿河，列栅，埋炮，屹然树金汤，令得竟所施，何至举榆口关外拱手授人，而今俱抹杀不论，乃其所由必死，则有故矣。"[②]

当熊廷弼传首九边的时候，正是后金建都沈阳的时候，明朝

---

① 《明史·熊廷弼传》。
② 《明史·熊廷弼传》。

政府，就用了抗敌名将的脑袋，作为对后金建都的贺礼。而从此以后，执政的阉党的主要任务，一方面是伪造《要典》，歼灭东林，毁天下书院，建魏忠贤生祠，以及奉魏忠贤配祀孔子等；另一方面，则是"遣其党刘朝等四十五人赍甲仗弓矢，白金文绮，先后至山海关，颁赍将士，实觇军也。"[①] 因此，在当时，不但朝署之中善类一空，就是守边将帅如孙承宗者，因不附阉，皆为"阉竖斗筲，后先龁抵，卒屏诸田野，至阖门膏斧锧，而恤典不加。国是如此，求无危，安可得也。"[②]

自从孙承宗被阉党排去，于是而有高第尽撤关外诸军的盛举。据《明鉴》："（第）以关外必不可守，欲尽撤锦、右诸城守御，移关内。袁崇焕力争，谓兵法有进无退。锦、右动摇，则宁、前震惊，关内亦失保障。第意坚，且欲并撤宁、前二城。崇焕曰：'我宁、前道也，官此，当死此，我必不去。'第不能夺，乃撤锦州、右屯、大小凌河及松山、杏山、塔山守具，尽驱入关。委弃米粟十余万，军民死亡载途，哭声震野，民怨而军益不振。"[③] 据此，则知当时，除宁、前二城因袁崇焕力争未撤外，其余整个明朝的军队、人民，都从关外退入关内，这是明朝第二次自动的大退却，亦即无异将整个的辽东半岛奉献于敌人。这是高第将军的战略，也是宦官大人的政略。

事情真是凑巧，随着高第将军的总退却而来的，便是后金的二万大兵的总进攻。他们渡辽河，捣宁远，越城五里，浩浩荡荡，横山海关大路而至。于是宁远陷于重围，袁崇焕以万余人孤军死守，而高第将军却拥兵山海关内不救，企图假敌军来

---

① 《明鉴》，第 548 页。

② 《明史·孙承宗传·赞》。

③ 《明鉴》，第 562—563 页。

消灭袁崇焕。同时明朝政府的衮衮诸公大小宦官，也以为"必无宁远"；然而十天之后，袁崇焕不但突破重围，而且还追奔逐北三十里，使后来的清统治者不能不在《明史》上大书曰："我大清举兵，所向无不摧破，诸将罔敢议战守。议战守，自崇焕始。"① 当袁崇焕的捷报到达朝廷，魏忠贤就即刻派遣其党刘应坤、纪用等到前线监视袁崇焕，而兵部尚书王之臣也事事与他为难。后金兵知道袁崇焕不为政府所信任，因而也必无后援，于是又再举来犯，围攻宁远、锦州。而当此之时，宦官纪用勾结总兵赵率教秘密遣使通敌求和，以实现魏忠贤之失败主义。然而袁崇焕却胜利地击败了敌人，而成功了历史上有名的"宁锦大捷"，粉碎了宦官的卖国勾当。虽然，袁崇焕卒以不附阉党的原故，反因"宁锦大捷"而被罢免。但其他大小宦官，文武官僚则因此而加官进爵者不下数百人，这就是所谓"阉党政治"。

我们总观天启年间的历史，知道辽沈沦陷后，明朝并不是没有收复辽东的可能，而其所以不能者，则阉党政治尽了很大的主观作用。阉党政治不仅造成了党派的分裂，造成了社会的矛盾，间接帮助了敌人；而且牵制军机造成失败的倾向，直接响应敌人的进攻。非常明白，没有王化贞之拥兵不救，则无广宁之败；没有门户之私，则无熊廷弼之死；没有孙承宗之罢，则无高第之退却；没有高第之退却，则亦无宁、锦之围；最后，如果没有魏忠贤之投降阴谋，则袁崇焕不致因宁、锦大捷而罢免。然而实际上，这些不应有的事竟然都发生了，主观的作用，加速了明朝政权的崩溃。诚如孙承宗所云："敌未抵镇武而我自烧宁、前，此前曰经、抚罪也；我弃宁、前而敌终不至，而我不敢出关一步，

---

① 《明史·袁崇焕传》。

此今日将吏罪也。将吏匿关内，无能转其畏敌之心以畏法，化其谋利之智以谋敌，此臣与经臣之罪也。"[1]

五　袁崇焕死得冤枉

到崇祯初年，一方面由于后金侵略的加紧，锐化了对外的矛盾；另一方面，由于农民叛变的扩大，又深化了社会内部的矛盾。在此内外矛盾的交织之中，庄烈帝即位以后第一个任务，便是以紧急的手段，消灭统治者阶层中内部的矛盾，加强统治者阶层中的团结，以应付内外的敌人，于是杀魏忠贤，歼灭阉党，释放东林党人，企图把政权紧握在自己的手中，内平流寇，外抗后金，把明代政权，从危机中挽救出来。所以他一面先后以杨鹤、洪承畴总督三边军务，进剿流寇；另一面又起用袁崇焕经略辽东，抵御后金。双管齐下，大有复兴明朝的雄心。

然而可惜的，是庄烈帝当时有一个见解，以为攘外必先安内，所以把大部分兵力财力，都用于进剿"流寇"，而对后金的守备则十分不够。除山海关略有配备外，其他蓟北则非常空虚。当时崇焕曾指出此种危机，他说："臣身在辽，辽无足虑。惟蓟门单弱，敌所窃窥。请严饬前督峻防固御，为今日急着。"但他的建议，并没有引起当局的注意。而后金兵不久即利用这一弱点，避开山海关，由龙井关，大安口，喜峰口迂回入蓟北，于是陷遵化，"越蓟州而西，徇三河，败宣大援兵，遂取顺义，……

---

[1] 梁启超：《中国伟人传五种》（三）《袁崇焕传》，第17页。

因进兵薄京城，营于土城关之东。"① 而燕京因以震撼。当时袁崇焕方整理关外防务，他刚刚镇压了宁远的兵变，斩杀了私通敌人的毛文龙，正准备进一步规复辽沈的计划。而忽闻此变，乃以骑兵兼程驰援，而步步随之。后金以袁崇焕再起非常害怕，于是乃实行挑拨离间的计策，于是袁崇焕不死于战场，而死于敌人之离间，死于昏庸之政府。据《明史》："时宦官二人陷敌，敌设间，佯为崇焕密附满洲，故使闻之。待释归，其人奔告于帝，"② 帝遂信之不疑。于是袁崇焕遂于三年八月十六日弃市，兄弟妻子流三千里。籍其家，家无余资。天下冤之。

袁崇焕死后，当时有布衣程本直为之诉其冤曰：

> 崇焕十载边臣，屡经战守，独提一旅，挺出严关。迄今山海而外一里之草莱，崇焕手辟之也；一城之垒，一堡之堞，崇焕手筑之也。试问自有辽事以来，谁不望敌数百里而逃，弃城于数十里而遁，敢与敌人划地而守，对垒而战，翻使此敌望而逃、弃而遁者，舍崇焕其谁与归。③

> 客亦闻敌人自发难以来，亦有攻而不下，战而不克者否？曰，未也。客亦知乎有宁远丙寅之围，而后中国知所以守；有锦州丁卯之功，而后中国知所以战否也？曰，然也。……今日滦（州）之复，遵（化）之复，永（平）之复也，谁兵也，辽兵也；谁马也，辽马也；自崇焕未莅辽以前，辽亦有是兵有是马焉否也？④

---

① 《明鉴》，第 589 页。

② 《明鉴》，第 590 页。

③ 程本直：《漩声记》。转引自梁启超：《中国伟人传五种》（三）《袁崇焕传》，第 22—23 页。

④ 同上。

我们读程本直的诉冤书，不觉同情之心油然而生。我们所可惜的，不是袁崇焕个人的生命，而是明朝政府不能容忍抗清最力的将领，而是明朝政府毫不犹豫地执行敌人灭亡自己的国家的任务。论者谓袁崇焕之死与杀毛文龙有关。但据《明史》所载：毛文龙为阉宦魏忠贤的义子，亦即当时阉党余孽用以阴通敌人的线索。袁崇焕杀之，正是为国除奸。在毛文龙杀后，当时曾有如此的舆论："自武登抚相与争而去，其欲得而甘心于文龙者，非一日也，非一人也；辱白简，挂弹章，可数百计也。是左右诸大夫皆曰可杀，国人皆曰可杀也。其不杀也，非不杀也，不能杀也，不敢杀也。是以崇焕一杀而通国快然。"[1] 由此可知毛文龙乃是一个"国人皆曰可杀"而又"不能杀"、"不敢杀"的人物，然而袁崇焕却因为杀了这样一个通敌卖国的人物，而成为其致死的原因之一，明朝政府中的汉奸势力之大，于此可以想见。故袁崇焕之死，正表示着明朝汉奸势力之抬头。

六　孔有德尚可喜献了旅顺

袁崇焕之死，为明代政治的一大转变点。从此以后，明朝政府开始以全力剿灭流寇，而对后金，则有意无意表示妥协的倾向。宰相温体仁，兵部尚书刘宇亮、薛国观等"阴鸷溪刻，不学少文"之徒，相继执政，他们又"蔽贤植党"，于是"国事日坏"，以至于不可救药。

但是当时并不是没有精忠报国之士，孙承宗即其中之一。他

---

[1] 程本直《漩声记》。转引自梁启超《中国伟人传五种》《三》《袁崇焕传》，第17页。

继袁崇焕之后，曾击退敌人，恢复滦州、迁安、永平、遵化四城，将敌兵驱逐于关外，并连而捷兵出关，在大凌河修筑堡垒，然而终以政府的掣肘，与巡抚邱禾嘉的反对，守备未固，而敌兵又围攻大凌城。于是明朝政府以"筑城起衅"罢免孙承宗，企图以此谢罪于敌人；但是敌人之目的，并不在于孙承宗之罢免，而在于明朝的土地。所以跟着又有旅顺之沦陷。旅顺的沦陷，若谓为敌人之功，毋宁说是明朝宠将毛文龙的部下孔有德耿仲明之引敌入室、尚可喜之开城投降的结果。自旅顺失而明朝与朝鲜之通路断，而朝鲜全部沦入后金，从此敌人遂挟关外的人力物力，以开始其对明朝内地的侵略了。

然而即于此时，若能接受三边总督杨鹤招抚流寇，共抗后金之议，则明朝政权还是可以挽救。然不此之图，杨鹤却因此建议而下狱，并且远戍袁州。

现在明朝的大军，不在国防要塞，而在朱大典、曹文诏、洪承畴等的指挥之下，追剿"流寇"于山、陕之间。此外，陈奇瑜则总督五省的兵马，进剿川、湖的"流寇"。于是而有崇祯七年的清兵四路来侵。一从尚方堡经宣府趋应州，至大同。一从龙门口入会于宣府。一从独石口入于应州。一从得胜堡入，历大同，趋朔州。而"总督张宗衡，总兵曹文诏、张全昌等不敢战"。这还不算奇怪，最奇怪的是这种无能的将领，明朝政府不但不加以处罚，反而"留张全昌、曹文诏为援剿总兵，讨流寇。"难道当时"流寇"就可以不战而破吗？还是这些将军们勇于剿"流寇"而怯于御清兵呢？

即至此时，假使能用礼部侍郎文震孟的建议，"陛下宜行抚绥实政，先收人心，以遏寇盗，徐议瀹财之源，毋徒竭泽而渔。"① 一面减轻剥削，一面招抚"流寇"，则不但剿"寇"的兵力可以解放出来，即"流寇"的力量也可以转移为抗清的力量，举国一致，尚可以作最后之奋斗。然而可惜竟不被采用。于是清兵又攻锦州，由朔州毁武宁关而入，略代、忻、应、崞，俘斩七万余人而去。到次年（九年），清兵又分路逾独石口，入居庸，克昌平，逼燕京，过保定，克十二城，五十六战皆捷，俘人畜十八万。而督师张凤翼、宣大总督梁廷栋按兵不敢战。在另一方面，唐王聿键起兵勤王，却废为庶人，幽之凤阳。应该御敌的不敢战，而敢战却不许战，明朝政府的这种措施，真是有些亡国的征兆了。

七　清兵迫锦州——洪承畴投降

到崇祯十年以后，即辽沈沦陷的十七周年以后，明代的政府便开始走上了灭亡的道路。他们感到一面剿"流寇"，一面抗清兵，已经力量不够，"两害相权取其轻"，于是他们便转而企图对清妥协，并借清之力以共同消灭"流寇"。这是对内的矛盾超过了对外的矛盾，也是个人的利益超过了国家民族的利益。在国策的这一转变之下，于是杨嗣昌、陈新甲等妥协派相入阁，方一藻、洪承畴、吴三桂等民族叛徒，相继占据东北重镇，并通过宦官高起潜，拖着庄烈帝跟着他们走上投降的道路。所以我们可以说，在明朝最后的七年中，对于清兵的进攻，只有妥协、只有投降的记载了。

---

① 《明鉴》，第614页。

当十一年，清兵两路来侵，一沿山下，一沿运河，山河之间，六路并进的时候，而当时"杨嗣昌夺情任中枢，与总监中官高起潜阴主和议。"① 当时反对和议的是卢象升，他曾向庄烈帝建议："命臣督，臣意主战"。庄烈帝答复他说："和乃外廷议耳"。其实"当是时，帝心知清兵甚锐，力不敌；而耻言和，故委廷议以答象升。"可见当时庄烈帝也曾参与和议。卢象升并当面向杨嗣昌揭穿其主和阴谋。"象升曰：周元忠赴边讲和，往来数日，其事始蓟镇监督，受成本兵，通国共闻，谁可讳也。"② 由此可见当时妥协投降，已经高唱入云。所以当卢象升抗清兵于巨鹿时，而刘宇亮、高起潜按兵不动。结果和议不成，而清兵越燕京而南，连陷真实、广平、归德、大名，转锋东向，渡运河，陷济南，克城五十，俘人四十六万。

和议不成，于是明朝政府，乃又调洪承畴镇守蓟辽。在十二、十三两年，清兵屡攻锦州，并逼关外诸城。到十四年，清兵又大举围攻锦州，陈兵于松山、杏山之间，横截大路，而洪承畴的十三万大兵却望风而逃，自杏山迤南沿海至塔山一带，赴海而死者，不可胜计。诸将都拥厚资，不愿战，于是洪承畴遂以松山降，而锦州不守。清兵直入山海关，进犯山东，克府三，州十八，县六十七，俘人三十六万。从此以后，明朝便没有甚么国防了。

随着洪承畴的投降，于是妥协之议又起，据《明鉴》："初，清主皇太极屡遣书议和，兵部尚书陈新甲以国内困敝，亦请主和以纾患，密遣职方郎中马绍愉等持书议和。皇太极授以书，令还

---

① 《明鉴》，第 629 页。
② 同上书，第 629—630 页。

报，遣人送至连山而还。其事甚密。一日新甲私告傅宗龙，宗龙以语谢升，升后见疆事大坏，于帝前述宗龙之言。帝惭。升进曰：'倘肯议和，和亦可恃。'帝默然。已而言官谒升，升言上意主和，于是言官交章劾升。帝怒其泄露，削籍去，新甲亦由此得罪。"[1] 这段史实，很明白的指示出当时兵部尚书陈新甲等包围庄烈帝，要他批准"可恃"的"和议"。以舆论反对，而没有成功。但其信使往还，奔走和议，则是事实。而且庄烈帝深以泄露和议，致引起舆论之反对为可惜，也是事实。不错，明朝到了这一时期，如果站在统治者的利益上，则只有联合敌人以镇压"流寇"；但站在国家民族的立场上，则应该抚绥"流寇"以抵御清兵。然而明朝政府所选择的是第一条路，可惜明清的联盟尚未成立的时候，而流寇已入首都。殆至吴三桂之徒投降敌人引敌入关，而大明王朝已经覆亡。虽然，清兵之得以平定中原，灭亡明朝，以建立其大清帝国者，还是借口为明朝剿灭"流寇"。

总上所述，我们因知辽沈失陷，以及失陷以后，明朝政府犯了许多主观上的错误，助成了他的覆亡。假使最初不弃六堡，则沈辽不致失陷。辽沈既陷，假如熊廷弼不以诬死，袁崇焕不以间杀，孙承宗不以"筑城起衅"而罢，则据守关外以固关内，尚可徐图恢复。即使如此，设无高第之撤兵入关，则宁、锦尚可守，无耿、尚叛变，则旅顺不致失，关外诸要塞不致尽入敌手。即使如此，更设洪承畴不以松山降，则锦州不致为敌人所有，尚可以据山海关以为固守。即使如此，吴三桂与李自成联合，不迎降清兵，则尚可以拒绝清兵于关外，明朝未必遂即覆亡。然而不幸此种事实相继出现，于是明朝不能不覆亡了。

---

[1] 《明鉴》，第 646 页。

这样看来，明之亡，原因虽多，而其主要原因，则不外宦官专政，植党营私，政治贪污，国防废弛，既不能集中人才，共赴国难，复不能澄清社会，消弭内乱。于是首之以"弃地"，继之以"撤退"，而终之以"议和"，以至于引敌入室。结果"流寇"虽平，而明朝政权亦归于崩溃。代之而起的，是大清帝国。这个帝国，不但剿灭了"流寇"，而且在剿灭"流寇"的口号下，颠覆了明王朝。

（重庆《中苏文化》第七卷第三期，1940 年 9 月 18 日出版。原题《辽沈沦陷以后的明王朝》）

论南明第二个政府的斗争

一 第二个政府还有广大的领土人民与军队

清统治者之侵入中原，虽然利用明朝末年社会内部矛盾之决裂，减少了他在征服过程中的若干困难，但也不是一个一往直前的进军。在其征服中原之每一步的进展中，都曾经遭遇着当时南明政府和人民的武装抵抗。

清统治者首先遇到的，是"闯贼"李自成所领导的"流寇"在河北山陕一带所展开的斗争。其次，是福王政府的督师史可法所领导的官兵在苏皖一带的抵抗，虽然前者由于多尔衮与吴三桂所组织的明清联军之进攻，由于宁南侯左良玉在楚西一带之夹击而趋于溃散；后者，由于马士英的妥协投降政策，由于左良玉的叛变，由于江北四镇将领之叛变与迎降而趋于瓦解，但这两个集团所领导的斗争，尤其是前者的斗争，确曾给清统治者以有力的打击，从而充分的表现了当时南明政府与人民在反抗外族侵略的斗争中之坚强不屈的精神。

史可法与李自成所领导的斗争，虽然在主观的动机上各不相同；而在客观上，则都尽了抵抗外族侵略的历史任务。假如史可法之陈兵淮、扬，是为了巩固东南而抗战；则李自成之据守关、陕，便是为着保卫西北而斗争。所以这两个集团，他们在当时，虽然彼此互相敌视，对立；而在清统治者看来，则他们同是明朝人民所组织的武装集团，因而也就同是他的敌人。他对于"称兵犯阙，手毒君亲"的"闯贼"，固然表示"同仇"；但同时对于"拥号称尊"的福王，又何尝不认为是"俨为劲敌呢？"

就因为如此，所以拉拢一个中原势力，打倒另一个中原势力，阻止中原的民族战线之形成，以达到其各个击破的阴谋，便是清统治者入关以后征服中原的一贯策略。至于拉拢那一个，打击那一个，在清统治者看来，那是没有关系的。自然，他最希望的，是与福王政府"戮力同心"，"连兵河朔，问罪秦中"，但假如这一诱降政策不成功的话，他也可以"释彼（闯贼）重诛，命为前导""简西行之锐，转旆东征。"他可以联合福王打"闯贼"，也可以利用"闯贼"打福王，所以多尔衮说："兵行在即，可西可东。"

可是清统治者拉拢"闯贼"的结果，是五十万"流寇"在潼关的迎击；然而他诱降福王政府的结果，则是马士英等妥协派之遣使投降。除了白金十万两，币帛数万匹，敬谨奉献于敌人之外，还允许割地赔款。这样，清统治者的目的达到了。这样，李自成便不能不退出山陕走死于通城山谷之间；史可法便不能不"鞠躬致命"于扬州之役。这样，福王政府，便不能不与"闯贼"李自成并倒了。假使我们暂置顺逆不论，则李自成与史可法实同为明末抵抗外族侵略斗争中的英雄；若马士英开口"先帝"，闭口"社稷"，而首之以妥协，继之以逃窜，终之以投降，则直是民族千古的罪人。

南明第一个政府的斗争，虽然因为客观上的矛盾和主观上的错误，在一年之中，便归于失败。但是中原的民族斗争，并不因此而终止。反之，在这一失败的斗争中，他们学会了许多斗争的经验。他们很快地集中力量于福建与浙江，组织了南明第二个政府，在长江以南，展开了第二阶段的抗清斗争。

第二个政府所领导的斗争，一共支持了一年零两个月，从顺治二年（公元1645年）闰六月到顺治三年八月，便被满清消灭了。第二个政府所占领的历史时间，较之第一个政府虽然相差不多；但他在这短短的时间内，却做出了第一个政府所没有做过的许多艰苦的斗争。自然这种进步，决不是偶然的，而是第二个政府所处的历史环境，较之第一个政府时代，更为危急，更为艰苦，因而也就更容易激发中原人民抗敌救亡的热情，客观环境的变化，推动了主观的斗争，这是必然的事情。

我们知道，在第一个政府的时代，正是清兵入关之初，当时一方面李自成虽退出河北，然而他"卷土西秦，方图报复。"这个势力，固然是明朝"不共戴天之恨"，也是清朝"除恶未尽之忧"。另一方面，福王政府所领导的江北四镇，虽然按兵淮扬；然而大河以南，开归徐泗一带，还在南明政府的手里。清兵所占领的地方，不过是河北、山东；而在山东沦陷区域内，尚有不少的人民自动组织的义勇军，他们"结寨自固"，仍然作零星的抵抗。故就当时的客观形势而言，第一个政府所处的历史环境还是进则可以渡河而战，退亦可以拒河而守。然而到第二个政府的时代，则敌人一面已击溃李自成，"抚定"山、陕，入据武汉，进逼湘、赣；另一方面，已肃清豫、皖、苏、鲁之南明势力，渡江而南，占领南京，进窥闽浙。在这一时代，南明所保有的领土，较之第一个政府时代，已经大大的缩小了。

其次，就兵力上说，第一个政府时代，在武汉方面，左良玉尚拥兵百万，在淮、扬一带，四镇的兵力，亦不在百万以下，此外，除四川督剿"流寇"的军队不计，在湖南的何腾蛟，在江西的袁继咸，都各拥重兵。合计当时各方所有的兵力，当不在三百万以下。然而到第二个政府时代，在武汉方面，则左良玉的军队，十分之九，已经叛降清朝，只有某部将马进忠、王元成所领的残余部队，窜入湘北岳州一带，为章旷所收编。在江西方面，则袁继咸已经被俘北去，只有赵应选、胡一青等所带领的少数滇军扼守吉安，"孤悬上流，兵力单薄"。江北四镇，除黄得功战死芜湖以外，大半叛降清朝，或溃散江南，成为游勇。此外，只有郑鸿逵、郑采等所统率的少数闽军，在镇江陷落以后，向福建溃退。所以在第一个政府崩溃的时候，南明的主力军可以说完全被敌人所击溃，因之第二个政府，也就不能依靠闽军的支持，而为闽军首领郑芝龙所支配。

虽然，这不是说，第二个政府就完全失去了抵抗清兵的物质基础，或是失去了抵抗清兵侵略的能力。实际上，在第二个政府成立的时候，除了还拥有长江以南广大的人力与物力以外，还出现了两种新的力量；第一，是江南人民义勇军的蜂起；第二，是"闯贼"李自成的残部与政府军的合流，这些力量，假使政府指挥得宜，较之第一政府时代的战斗力量，当更为强大。南明第二个政府短期崩溃的原因，不在于客观环境之恶化，而是在于主观上犯了不少严重的错误；而这些主观上的错误，就恰恰客观地提供敌人以胜利的前提条件，以致结局又不能不追随第一个政府之后，走上崩溃的前途。

二 可惜社会内部的轧轹还没有消解

我们知道，南明第一个政府的覆灭，原因甚多，而主要的是由于它没有克服社会内在的矛盾，因而给敌人以各个击破的机会。但是不幸，到第二个政府的时代，社会内部的矛盾虽然因为李自成之走死而部分的和解，但是因为张献忠领导的"流寇"还在四川继续"叛乱"，所以这一矛盾，还是集结在剿灭张献忠的内战中继续发展。因之，第二个政府还是有两个敌人，一个是"流贼"，一个是清兵，而这也就决定了他的任务，是内平流寇，外抗清兵。但是实际上，诚如多尔衮所云："夫以中华全力，受制潢池，而今欲以江左一隅，兼支大国，胜负之数，无待蓍龟矣"。况在第二个政府的时代，江左并非全为明有，而欲剿"寇"、御敌同时并举，更是自速灭亡。

就因为第二政府还是继续执行这种不聪明的政策，所以清政府在攻陷南京以后，便利用南明社会内部的矛盾，进行政治进攻与军事进攻之平行政策。他一方面乘着第一政府的新溃、人心动摇之际，派遣中国历史上有名的汉奸洪承畴招抚江南，以图缓和或软化中原人民反对清兵的斗争，施行其"以华制华"的毒计；另一方面，他利用南明政府与"流贼"的对立，一面由南京趋浙江，由九江入江西，以进攻南明的政府军；一面分兵由武汉趋湘北，扫荡李自成的残部，由汉中趋川北，进击张献忠的大本营，以遂行其各个击破的战略。

在这样的情形之下，摆在新政府之前的主要任务，是集中政府军力，团结全国人民，组织统一政府，执行全国抗战，尤其是要克服内在的矛盾，以迎击共同的敌人。

实际上，在当时由于李自成已经走死通山九宫山，其残部由鄂南退入湘北，已与当地政府军合流。由于种族间的矛盾之提高，社会内部的矛盾，已经局部的和解了。据《明纪》："贼将刘体仁，郝摇旗等，以众无主，议归何腾蛟，帅众四五万人骤入湘阴，距长沙百余里，城中人不知其来归也，惧甚。……腾蛟与提督军务都御史章旷谋遣部将万大鹏等二人往抚……摇旗等大喜，与大鹏至长沙。……摇旗等遂召其党袁宗第、蔺养成、王进才、牛有勇皆来归，骤增兵十余万，声威大震。"[①]

同书又载：

> 李自成死，众推其兄子锦为主，奉自成妻高氏及弟高一功，骤至澧州。逼常德，拥众三十万，言乞降，远近大震。巡抚湖广都御史堵胤锡议抚之，何腾蛟亦驰檄至，……锦自是无异志。别部田见秀、刘汝魁等亦来归。[②]

由于李自成残部的归附，于是湘、鄂边境，突然增加了四十万以上的生力军。这些生力军在何腾蛟的指挥之下，合湖南原有的官军共编为十三镇，分镇洞庭南北，成为保卫西南的有力支柱。终第二个政府的时代，使清兵不能侵入湖南一步。据《明纪》：

> 降卒既众，腾蛟欲以旧军参之，请授黄朝宣、张先璧为总兵官，与刘承胤、李赤心（李锦赐名）、郝永忠、袁宗第、王进才、董英、马进忠、马士秀、曹志建、王胤成、卢鼎，并分镇湖南北，时所谓十三镇者也。[③]

或有人曰，李自成残部之归附，完全由于穷无所归，我们以为在事实上，殊不尽然。他们虽是失掉了首领的"流寇"，但他们却还具有很大的力量，当刘体仁等之入湘阴，迫长沙，如入无人之境，守将黄朝宣且逃窜燕子窝，傅上瑞且请腾蛟出避。以他们当时的力量，合计尚有五十万人，一据湘北，一据湘西，合力

---

① 《明纪·唐王始末》（以下简称《明纪》），第10—11页。

② 《明纪》，第12—13页。

③ 《明纪》，第14页。

并进，则袭湖南而据之实大有可能。且据《明纪》所载，长沙知府周二南往抚以千人护行。他们疑其来攻，则"射杀之，从行者尽死"。后来万大鹏等二人往抚，"贼见止二骑，迎入演武场饮之酒。"足见他们是诚心归附政府。但如官军进剿他们，他们还是有抵抗的能力。

又如李自成妻高氏谕其子锦之言曰："为贼无论，既以身许国，当爱民，受主将节制，有死无二，吾所愿也。"李锦拥众三十万，岂无横行湖南之力，所以归附政府者，也是为的大敌当前的原故。

不仅如此，而且在归附以后，他们确能忠勇为国，效命前驱。据《明纪》："何腾蛟与监军御史李膺品赴湘阴，期诸军尽会岳州，张先璧逗留，诸营亦观望，独李赤心自湖北至，为大清兵所败而还，诸镇兵遂罢。腾蛟威望由此损。时诸镇皆骄且贪残，黄朝宣尤甚，劫人而剥其皮，郝永忠效之，杀民无虚日。"

这里所谓逗留观望者，乃官军张先璧，所谓"骄贪"，所谓"劫人而剥其皮"，所谓"杀民无虚日"者，又皆官军黄朝宣等之所为；反之，与大清兵战斗于湖北者，则为反正之"贼将"李赤心。

假使新政府能够有一整个的招抚政策，使张献忠所领的"流寇"亦能继李自成的残部之后而归附政府，则不但可以解放大批剿"寇"兵力，而且可以利用张献忠的力量，北向山、陕，在西北发动一个战场，以牵制敌人的南进。乃不此之图，而继续督剿川"寇"，因而在客观上尽与敌人夹攻张献忠的任务。当清兵南进之际，政府军与张献忠却在四川展开激烈的战争。据《明纪》：当时四川的官军在樊一蘅与王应熊的指挥之下，恢复了川南一带。《明纪》云：

清顺治二年九月，官军与张献忠军在叙州一带展开激战，获胜之后，"一蘅乃命展、应试取嘉定、邛眉，故总兵官贾连登及其中军杨维栋取资、简，侯天锡、高明佐取泸州，李占春、于大海守忠、涪，其他据城邑，奉征调者，洪、雅则曹勋及监军副使范文光，松、茂则监军佥事詹天颜，夔、万则谭宏、谭诣……檄诸路刻期并进。"① 进剿张献忠。

明年三月，"杨展尽取上川南地，屯嘉定，与曹勋等相声援，而王应熊及总兵官王祥在遵义，马乾、曾英在重庆，皆宿重兵，贼势日蹙。惟保宁、顺庆为贼将刘进忠所守，进忠又数败，张献忠怒，遣孙可望、刘文秀等攻川南郡县，应雄、樊一蘅急令展与侯天锡、屠龙、马应试及顾存英、莫宗文、张登贵连营犍为、叙州以御之。"②

这样，在四川境内就展开了激烈的内战。在内战方酣之际，清兵乘机入蜀境。张献忠在明、清两军南北夹击之中，遂弃成都走顺庆。结果，张献忠死于凤凰坡，而四川却为清兵所有。从此，西南屏障尽撤，又扫清了后来清兵平定黔、滇的道路。

三 唐鲁两王不合作

第二个政府不但没有克服社会内部的矛盾，形成一个统一的民族战线以对抗共同的敌人；而且在统治阶级的内部，也不能团结一致，以致同时出现了两个政府乃至三个政府。

---

① 《明纪》，第 11、17 页。
② 《明纪》，第 11、17 页。

首先出现的是唐王政府，也就是我们所谓的第二政府。这个政府是在闽军的支持之下成立的。据《明纪》："闰（六）月丁亥，黄道周与巡抚福建都御史张肯堂、镇守总兵官南安伯郑芝龙等奉唐王称监国……丁未，王即位于福州……改七月以后为隆武元年。"①

其次，在浙江方面，又出现了一个鲁王政府。这个政府是在浙军的支持之下成立的。据《明纪》

> 宁波故刑部员外郎钱肃乐建议起兵……集者数万人，……闻鲁王以海在台州，遣举人张煌言奉表请监国，……即日移驻绍兴。②

此外，在广西也出现了一个政府，"靖江王亨嘉，自称监国于广西，谋僭号。"③，虽然广西政府不久为两广总督丁魁楚所取消，然而福建与浙江的两个政府，则是并存于同一时代。这就暴露了当时统治阶级内部的不团结，以致不能集中力量，共挽危亡。

当时唐王政府亦曾感到有团结之必要，曾"遣给中士刘中藻颁诏浙东"，而鲁王政府中，亦有不少明达之士如钱肃乐等，都主张接受唐王的命令。但是张国维、熊汝霖、张煌言等都坚决反对。"张国维驰疏上王，言国当大变。凡为高皇帝子孙，咸当协心并力，誓图中兴。成功之后，入关者王。今日原未假易也。监国当大势溃败之日，纠集维艰，一旦而拜正朔，退就藩服，人无所依，闽中鞭长不及，猝然有变，唇亡齿寒，悔将何及。……疏

---

① 《明纪》，第2页。
② 《明纪》，第3页。
③ 《明纪》，第9页。

入，（唐）王召中藻还，于是闽、浙相水火矣。"[①] 我们以为张国
维所言 "国当大变。凡属高皇帝子孙，咸当协心并力，誓图中
兴。"这是对的；但是在未成功以前，就先想到 "成功以后，入
关者王"的政权问题，这是非常错误的。因为不是成功以后，再
谈协力，而是必须协力，才能成功，可惜当时张国维等不见及
此，而使两个政府变为水火，结果鲁王浮海，唐王被俘，还有什
么 "入关者王"呢？

关于两个政府的合并问题，已经再谈不到。但关于合作的问
题，以后似乎还不断地进行。据《明纪》：

> 鲁王遣其臣柯夏卿来聘，（唐）王手书与鲁王，谓当同
> 心戮力，共拜孝陵，已遣金都御史陆清源解饷十万犒浙东。
> 但才到江上，鲁王将 "方国安纵兵夺饷，留清源军中。[②]

从此合作的问题也谈不到了，而两个政府，俨如敌国，有相
通者，则其罪等于通敌。据《明纪》：

> 鲁王使都督陈谦至福建，御史钱邦芑劾谦持两端，下
> 狱杀之。而钱肃乐且因尝向唐王 "奉表称谢"，致为诸将所
> 责，欲弃兵入山。[③]

从这里，我们可以看出当时统治阶级内部的矛盾，乃在 "成
功之后，入关者王。"这一个未可期必的政权问题。

在大敌当前，而统治阶级不能集中力量，乃至形成两个互相
对立的政府，这已经是一种失败的现象。但是假使两个政府都能

---

① 《明纪》，第11—12页。
② 《明纪》，第15页。
③ 《明纪》，第19页。

振作精神，分抗外敌，则客观上还是尽了分进合击的任务。

一般的说来，当时两个政府都能接受第一个政府失败的教训，他们一致拒绝汉奸的参加。如在唐王方面，据《明纪》："马士英拥残兵入福建，上疏自理，（唐）王以其罪大不许。"① 又彭遇颺以曾"依附马士英"，皆不用。在鲁王方面，据《明纪》："马士英请入朝，诸臣力拒之，（张）国维劾其十大罪，乃不敢入。"又云"阮大铖投（朱）大典于金华，亦为士民所逐，大典乃送之严州（方）国安军。"②

但实际上，在两个政府中，都还是隐伏着大批的汉奸。在唐王方面，据《明纪》："秋七月己巳，（唐）王御门诏谕群臣，焚其迎降书二百余封。"③

这二百余人，不过是有凭有据的汉奸，其他在郑芝龙领导之下的大小汉奸，还不知有多少。他们掌握着政府的重权，左右当时的政治；在另一方面，唐王政府之下的有志之士，如黄道周等，则没有力量，而且受汉奸的攻击，据《明纪》："一诸生上书诋道周迁，不可居相位。王知出芝龙意，下督学御史挞之。"④ 当时的有志之士也想打击汉奸势力。据《明纪》："郑芝龙爵通侯，位道周上，众议抑芝龙，由是文武不和。"⑤ 这里所谓"文武不和"，就是掌有实力的汉奸与两手空空的有志之士，已经形成对立，在这一对立的形势之下，于是黄道周不能不"仅赍一日粮"离开政府。他走江西，终至战死婺源。而唐王政府遂完全落

---

① 《明纪》，第 15 页。

② 《明纪》，第 3 页。

③ 《明纪》，第 21 页。

④ 《明纪》，第 3 页。

⑤ 《明纪》，第 2—3 页。

于汉奸郑芝龙的手中，后来大开仙霞关，迎降清兵。

鲁王政府的成立，就是以"已纳款的"镇海总兵官王之仁及"方从江上迎降归"的大学士谢三宾等为基础，故其政府中的汉奸成分，当然更多。如当时"武将横甚，竞营高爵，请乞无厌。"而文臣则不顾国家缓急，只知请祭，请封，请葬，请谥。诚如兵部尚书余惶所云："今国势愈危，朝政愈纷，尺土未复，战守无资，诸臣请祭，则当思先帝烝尝未备；请葬，则当思先帝山陵未营；请封，则当思先帝宗庙未享；请荫，则当思先帝子孙未保；请谥，则当思先帝光烈未昭。"①这样看来，当时请祭，请葬，请荫，请谥者，一定很多。此外，阮大铖虽为"士民所逐"，而仍隐藏在方国安军中"谈兵说剑"，大起其汉奸作用。

在社会内部的矛盾继续发展与统治阶级内部的不团结日益严重的客观条件下，南明第二个政府自然不能利用一切有利的形势以展开坚决的民族斗争。他们只是局促于闽浙海滨，以求旦夕的苟安。

在唐王政府，则汉奸郑芝龙等拥兵福州，挟持唐王不肯出仙霞关一步。虽"王数议出关"，然终"为郑氏所阻"。在鲁王政府方面，则亦只是划钱塘江而守。据《明史》："国安军七条沙，之仁军西陵，遵谦军小瞫，汝霖、嘉绩、肃乐、及金都御史沈震荃大理寺丞章正震等军瓜沥，列营二百余里，太仆少卿陈潜夫监军，划钱塘江而守。"②这样，他们一则坐视敌人扫荡江南一带的人民义勇军，一则坐视敌人深入江西的腹部，以致结果同归于尽。

---

① 《明纪》，第 15 页。

② 《明纪》，第 3 页。

四　江南人民义勇军消灭了

当时政府军虽已退到钱塘江以南，但是反抗清兵侵略的斗争，仍然在江南一带轰轰烈烈的展开了。这就是当时人民义勇军的到处起义。他们在保卫家乡的口号之下，展开了激烈的武力斗争，最有名的，是麻三衡等所组织的"七家军"，据《明纪》：

> 故巡抚邱祖德，与宁国举人钱龙文、诸生麻三衡、沈祖莞及贵池诸生吴应箕，各举兵应之。时宁国郡城已失，祖德驻华阳，三衡驻稽亭。三衡兵既起，旁近吴太平、阮恒、阮善、刘鼎甲、胡天球、冯百家与俱起，号七家军，皆诸生也。[1]

> 同时举兵者，有职方郎中尹民兴与泾县诸生赵初浣、青阳知县庞昌允、溧阳诸生谢球、盐城诸生司石磬、宜兴中书舍人卢象观及从弟诸生象同、部将陈安，皆事败而死，惟民兴走免。[2]

此外，如绩溪、黄山、太仓、苏州、松江、昆山等处，无不有人民义勇军的起义，他们或据城邑为堡垒，迎击敌人；或反攻城邑，打击敌人。在极艰苦的条件之下，不顾生死存亡，斗争到生命最后之一息。这种斗争精神在明末的历史上，写上了光辉的一页。据《明纪》：

> 南京阮破，州县多起兵自保。

> 左佥都御史金声纠集士民保绩溪、黄山，分兵扼六岭。

---

[1]　《明纪》，第4页。

[2]　同上。

徽州推官温璜与声犄角，且转饷给其军。① 声拔旌德、宁国
诸县，会徽故御史黄澍降于大清。大兵间道袭破声，声被执
至江宁，与门人监纪诸生江天一皆死。②

太仓已下，诸生王湛与兄淳，复集里人数百围城，城中
兵出击皆死。

苏州既降，诸生陆世钥聚众焚城楼，福山副将鲁之玙帅
千人入城，与大清兵战死。③

吴淞总兵官吴志葵，自海入江，结水寨于泖湖。会总兵
官黄蜚，拥千艘，自无锡至，与之合。故两广总督侍郎沈犹
龙偕同里给事中陈子龙、中书舍人李待问、知县章简等，募
壮士数千人守城，与志葵、蜚相犄角。东部主事夏允彝入志
葵军中。④

大清兵至松江，吴志葵、黄蜚败于春申浦，被执。志葵
参军举人傅凝之赴水死。城遂被围，未几破。沈犹龙出走，
中矢死。李待问、章简俱被杀。华亭教谕眭明永、诸生戴泓
皆死之。大兵遂攻金山，参将侯承祖亦被获，说之降，不
从，被杀。夏允彝彷徨山泽间，欲有所为。闻友人侯峒曾、
黄淳耀、徐汧等皆死，乃自投深渊以死。⑤

昆山之起兵也，县丞阎茂才已遣使迎降，县人共执杀茂
才，推邑中故副将王佐才为帅。贡生朱集璜及仪封知县周室
瑜、诸生陶炎、陈大任等共扼守。参将陈宏勋，前知县杨永

---

① 《明纪》，第4页。
② 《明纪》，第9页。
③ 《明纪》，第4页。
④ 同上。
⑤ 《明纪》，第7—8页。

言帅壮士百人为助。阅两月，大清兵至，宏勋帅舟师迎战，败还。游击孙志尹战殁。乙卯，城陷，永言遁去。佐才纵民出走，而已冠带坐帅府被杀，集璜等皆死之。①

吴江之失也，职方主事吴易走太湖，与同邑举人孙兆奎，诸生沈自炯、自炳、武进贡生吴福之等谋举兵，旬日得千余人，屯于长白荡，出没傍近诸县，道路为梗。王闻之，授易兵部侍郎兼右佥都御史总督江南诸军，提督军务。侍郎杨文骢奏易斩获多，进为兵部尚书。鲁王亦授易兵部侍郎，封常兴伯。大清兵至，易败走，父及妻女皆死，自炯、自炳、福之亦死焉。兆奎被获而死，一军尽歼。②

吴易既败走，其乡人周瑞复聚众长白荡，迎易入其军。八月，大清兵至，被获死之。③

在当时人民义勇军的斗争中，尤以嘉定之役与镇江之役最为壮烈，因之当时的志士仁人与一般人民之死于此二役者，也就更多。据《明纪》：

嘉定之起兵也，士民推通政使侯峒曾为倡，偕同里进士黄淳耀、举人张锡眉、龚用圆、秀水教谕马元调、诸生唐全昌、夏云蛟等誓师固守。大清兵攻之，峒曾乞师于吴志葵。志葵遣游击葵祥以七百人来赴，一战失利，束甲遁，外援遂绝。城中矢石俱尽。秋七月壬子，大雨，城隅崩，架巨木支之。癸丑，雨益甚，城大崩，大兵入。峒曾拜家庙，投于池，骑兵引出斩之。二子元演、元洁与锡眉等皆死之，淳耀

---

① 《明纪》，第5页。
② 《明纪》，第7页。
③ 《明纪》，第21页。

及弟诸生渊耀，自缢于城西僧舍。[1]

江阴之守城也，以诸生许用德倡言，远近应者数万人。典史陈明遇起兵，用徽人邵康公为将，前都司周瑞龙泊江口，相犄角。战失利，大清兵逼城下，徽人程璧尽散家资充饷，而身乞师于吴志葵，志葵至，璧遂不返。康公战不胜，瑞龙水军亦败去。明遇乃请前典史阎应元入城，属以兵事。大兵力攻城，应元守甚固。降将刘良佐用牛皮帐攻城东北，城中用炮石力击。良佐乃移营十方庵，令僧陈利害。良佐旋策马至，应元誓以大义，屹不动。及松江破，大兵来益众，四面发大炮，城中死伤无算，犹固守。乃令志葵、黄蜚至城下，说城中人降。志葵说之，蜚不语，城迄不下。庚子，大兵从祥符寺后城入，众犹巷战。男女投池井皆满，明遇、用德皆举家自焚，应元赴水，被曳出，死之。训导冯敦厚冠带缢于明伦堂，里居中书舍人戚勋，举人夏维新、诸生王华、吕九韶皆死。时贡生黄毓耆与门人徐趋举兵行塘，以应城内兵。城陷，两人逸去。后趋侦江阴无备，帅将士十四人袭之，不克，皆死。[2]

从以上这些悲壮的事实看来，这些人民义勇军，由于没有获得当时政府的支持，由于没有在彼此之间取得必要的联络，由于战术与战略上的幼稚，以致都先后为清兵所消灭，但他们英勇赴敌，百折不回，鞠躬效命死而后已的精神，实足以照耀千古，永为后代中华女儿的模范。以视当时唐王与鲁王领导之下的军队，逃窜海滨，委土地人民于不顾，何啻霄壤，假使当时政府能够善

---

① 《明纪》，第5页。
② 《明纪》，第8页。

于运用这些人民的武力，作为反攻的前锋，而以政府军为其后劲，两相配合，在长江南岸发动一个反攻的战争，则歼灭渡江的敌人，并非绝对不可能。可惜他们都不此之图，而以为钱塘一水，仙霞一关，便可以保障小朝廷。孰知敌人在消灭人民义勇军以后，遂长驱直入，驱马渡江。于是鲁王遂不能不航海出国。据《明纪》：

> 夏旱，钱塘江水涸，大清兵驱马试之，不及腹，遂渡。方国安拔营走绍兴，江上诸军悉溃。六月丙子朔，大兵破绍兴，国安将以鲁王降，王走台州航海。[1]

当鲁王航海出国之时，而老汉奸马士英、阮大铖偕大学士谢三宾、宋之晋、刑部尚书苏壮及方国安等，赴江干乞降，于是鲁王政府遂告结束，而浙江也就全部沦陷了。后来当清兵攻仙霞岭的时候，阮大铖为向导，"僵仆石上死"，而马士英乃被敌人斩首于延平城下，这就是两个老汉奸的下场。

鲁王政府覆亡以后，福建便变成了前线，因而影响到唐王政府的崩溃。这样看来，不肯支持人民义勇军，又是这两个政府覆亡之直接的原因。

五　最后的一幕——郑芝龙投降

民族斗争在江西方面，也同时激烈地展开了。而且当时的江西，可以说是明清斗争的一个主要战场。

---

[1] 《明纪》，第19页。

　　当时江西的敌我形势，据《明纪》所记：清兵已下建昌，"江西诸郡惟赣州存，孤悬上游，兵力单薄。"[①] 这样看来，当时赣州以北均已沦陷，南明军队则据守赣州，保障赣南，以阻止敌人侵入福建。因此，当时敌我两方，对于赣州的争夺展开了激烈的战斗。实际上赣州的存亡，就是南明第二个政府的生死关头。因为赣州一失，清兵便可以由赣西直入福建，而且截断了唐王政府与西南的连系。

　　为了保卫赣州，南明政府与人民，确仍尽了不少的努力，可是赣州终于失陷。这主要的，是由于以下的几种原因。

　　第一，是当时江西的南明军队，非常复杂。此疆彼界，不能在战斗中取得必要的联络。

　　（1）是赵应选等统率的"滇军"，又号"旧军"。据《明纪》："初，崇祯末，命中书舍人张同敞调云南兵，及抵江西，两京已相继失，因退还吉安。（杨）廷麟留与共守，用客礼待之。其将赵应选、胡一青频立功。"[②]

　　（2）是赴援的"粤军"。据《明纪》："时有广东兵，亦以赴援至。"[③] 又云："杨廷麟入赣州，与万元吉同守，副将吴之蕃以广东兵五千至。"又云："丁魁楚亦遣兵四千……先后至赣，营于城外。"[④]

　　（3）是永宁王慈炎所招降的"蛮兵"。据《明纪》："永宁王慈炎招降汀、赣间连子峒张安兵数万，复建昌，入抚州。"[⑤] 又

---

①　《明纪》，第 6 页。
②　《明纪》，第 16 页。
③　《明纪》，第 6 页。
④　《明纪》，第 20 页。
⑤　《明纪》，第 6 页。

云："杨廷麟赴赣州招张安等四营为兵，号龙武新军。"①

（4）是黄道周所号召的"义勇军"。据《明纪》："黄道周以虚声鼓动忠义士，所至远近响应，得义旅九千余人。"②

这些各种军队，只有黄道周所领导的义勇军在湖东敌后活动，结果为汉奸出卖，全军覆没于婺源。道周亦被俘，不屈而死。据《明纪》："黄道周由广信出衢州，婺源知县伪致降书，道周信之，进至婺源，猝遇大清兵，战败……诸军溃走，道周被执。"③

此外新军（蛮兵）与旧军（滇军粤军）不和，抵消了不少的力量，吉安之失，就是这个原因。据《明纪》："新军张安者，骁勇善战，（万）元吉以新军足恃也，蔑视云南、广东军、二军皆解体，然安卒故淫掠，所过残破，至是大清兵逼吉安，诸军皆内携，新军又在湖西，城中军不战败，城遂破。"④此外，如建昌之失，亦由于"客兵内应"。

第二，是由于湖南何腾蛟拥十三镇之多的军队而没有驰援江西。假使当时何腾蛟而以一军由湘鄂边界出赣西北，以袭敌人之背，则必然可以转移江西方面战局的形势，然而何腾蛟终以诸镇骄横，不听指挥，未能援救江西。据《明纪》："王遣使征兵，腾蛟发郝永忠精骑五千往迎，永忠不肯前。久之，始抵郴州。"⑤

第三，也就是最重要的原因，则是由于郑芝龙等的投降政策，他们按兵福建不动，有意的使江西战局失败，以达到其图降

---

① 《明纪》，第 15 页。

② 《明纪》，第 7 页。

③ 《明纪》，第 13 页。

④ 《明纪》，第 16 页。

⑤ 《明纪》，第 19 页。

的阴谋。据《明纪》："杨廷麟、刘同升等请王出江右，何腾蛟请出湖广。原任知州金堡言：'腾蛟可恃，芝龙不足恃，宜弃闽就楚。'王大喜……十一月王亲行，……郑鸿逵为御营左先锋，出浙江。郑采为御营右先锋，出江西。……十二月甲申，王发福州，驻建宁。郑鸿逵、郑采各拥数千，号数万。既出关，托侯饷，仍驻不行。"[①] 又云："江楚迎王疏相继至，王决意出汀州入赣，与湖南为声援。郑芝龙不欲王行，令军民数万人，遍道呼号，拥王不得行，遂驻延平。"[②]

不仅如此，当吉安失守，赣州危急，新城知县帅"民兵千余，出城拒击"之时，而"郑采兵驻新城，采闻大兵至，即奔入关。……大兵遂取抚州。"[③] 同样当精兵陷绍兴，鲁王航海的时候，"郑鸿逵驻关外，传大清兵至，徒跣疾行，三日而抵浦城，后至者纷纷言兵哗。"而"郑芝龙部将夺民舟"而逃。实际上，"是时芝龙已怀异志，密通款于大清，假言海寇至，撤兵回安平镇，航海去。守关将士皆随之，仙霞岭二百里间，空无一人。"[④]

这样，于是清兵一面围赣州，"两广、云南军不战而溃，他营亦悄悄散去。城中仅郭维经及汪起龙部卒四千余人，城外仅水师后营二千余人，参将谢志良拥众万余驻雩都不进。杨廷麟调广西狼兵逾岭，亦不即赴。"[⑤] 于是赣州失陷。同时，"清

---

① 《明纪》，第13页。
② 《明纪》，第15页。
③ 《明纪》，第16—17页。
④ 《明纪》，第20页。
⑤ 《明纪》，第21页。

兵抵仙霞关，长驱直入，"①遂入福建。唐王及后被逾于汀州，郑芝龙奉表迎降于平安，其子成功恸哭而谏，不从，遂率所部入海。于是南明第二个政府遂又被清所颠覆，而闽、浙、皖、赣又相继沦陷。

（重庆《中苏文化》第八卷第一期，1941 年 1 月 25 日出版）

① 《明纪》，第 22 页。

南明史上的弘光时代

一　燕京沦陷以后

1644年3月19日，李自成陷北京，崇祯死难。当时明朝驻守山海关的将军吴三桂缟素投清，开关延敌，与清联兵，共同进攻中原。李自成的队伍，在明、清联军压迫之下，退出了北京，自是清朝遂定鼎燕京。

随着李自成的大军向山、陕退却，清兵便追踪前进。于是太行以东，大河之北，遂非复为明朝所有。而这就是多尔衮所谓"国家不惮征缮之劳，悉索敝赋，代为雪耻"[①]者是也。

当此之时，明代的遗臣故老和残余的将领，以国破君亡，宗社为重，相与迎立福王由崧于南京。福王以五月十五日即位，改明年为弘光元年，是为南明第一个政府。

当弘光之世，大明的天下虽已在内乱与外患交逼并乘之中陷于崩溃决裂，但衡量大局，并非不可挽救。以言物力，则当时大河以南尚全为明朝所有。以淮、扬之繁富，江南之殷盛，东南沿海之鱼盐，西南半壁之土产，供应军需，实不成问题。以言兵力，则江北四镇，分布淮、泗，不下数十万人；郑芝龙及郑采的

---

① 三馀氏：《南明野史》卷上，第24页。

闽军，分屯沿江沿海，亦不下数十万人；左良玉的三十六营，雄据武汉，号称百万；此外袁继咸的赣军，何腾蛟的湘军，以及粤、桂、黔、滇之军，总计当有数百万人；至用于围剿"流寇"的川军尚不在内。以掌握如此庞大之人力与物力的弘光政府，假使发奋为雄，抗清第一，则据河南以规复河北，进而克复北京，非不可能。即不然，划江而守，亦足以如东晋南宋，偏安江南，与清成南北对峙之局。但是事实的演变，却出人意料之外，不期年而弘光殄祀，福王政府几如昙花一现，遂尔萎谢，这"虽曰天命，岂非人事哉！"

二　福王政府的成立与阉党再起

说到弘光之败，不能不首先说到福王之立，因为后来的一切问题，都从这里申引出来。假如弘光的历史是一幕悲剧，则福王之立便是这幕悲剧的楔子。

按福王名由崧，系神宗次子福王常洵之子。神宗有五子，长常洛，是为光宗。次福王常洵，次瑞王常浩，次惠王常润，次桂王常瀛。光宗早死，福王常洵亦死于崇祯十四年李自成陷洛阳之役，其存者仅瑞、惠、桂三王。但当北部沦陷之时，瑞、惠、桂三王，皆远在藩封。适于此时，福王由崧、潞王常淓则以避乱，系舟淮安。如依皇家伦次，则潞王为疏，而福王为亲。如依贤不肖，则潞王精明仁厚，为当时人望所属，福王骄奢荒淫，为当时物议所讥。因此当拥立之时，曾发生伦序与立贤之争。

陈贞慧《过江七事》之《计拥立》篇，对于当时拥立之争议，纪录甚详。据所云云，大概当时南中大臣中的忠贞分子，如史可法、姜曰广、刘宗周辈，皆主张立贤，拥戴潞王监国。而以马士英为首之奸佞分子，则借口序伦，主张迎立福王，以邀拥立之功。结果奸佞分子因有江北四镇的实力派为后盾，得了胜利，福王于是乎即位于南京。

福王政府虽为奸佞分子所拥立，但当时国难严重，所有忠诚救国的元老重臣，也都牺牲成见，参加这个政府。据史载，"福王即位，用可法、曰广及南储高弘图为阁臣，从物望也。当是时，可法实秉中枢，高、姜居中票拟，张慎言为大冢宰，刘宗周为总宪，九列大臣，各得其任。"[1] 但同时，奸佞分子如马士英、王铎，皆任为大学士。士英因定策有功，而王铎则为福王藩邸旧人。所以当福王政府成立之初，虽奸、忠并列，而荣枯已有别了。

这样的局面，并不长久。不久马士英拥兵入朝，遂开始从中央政府中排除忠贞分子的工作，企图以此转变政权的性质，即由抗战转向妥协。首先被排除的是史可法。三馀氏《南明野史》云："既而士英拥兵入朝，假援中宫，请留辅政。于是有内外均劳之议。可法请督师江北，而士英专国。"

关于史可法被马士英排出中央，督师江北之事，应喜臣《青磷屑》（下）记之甚详。其中有云："朝议既定，以史公督师淮、扬，苏州吴县廪膳生卢渭率太学诸生抗疏争之，有'秦桧在内，李纲在外，宋终北辕！'等语，朝野传诵，以为名言。时人比之陈东云。"

马士英一面排除忠贞的元老重臣，一面又引用无耻小人，以为党羽。第一个被引用的便是阮大铖。阮大铖，是魏忠贤阉

---

① 三馀氏：《南明野史》卷上，第2页。

党的余孽，为士君子所不齿，而且名列逆案，天下共知。当魏阉败死，阮大铖曾一时匿迹皖省故乡。后因迫于"流寇"之乱，又逃寓南京。当时正值崇祯末年，天下萧萧，不可终日。于是阮大铖遂谈兵说剑，企图再起。当时阮大铖自署其门曰："无子一身轻，有宦万事足。"[1]由此可以想见其怀抱。后经复社诸名士顾杲、侯朝宗、陈定慧、吴应箕等联名发表留都防乱揭帖，痛加声讨，又才稍稍敛迹。福王政府成立，阮大铖适在南都，因厚结马士英以求复用，故有推荐之事。关于阮大铖史实，钱秉镫《藏山阁文存》卷六《皖髯事实》中载之甚详，这里不及琐述。像这样一个人物一旦提出，当然要使得举朝大骇，一倡百和，舆论哗然。三馀氏《南明野史》曾录当时朝中士大夫反对之言，其中如：

高弘图曰："臣非阻大铖。旧制京堂必会议，乃于大铖更光明。"

姜曰广曰："臣前见文武纷竞，既惭无术调和。近见钦案掀翻，又愧无能豫寝。遂使先帝十七年之定力，顿付逝波；陛下数日前之明诏，竟同覆雨。梓宫未冷，增龙驭之凄凉；制墨未干，骇四方之观听。惜哉维新，遂有此举。臣所惜者，朝廷之典章；所畏者，千秋之清议而已。"

郭维经曰："案成先帝之手，今实录将修。若将此案抹杀不书，则赫赫英灵恐有余恫，非陛下所以待先帝。若书之而与今日起用大铖对照，则显显令旨，未免少愆。并非辅臣所以爱陛下也。"

---

[1]　夏完淳：《续幸存录·南都杂志》，第10页。

吕大器曰："先帝血肉未寒，爰书凛若日星。而士英悍然不顾，请用大铖。不惟视吏部为刍狗，抑且视陛下为弁髦。"

王孙藩曰："枢府以大铖为知兵乎。则《燕子笺》《春灯谜》，枕上之阴符，而床头之黄石也。"

虽然举朝反对，但阮大铖仍然做了兵部尚书。小人道长，则君子道消。自阮大铖掌兵部以后，当时忠诚谋国的元老重臣如张慎言、姜曰广、高弘图、刘宗周、黄道周、陈子龙等都被排挤而先后退归田里；同时，**魏阉余党**，如张捷、杨维垣、虞廷陛一流的小人，都弹冠相庆，走进了朝堂。像钱谦益那样无耻的文人，也因巴结阮大铖，起复了原官。《南明野史》记钱谦益之下流有云：

谦益之起也，以家妓为妻者柳如是自随。冠插雉羽，戎服骑入国门，如昭君出塞状，都人咸笑之。谦益以弥缝大铖得进用。乃出其妾柳氏为阮奉酒。阮赠一珠冠，值千金。谦命柳姬谢，且移席近阮。闻者绝倒[①]。

钱谦益的故事，亦见夏完淳《续幸存录》，当系事实。虽然，如钱谦益者，不过丑声外播者而已。实际上，当马、阮专国以后，在福王政府中，其以献妻献妾而蟒玉加身者，正不知有多少。从这里，我们可以看出所谓福王政府，不过是一群阉党余孽和无耻之徒的政府。这个政府不但与当时明朝的人民没有关系，而且与明朝的士大夫也没有关系。

---

① 三馀氏：《南明野史》卷上，第10—11页。

三　妥协政策的执行

马士英、阮大铖把政权转移到自己手中以后，第一件事，便是企图与清谋妥协，不久派赴清廷的使节便出发北上了。当时派遣的使节是左懋第、马绍愉和陈洪范三人。陈洪范曾著《北行纪略》纪述奉使北行的经过。其中有云：

> 忽接礼部札付，奉旨召对。始知为吴三桂借（夷）破贼，顾大宗伯荐往北使，蒙皇上回（命）（召）对。国事多艰，惟命所之，义（不）敢辞。但使（命）甚重，非武臣可以专任，必得文（臣）同往。部仪兵部侍郎左懋第、太仆寺卿马绍（愉偕）行。以银十万两、金一千两、缎绢一万匹，为酬（夷）之（仪），因以祭告祖陵，奠安先帝后，封吴三桂为蓟国公。本镇恐（夷）情甚狡，事难（遥）度，就中机宜，必奉庙算，可以奉行，共疏（上）请，复蒙皇（上）召对亲切……①

从陈洪范的记载看来，当时派赴清廷使节的主要使命，是为了答谢清兵替明朝打退了李自成的农民军，并因便祭告祖陵，奠安崇祯皇帝，同时封拜开关延敌之吴三桂将军。很显然地，这三位使臣之中，陈洪范在"召对亲切"之时，已面奉秘密"机宜"，这就是要他通过吴三桂的关系，与满清谋妥协。不料当时清统治者气势方盛，黄金白银，并不足以满其贪欲；联兵西讨，亦不足以激其义愤；他根本不承认福王政府的合法地位。关于这一点从多尔衮致史可法书中可以看出，书中有云："比闻道路纷

---

① 《北使纪略》，第1页。

纷，多谓金陵有自立王者。夫君父之仇，不共戴天。《春秋》之义，有贼不讨，则故君不得安葬，新君不得即位。所以防乱臣贼子，法至严也。"① 这虽然是汉奸的手笔，但确是清统治者的意思。因此，对福王的使节，便毫无礼貌。同时吴三桂又已经"外施复仇之虚名，阴作新朝之佐命。"② 也不与福王的使节见面，接受他们带来的封爵。陈洪范看见情势不佳，为了脱身，就把南朝的虚实完全报告清廷，所以后来左懋第、马绍愉在回来的路上被清廷截回，皆不屈而死，独陈洪范安然南返。夏完淳《续幸存录》云："洪范与虏合谋，赍夜逃归，遂成秦桧之奸计。"《北行纪略》一书乃是陈洪范为自己洗刷而作。

北行的使节显然是失败了。吴伟业《鹿樵纪闻》云："陈洪范还，言王师必至，"③ 和议已无成矣。但这种结果是出乎马、阮意料之外的，而且这样的消息传到南都，也是后来的事。当北行使节出发以后，在马、阮等想来，清政府充其量也不过如"契丹和宋，多输以金缯，回纥助唐，原不利土地。"④ 而且正准备与清联兵西讨，问罪秦中，企图假借外力，完成其武力统一之迷梦。

当时，马、阮乃至南朝大多数的士大夫都有一种错见，他们总以为清统治者也和他们一样，对李自成的农民军，亦有不共戴天之仇。以为清兵的入关，真如多尔衮所云："徒以薄海同仇，特申大义，""以报尔君父之仇。"只有史可法知道清统治者是"乘我蒙难，弃好崇仇；规此幅员，为德不卒。"实际上，清兵之入关，不自此次始。其欲闯进中原，已非一日。当崇祯之

① 三馀氏：《南明野史》卷上，第24、26页。
② 蒋良骐：《东华录》卷八。
③ 吴伟业：《鹿樵纪闻》卷上，第9页。
④ 三馀氏：《南明野史》卷上，第24、26页。

世，清骑之屡犯冀、鲁，果何为乎？为"报尔君父之仇"耶？则崇祯尚高据宝座也。

诚然，在福王政府看来，李自成确为大逆不道；但在清统治者看来，则"闯贼但为明朝崇耳，未尝得罪于我国家也。"反之，他们正要利用明朝内部的矛盾，挥游刃以戳其要害。站在清政府的立场，福王政府与李自成，同为明朝人，亦即同为他的仇敌，固无所谓谁为正谁为逆也。多尔衮说得明白，他说："今君拥称尊号，便是天有二日，复为劲敌。予将简西征之锐卒，转旗东征。且拟释彼重诛，命为前导。"又说：如果福王政府投降，则将"遣将西征，传檄江南，联兵河朔，陈师鞠旅，戮力同心，以报尔君父之仇，彰我朝廷之德。"总之，他对于福王政府与李自成，盖一视同仁，并无亲疏厚薄之分，同在剿灭的预算之内。所以多尔衮说："兵行在即，可东可西。"①

自然，清统治者也想诱降一个，打击一个。但他知道诱降政策对李自成的集团是不可能的。因为李自成一直退到陕西以后，对清统治者的答复，还是六十万大军在潼关的反击。《明纪·福王始末》云："大清兵攻潼关，伪伯马世耀以六十万众迎战。"即因李自成不能诱降，所以他又转而诱降福王政府中的将领。他深知福王政府中，除史可法外，都是一些无能之辈。只要史可法投降，江北四镇失其统驭，则福王政府即归瓦解。所以他写了一封信给史可法，要他劝福王政府投降。其中有云：

> 诸君子果识时知命，切念故主，厚爱贤王，宜劝令削号归藩，永绥福位。朝廷当待以虞宾，盛承礼物。带砺山河，

---

① 三馀氏：《南明野史》卷上，第2—25页。

位在诸侯王上，庶不负朝廷伸义讨贼、兴灭继绝之初心也。至于南州诸君子，贲然来仪，则尔公尔侯，列爵分土，有平西王（吴三桂）之典例在。惟执事实图利之。

但是史可法的回答，是"鞠躬致命，克尽臣节。"

清诱降史可法失败，又曾诱降高杰。《南明野史》云："先是清朝副将唐起龙，其父唐虞时致书于杰，劝以早断速行，有'大者王，小者侯，不失如带如砺，世世茅土'之语。杰皆不听。"[1] 以后清肃王又致书高杰诱降，但因高杰出身"流寇"，富有爱国之心，终不为动。

以上情形，马、阮并非完全不知，然而总以为江、淮不能飞渡，妥协尚有希望；因为当时北行使节死难的消息，尚未传至南都也。

四　文恬武嬉的局面

马士英、阮大铖等阉党余孽所执行的政策，显然是内除忠臣，外谋妥协，以求偏安江左的政策。因此，一切中兴大计，皆置之度外，而日以排除异己，援引私党为务。当时应天府丞郭维经曾上书曰：

> 圣明御极将二旬，一切雪耻除凶、收拾人心之事，丝毫未举。今伪官纵横于凤、泗，悍卒抢攘于瓜、仪，焚戮剽掠之惨，渐逼江南。而廊庙之上不闻动色相戒，惟以慢不切要

---

[1]　以上分别见三馀氏：《南明野史》卷上，第24、27、29页。

之务盈庭而议。乞令内外文武诸臣，洗涤肺肠，尽去刻薄偏私，及恩怨报复故习，一以办贼复仇为事①。

给事中陈子龙亦上书曰：

> 中兴之主，莫不身先士卒，故能光复旧物。今入国门再旬矣，人情泄潜，无异升平。清歌漏舟之中，痛饮焚屋之内，臣不知其所终。其始皆起于姑息一二武臣，以致凡百政令，皆因循遵养，臣甚为之寒心也②。

由此看来，当时并非无明达之士，见危知惧；惜官卑职小，其言不足以耸听闻。以当时之形势而论，福王政府之首要任务应该是致全力于军事措置，以准备迎击清兵之攻势。首先应将江北四镇的军队扼河而守，据淮为阵，以进窥河北之势，作退守中原之计。其次应将闽军开赴苏、皖沿江，以扼长江之险，作保卫南都之备。再次，应将左良玉驻屯武汉之三十六营调赴河南，北伐中原，以大张明朝之声势。尽调何腾蛟之湘军出屯武汉，与袁继咸之赣军相为犄角，以巩固长江上游之防守。再次则应调集粤、桂、黔、滇之军，北向中原，以为后续的部队。最后，则应号召沦陷区域的人民，武装起义，从敌人的后薄发动战争，以响应明朝的攻守。最好是能进一步招抚李自成、张献忠的农民军，使其卷土西秦，东出关、陕。如此，则敌以倾国来，我亦以倾国赴，天下为清为明，尚未可量也。

但是当时马士英等阉党，正玩弄妥协的阴谋，他们特别强调，国家的仇敌，不是清兵，而是"流寇"，企图以此缓和清兵

---

① 《明纪·福王始末》第3、4页。
② 《明纪·福王始末》第3、4页。

之进攻。所以左良玉的百万大军始终不令其离武汉一步。而其任务，则为阻止李自成由陕西南窜与张献忠由四川东下。因而在客观上，形成与清兵夹击农民军的形势。《明纪·福王始末》云："李自成之败于关门也，左良玉得以其间，稍复楚西境之荆州、德安、承天。王进良玉宁南侯，以上流之事专委之。"所谓"上流之事"即堵截李、张之事也。

即因左良玉之军不出，而中原遂空虚无备。即因以"上流之事"专委左良玉，湘、赣之军遂不能前进，西南各省几不知有清兵入关之事。

说到江北四镇，早已骄横放纵，眦睚杀人，拦路劫货如盗贼。应喜臣《青磷屑》（下）有云："四镇各私设行盐，理饷，总兵，监纪等官，自画分地。商贾裹足，盐壅不行。各私立关税，不系正供。东平（刘泽清）则阳山（山阳）、安东等处，兴平（高杰）则邵伯、江堰等处，多凶横。"由此可以想见一般。

史可法之督师江北，原系马士英之政治阴谋，并非一种有计划的军事布置。但史可法到扬州后，却想把四镇的兵力引用于抵抗外敌。他首先指定四镇的防地，规定其兵额，确定其粮饷。《南明野史》云："（可法）以总兵刘泽清辖淮、海，驻淮北，海、邳、赣十一州县隶之，经理山东一带。高杰辖徐、泗，驻泗水，徐、泗、宿、亳、丰、砀十四州县隶之，经理开、归一带。刘良佐辖凤、寿，驻临淮，寿、颍等九州县隶之，经理陈、杞一带。靖南伯黄得功辖滁、和，驻庐州，庐、巢、无为十一州县隶之，经理光、固一带。每镇额兵三万人，本色米二十万，折色银四十万，悉听各属自行征取。"[①] 同时并奏请政府，晋封

---

① 三馀氏：《南明野史》卷上，第2—3、33页。

黄得功靖南侯，高杰兴平伯，刘泽清东平伯，刘良佐广昌伯，以奖励之。

史可法的分防计划并没有顺利实现。因为高杰以徐州苦寒，欲据扬州。当时扬州富甲天下，有新旧二城，城外列肆，子女瑰宝累万万。但扬州乃系史可法督师所驻之地。而高杰悍然不顾，竟攻入扬州，放手剽掠，屠脍日以百数，并将史可法拘于善庆庵（《续幸存录·南都杂志》谓史困于福缘庵），后可法化装为道士，始得脱险。但以史可法之忠诚，不久高杰亦为感化，由跋扈一变而为忠勇之良将。不幸之事，层出不穷，以后刘良佐亦不愿调庐州，将与高杰争扬州。二镇水火，至演成土桥的火并。好容易高杰之军开赴归德防地，而又为许定国劫杀于睢州。可法闻而大哭曰："中原不可复图乎？"[1]

至于闽军，除郑鸿逵一部开抵镇江一带，其余大部分皆未出动。至于号召义军，虽史可法曾一度建议，如《明纪·福王始末》所云："（可法）请颁监国、登极二诏，慰山东、河北军民心；开礼贤馆，召四方才智。"亦未实行。

当时明达之士深感局势危急，无不纷纷上书，切言时弊。刘宗周上书有曰："言今日大计，舍讨贼复仇，无以表陛下渡江之心。非毅然决策亲征，无以作天下忠义之气。"[2]尤以史可法慷慨陈辞，不仅一次。其一疏有云：

> 自三月以来，大仇在目，一矢未加。昔晋之东也，其君臣日图中原，而仅保江左；宋之南也，其君臣尽力楚、蜀，而仅保临安；盖偏安者，恢复之退步；未有志在偏安而遽能

---

① 三余氏：《南明野史》卷上，第2—3、33页。

② 《明纪·福王始末》，第5、25页。

自立者也。大变之初，黔黎洒泣，士绅悲哀，犹有朝气。今则兵骄饷绌，文恬武嬉，顿成暮气矣。①

此外，章正宸亦上疏云：

> 两月以来，闻大吏锡鞶矣，不闻献俘；武臣私斗矣，不闻公战；老臣引退矣，不闻敌忾；诸生卷堂矣，不闻请缨。如此而曰兴朝气象，臣虽愚，知其未也。臣以进取为第一义……②

但是言者谆谆，而听者藐藐。

五　贪污腐化的政治

马士英、阮大铖等以北使既出，则清兵不致南下；左良玉专主上游，则"流寇"不致东窜；因而以为从此可以偏安江左，千秋万世。于是卖官鬻爵，贪污腐化，福王政府的政治遂不堪问了。

当时的贪污腐化，是从上而下，一贯到底的。福王本人就是一个贪污腐败的头子。据《南明野史》云：

> 时太后来自河南。帝谕户工部，限三日内，搜括万金，以给赏赐。……又谕选内员及宫女，间巷骚然。③

---

① 《明纪·福王始末》第5、26页。
② 《南明野史》卷上，第15、20页。
③ 《南明野史》卷上，第15、20页。

吴伟业《鹿樵纪闻》云：

> 是时又将大婚，内府造皇后礼冠，需猫睛石、祖母绿及珠，自一钱以上者百十颗，商人估价数十万。

关于选宫女事，《明纪·福王始末》云：

> 庚辰，命选淑女，隐匿者邻里连坐。陈子龙言："中使四出搜巷，凡有女之家，黄纸贴额，持之而去，闾井骚然。明旨未经有司，中使私自搜采，甚非法纪。"乃命禁讹传诳惑者。寻复使太监李国辅等，分诣苏、杭采访，民间嫁娶一空[1]。

又吴伟业《鹿樵纪闻》云：

> 丁未，选淑女黄氏、郭氏入宫，仍命再选，有母女自尽者。

据《续幸存录·南都大略》云：当时，福王"端拱宫中，后宫女子以千计。"又据孔尚任《桃花扇》所传，福王不但选淑女，而且把当时秦淮河的歌妓，也选了不少，在宫廷中组织了一个戏班。所以《南明野史》有云："帝深居禁中，惟渔幼女，饮大酒，杂伶官演戏为乐。巷谈里唱，流入内廷。梨园子弟，教坊乐人，出入殿陛，诸大臣呼为老神仙。"[2] 福王常住的宫殿，曾有一联云："万事不如杯在手，百年几见月当头。"[3]

但是福王还感到声色不足以恣其淫乐，表示不满。同上书云："除夕，福王在兴宁宫，色忽不怡。韩赞周言新宫宜权。福王曰：'梨园殊少佳者。'赞周泣曰：'臣以陛下令节，或思皇

---

① 《明纪·福王始末》，第 19 页。

② 《南明野史》卷上，第 27—28 页。

③ 徐鼒：《小腆纪年》卷八，第 28 页

考，或念先帝，乃作此想耶？'"

当时马士英、阮大铖等则卖官鬻爵，公行贿赂。《南明野史》云："士英请免府州县童子应试，上户纳银六两，中户四两，下户三两，得赴院试。又诏行纳贡例，廪纳银三百两，增六百两，附七百两。"是贪污已经侵入文化教育了。

至于各级官职，都有定价。《南明野史》云："又立开纳助工例。武英殿中书纳银九百两，文华殿中书一千五百两，内阁中书二千两，待诏三千两，拔贡一千两，推知衔一千两，监纪、职方万千不等。"官有高低，价有大小，也许还有黑市。即因官可以买，所以当时百姓少而官僚多。时人为之语曰：

> 中书随地有，都督满街走。监纪多如羊，职方贱似狗。荫起千年尘，拔贡一呈首。扫尽江南钱，填塞马家口。

又有谚云：

> 都督多似狗，职方满街走。相公只受钱，皇帝但吃酒。[1]

又《青磷屑》载，当时有人书《西江月》一首于演武场云：

> 有福自然轮着，无钱不用安排，满街都督没人抬，遍地职方无赖。本事何如世事，多才不若多财，门前悬挂虎头牌，大小官儿出卖[2]。

夏完淳曰："朝事征诸野，太史陈风，时事可知矣。"[3]
除公开的买卖以外，还有黑市交易。《南明野史》载有曾

---

[1] 以上分别见《南明野史》卷上，第32、23页。
[2] 《青磷屑》卷上，第9页。
[3] 《续幸存录·南都杂志》，第13页。

降张献忠之明朝都督刘侨，即因贿马士英而复职。其礼物为"赤金三千两，女乐十二人"。士英接到礼物后，笑曰："此物足以释西伯。"

马士英专有一人司理赃物。同上书云："士英方黩货无厌，贿赂千名百品，日令门下僧利根次其高下。"同样，阮大铖的贪污，也不在马士英之下。因此当时的人民痛恨马、阮，比之"闯贼"。《南明野史》载：当时有人署马士英之门曰：

> 两朝丞相，此马彼牛，同为畜道；二党元魁，出刘入阮，岂是仙宗[①]。

《青磷屑》载：当时有人署司马门曰：

> 闯贼无门，（马）匹马横行天下；元凶有耳，（阮）一人浊乱中原。

在上者如此，下必有甚焉。于是军官也做起买卖来了。《青磷屑》有云："扬州为高杰藩汛地，不隔碍不行，复以周某为理饷总兵，兴贩米豆，官私夹带，上下为奸，利之所入，不全在官。"[②]至于四镇将官，则白昼行劫，毫无忌惮。这真是乘火打劫，混水捉鱼，利用国难，大家发财。

当时福王又大兴土木，修兴宁宫、慈禧殿，及赏赐宴乐，皆不以节。因此而国用匮乏，苛捐杂税，乃乘时而出。据《南明野史》云："佃练湖，放洋船，瓜议制盐，芦洲升课，税及酒家，每斤钱一文。"

马士英等一心搜括，不问别事。黄金白银，贿赂如山；翠袖

---

① 以上分别见《南明野史》卷上，第23、30页。
② 《青磷屑》卷上，第9页、卷下，第17页。

红裙，歌舞彻夜；如有闲暇，则斗蟋蟀。《南明野史》云："时羽书仓皇，士英犹与门下僧谈禅，斗蟋蟀，人号蟋蟀相公。"①

　　在这样的情形之下，不但大小名流相继告罢，即宦官之有人心者如韩赞周四十疏乞休，卢九德殿前痛哭。而群小盈朝，专饱私囊，置军费于不管如故也。当时史可法曾屡次上疏，劝告福王俯念人民艰难，勿忘恢复大业，一切从俭，以所有的人力物力用于战争。他说：

> 　　陛下践祚，初祗谒孝陵，哭泣尽哀，道路感动。若恭谒二陵，亲见凤、泗，蒿莱满目，鸡犬无声，当益悲愤。愿慎终如始，处深宫广厦，则思东北诸陵魂魄之未安；享玉食大庖，则思东北诸陵麦饭之无展②。

又说：

> 　　夫我即卑宫菲食，尝胆卧薪，聚才智之精神而枕戈待旦，合方升之物力而破釜沉舟，尚恐无救于事。以臣视朝堂之作用，百执事之经神，殊未尽然。……至兵行讨贼，最苦无粮。似宜将内库本相，概行催解，凑济军需。其余不急工役，可已繁费，一切报罢。朝夕宴衍，左右献谀，一切谢绝。即事关典礼，万不容废，亦宜概从俭约。乞陛下念念思祖宗之洪业，刻刻愤先帝之深仇，振举朝之精神，萃四方之物力，以并于选将练兵一事。庶乎人心犹可救，天意尚可回耳③。

疏入，不报。

---

①　《南明野史》卷上，第28页。
②　《明纪·福王始末》第5—6页。
③　《南明野史》卷上，第27页。

六　党狱繁兴

像这样贪污无能、置中兴事业于不顾的新政府，当然要引起当时士大夫的风议，特别是东林遗老和复社诸生，他们看到阉党逆案中的干儿子，又做了当代的要人，更是愤愤不平。

为了镇压士大夫的风议，马士英、阮大铖等阉党余孽，乃恢复东厂缉事的组织，并翻刻《三朝要典》，更立"顺案"。"东厂缉事"者，以现代语译之，就是今日法西斯国家中的特务队。"顺案"者，是以李自成的国号为名，因为复社的名士周钟曾为李自成起草过登极的诏书，这完全是用以对付复社诸君子所指摘之逆案的。其意抑若曰：我们不过做过逆阉的干儿，而你们之中，却有李自成的党羽。

"顺案"成立了，首先被捕的就是周钟之弟周镳和雷演祚，以后逮捕的范围扩大到一切爱国的士大夫乃至七郡清流。大敌当前而党狱再起矣。朱一是《可堂集·周雷赐死始末》云：

> 阮大铖居金陵，诸生顾果等出留都防乱公揭讨之，以示镳，镳力任，大铖以故恨镳。会马士英以逮治从逆之周钟并及镳，大铖复罗致镳与演祚曾主立潞王，为姜曰广之私党。于是朱统𨦉疏刻曰广，并及二人。而演祚以效范志完周延儒等，廷臣交忌之，遂有是逮。

同书又云：

> 大铖遂谋杀周雷，乘间潜告士英曰："检相君者，史同谋也，周雷实主之，日夜谋不利于相君。不击南昌（姜曰广），无以杀周雷；不杀周雷，无以遏诸生之横议；而东林

祸君未有已也。"士英心动,风奸人朱统鑞攻南昌姜相曰广去;次周雷,又次士大夫及七郡清流,如黄道周、杨廷麟、吴甡、刘宗周、周孝廉、茂才杨廷枢、顾杲、吴梦笙、沈寿民、沈士桂、白梦鼎、梦霱等七十二人皆不免。大指谓谋立疏藩,别图拥戴,于是骎骑遍七郡,而周雷投狱刑部矣。

虽然如此,仍然不足以泄马士英阮大铖的深仇夙恨,于是又再制造一个僧大悲的案子;企图利用僧大悲的口供,把南中所有的正人君子都加他们一顶东林或复社的帽子,一网打尽。僧大悲的案子,是南朝三疑案之一,因为此外还有伪太子,伪妃二案,合称三疑案。关于僧大悲案,钱秉镫《藏山阁文存》卷六《南渡三疑案》云:

> 甲申年,南渡立国。十二月,有僧大悲,踪迹颇异。至石城门,为逻者所执,下锦衣卫狱。……据供称先帝时封齐王,又云吴王,以崇祯十五年渡江。又言见过潞王。其语似癫似狂。词连申绍芳、钱谦益等,于是阮大铖、杨维垣等,令张孙穷治之,欲借此以兴大狱,罗织清流,遂造为十八罗汉,五十三参(七十二菩萨)之名,如徐石麒、徐汧、陈子龙、祁彪佳等皆将不免。东林复社,计一网尽之……谦益、绍芳各具疏辩,士英亦不欲穷其事,遂以弘光元年三月,弃大悲于市。

阮大铖又想借伪太子案,陷害东林复社的君子。据徐鼒《小腆纪年》所载:"大铖作正、续《蝗蝻录》《蝇蚋录》。盖以东林为蝗,复社为蝻,诸从和者为蝇为蚋。"[①]他想把这些蝗蝻蝇和

---

① 《小腆纪年》卷九,第19页。

伪太子连系起来。但审判的结果，伪太子不是东林，也不是复社，而是故驸马都尉王昺的侄孙王之明。

关于伪皇后的事，也是大大的疑案。福王既立，有妇人童氏，声言为福王之妃，但福王坚不承认，虽欲一见而不许。并投之牢狱，说是伪妃。即因童氏的出现，明朝当时的人，遂有怀疑福王本人不是老福王的儿子。因为当李自成陷洛阳时，福王父子，都被李自成作了福禄酒，福王的世子，早已死了。后来做了弘光帝的福王，是马士英随便找来做傀儡的。钱秉镫说："童氏但知德昌即位，以故妃诣阙求见；而不知今日之德昌，非昔者之德昌也。"黄宗羲也如此说，大概有些道理，不然何以不敢见面呢？

总之，弘光时代的南京，不仅是贪污的渊薮，也是杀人犯的巢穴。那些阉党余孽，他们不敢打清兵，也剿不平流寇，但他们有本领来屠杀赤手空拳的正人君子、士大夫。在这个时候，人民所看见的不是大军北伐抵抗清兵的南下；而是骁骑四出，搜捕爱国的志士。不是严惩汉奸降将，以整肃民族战争的阵容，而是罗织"顺案"，强调内部的矛盾。在大乱当前之时，而黑狱繁兴，冤号载道，这样倒行逆施，当然天怒人怨，还说甚么中兴大业呢？当时御史祁彪佳，曾上疏曰：

> 洪武初，官民有犯，或收系锦衣卫狱。高皇帝因见非法凌虐，二十年遂焚其刑具，移送刑部审理。是祖制原无诏狱也。后乃以锻炼为功，以罗织为事。虽曰朝廷之爪牙，实为权奸之鹰狗。口辞从迫勒而来，罪案听指挥而定，即举朝尽知其枉，而法司谁雪其冤？……迨后东厂设立，始有告密之端。用银而打事件，得贿而鬻刑章。飞诬多及善良，赤棍立

成巨万。招承皆出于吊拷，怨愤充塞于京畿。……本无可杀之罪，乃致必杀之刑。……盖当血溅玉阶，肉飞金陛，班行削色，气短神摇。即恤录随颁，已魂惊骨削矣[1]。

但是祁彪佳的忠谏，并未发生效力。以后礼科袁彭年也上疏请废厂、卫。其疏有云：

> 夫即厂、卫之兴废，而世运之治乱因之。顷先帝朝亦尝任厂、卫访缉矣，乃当世决无不营而得之官，中外自有不胫而走之贿。故逃网之方即从密网之地而布，作奸之事又资发奸之人以行。……刁风所煽，官长不能行法于胥吏，徒隶可以迫胁其尊上，不可不革[2]。

疏上，贬浙江按察司照磨。

七　内战爆发

福王政府本为马士英等少数阉党余孽所包办。他们"外假复仇之虚名"，阴通清廷，残杀正士，引用奸邪，剥削人民，可以说无恶不做。当时的士大夫虽然眼见就有灭亡之祸，但迫于马士英等的淫威，或被屠杀，或被囚禁，或被放逐，已经无力挽救危亡了。惟当时尚有一有力之人物，这就是巍然雄据于武汉的左良玉。他看到群小盈朝，早已不满，曾一度派遣湖广巡按御史黄澍同承天守备何志孔入朝，弹劾马士英。黄澍有疏曰：

---

① 《南明野史》卷上，第17页。
② 同上书，第20页。

自古未有奸臣在朝而将帅能成功于外者。必陛下内秉精明，外采舆论。国人皆曰可杀则杀之。毋因一时之才情博辩，误信小人，使党羽既丰，祸患骤至。

又云：

正人君子，乞陛下师事数人以树仪表。使辇毂之下，贪污结舌，邪佞闭气，无所容其树党庇奸之私，而后讨国门以外之贼无难 ①。

黄澍等的疏奏，当然不能被采纳。以后为伪太子案，左良玉又上书，请保全东宫。其言有曰："前者李贼逆乱，尚锡王封，不忍遽加刑害。何致一家反视为仇。明知穷究，并无别情；必欲辗转诛求，遂使陛下忘乌屋之德，臣下绝委裘之义。普天同怨，陛下独与二、三奸臣保守天下，无是理也。"左良玉的疏奏，亦未被采纳。

四月初四日左良玉反了。他捧着伪太子的血诏，为坛而哭，洒血誓师。一面部署三十六营，沿江而下；一面传檄江西，缴袁继咸联兵，同清君侧。同时，并发布了讨马士英的檄文，号召天下。其檄文云：

盖闻大义之垂，炳于星日；无礼之逐，严于鹰鹯。天地有至公，臣民不可罔也。奸臣马上英，根原赤身，种类蓝面。昔冒九死之罪，业已侨妾作奴，削发为僧。重荷三代之恩，徒尔狐窟白门，狼吞泗上。会当国家多难之日，侈言拥戴劝进之功。以今上历数之归，为私家携赠之物。窃弄威

① 以上分别见《南明野史》卷上，第12、39页。

福，炀蔽聪明。持兵力以胁人，致天子闭目拱手；张伪旨以奢俗，俾兵民重足寒心。本为报仇而立君，乃事事与先帝为仇，不只矫诬圣德；初因民愿而择主，乃事事拂兆民之愿，何由奠丽民生。

幻蜃蔽天，妖螟障日。卖官必先姻娅，试看七十老囚，三木败类，居然节钺监军，渔色罔识君亲，托言六宫备选，二八红颜，变为桑间濮上。苏、松、常、镇，横征之使肆行；檇李、会稽，妙选之音日下。江南无夜安之枕，言马家便尔杀人；北斗有朝慧之星，谓英名实应图谶。除诰命赠荫之余无朝政，自私怨旧仇而外无功能。类此之为，何其亟也。

而乃冰山发焰，鳄水兴波。群小充斥于朝端，贤良窜逐于崖谷。同己者，性侔豺虎，行列猪豭，如阮大铖某某等数十巨憝，皆引之为羽翼，以张杀人媚人之赤帜；异己者，德并苏、黄，才媲房、杜，如刘宗周、姜曰广、高弘图数十大贤，皆诬之为朋党，以快如蛇如虺之狼心。道路有口，空怜'职方如狗，都督满街'之谣；神明难欺，最痛'立君由我，杀人何妨'之句。呜呼！江汉长流，潇湘尽竹，罄此之罪，岂有极欤？""又况皇嗣幽囚，烈祖悲恫。海内怀忠之臣，谁不愿食其肉。……本藩先帝旧臣，招讨重任。……是用厉兵秣马，讨罪兴师。当郑畋讨贼之军，忆裴度闲邪之语。谓朝中奸党尽去，则诸贼不讨自平，倘左右凶恶未除，则河北虽平无用。①

左良玉的军队，很快就由武汉到了九江。袁继咸的部将郝

---

① 《南明野史》卷上，第41—42页。

效忠、郭云等见左军入境，遂大掠九江，左良玉的军队也加入抢掠，九江大火。左良玉在船上看见大火，顿足呕血而死。左良玉虽死，但他的儿子左梦庚还是劫袁继咸挥兵东下，破安庆，进迫采石。

当时南京的群小见左兵渐逼首都，起了恐慌。于是马士英不管清兵南下与否，内战第一，竟从江北国防前线上调回黄得功、刘良佐的队伍，并派遣刘孔昭、阮大铖、方国安、朱大典一齐出马，指挥内战。从来没有提过军事的兵部尚书阮大铖，这次却告了奋勇，他"衣素蟒，围碧玉"亲自督师江上。虽见者骇为"梨园装束"，但他演的却是一幕真枪真刀的活剧。夏完淳说得好："大兵大礼，皆娼优排演之场，欲国之不亡，安可得哉！"①

自黄得功、刘良佐的队伍南撤以后，刘泽清亦借口勤王，率兵大掠而南，徐、邳、扬、泗，秩序大乱。当时史可法以清兵正大举南进，淮、扬吃紧，接连上疏请停撤江北之军。但福王的回答是："上游急则赴上游，北兵急则赴北兵，自是长策。"史可法又上疏曰："上游不过欲除君侧之奸，原不敢与君父为难。若北兵一至，宗社可虞。不知辅臣何意蒙蔽至此！"其时朝中稍有国家观念的官吏如姚之孝、尚宝卿、李之椿、吴希哲等都请准备迎击外敌，但马士英厉声指诸臣曰：

> 此皆良玉死党，为游说。其言不可听。臣已调得功、良佐渡江矣。宁可君臣皆死于清，不可死于左良玉手。瞋目大呼：'有异议者斩！'②

---

① 《续幸存录》，第12页。
② 以上分别见《南明野史》卷上，第43、44页。

阮大铖也说：

> 与其左兵之来，不若清师之来，我且用清师以杀左氏。

八 灭 亡

当福王政府进行内战最热烈的时候，清兵的统帅多铎已攻陷西安，击溃李自成的农民军，李自成已走死于九宫山。二月己未，多铎奉命移师进取江南。三月，多铎出兵虎牢关，并分遣固山额真出龙门关，尚书韩岱由南阳进军，三路同趋归德。当时四镇之兵，都在南京附近从事内战，江、淮之间空虚无一兵一卒。清兵至归德，许定国杀高杰，与李际遇先后迎降，约为向导。于是清兵遂破泗州，渡淮而南，进迫扬州。

史可法闻清兵大举南下，一面向政府告警，请派援兵；一面率其所部进至清江浦，迎击清军。后因援兵不至，遂又驰还扬州，闭城死守。多铎屡次致书史可法，招其投降，史可法都置之不理。当时守扬州的军队，仅总兵刘肇基等兵二万人，又无后援。结果城陷，史可法殉国。关于史可法守扬州事，《青磷屑》载之甚详。史可法孤军抗战，至死不屈的精神，真是替中华后来的儿女，留下了最好的榜样。

清兵破扬州，屠城十日，关于这一段惨绝人寰的史实，王秀楚《扬州十日记》写得很详细。王秀楚是扬州人，曾身遭其难，其所述清军在扬州之烧杀奸淫，皆亲见之事。

清兵屠扬州十日，继续南进。五月初，进抵至长江北岸。当时福王方面守镇江的是郑鸿逵的闽军。当清兵迫镇江北岸时，郑鸿逵并无丝毫防御，每天只是捕杀从江北溃退下来的自己的败兵，一共杀了一万多人，杀得以后败兵不敢南渡，大部分都投降了清朝。但是郑鸿逵冒指所杀自己的溃卒为清兵，上表告捷。《南明野史》云：

> 高杰溃卒之渡江也，郑鸿逵掩而杀之，不下万人；余卒北走降清。鸿逵乃露章告捷。玺书褒封靖虏伯，世袭。赐蟒衣金币。京口民皆祝，且为建寺峙碑。自前月（四月）二十五日至是月（五月）之朔，日报虚捷，军门鼓角，将士凯歌，声沸江滨。鸿逵开藩京口，民争以牛酒犒师。

镇江军中鼓乐喧阗，福王也演戏祝捷，并下令求虾蟆为房中药。《南明野史》云："午日，百官进贺，帝以演戏不视朝。忽有中旨命乞子捕虾蟆为房中药，时目为虾蟆天子。"

正当南朝君臣祝捷之时，清朝的军队已乘着大雾渡过长江，袭破了镇江。《南明野史》云："清师既破扬州，沿江问渡。初七日，鸿逵军中大宴，歌舞喧阗，……清师编筏张灯向京口，而别由上游大宁洲老鹳河渡。黎明，尽抵南岸，遂袭破镇江。郑兵尽弃军实，扬帆东遁。"[①] 向浙江、福建溃退。

清军既克镇江，遂转旗而西，连陷丹阳、句容，直迫南京。时天子已无心求虾蟆，相公亦无兴斗蟋蟀，大家都要准备逃亡了。关于清军陷南京的情形，明佚名氏《江南闻见录》逐日纪载，记之甚详。据云：初十日，都门昼闭，大风猛雨，二鼓，福王从通济门出，所携惟太后一妃及内相数人。是夜，士英入朝，见帝已逃，亦以川兵三千人为卫走浙江。十一日早晨，宫门

---

① 以上均见《南明野史》卷上，第45页。

洞启，妃嫔杂走，百官争窜。"（百姓）男女蜂拥出门，扶老携幼，不可胜数。间有妖媚少艾，金莲踯躅，跬步难行，见者心恻。既去而复，十有八九，以路上兵多也。已而闭门，欲返而不得者，十居二三，莫竟其终矣。"这样的情形，是何等混乱啊！

就在十一日，百姓打开了阉党的黑狱，释放了政治犯，拥伪太子监国，并毒打奸臣王铎，劫其家。

十四日，清军薄城。忻城伯赵之龙缒城而出，迎降清军。满街满巷，都贴出了清兵安民的告示。

十五日，赵之龙拥伪太子王之明出洪武门，到清营投降。

十六日，清军进南京。

百官递职名到清营。赵之龙令百姓设香案，俱用黄纸书"大清国皇帝万岁万万岁"及"风调雨顺，国泰民安"和"顺民"等字样。

十八日，"文武官员及乡保方长人等，送币帛、牲醴、米面、熟食、茶叶、果、烟、糖、酒等物于营，络绎塞道，举国若狂。"汉奸赵之龙又送了十五个戏班，进营演戏。

二十四日，清豫王在迎降的队伍中进入南京。"豫王进城，穿红锦箭衣，乘马，入洪武门。官员红素服不等，分班两旁迎贺。预（前）一日，礼部红榜遍贴城市，故无一不至。"

现在，内战不打了，皇军也好，叛军也好，大家都把武器交给清兵。据史载，当福王从南京逃到芜湖黄得功军中时，刘泽清已入海，刘良佐已降清，阮大铖在逃亡的路上被清兵所俘，投降了清朝，同时左梦庚三十六营也降了清朝。而且刘良佐奉清朝之命，追擒福王。二十五日黄得功战死，福王被俘，弘光亡。

是时李自成已在明清两军夹攻之中败死。这诚如桂王致吴三桂书中所云："逆贼授首之后，而南方一带土宇非复先朝有也。"①

（《中国史论集》第二辑）

---

① 蒋良骐《东华录》卷八，康熙元年二月条。

南明史上的永历时代

一　一般的形势

1646 年（顺治三年）清兵已经奠定河北，削平中原，西入陇、蜀，南下闽、浙。且继续利用中原的人力与物力，驱使汉奸与败类，以压倒之势，长驱而入西南。企图一击而下荆、楚，再击而践粤、桂，三击而入黔、滇，以完成其最后的征服。

在这一时期，李自成、张献忠已先后败没，弘光、隆武已接踵覆亡，中原人民反抗清兵的斗争遭受了极大的挫折。但历史的挫折，并不能消灭中原人民反抗清兵的斗争，反而作了这个斗争走向新的阶段之杠杆。不久，新的反清政府，又在中国西南出现了。

顺治三年十月，明代的遗臣旧将，瞿式耜、丁魁楚、何腾蛟、王大澄、吕大器、严起恒以及李自成的残部李赤心、高必正等，他们鉴于民族国家的灭亡，迫在眉睫，不能不树起反抗清朝之最后的旗帜，保卫大西南，因相与推戴桂王由榔监国于肇庆，重组政府，继续抗清斗争。这个政府，是为桂王政府，他是南明第三个政府，也是南明最后的一个政府。

桂王政府成立以后，改元永历，诏诰天下，奖励文武兵民，同仇恢复。在新政府的政治号召之下，西南人民无不慷慨激昂，奋袂而起，在湖南、江西、两广，最后在云、贵，展开了反抗清兵之最残酷的武装斗争，这个斗争支持了 16 年之久（1647—1662 年），终顺治之世，在中国的西南，还有一个"明朝"存在。

无论从那一方面看，永历时代的客观环境，较之弘光隆武时代，都要恶劣得多。以统治地域而论，当时控制在桂王政府之下的领土，只有湖南、两广、云、贵五省及川南和鄂西之一小部分。而且在此等地域内，当时亦有汉奸头子洪承畴所领导的敌伪政治和军事的秘密破坏运动，如在湖南，则有江禹绪；在广东，则有吴惟华；在云贵，则有丁之龙。这些大大小小的汉奸，他们在敌人驱使之下，揭起"招抚使"的旗帜，到处组织汉奸，收买军队，充任清王朝进攻西南的鹰犬。这较之弘光时代尚据有江、淮以北，隆武时代尚掩有大江以南，已不可同日而语了。

以言兵力，当时桂王政府直辖的军队，只有丁魁楚所部的粤军，何腾蛟所部的湘军。而所有的粤军已腐化不堪，湘军又骄横无比。《永历实录》云："（丁）魁楚制粤两年矣，岭北溃乱，魁楚犹怙安不修戎备，将吏以贿为进退，唯日遣水军涸灵羊峡取砚石于老坑，至是武备单弱，不能自振。"[1] 是以当李成栋进攻广东之役，遂全军覆没。至于湘军，据同书记何腾蛟语云："湖南重兵猬集，已复之土，弃为青磷白骨之场。而诸将狼戾狐疑，制臣不能辑之，臣又何以辑之？唯有孤掌鸣号，誓死报国而已。"[2] 是以自孔有德进攻衡阳之役以后，湘军十三营"皆自为盗贼"。由是两粤空虚，江、楚骚然，而政府遂无一兵一卒。这较之弘光时代尚拥有江北四镇、左良玉三十六营和川、湘、闽、赣之军；

---

① 王夫之《永历实录》，卷三、卷七。

② 王夫之《永历实录》，卷三、卷七。

隆武时代尚拥有庞大的闽军、浙军以及集结在江西的新旧军，也不可同日而语了。

以言物质资源，当时永历政权已经退处西南山岳地带，这里山林多而耕地少，土地所出，仅足自给，军需供应，大成问题。而且这里为少数民族的故乡，苗、瑶杂处。由于明代政府对少数民族之一贯的高压政策，土、汉的情感，极为恶劣。因之，当明代政权退到西南以后，不但不能得到少数民族的帮助，而且经常受到他们的威胁。如永历元年九月，当清兵陷全州逼桂林之时，土司覃鸣珂即乘危攻陷柳州。又如永历十二年十月，当清兵由广西西犯贵阳之时，土司岑继禄即为清兵作向导。像这样的现象，对于动员人力与物力，当然是严重的障碍。这较之弘光时代尚拥有淮、扬繁富之区，隆武时代尚拥有闽、浙滨海之地，又不可同日而语了。

然而弘光、隆武，皆不过一年左右即归覆亡，桂王政府反而能把抗清斗争支持到 16 年之久，岂非奇迹！或曰，此乃"天眷中国，不殄明祀。"但是我们知道，"弘光殄祀，隆武就戮"，天之殄明祀者，已一而再矣。是天命之说不可信也。或曰，地理条件，保障了桂王的斗争。但是我们知道，长江、大河之险，并不能保障福王于不败；钱塘、仙霞之阻，亦不能巩固唐、鲁两王于闽、浙，是地利之说亦不可信也。我以为桂王政府在更恶劣的客观条件下而能支持较长的时期，既非天命未绝，亦非地理保镖，而是当时南明社会内部不协调的因素之消解，与各阶层的人民最后大团结之结果。

我们知道，当弘光时代，南明社会内部尚存在着强烈的矛盾对立。当时的政府，一面要抵抗清兵的进攻；一面又企图和清"连兵西讨，问罪秦中。"因之不能集中力量迎击强敌，以致结果与李自成并倒。到隆武时代，虽由于李自成残部之归附，局部地缓和了内部的矛盾对立，但督剿张献忠，仍为当时政府主要任务之一，因之亦不能集中全力，迎击清兵，以致结果唐、鲁两王又与张献忠同归于尽。到永历时代，李自成和张献忠的残部都在民族国家的危乱之前，变成了支持桂王政府的主力军。在这一时代，桂王政府已无"寇"可剿。若谓有"寇"，则此所谓"寇"已经不是以前的"流寇"，而是大明王朝的"叛将"与"贼臣"。即因社会内部矛盾对立的消解，因之桂王政府便只有一个敌人，一个任务，即反抗清兵的进攻，收回大明的天下。

其次，我们又知道，弘光隆武两朝的政府，完全是明代残余官僚和士大夫的政府，他们没有把政权建筑在广大的人民基础之上。所以在当时虽然出现了史可法、张煌言等这一些出类拔萃的大英雄，结果，也还是敌不住马士英、阮大铖、郑芝龙这一类卖国求荣的大汉奸。至于桂王政府则与以前两个政府不同，他不是纯官僚士大夫的政府，而是官僚士大夫和被称为"流寇"的农民军，下至塾师、游客、卜筮、胥吏、寒士、落魄书生、江湖豪侠，以及一切不愿做亡国奴的人民大众之政府。换言之，桂王政府是当时社会各阶层的人民之"混合政府"。所以在当时士大夫金堡看来，简直就是"匪人"的政府。即因桂王政府变质为"混合政府"，所以他才能在更恶劣的客观环境中，支持 16 年之久。

二　政权的性质

桂王政府的改变，并非主观的意图，而是客观的必然。因为明代的抗清斗争，发展到永历时代，已经经过了两次大惨败。在残酷的历史考验之下，大多数的官僚和意识薄弱的士大夫，他们已经经不起历史的压力，不断地从民族斗争的战线中叛变出去，当了汉奸；或是放下武器，做了顺民。当此之时，许多"旧朝之重镇"，如洪承畴、吴三桂、尚可喜、孔有德、耿仲明之流，早已摇身一变，出现为"新朝之勋臣"。其他"世膺爵禄"的高官显宦，"藩封外疆"的总制巡抚，到这一时代，大半皆已"剃发为奴"，"变服称臣"了。虽然此外也还有一部分良心未死的士大夫，他们不肯投降清朝，但也没有勇气参加这个最后的而又似乎是没有希望的斗争。关于这一点，王船山《永历实录》有云：

> 朝廷建立三四年来，搢绅衰落。吕大器、李若星、李永茂既以志不行，无意再起；北方久陷，寂不知有岭海立国事。吴、浙阻远，旧臣或潜避山谷，略闻音息，终莫能起，唯有南望慨叹，或赋诗寄意而已。当上初立，旧臣如万元吉、杨廷麟、刘同升、郭维经，皆旋死事。诏征用者，文安之、王锡衮、郭都贤、李陈玉、印司奇、尹民兴、刘若金，俱中道阻不得达。熊开元、倪嘉庆辈，又皆披缁放浪江湖，无兴复志。闽、蜀搢绅稍有至者，率庸猥无足采，或复寒士，起草茅大用之，类皆斗筲劣琐，自媒躁进。故任使空匮，列位多虚。严起恒，金堡皆以清品汇求实材为务，而猝不得应者。

这段纪事，暗示出当时一般被清军吓昏了的官僚和士大夫回避斗争的情形。其中除少数死于国难，其余不外如次的几类，一类是"无意再起"，一类是"推托不知"，一类是"潜避山谷"，一类是"放浪江湖"，一类是"南望慨叹"，一类是"阻不得达"。总而言之，他们都读过圣经贤传，记得"危邦不入"的教训。所以桂王政府虽空悬"任使",多虚"列位",而"不得应者"。于是王船山慨乎其言之曰:"搢绅衰落"。

当"搢绅衰落"之时,亦即民族斗争达到严重阶段的顶点之时。当此之时,那些草茅寒士却远自闽、蜀而来,足见当时道路并非阻而不达也。这些草茅寒士,虽然"庸猥无长采",但他们却不"潜避山谷"或"放浪江湖",而怀抱着救亡图存之壮志。《永历实录》云:

> 及(上)居武冈……群臣皆遁去,莫肯扈从……于是江、楚间塾师、游客、卜筮、胥吏,皆冒举贡,自称全发起义,赴行在求仕[①]。

从这里,我们又可以看出当寒士们"赴行在求仕"之时,并非斗争的高潮时代,而是"群臣皆遁去"的时代。在这样一个时代,除了那些看不清风头的寒士,谁还来参加这个已经没有油水了的斗争呢?至于他们之"冒举贡",这又指明直至永历时代,反对清兵的斗争还是士大夫的特权,不是"举贡"就没有参加抗战政府的资格。

当时寒士大多数皆效命前线,《永历实录》云:

> 江、楚、川、黔起家监纪,率皆落魄书生,依诸将自售,遽欲得部院衔,陈乞敕印,糊口行间……干请不遂,则号哭阙下[②]。

即因桂王政府中有不少的寒士参加,所以金堡慨乎其言之

---

① 《永历实录》卷四,第1页。
② 同上书,卷二十一,第3、2页。

曰："今日之大患，莫甚于阃外不知有朝廷，而朝廷复以匪人持政柄。"[①] 诚然，当时朝廷中确有不少的"匪人"，但所谓"匪人"，不一定都是寒士，大半都是官僚或士大夫中的败类。这些"匪人"不顾国家的危急，贪贼枉法，骄奢淫侈，不减承平时代。关于这一点，《永历实录》中可以找出很多的例子。

例如进士出身的何驺吾，"销银为小山，高广丈余，凡十余所。"[②] "素有文望，颇自矜名节"的萧琦，"以贿为命，鬻武弁札，至十余金而得副总兵衔，积金帛巨万，以数舰载至象州。"[③] 历官至都指挥的马吉翔，"征乐纵酒，遥执朝政。"[④] 故御史郭子章之孙郭承昊，"挟宝玉金币巨万，女乐十余人，从上至武冈。"[⑤] 位列九卿的侯恂之弟侯恲，"蓄无赖健儿将百人，沿两江（自南宁）东至三水，劫掠士宦商贾。"[⑥] 这些人中间没有一个是起于草茅的寒士。

又如在将领方面，"大掠衡、湘间"的是马进忠。"各恣焚杀，尸横五百里"[⑦] 的是王进才。"夺民田以耕，日与苗夷相仇杀"[⑧] 的是张先璧。"每月辄驱疲卒万人，掠萍乡、永新、万载……民稍触其怒者，即磔剥之"[⑨] 的是黄朝宣。在这些将军中又没有一处是流寇出身的。

---

① 《永历实录》，卷二十一，第3、2页。
② 《永历实录》，卷四，第2页。
③ 《永历实录》，卷十九，第5页。
④ 《永历实录》，卷二十四，第2页。
⑤ 《永历实录》，卷二十四，第2页。
⑥ 《永历实录》，卷二十四，第2页。
⑦ 《永历实录》，卷九，第2页。
⑧ 《永历实录》，卷十，第4页。
⑨ 《永历实录》，卷十，第4页。

又如在封建政治体制中的宦官，直至永历时代，也还是存在。此辈宦官依旧盘据宫廷，作恶多端。如宦官王坤，则"弄权卖国"①，侮辱大臣。宦官夏国祥，则"频以太后旨取库金"②。像这样的现象，稍有良心的士大夫无不为之痛心，当时大学士李永茂曾慨乎其言之曰：

> 国势孤危如此，而犹唯内竖意，掣辱大臣，吾宁死草间，不能为此辈分任亡国之罪。③

自然，宦官和士大夫中，也有高风亮节之士如瞿式耜、张同敞，亦有舍身效命之人如何腾蛟等。他们或主政中央，或转战前敌，殉国死难，临危不苟。即在宦官中，也有一个李国辅，他在南京沦陷后，曾两度剃发变服，由广西赴南京，潜祭孝陵。他在星月下登钟山，望陵焚香，又履行周视，望见孝陵"殿垣陵甃，毁坏无余；茅茨塞望，狐啸蛮吟，如荒山穷涧。"④ 这较之当时士大夫如洪承畴者，一再榜令南京诸门，"非伐钟山树者，不准通樵苏"⑤，真有人兽之别。

总之，桂王政府中，确有不少寒士参加，但主持中央大政的还是官僚和士大夫，而且在官僚士大夫中，还是有不少贪污腐朽残民以逞的败类。这些败类只知在混水中摸鱼，几乎不知尚有强敌压境。即因他们腰缠万贯，所以性命非常要紧，每当时局吃紧，便逃匿无踪。"百官溃散"，是南明史上常有的纪载。

---

① 《永历实录》，卷二十五，第2、1页。
② 《永历实录》，卷十七，第4页。
③ 《永历实录》，卷五，第1页。
④ 《永历实录》，卷二十五，第2、1页。
⑤ 《永历实录》，卷二十五，第2、1页。

在桂王政府中，主持大政的虽然是官僚和士大夫，但以英勇的战斗支持这个政府的，却是广大的人民。因为桂王政府的官军，早在即位之次年就在三水的火并战争中消灭了，继之而起以与敌人战斗的，是人民义勇军，和反正的伪军，最后是张献忠的残部，即所谓"流寇"者是也。即因有这些人民的力量接踵继起，所以桂王政府，才能把抗清斗争坚持到底。但是桂王政府何以终于覆亡呢？这就因为他没有好好地组织这些力量，领导这些力量，发挥这些力量，使这些力量一个跟着一个被清兵消灭。因而永历的历史，也就不能不成为弘光、隆武之续，在明史上，添上一幕悲剧。

三　可耻的内战

当桂王政府成立的当时，正值清兵两路南犯，一路由汉奸李成栋指挥，由漳泉疾趋潮惠，进迫广州；一路由汉奸孔有德指挥，由岳阳攻陷长沙，逼近衡阳。正当此时，南明统治者内部，却发生了轰轰烈烈的内战，这就是桂王与唐王在三水的火并，所以桂王政府演出的第一幕是内战。

据史载，当丁魁楚等拥立桂王之时，由江西溃退下来的一部分军人苏观生等又拥立唐王聿𨮁在广州成立了另外一个政府。《明纪》云：

> 十一月癸卯朔，观生与（何）吾驺及布政使顾元镜、侍郎王应华、曾唯道等，拥唐王监国于广州。丁未，王自立，改元绍武，就都司署为行宫。……时仓猝举事，治宫室，服

御、卤簿，通国奔走，夜中如昼，不旬日，除官数千，冠服皆假之优伶云①。

苏观生为甚么要另组政府呢？这是因为丁、吕等排斥他，拒绝他参加桂王政府。《明纪》云：

> 丁魁楚等之立（桂）王也，苏观生欲与共事，魁楚素轻观生，拒不与议，吕大器亦叱辱之②。

《南明野史·永历皇帝纪》亦云：

> 福京旧辅苏观生，粤人也，督师援赣。赣破，撤兵度岭。魁楚故与观生有隙，兼闻赣败，仓卒与司礼监王坤趣监国，走梧避之③。

当时瞿式耜看到这样的情形，甚不以为然。他说：

> 今日之立，为祖宗雪仇耻，为生民援涂炭，正宜奋大勇，以号令远近。今强敌日迫，东人复不靖。苟自懦外弃门户，内衅萧墙，国何以立④？

瞿式耜的调解，不发生效力，于是广州就出现了唐王政府。唐王政府出现以后，南明的力量分裂为二，而且丁魁楚与苏观生个人的对立，很快就扩大为集团的对立，对于在大敌当前之时，展开了内战。《明纪》云：

---

① 《明纪·桂王始末》，第2页。
② 《明纪·桂王始末》，第2页。
③ 《南明野史》卷下，第3—4页。
④ 《南明野史》卷下，第3—4页

> （观生）遂治兵相攻，以番禺人陈际泰督师。（桂）王遣
> 总督侍郎林佳鼎等御之，战于三水。唐王兵败。复招海盗数
> 万人，遣总兵官林察将，十二月甲戌，战海口，斩佳鼎[1]。

正当内战方酣之际，李成栋的伪军，却由潮、惠袭入广州，内战的英雄们，一个个"拒户自缢"，"投环而绝"。《明纪》记其事曰：

> 时大清已下惠、潮，长吏皆迎附，即用其印，移牒广
> 州，报无警，观生信之。望日，唐王视朝，百僚咸集，或报
> 大兵已逼。观生叱之曰："潮州昨尚有报，安得遽至此，妄
> 言惑众斩之。"如是者三，大兵已自东门入，观生始召兵搏
> 战，兵精者皆西出，仓猝不能集。观生……拒户自缢。……
> 唐王……投环而绝，周、益、辽等二十四王俱被杀[2]。

内战结束了，广州已非复南明所有。假使苏观生自江西撤退广东以后，桂王政府不排斥他，令其疾趋潮、惠，以扼漳、泉，则清军何致长驱入粤，如入无人之境。即在成立广州政府以后，假使不发生内战，则以西扼三水的精兵保卫广州，以内战海口的数万海盗，作为迎击敌人的前锋，则又何致清军入城不知，即知而无兵可以应战。吾知当苏观生拒门自缢之时，当知内战实为亡国丧身之因也。

三水的火灾，不但失了广州，而且几乎替桂王政府做了结论。当李成栋的伪军，占领广州以后，并企图一举而覆灭桂王政府。当时李成栋挥军溯三水而上，在毫无抵抗的情形之下，占领

---

① 《明史》，第3页。
② 《明史》，第3页。

了肇庆。又分兵两路，一路入雷州半岛，陷沿海州县；一路西向广西，攻陷梧州。这时桂王政府统帅丁魁楚，带着大量的金银弃梧州而走。《南明野史》记其事曰：

> 丁魁楚之去梧也，以三百余艘载黄金二十四万两，白金二百四十余万两。方至岑溪，成栋追及之。战于藤江，魁楚被杀，阖门尽没①。

梧州既失，则广西之门户大启。永历元年三月，清兵遂西陷平乐，进迫桂林。当时桂王及所有政府要人，刚从肇庆逃到桂林，又要弃桂林而逃。唯有瞿式耜反对望风而逃，主张死守桂林。他说：

> 在粤而粤存，去粤而粤危。我进一步，则人亦进一步。我去速一日，则人来亦速一日。楚不可遽往，粤不可轻弃。今日不遽往，则往也易；今日若轻弃，则更入也难。海内幅员，止此一隅。以全盛视粤西，则一隅似小。就粤西恢中原，则一隅甚大。若弃而不守，愚者亦知拱手送矣②。

瞿式耜并不能阻止桂王及其官吏的逃亡，他们还是跑到湖南武冈去了。正当此时，孔有德等的伪军也由宝庆而南，迫近了桂林，桂林遂陷于两路敌军夹攻之中。如果没有瞿式耜孤军苦战，如果没有广东人民义勇军袭击广州，则桂林早已陷落，而桂王政府也就结束了。

桂王政府可以说是以内战揭幕，而且几乎以内战结束。但这

---

① 《南明野史》卷下，第6页。
② 《南明野史》卷下，第6页。

种残酷的历史教训，并不能使他警惕，不久在四川又发动了内战。据《明纪》所载：永历二年正月，在明代宗室朱容藩者，自称监国天下兵马副元帅，据夔州，建行台，称制封拜。当时已有堵胤锡，责以大义，晓以利害，稍散其众，事情本可以和平解决；而桂王政府必欲发动内战，命大学士吕大器尽督西南诸军，会讨朱容藩。内战总算是政府方面得到了胜利，可是南明抗清的力量却在自相残杀中削弱了。假使桂王政府不消灭朱容藩而命其镇守夔府，则不但可以巩固巴东的门户，并且足以抵应江、楚的反攻。可惜不此之图，而自相芟夷，结果，清兵乘机入川，蜀中诸将望风而靡，抑何勇于内乱而怯于外御其侮？

四　人民义勇军的奋起

桂王政府的官军，首之以三水火并，继之以清兵两路进攻，终之以桂林保卫战，已经完全覆没了。继官军之后，奋起与清兵肉搏于沦陷区域之内者，完全为人民义勇军。所以桂王政府第二幕，是人民义勇军的战斗。

自从桂王诏诰天下，奖励文武兵民同仇恢复的号召发出以后，广大人民在广东、湖南、湖北、江西、浙江到处起义，响应桂王政府的号召。特别是广东人民义勇军的战斗，更为壮烈。

据史载，当时广东的义军一时蜂起，如陈子壮、陈子升兄弟起义于海滋，朱维四起义于海滋上游，王兴起义于新会，石、马、徐、郑四姓的人民起义于花山岛，陈邦彦起义于高明，余龙起义于甘竹滩，张家玉、韩如璜起义于东莞，陈文豹起义于新安，赖其肖起义于潮阳。他们或孤军抗战，相互策应，与敌兵白刃相接，恢复了高、雷、廉及其他沿海州县。并且为了解桂林之围而英勇地袭击广州，使敌兵不得不回军自救，因而使桂王政府转危为安。可惜当时桂王政府没有想到去组织他们，领导他们，以致结果被敌兵各个击破。关于这些人民义勇军的战斗，史乘只有简略的纪载。如云：

（陈子壮）举家航海，招义旅……拥义兵居海滋不下。已而李成栋破广州，子壮即军中益号召，约舟师数万，复沿海诸县。清远贡士朱维四率义兵自上流应之，兵薄广州。子壮戎服督战，……举军覆溺，子壮死之 ①。

子壮既战没，（弟）子升收其余众。结石、马、徐、郑四姓，据花山岛。有杨光林者，拥兵万余，遥与联应。海南王兴，号绣花针，亦拥众数万，互为犄角。成栋归附，子升释兵入见（桂王），……端静无所附和，不合于时，移病告归。海上诸兵，为李成栋所摧抑，皆瓦解。王兴屯雷廉间……不为朝廷用 ②。

（余龙等）聚甘竹滩为盗，他溃卒多附，至二万余人。……陈邦彦起兵说龙乘间围广州，而已发高明兵，由海道入珠江，与龙会。……邦彦等遂攻广州，大清兵引而东，桂林获全。"③ "（后，汉奸）佟养甲访求其家，获其妾何氏并子和尹虞尹于肇庆，厚待之。为书招（降）邦彦。邦彦不复书，但判其楮尾曰："妾辱之，子杀之，身为死臣，义

---

① 《永历实录》卷六，第1、2页。
② 《永历实录》卷六，第1、2页。
③ 《明纪》，第8页。

不私妻子也。①

李成栋陷广州，（张）家玉毁家招义兵，据东莞，与陈子壮相应。②

家玉与举人韩如璜结乡兵攻东莞，知县郑霖降，乃藉前尚书李觉斯等资以犒士，奉表于王……无何，大清兵来击，如璜战死，家玉走西乡。祖母陈，母黎，妹宝石，俱赴水死；妻彭，被执不屈死；乡人歼焉。时新会王兴，潮阳赖其肖，亦皆起兵。

西乡大豪陈文豹，奉张家玉取新安，袭东莞，战赤冈。未几，大清兵至，数日，家玉败走铁冈，文豹等皆死。李觉斯怨家玉甚，发其先垄，毁其家庙，尽灭家玉族，村市为墟。家玉过故里，号哭而去。

（后）张家玉道得众数千，取龙门、博罗、连平、长宁，遂攻惠州，克归善。大清兵来攻，家玉走龙门，复募兵万人。家玉好击剑任侠，多与草泽豪士游，故所至归附。乃分其众为龙、虎、犀、象四营。

张家玉攻据增城，冬十月，大清兵步骑万余来击……大战十日，力竭而败，被围数重，诸将请溃围出，家玉叹曰：'矢尽炮裂，欲战无具，将伤卒毙，欲战无人，乌用徘徊不决，以颈血溅敌人手哉！'因偏拜诸将，自投水死，年三十三③。

---

① 《南明野史》卷下，第8页。
② 《永历实录》卷十八，第1页。
③ 以上分别见《明纪》，第7、8、11、12页。

以上史实，指出了当时广东人民义勇军及其领袖，是何等的不顾身家性命与敌军作决死的斗争。《永历实录》载张家玉之诗曰："真同丧狗生无赖，纵比流萤死有光。"至今读之，犹有余哀。

与广东的人民义勇军同时，在湖南方面，也有管嗣裘与王船山举义兵于衡山。以后兵败，溃走山中，"冬月负败絮，采苦菜以食。"至永历二年，当清兵再举犯湘之时，湖南的义勇军，又到处蜂起。其见于《永历实录》者有：

> 刘季矿……联络江、楚义旅……间道（由吉安）走衡、永，所至慕义者津送之。至酃县，遂纠众起，号召响应，复酃、茶陵、兴宁、永兴、常宁诸县。

> 周鼎瀚……翱翔郴桂间，号召义兵。

> 时有田辟者，河南人，……匿韶、郴间，纠义旅。

这不过举例而已，实际当时江、楚一带人民，"破家起义，全发效节"者，"日有所闻"。

在江西、福建的边境，因为沦陷较早，人民义勇军的历史也较为悠久。《永历实录》云：

> 泓光中，抚、建、汀、赣之闾、王、宋三姓，据帘子洞，倚山为寇，张肯堂、李永茂剿抚之，未定。隆武元年，江西陷，（揭）重熙乃诱令归正为义军，以抗清兵。以事上闻，授重熙佥都御使，督江、福义旅。重熙以便宜授诸渠帅札官，遂据抚州。金声桓反正，檄重熙解兵，重熙姑令退屯山中。……南昌陷，（声桓败死，其部将刘）一鹏弃抚州，

走就重熙于山寨。重熙收辑之，与义军合，出攻临川、永丰、兴江，迭有收复，未能守也[①]。

姜曰广……阴结抚、赣义勇，思间道入闽、粤，未及行，俄而声桓反正……时抚州王盖八起义兵满数万。赣州阎、王、宋诸贼，归义效命，众亦数万。吉安刘季矿所号召，西连酃、耒、郴、桂所在响应，咸听命于曰广。曰广欲辅合之为声桓援，声桓不从[②]。

此外在赣、鄂边区，还有一支富有历史意义的义勇军。《清鉴》云：

先是元末陈友谅遗孽，分为柯、陈二姓，盘据江西武宁、湖广兴国，而居兴国者尤蕃衍黠悍。迄明之亡……有柯抱冲者与何腾蛟结连，自立为王，以其党陈珩玉为帅。倚山结寨，焚劫郡县，攻陷兴国州，杀（清）武昌同知张梦白，势甚猖獗。（清）湖广总兵柯永盛遣将征剿，十日内凡八战，皆破之。擒抱冲、珩玉斩之，余党悉平[③]。

根据以上的史实，因知江西的人民义勇军，他们虽旧为盗贼，反对明代的政府；但一到江西沦陷，都反正为义军，迎击外敌。

在湖北方面，也有不少的人民起义，但始终没有与桂王政府取得联系。《永历实录》曾记杨锡亿向政府之建议曰：

德安，北捍楚塞，为汉新市故墟，人尚豪侠可用。应山杨主事之易，忠孝世家，为三楚望，立"盖天营"，为国死

① 以上分别见《永历实录》卷十八，第1页、卷十七，第6页、卷十八，第4、5页。

② 《永历实录》卷六，第4页。

③ 《清鉴》卷二，第91页。

守。豪杰遥附甚众，憾不知朝廷所在耳。亿请间行号召为汉南应援，若敌践荆、岳，亿率义旅起，乘其背以掣之，此英布制楚法也。

惜政府不纳杨锡亿之议，因而一座孤悬德安的"盖天营"，后来也就没有下落，而这位请缨不遂的杨锡亿，后来遂"入南岳老龙池，痛哭为僧去，不知所终。"[①]

浙江、福建的广大人民，大半都参加到郑成功和鲁王的抗清组织中，漂泊于闽浙附近的海岛。此外与海军相犄角，浙东一带也有许多山寨。《明纪》云：

先是浙东多结山寨，鲁王兵部侍郎王翊等为之主，遥应海外，累年不下。会大清兵谋取舟山，先廓清山寨以绝其援，于是诸寨皆破……大清兵下舟山[②]。

此外，华北一带沦陷区域中，也有不少反清志士领导的武装斗争。可惜他们的起义尚在组织中，即为敌人所发觉，那些领袖人物，都在"妖贼"的名义之下被清政府屠杀了。如永历二年，天津妇人张氏和同志王礼、张大保"私制玉印令旗，谋为不轨。"[③]永历八年，朱议溯与其同志僧人文秀、道士张应和起义。永历十六年，有男子张揩，化装僧人，自充明王子在河南柘城组织起义。他们都是"事觉伏诛"。其曾经揭起义旗并与清兵战斗八个月，收复了七八个县城的，只有永历十六年山东于七的起义。

可敬的这些忠实而又英勇的人民，他们在危亡的时候，既不

---

① 《永历实录》卷七，第 11 页。

② 《明纪》，第 26 页。

③ 《清鉴》卷二，第 107 页。

知道顺风转舵而披发入山，又不知道"南望慨叹"而"赋诗寄意"，更不甘心认贼作父，而委身为奴为虏，他们只知道拿起武器与敌人作生死的决斗，保卫家乡，保卫民族；生为忠义之士，死为壮烈之鬼。从以上的史实，我们可以看出，他们或"倚山结寨"，或"入海招兵"，或新起草茅，而聚众抗清，或旧为盗贼而反戈向敌，或连族而起，保卫家乡，或孤军奋战，攻陷城邑，或父母妻子，惨遭杀戮，或祖宗丘墓，横被发掘。这种破家起义，杀身成仁的伟大精神，比之当时一般官僚和士大夫懦怯畏缩，全躯保妻子，甚至毫无廉耻，迎拜于敌人马首之前甘为奴虏者，岂可同日而语哉！明末中原人民的起义，虽然失败了，但在南明史上，却留下了不朽的一页。

五　伪军大反正的局面

人民义勇军消灭了，接着便到来了一个伪军大反正的局面。所以桂王政府第三幕，是反正伪军的斗争。

伪军反正，最初发动于江西，以后在广东、广西、湖南等处，到处都有伪军反正，当此之时，长江以南，几乎又变成了大明的天下。

伪军为甚么在这一时代反正呢？具体的史实指示出来，是清统治者对伪军将领开始压迫乃至凌辱的结果。金声桓、王得仁举江西反正的原因，便是一个最好的例子。《南明野史》有云：

> 巡抚章于天至，遇诸将益倨。日从诸将索珍宝奇货。呼声桓曰金副总，得仁曰王把总。先此二人在外，固已自称都督，

自文于偏裨。至是部曲亦骇。一日，章宴藩司，铺毡席地坐声桓等于毡外。酒半，嬉笑视曰："王得仁，汝欲反耶？"是日，得仁归，大愧其从骑。声桓亦失色，俯首鞯鞭还帅府[1]。

像这样的侮辱，金声桓或可忍受，而"流贼"出身的王得仁便不能忍受了。所以不久便借追饷之事，大大地发泄了。据同书载："丁亥七月，得仁提兵如建昌。章于天遣官票追其饷三十万。得仁大怒，捶案大呼曰："我，流贼也，大明崇祯皇帝为我逼死，汝不知耶？语汝官，无饷可得，杠则有之。"声如嘶吼，目睛皆出，杖其差官三十杠，曰：'寄章于天，此三十万饷银也。'"

侮辱尚不仅此，据《永历实录》所载，有如次难堪之事：

> 董御史（成学）者按江西，得仁橐鞬庭参，不为起，又索其歌妓。得仁未及遣，董御史怒骂曰："不闻大清有借妻例耶？吾行索得仁妻侍寝，何况歌妓！"

像这样的事情，如果在"淫奸献妾"的南明士大夫钱谦益看来，正是"不甚荣幸之至"；然而在起"群盗"的王得仁听到，便按剑而起曰："王杂毛作贼二十年，然自知有男女之别，安能一日随犬豕求活耶！"于是遂举兵杀清总督以下诸官，于永历二年二月，拥金声桓反正于南昌，举江西附于桂王。

江西反正，则深入广东之李成栋的伪军，受到了压迫，加以其养子元胤涕泣陈大义，李成栋遂有反正之意。这里又有一个插曲，据《永历实录》云："（成栋）有妾，故松江院妓也。揣知之，劝成栋尤力，成栋不语而叹。妾曰：'公如能举大义者，妾

---

① 《南明野史》卷下，第18页。

请先死尊前，以成君子之志。'遽拔刀自刎，成栋益感愤。"[1] 于是逮广东总督佟养甲，反正于广州，举广东附于桂王。

广东反正后，广西的伪军更受威胁，因而耿献忠遂被迫反正于梧州，而广西遂无敌踪。

反正的浪涛，不久就波及湖南。同年八月，陈友龙反正于黎平、靖州，并收复沅州、黔阳、平溪、清浪、镇远、篁子、武冈、宝庆，不到一月，收复二十余城，湖南的局面为之一变。

由于江西、广东的反正，深入湘、桂边境之孔有德的伪军不能不作战略上的撤退。《明纪》云："金声桓、李成栋之反也，大清兵在湖南者姑退。"[2] 当清兵撤退之时，刘季矿的人民义勇军又收复了湘、赣边境六七县。同时，何腾蛟收复了全州、东安、永州、湘潭。曹志建收复了道州、郴州。马进忠收复了常德。李赤心、高必正的"忠贞营"也由巴东趋湖南，由常德、宁乡，进围长沙，东复攸、醴。是时，湖南的敌军，几乎肃清。

不约而同，在同一时候，姜瑰反正于大同，郑成功攻占福建沿海州县，王祥克复川南一带。

由于反正军声势的浩大，武汉也动摇了。《永历实录》云："声桓复遣客至武昌，劝清总督罗锦绣降。时孔有德还师去楚未远，锦绣以为疑，然已密遣优人具冠带袍笏矣。"[3]

这的确是一个意外的好转。在这种好转的局势之下，桂王政府的紧急任务，应该是怎样调度这些反正的伪军，使之打成一片，以准备迎击必然到来之清军的反攻；应该是号召更多的伪军反正，以争取局势之更进一步的发展。但是不幸这一意外的胜利，

---

① 以上分别见《永历实录》卷十一，第3、4页。

② 《明纪》，第15页。

③ 《永历实录》卷十一，第1页。

竟冲昏了桂王政府中衮衮诸公的头脑，他们不此之图，而以为天下从此可以垂手而得，于是以前溃散了的文武百官，又一变而为扈跸大臣，由南宁迁回肇庆。他们在肇庆大开庆祝会，卿公台省纵酒征歌，官署军营巨烛辉煌，昏天黑地，几不知尚有清兵。

在这种狂欢的情形之下，政府当局对于如何援应江西的反正军，追击退却中的敌人，以及一切稳定胜利的设施，都不会感到兴趣。他们最热心的，是分党分派，争夺政权。于是吴党、楚党闹得乌烟瘴气。《明纪》云：

> 朝臣复分吴、楚两党，主吴者，朱天麟、堵胤锡……皆内结马吉翔外结陈邦傅。主楚者，都御使袁彭年、给事中丁时魁……皆外结瞿式耜，内结锦衣指挥使李元胤……王知群臣水火甚，令盟于太庙，然党益固不能解[1]。

像这样的情形，自然使得反正的将领失望。《永历实录》记李成栋之语曰："成栋叹曰：吾初归附，礼当以元旦诣阙贺正旦。此行也，誓死岭北，愿见上一决，因与公卿议善后计，及请催楚师出郴、赣间相应援。乃群小汹汹如此，吾不能剖心出血，坐受无君之谤，徒以血肉，付岭表耳。"除夕，泊三水，驰疏称警报迫，不得入朝，望阙大恸，溯清远去。曰：'吾不及更下此峡矣。'"[2]

当桂王政府昏迷于局势好转之时，而清政府却对正这一变局，立即执行其紧急的处置。他分遣谭泰攻江西，尚可喜、耿继茂攻广东，孔有德攻湘、桂、济哈尔朗攻湘西，而另遣多尔衮征

---

① 《明纪》，第17页。
② 《永历实录》卷十一，第5页。

大同，金励、刘之源、陈锦、田雄等攻闽、浙。在这样一个有计划的反攻之中，所有的反正军全被扫荡，而江西、湖南、广东复为清兵所有。孔有德的伪军并于永历四年十一月，攻陷了桂林，瞿式耜死之。同时，尚可喜的伪军也在叛将陈邦傅的迎降之中占领了梧州，清兵又深入广西了。

好转的局面，变成了大梦一场。当此之时，桂王政府中的衮衮诸公，既没有征歌纵酒的雅兴，也没吴党、楚党的纷争了，他们仓皇由肇庆撤退，溯西江而上，逃到南宁。可是不久清朝的大军又在陈邦傅的向导之下，由梧州、柳州而疾趋南宁。南宁势在必失，于是桂王又不能不于五年六月由南宁向安南逃亡。从此以后，百官溃散，桂王遂栖迟于山谷之间。《也是录》的作者为之慨曰：

> 成栋之师既覆，腾蛟之功不成。翠华奔播于岩疆，黄屋飘零于瘴雨。无斛郭之余烬可燃，无朔方之义（兵）可召，无海岛之战舰可航，帝至是虽有大可为之才，亦英雄无用武之地矣。

六　最后的支持者——张献忠的残部

反正军消灭了，继之而起支持桂王政府至 13 年之久的，是张献忠的残部孙可望、李定国等，所以桂王政府最后的一幕，是张献忠残部的斗争。

当桂王政府成立之时，张献忠的残部已经由孙可望等率领，撤退黔、滇。当桂王退守南宁时，孙可望等鉴于形势的危亡，曾遣使向桂王表示，愿意拥护政府，共抗清兵，因此有请求封王之事。请求封王者，即要求承认其合法地位。

当时政府中对孙可望请封王事，有两种主张，寒士出身的程源、万翱等则以"可望举全滇土地、十万甲兵以归我，功在可王。"①而况当时的孙可望，"封之王，不封亦王"，与其自王，不如封之。士大夫的领袖严起恒、金堡等，则谓："江粤之土，我已失之土也，滇未失之土也，金声桓、李成栋举已失之土而效顺，且不敢邀王封，而廷议亦唯祖制是守；今乃举而授之可望，则何以谢声桓、成栋于地下，而激励其部曲乎？"②因议论不一，终罢王封。

平心而论，金、李虽系举已失之土而效顺，但赣、粤之失，金、李实为清兵先锋。孙可望虽旧为"流寇"，但并未投降清朝，背叛民族。彼既自求归附，似不应加以拒绝。而况当时桂王政府只有两条路可走，不是掩旗息鼓，宣布灭亡；便是撤退云、贵，以孙可望等的力量为基础，展开最后的斗争。但是当时桂王政府中的士大夫，似乎宁愿逃亡海外，不肯撤退云、贵。《明纪》云：

> 时大清兵南征，势日迫，王召诸臣议，有请走海滨就李元胤者，有议入安南避难者，有议泛海抵闽依郑成功者。惟马吉翔、庞天寿结可望，坚主赴黔③。

等到南宁沦陷，百官溃散，这时桂王才接受孙可望的拥戴。当时孙可望遣兵迎王入贵州之安隆所，改为安龙府，奉王居之。但当时的士大夫，却一则曰："孙可望谋劫王以自重"，再则曰：

---

① 《永历实录》卷二十一，第3页。
② 《永历实录》卷二十一，第3页。
③ 《明纪》，第26页。

"王寄虚名于群盗之中。"

平心而论，当时孙可望雄据滇、黔，遥控川、湘，地方数千里，甲兵数十万，他继续做"盗贼"也可以，自己称王称帝也可以。再不然，举滇、黔土地而投降清朝，又何尝不可以。他又何必"邀封"才能自尊，"劫王"才能自重？而况欲自尊，则降清以后，"尔公尔侯，有平西王吴三桂之典例在"；欲自重，则与其"凭借桂王"，又何如追随南明士大夫之后，"凭借大国"，岂不更能"狐假虎威"，以鞭笞自己的同胞吗？退一步说，即使孙可望是"劫王自重"，但当时士大夫何以并"劫王自重"者亦无一人呢？是知当时的桂王，即使劫到手里，亦不能自重，不能自重而"劫"之，这是士大夫之所不为。士大夫所不为者而孙可望为之，这就证明了不是为了自重，而是为了要继承这一个没有希望了的民族斗争。

具体的史实指示出来，当桂王入黔以后，孙可望等立刻发动了一个大规模的出击，以迎接这个抗敌的政府。《明纪》云：

> （永历六年二月）孙可望使李定国、冯双礼由黎平出靖州，马进忠由镇远出沅州，会于武冈，以图桂林。刘文秀、张先璧由永宁出叙州，白文选由遵义出重庆，会于嘉定，以图成都[1]。

这一次的大出击，是两路并进。一路东征湘桂，一路北伐四川，两路都获得了胜利；而尤以东路的胜利，在桂王政府的斗争中，是空前绝后的。《永历实录》云：

---

[1] 《明纪》，第28页。

定国自贵州出黎、靖，马进忠、冯双礼副之，……合兵十万，战象五十。四月，驰攻黎平，克之。五月，至靖州……两日夕，驰下武冈。清肃顺公弃宝庆走，定国收宝庆。遂自东安南攻孔有德于桂林……肉搏登城，王允成开门纳兵入，有德自焚死。执（叛将）陈邦傅，数其矫诏怀奸、叛王迎降之罪，并其子磔杀之。七月，收平乐梧州，马雄、缐安国走广东，遂复柳州、南宁。

八月，举兵出楚，复永州，遂下衡州。出马宝军于连阳，收曹志建故部于贺县。遣马进忠、冯双礼北取长汉。召张光翠出宁乡，进复常德。十月，进忠略地岳州，所至披靡。别遣军攻永新、安福，下之，遂围吉安。兵出凡七月，复郡十六，州二，辟地将三千里，军声大振。

当东路军攻复南宁时，"刘文秀出川北，亦复潼川，攻进保宁，吴三桂驰救之，迎战大败，退师川南。"①《明纪》谓刘文秀曾一度进据成都，清兵为之震动②。

像这样一个惊人的胜利，就证明了中原人民并不是没有抵抗清兵的力量。以前的失败只是因为没有把这一部分力量运用起来。自从李定国把抗清的旗帜举起来以后，清统治者也就惊惶失措了。

但是不幸桂王及其从官，因为不满意孙可望的待遇，硬要分裂孙、李的团结。他们一方面说孙可望虐待桂王，企图篡窃；另一方面又说李定国恃功骄横，准备独立。并且一次两次的"密

---

① 以上均见《永历实录》卷十四，第3页。

② 《明纪》，第29页。

救"、"血诏",召李定国还师勤王。在这样挑拨离间之中,孙、李的感情,自然恶化了。

平心而论,像孙可望那样从农民出身的人,他当然不知道侍候皇帝的规矩,趋朝拜舞,呼万岁,不大熟习,因而失礼之处,也许有之,但说他篡位,就未免神经过敏。例如当时御史李如月指出孙可望篡位的证据,是说"可望擅杀勋镇,罪同操、莽"。但他所谓"勋镇",是替清军当向导进攻南宁的陈邦傅。如果这样的"勋镇"亦不可杀,杀了就罪同操、莽,那就真是不能理解了。

谣言终于分裂了孙、李的关系,不久孙可望遂自贵阳帅兵出湖南,欲夺李定国兵柄。当时正值清敬谨王率三贝勒、八固山兵向湖南,李定国屯衡州,马进忠、冯双礼屯长沙,前军下岳阳。在湖南,正在酝酿大战。正当此时,孙可望密令冯双礼、马进忠从长沙撤退,于是李定国遂由衡阳败退宝庆。定国正拟死守宝庆,而可望驰召定国返武冈会议,三昼夜,书七至。定国不得已弃宝庆,西趋武冈。途中知可望有加害之意,遂折而南走,由永明趋平乐,下梧州,进围肇庆,欲东入粤,与郑成功连兵攻江、浙。遂南入钦、雷、廉诸府,克高明,陷新会。不幸为清兵所败,复由新会退南宁,更由南宁入滇,迎桂王入昆明。

同时,孙可望亦被清兵大败,精锐挫衄殆尽,扫兴而归。以前李定国收复之地,至是又完全丧失了。

胜利变成了失败,一个统一的力量,分化为两个对立的力量了。继之而来的便是孙、李的火并。在火并战争中,孙可望被迫投降了清朝。孙可望离开了民族斗争的战线,这是失败主义者的胜利。同时,亦即清朝统治者的胜利。

七 在缅甸的流亡政府及其灭亡

当孙可望领导的大出击失败以后,清政府即时对黔、滇布置了一个大包围的阵势。清政府派遣四川总督李国英驻保宁,经略洪承畴驻长沙,大将军辰泰及阿尔津先后驻荆州,尚可喜等驻肇庆诸州。他知道黔、滇地险,而诸将又皆出身"流寇",身经百战,所以不敢轻举进犯。但并不是委黔、滇于不顾,只是等待机会而已。当时高绩看清了这种危机。他说:"今内难虽除,外忧方大,伺我者,顿刃待两虎之毙,而我酣歌漏舟之中,熟寝爇薪之上,能旦夕安耶?"

果然,当孙、李火并之后,清师遂三路入黔,时永历十二年二月也。第一路,由吴三桂、固山额真、侯墨尔根、李国翰统所属清兵及汉中、四川各地清兵,由四川南下。第二路由赵布泰统所属清兵,及提督综国安统所属标兵,与湖南调发兵由广西西进。第三路,由济尔哈朗统领清兵及经略调取各兵,由湖南西进。此外洪承畴自率大军出黎靖,牵制李定国之军,以便三路大军乘虚而入。

永历十三年,吴三桂等由四川长驱南下,越遵义,由毕节直冲大理,分兵由建昌进捣平越。赵布泰等由广西南丹经那地,陷独山,进趋安隆。济尔哈朗等由湘西陷镇远,进薄贵阳。当时桂王政府也派兵遣将,分道应战。但是刘正国则溃于三坡,白文选则败于毕节,李定国的主力军,也失利于独山。同时,孙可望的旧部王自奇、关有才以待遇不平,叛降清朝。三路外攻,叛军内应,而贵阳遂陷。

当清兵三路会师贵阳以后,汉奸洪承畴与清信郡王多尼在龙旗飘扬之下,走进了贵阳。他们现在要进攻云南了。为了抵抗清兵的进攻，李定国曾经领导了一个最后的战斗。据《明纪》云："李定国与冯双礼等守盘江，扼鸡公背……遣白文选将四万人守七星关，抵生界立营，以牵蜀师。"但以众寡不敌都失败了。据《明纪》云：

> 十一月，蜀师出遵义，由水西趋天生桥。十二月，入乌撒，文选惧，弃关走沾益。粤兵至盘江……入安龙，定国使怀仁侯吴子圣拒之，大败。定国由盘江回师拒战，为大兵所击，破其象阵。又连败于罗炎、凉水井、撒岩，诸将皆走。定国撤营遁归。……大清顺治十六年（1659 年）春正月，大兵入云南①。

桂王政府最后的首都沦陷了，桂王及其从官卫队四千余人仓皇由永昌出走，经永平，南走腾越。当此之时，不顾生死与清兵肉搏于玉龙关的是白文选，与清兵血战于磨盘山的是李定国，他们都是张献忠的部将。反之，在逃亡的途中叛变桂王的，却是他最亲信的禁卫军。《也是录》云：

> （永历十三年正月）二十四日，甫下营而未炊，忽（总兵）扬武兵到，传言后而满清兵随到，各营兵士俱忙乱奔散。马吉翔与司礼李宗遗催驾即行，遂跟跄而奔，君臣父子夫妇儿女不复相顾。兵马乱处，火光竟天，各营行囊皆（被）抢劫；上之贵人宫女，俱为乱兵所掠。

> 二十五日，至铁壁关，孙崇雅叛，肆掠行在辎重，凡文武追扈稍后者，悉为所掳。

---

① 《明纪》第 35、36 页。

桂王一行，总算到达了缅甸的边境，但缅人要查验国书并卸除弓矢刀兵才许入境。他们不得已，在缅人的胁迫之下呈示了敕书并解除了武装，然后才走进缅甸的国土。入缅境后，检阅从者，仅一千四百七十八人了，因不得舟，乃分水陆两批，前往缅京，桂王等六百四十六人由水路往，余悉陆行。陆行者至哑哇对河，即遭缅人劫杀和被掳为奴，但桂王等一行，则安抵缅都。

这一群委弃了祖国，窜身蛮服的南明士大夫到达了缅京以后，自以为与世无涉，与人无争，可以"聊借缅人以固吾圉。"于是"呼卢博塞"，"纵酒酣歌"，开始了亡国大夫的生活。《也是录》记其事云：

> 时缅妇自相贸易，杂踏如市，诸臣恬然以为无事，屏去礼貌，皆短衣跣足，阑入缅妇贸易队中，踞地喧笑，呼卢纵酒，虽大僚无不然者。其通事为大理人，私语人曰："前者入关，若不弃兵器，缅王犹备远近。今又废尽中国礼法，异时不知何所终也。"

> 上患腿疮，旦夕呻吟，而诸臣日以酣歌纵博为乐。中秋之夕，马吉翔、李国泰呼梨园黎应祥者演戏，应祥泣曰："行宫在迩，上体不安，且此何时而行此忍心之事乎！虽死不敢奉命。"吉翔等大怒，令痛鞭之。时蒲缨所居，亦密迩西内，缨大博肆，叫呼无忌，上闻而怒，令毁其居，缨仍如故。

当时呼卢纵酒者，大半皆系腰缠厚资的。其时亦有流离异国、三日不能举火者。《明纪》云：

> 时诸臣困乏，有三日不举火者，马吉翔拥厚资不顾，为请于王。王无以应，乃掷国宝于地，吉翔取而碎之，以给诸臣。

《也是录》的作者亲眼看见这种情形，不禁为之叹曰：

> 诸臣好丑，盖难枚举，至文武升迁，仍由权贿。国事至
> 此，尚可问乎！

桂王一行用现代语说，也算是一个"流亡政府"，因为他们
还保持着政治的组织，而且缅甸政府，也是把他们当作一个政治
团体接待的。但是这个流亡政府已经忘记了他的任务，他们简直
没有想到怎样打回祖国这件事情。而这就表现在他们拒绝与李定
国等继续抗清斗争。

具体的史实指示出来，当清兵入滇以后，李定国并没有放下
武器，他还是与他身经百战的弟兄在滇缅的边界继续与清兵相
抗。当桂王之入缅也，李定国方与清兵苦战于磨盘山，他没有想
到桂王会委弃祖国。既闻桂王入缅，乃急遣白文选率兵入缅，想
把桂王接回。《永历纪年》云：

> 当是时（桂王入缅），李定国已遣白文选率兵迎驾。至
> 哑哇城下，距驻跸五、六十里，为缅人隔绝不相闻。

以后又遣将至芒漠迎驾。《也是录》云：

> 四月，芒漠来报，有我兵祁信者来迎驾，请敕止之。吉
> 翔请以锦衣卫丁调鼎、考功司杨生芳往，至五月望后始还。
> 祁兵得敕不进。吉翔复与缅官之把陇者敕一道云："朕已航
> 闽，后有一切兵来，都与我杀了。"

《也是录》又载：

> 永历十四年（庚子）七月，缅人复招黔国公沐天波渡

河，天波力辞。缅使曰："此行不似从前，可冠带而行。"
至则遇之有加礼，始知各营将临缅城。晋王李定国率兵迎
驾，有疏云："前后具本三十余道，未知曾达御览否？今与
缅定约，议于何处迎銮？伏候指示。"而诸臣在缅，燕雀自
安，全无以出险为念者，缅营索勒朦胧而去。外兵久候，音
问俱绝，遂拔营去。

同书又载：

永历十五年（辛丑）2月28日，巩昌王白文选密遣缅人
赍疏至，云："臣不敢速进者，恐惊万乘，欲其扈送出关，
为上策耳。候即赐玺书，以决进止。"后五、六日，文选率
兵造浮桥为迎跸计，相去行在六七十里，缅人复断其桥，文
选候话不得，遂撤营去。

从这些纪载，我们一方面可以看出，当时李定国等尚拥有相
当的兵力，同时也可以看出他们忠君爱国之忱异乎寻常。他们深
入缅境，两围阿瓦，企图救出桂王，继续反清的斗争。可惜当
时马吉翔、李国泰等一般阉茸之徒，相与狼狈，"恐（李）定国
至，众将疾功，其恶不得自恣。"因而扬言桂王已经航闽，并嘱
缅官之守隘者"后有一切兵来，都与我杀了。"岂不可叹！

最后的灾难降临了。自李定国撤兵以后，于是流亡政府的大
小官吏遂不能不饮缅人之"咒水"。《明纪》云：

秋七月，（缅王）欲尽杀王文武诸臣，遣人来言曰："蛮
俗贵诅盟，请与天朝诸公饮咒水。"黔国公沐天波疑有变，
欲不行，王强之。马吉翔、李国泰邀诸臣尽往，至则缅人以

兵围之，令诸臣以次出外。出辄杀之，凡杀四十二人①。

永历十五年冬，明代的重镇吴三桂，"不避艰险，请命远来，提数十万之众，穷追逆旅之身。"②兵临缅京。十二月初二日，缅王以桂王献吴三桂军前。永历十六年四月初八日，吴三桂弑桂王于昆明，明亡。《也是录》序言曰：

> 呜呼！国运之兴衰成败，天乎人也，人乎天也？仆每读史至国破君亡之际，未尝不掩卷欷歔而不忍多读者。嗟乎！天步之艰如此，人谋之失如彼，天人俱失，何以为国！呜呼，痛哉！

八 结 语

桂王政府覆灭以后，清政府已经最终地统一了全中国。当此之时，明代的勋臣重镇，都已"尔公尔侯"，拜受清王朝的茅土之赐，或则制礼作乐，为新朝草朝仪。但同时大明王朝却有一个孤臣孽子，这就是张献忠的部下李定国将军。《永历实录》云："定国闻变，还兵至缅甸，已无及，因缟素发哀，定国披发徒跣，号踊抢地，吐血数升，遂杀妻子，焚辎重，举兵攻缅甸屠之，率其军居彻外，两年愤恚，呕血卒。"

此外还有一位至死不投降的好汉，这就是李自成的部将李来亨将军。《永历实录》所纪，来亨曾参加湖南抗清战争，后

---

① 《明纪》，第40—41页。
② 蒋良骐《东华录》卷八，康熙元年二月条。

自湘走蜀，据巴、巫间之九莲坪，屡挫清兵。桂王政府覆亡后，"来亨知不能久存，会诸将饮，大哭，分遣逃散。来亨母老矣，其中表舅有为清将者，曾招来亨降，不应。至是乃遣书以其母托之，遂举火焚岩，与妻子亲信，投火中死。来亨部凡三万余人，来亨死，或死或逸去。就俘执者，百五十人而已，余众散入秦、蜀山中，不知所终。来亨败没，中原无寸土一民为明者，唯诸郑屯海外。"

余曾跋《永历实录》曰：

> 余读永历诸人列传，而深有慨夫永历之际，孤臣孽子不出于世禄之家，儒者之林，而出于"盗贼、流寇"与草野下士也。当永历之初，破家起义，全发效节者，起草茅之豪杰也；举兵反正，奉土于王者，起"群盗"之诸将也。即桂林既陷，百官溃散，而一迎王于南宁，再迎王于南安者，"流寇"部将孙可望也。自是以后，桂王播迁黔、滇，遂托命于"群盗"之中，不复有衣冠之士趋承殿陛矣。李定国者，本榆林农家之子，为张献忠之部将，受命于危难之际，毅然奋其忠勇，誓师讨清，一军东出，纵横湘、赣、粤、桂之间，如入无人之境。走肃顺公于宝庆，诛孔有德于桂林，出马宝军于连阳，收曹志建于贺县，七月之间，复地三千余里，可谓壮矣。惜乎祸起萧墙而前功尽弃，不旋踵而清兵三路入黔，贵阳不守，昆明继沦。然而当此之时，一挫敌于玉龙关，再挫敌于磨盘山者，李定国也。即桂王被困缅京，挥兵异国，两围阿瓦者，亦李定国也。殆至桂王北狩，蒙难昆明，缟素发哀，披发徒跣，号踊抢地，吐血数升，杀妻子，焚辎重，举兵攻缅甸而屠之者，又李定国也。至若为清军效

命前驱，攻闽、粤，践湘、桂，使桂王奔播于山谷之间者，则为明代之夙将孔有德、尚可喜、耿仲明也。陷贵阳，入昆明，远征缅甸，破巢取子，使桂王窜身蛮服，卒至血溅蓬莱者，又明代之勋镇吴三桂也。余读史至此，不觉慨然而叹曰："嗟夫！夫果谁为顺而谁为逆，谁为忠而谁为奸，又谁为孤臣孽子，而谁为盗贼流寇也。"

（重庆《中华论坛》第一卷第十、十一期合刊，1945 年 12 月 1 日出版）

桃花扇底看南朝

一　作者孔尚任

《桃花扇》是清初一部有名的剧本。作者孔尚任氏，山东曲阜人，孔子六十四代孙。孔氏字季重，号东塘，又号岸堂。因为他曾读书石门山中，石门山古名雲山，"雲"字古文作"云"，故又号云亭山人。他在清初，与洪昇同为最有名的戏剧作家，在当时的剧坛上，有南洪北孔之称。

孔尚任生于清顺治五年[①]九月十七日[②]，死于何年，不得而考。但《桃花扇》上，有他戊子三月一序，按戊子为康熙四十七年，其时孔氏年已六十一，是知他的年寿，至少超过六十[③]。

---

① 据孔尚任《出山异数记》所载，康熙二十三年（公元1684年），即康熙首次南巡之年，孔尚任年三十七岁。由此上推，因知孔氏生于顺治五年（公元1648）。

② 《桃花扇》末出《余韵》老赞礼白云："今乃戊子年9月17日，是福德星君降生之辰，我同些山中社友到福德神祠祭赛已毕，路过此间。"又同出《神弦》歌词中有云："新历数，顺治朝，岁在戊子九月秋十七日，嘉会良时……我与尔较生辰，同月同日。"按《桃花扇》中的老赞礼，是孔尚任自己现身说法。老赞礼的生辰，就是孔尚任的生辰，所以知道他是生于9月17日。

③ 据人民文学出版社1962年出版的《桃花扇·前言》所记，孔尚任卒于康熙五十七年戊戌（1718年）春，年七十岁。

孔尚任在三十四岁以前，还是古云山的一个隐逸之士。他在古云山中，"诛茅叠石，结庐其中有年"，享受这里的"清泉佳木溪壑"之盛 ①。《桃花扇》第三十九出《栖真》中有几段词曲，正是描写他自己的隐居生活。如云："避了干戈横纵，听飕飕一路，涧水松风。……石墙萝户，忙寻炼翁；鹿柴鹤径，急呼道童；仙家那晓浮生恸。"又云："采药深山古洞，任芒鞋竹杖，踏遍芳丛。落照苍凉树玲珑，林中笋蕨充清供。……俺善才迟暮，羞入旧宫；龟年疏懒，难随妙工；辞家竟把仙诵。"我们读了这些词曲，可以看出他在三十四岁以前，还抱着一种浓厚的出世之想，大有"耻食周粟"之慨。

到三十四岁，衍圣公孔毓圻请他出山，编著《孔子世家谱》，经过三年，成《家谱》十卷。《家谱》中，述汉以来孔家传记谱牒甚详，取材亦极严谨。凡谶纬伪《家语》及伪《孔丛子》上的资料皆摒而不录，即对《史记·孔子世家》上的资料，亦有所订正。在考据学未发达之前而有如此严谨的治学态度，实为难得。

《家谱》脱稿以后，他想回山，但衍圣公又留他"采访工师，造礼乐祭器"，并"选邹鲁弟子秀者七百人"，请他"教以礼乐"。当时他眼看清朝定鼎中原，用夷变夏，中国的礼乐，将陷于沦亡，于是毅然答应了。《桃花扇》第一出老赞礼白有云："可咏可歌，正雅颂，岂无庭训。"这正是他自述制礼作乐的事实。

正当孔氏制礼作乐的时候，康熙的御驾东谒孔林。衍圣公以孔尚任博学多闻，请他襄助祀典。为了笼络汉族的士大夫，尊孔

---

① 以上均见孔尚任《出山异数记》。

崇儒，是历来边疆民族统治者的不二法门。当时康熙深明此道，所以在祭毕之后，即命"于孔氏子弟，选取博学能读书人员，令撰次应讲，经义予期进呈。"孔尚任即于此时被族人荐举。因为他撰讲称旨，康熙授以国子监博士，时康熙二十三年事也。《桃花扇》首出《先声》中题曰："今乃康熙二十三年"，这正是点穿他自己服官之始。

嗣后，他由国子监博士，转户部主事，康熙三十六年，又升户部广东司员外郎。他在户部时，曾著有《人瑞录》①一书，这是一部长寿老人的统计录，也可以说是一部明代遗民录。从《桃花扇本末》（以下简称《本末》）知道他是以康熙三十九年（公元1700年）弃官，时年五十二岁。总计他服官的时期，前后凡十五年。

孔尚任虽然服官十五年，但他对于升官发财，并不热中。他既得到康熙的知遇，本可以攀龙附凤，青云直上；然而他没有那样无耻，仍然自甘淡泊。据他自己所述："（他在北京时），侨寓在海波巷里，扫净了小小茅堂，藤床木椅，窗儿外竹影萝阴，浓翠如滴，偏映着潇洒葛裙白纻衣。雨歇后，湘帘卷起，受用些清风到枕，凉月当阶，花气扑鼻。"又说："（他）喜的是残书卷，爱的是古鼎彝，月俸钱支来不够一朝挥。"②由此足见他虽升沉在恶浊的宦海中，仍然是一位古色古香的书生。

孔尚任第一部戏剧作品是《小忽雷》。《小忽雷》者，相传为唐代乐器之名，类似琵琶，又名二弦琵琶。桂未谷《晚学集》云："唐文宗朝，韩滉伐蜀，得奇木，制为胡琴二，名曰大、小

---

① 收入《昭代丛书》。
② 孔尚任，《小忽雷》传奇卷首题词。

忽雷。"据传说，大、小忽雷遗失民间，并未破灭。八百余年后，孔氏忽得之于北平，这对于这位爱好古乐的学者，当然是如获至宝。因为看见了《小忽雷》，就想起了唐朝的历史，于是他就以《小忽雷》[①]为标题，写了一个历史剧。这部历史剧以梁厚本与郑盈盈二人的因缘为线索，把元和、长庆、太和间的大事，如平淮、蔡，甘露之变等一齐贯串起来。把许多历史人物，如权德舆、裴度、李训、郑注、白居易、元稹、刘禹锡、柳宗元以及宦官梁守谦、仇士良，歌妓杜秋娘等，都拉上舞台。从《小忽雷》的体裁，我们可以看出孔尚任是一位历史戏剧家；而且他写历史剧，不喜取材于小说，专好把历史上的实人实物加以点染，穿插成剧。这种作风，他在《小忽雷》中初试其锋，到《桃花扇》中，便完全成功了。

二 全剧结构及写作动机

《桃花扇》传奇是孔尚任第二部戏剧作品，也是他最后的一部戏剧作品。这个剧本，是以明、清之际的史实为背景，写成的一部可歌可泣的歌剧。

《桃花扇》全剧共分四十出，前有《先声》，后有《余韵》。在第二十出之后，以《闲话》作为顿歇，谓之闰二十出；在第二十一出之前，又以《孤吟》，作为承转，谓之加二十一出。全

---

① 收入刘葱石：《暖红室传奇汇刻》。

剧的结构皆系以复社名士侯朝宗①与秦淮歌妓李香君②的儿女私情为线索，将明、清之际的史实，如明末的文社活动，崇祯殉国，福王建号，阉党复活，史可法被放，党祸再兴，四镇互哄，以至左良玉叛变，福王政府灭亡等史实，都贯串起来，写成一部有声有色的明代亡国痛史。他把许多历史人物，皇帝如弘光帝，忠臣如史可法，奸佞如马士英，复社名士如陈定生、吴次尾，阉党余孽如阮大铖，将军如左良玉、黄得功、袁应咸、高杰、刘良佐、刘泽清、田雄，官僚如杨龙友、沈公宪、张燕筑，歌人如柳敬亭、苏昆生、丁继之，妓女如寇白门、郑妥娘、李贞丽，画家如蓝田叔，书贾如蔡益所等，一个个都请上舞台。并且自己也粉墨登场，而出现为剧中之老赞礼。在这个剧本中，他把福王政府中的君臣将相，乃至当时的在野名流，歌人妓女的忠奸邪正，都写得人人活现，个个传神。至于其词曲之美，则其余事也。诚如作者所云："（读《桃花扇》后便知明朝）三百年之基业，隳于何人，败于何事，消于何年，歇于何地。"他又说，这部传奇虽系小道，"而义则春秋"，"不独令观者感慨涕零，亦可惩创人

①　侯朝宗，名方域，河南商丘人也。祖执蒲，为明太常寺卿。父，恂为明户部尚书，皆系东林党人。朝宗在明为诸生，顺治七年辛卯举副贡。生于明万历四十六年戊午，卒于清顺治十一年甲午，年三十七。著有《壮悔堂文集》《四忆堂诗集》。其事迹详贾开鲁、田兰芳所作传，及侯恂所作《年谱》。据《年谱》："崇祯十二年，方域二十二岁，入南雍应南京试，交陈公子定生、吴秀才次尾及南中诸名士主盟复社。"宋荦雪园《五哀诗序》云："往余乡有雪园社，即江南之复社也。"即因主盟复社，遂以四大公子之一闻于当时。四公子者，即桐城方密之（以智）、阳羡陈定生（贞慧）、如皋冒辟疆（襄）并朝宗为四人。

②　余怀《板桥杂记》云："李香君年十三，亦侠而慧。从吴人周如松受歌，玉茗堂四梦，皆能妙其音节。尤工琵琶。与雪苑侯朝宗善，阉人儿某者（阮大铖）欲纳交朝宗，香君力谏止不与通。朝宗去后，有故开府田仰，以重金致香，香辞曰：'妾不敢负侯公子也。'不往。"

心，为末世之一救矣。"①

据作者在《桃花扇本末》中云："予未仕时（三十六岁以前），每拟作此传奇。恐见闻未广，有乖信史，瘾歌之余，仅画其轮廓，实未饰其藻采也。……又十余年，……乃挑灯填词……凡三易稿而书成，盖己卯（康熙三十八年，公元1699年）之六月也。"由此足见孔尚任之欲将明代亡国痛史，写成剧本，早在青年时代，即在计划之中。而其所以未能完成者，则"恐见闻未广，有乖信史"也。他后来之所以积极地完成此传奇，乃是受了他舅父的影响。《本末》中说："族兄方训公，崇祯末为南部曹，予舅翁秦光仪先生，其姻娅也。避乱依之，羁栖三载，得弘光遗事甚悉。旋里后，数数为予言之。证以诸家稗记，无弗同者，盖实录也。独香姬面血溅扇，杨龙友以笔点之，此则龙友小史，言于方训公者。虽不见诸别籍，其事则新奇可传，《桃花扇》一剧，感此而作也。南朝兴亡，遂系之《桃花扇》底。"

香姬面血溅扇，有无其事，当然还是问题；但是孔尚任却假托一个妓女不嫁阉党余孽，以致碎首出血的故事，把明代亡国的责任，说得明明白白。故其着重点，并不在有无桃花扇，而在于妓女亦不肯嫁阉党余孽。作者在《桃花扇小识》说："《桃花扇》何奇乎？其不奇而奇者，扇面之桃花也；桃花者，美人之血痕也；血痕者，守贞待字，碎首淋漓，不肯辱于权奸者也；权奸者，魏阉（忠贤）之余孽也；余孽者，进声色，罗货利，结党复仇，隳三百年之帝基者也。帝基不存，权奸安在？惟美人之血痕，扇面之桃花，啧啧在口，历历在目，此则事之不奇而奇，不必传而可传者也。"由此可知《桃花扇》之作，非所以传儿女之

---

① 《桃花扇小引》。

私情，盖所以诛奸佞，悲亡国也。

顾天石《桃花扇序》有云："当其时，伟人欲扶世祚而权不在己，宵人能覆鼎餗而溺于宴安，扼腕时艰者，徒属之席帽青鞋之士；时露热血者，或反在优伶口技之中；斯乾坤何等时耶！既无龙门、昌黎之文，以淋漓而发挥之；又无太白、少陵之诗，以长歌而痛哭之。何意六十载后，云亭山人……撰出《桃花扇》一书……可以当长歌，可以代痛哭，可以吊零香断粉，可以悲华屋山丘。"岂"非有甚慨于青盖黄旗之事，而为狡童黍离之悲也"耶？

桃源老人读《桃花扇跋语》有言曰：

夫明季史实，中国史上之一页痛史也。弘光、隆武、永历之间，盖有不少可歌可泣之事，令人触目惊心。诚以当时历史之迭遭，固非仅朱氏九庙，堕为丘虚，抑亦黄炎华胄之沦于夷狄也。当时明代遗臣故老，身亲亡国灭种之变，自有山河故国之感。目之所见，耳之所闻，身之所遭，心之所感，悲愤抑郁之所集结，有不能已于言者，则著之为纪录，发而为文章，此人之情也。以是当时著作之多，汗牛充栋。此等著作类皆充溢悲愤激昂伤时诋世之辞。云亭山人生当明、清之际，虽不及见弘光殄祀，隆武就诛，但亲见桂王"翠华奔播于崖疆，黄屋飘零于瘴雨"，栖迟山谷，流离异国，卒至文武屠灭，血溅蓬莱。不觉故国之感，油然而兴。此《桃花扇》之所由作也。当作者写著《桃花扇》时，悲伤之感充溢纸上。孤吟之词有曰："难寻吴宫旧舞茵，问开元遗事，白头人尽。云亭词客，阁笔几度酸辛。声传皓齿曲未终，泪滴红盘蜡已寸……"嗟夫，读"白头人尽"、"红盘蜡泪"之句，至今犹有余哀也。

《跋语》又曰：

　　嗟夫，焚书坑儒，何代无之，但从未有如满清之烈者也。在清初，一语可以杀身，一字可以成狱，至若述古为史，纪实为录，与夫咏怀感世而为诗者，则更无论矣。如庄廷鑨之《明史狱》，戴名世之《南山集狱》，沈天甫之《逆诗狱》，查嗣庭之《试题狱》，株连所及，动辄数百千人。一字之嫌，骢骑四出，血肉狼藉，牢狱为满。百年之内，灭家夷族，斩棺锉尸者，不知几何人；焚书削版，毁稿燔刊者，不知几何书。当此之时，朝廷以此考绩，官僚以此邀功，汉奸败类，以此献媚售奸，而豪绅劣棍诪张为幻之徒，且以此诈财寻仇无休止矣。充其所极，当时除"圣谕广训"以外，天下盖无书非逆，无书不禁矣。然而《桃花扇》传奇终能免于焚燔之劫者何耶？此则不能不谓非作者文字运用之妙也。盖作者不从朝廷大政，而从几辈老名士、老歌人、老倡妇，饮啸谈谐，祸患离合终始之迹，以寄国家兴亡、君子小人、成败死生之故；不用史汉体裁，而独借管弦拍板，写其悲感缠绵之致，此其所以幸存也。即以此故，是以《桃花扇》本成，王公荐绅莫不借抄，时有纸贵之誉。"《桃花扇》虽委曲其词，但仍具有丰富之民族情绪。《本末》有曰："（当时）长安之演《桃花扇》者，岁无虚日……名公巨卿、墨客骚人，骈集者座不容膝。……然笙歌靡丽之中，或有掩袂独坐者，则故臣遗老也。灯烬酒阑，唏嘘而散。"盖"当时真是戏"，而"今日戏如真"也。

三 金粉南朝

《桃花扇》自第一出至第十三出，都是描写崇祯十六年的南都。当时正值明亡的前夕，一方面，清兵已迫近山海关，威胁着明朝的首都；另一方面，农民的起义，已由西北扩大到西南及中原一带，震撼了大明的天下。然而据《桃花扇》所述，当时的南京，却是一座纸醉金迷的城市。据作者云：

当时，"孙楚楼边，莫愁湖上，又添几树垂杨。偏是江山胜处，酒卖斜阳，勾引游人醉赏，学金粉南朝模样。"（《听稗》）当时"长板桥头垂杨细，丝丝牵惹游人骑。""莺颠燕狂"，家家户户"不把红楼闭。"当时的平康（妓院）在凤城（南京）东。在这里，"千门绿杨，一路紫丝缰。引游郎，谁家乳燕双双。隔春波，碧烟染窗；倚晴天，红杏窥墙；一带板桥长，听声声卖花忙。"（《访翠》）在这里，"楼台花颤，帘栊风抖。""今宵灯影纱红透。"（《眠香》）"缠头锦，百宝箱，珠围翠绕流苏帐，银烛笼纱通宵亮，金杯劝酒合席唱。"（《却奁》）在这里，有多少南国佳人，他们本来"家住蕊珠宫，恨无端业海风，把人轻向烟花送，喉尖唱肿，裙腰舞松，一生魂在巫山洞。"（《骂筵》）他们或则"匆匆挽个抛家髻"，便把"那新词且记"。"学就晓风残月坠，缓拍红牙，夺了宜春翠，门前系住王孙辔。"（《传歌》）或则"短短春衫双卷袖，调筝花里迷楼。"家家"全把绣帘钩，不教金线柳，遮断木兰舟。"（《眠香》）

当时秦淮河里，"龙舟并，画桨分，葵花蒲叶泛金樽；朱楼密，紫障匀，吹箫打鼓入层云。"一阵阵的笙歌箫鼓，一船船的乌纱红裙。"灯船来了"，"你看这样富丽，都是公侯勋卫之家。"灯船又来了，"这是些富商大贾，衙门书办，却也热闹。"灯船

又来了，"你看，船上吃酒的，都是些翰林部院老先生们。"这正是："秦淮一里盈盈水，夜半春帆送美人。"(《闹榭》)

不仅官僚商人如此，当时的风流才子，他们也是"齐、梁词赋，陈、隋花柳，日日芳情逗逗。"不是"贪花福分生来有"，便是"秀才渴病急须救。"(《眠香》)不是"飞来捧觞，密约在蓉锦帐"，便是"误走到巫峰上，添了些行云想。"(《访翠》)不是"青衫偎倚，今番小杜扬州"，便是"寻思描黛，指点吹箫，从此春入手。""缠头掷锦，携手倾杯"，有多少"催婚艳句，"有多少"迎婚油壁。"(《传歌》)这正是"江南花发水悠悠，人到秦淮解尽愁。不管烽烟家万里，五更怀里唱歌喉。"(《眠香》)

至于当时的中原，则"豺虎乱如麻，都窥伺龙楼凤阙帝王家，有何人勤王报主，肯把义旗拿。那督师无老将，选士皆娇娃……正腾腾杀气，(准备剿灭"流寇"，)这军粮又早缺乏。(那些士兵们)一阵阵拍手喧哗，一阵阵拍手喧哗……好一似蠹蠹白昼闹蜂衙。"(《抚兵》)纵有那"活骑人，飞食肉"的将军，也只得"望眼巴巴，望眼巴巴"，"候江州军粮飞下。"(《抚兵》)

当此之时，到处都是："狐狸纵横虎咆哮"；因而到处都是："鸡犬寂寥，人烟惨淡，市井萧条"。百姓们虽然没有饭吃，都还要"把豺狼喂饱"。又加之以"鼙鼓声雄，铁马嘶骄。"(《投辕》)那些官兵们虽然都是"天朝犬马"，但没有一个曾"把良心拍打"。(《抚兵》)当时的情形是："贼凶少弃囊，民逃剩空房；官穷不开仓，千兵无一粮。"因而当时的官兵"杀贼拾贼囊，救民占民房，当官领官仓，一兵吃三粮。"在这样情形之下，当时的百姓，就"大抵非逃即盗"了。(《投辕》)

一方面是贪污腐化，荒淫无耻；一方面是饥寒交迫，流离死亡。这正是明朝亡国前夕的社会之一里一面。在这样不协调的社会中，而阉党余孽皖人阮大铖者，避居白门，以民变逼皖；东南震撼，乃谈兵说剑，招纳游侠，企图乘天下之敝，再握政权。但当时南京为复社诸生文酒集会之中心，而复社诸生之领导人物，又皆东林先烈之子孙，对于阉党余孽素抱不共戴天之仇。见阮大铖以"漏网余生，不肯退藏"，"蓄养声妓，结纳朝绅"，于是复社名士顾杲、吴应箕、陈贞慧、侯朝宗、黄宗羲、沈士柱等，做了一篇"留都防乱"的揭帖，公讨其罪。自是以后，复社诸生与阉党余孽遂为水火。《桃花扇》的作者因有甚慨于过去魏阉之祸国，以致酿成亡国之因；又有深恨于后来魏阉余孽之起，以致演成亡国之变；于是对于阉党余孽不觉破口大骂。他把一群"低品走狗奴才队"，写得不仅为士大夫所不齿，而且为歌人所笑骂，为妓女所鄙视。于是而有《传歌》，于是而有《哄丁》《侦戏》《闹榭》，于是而有《却奁》《拒媒》《骂筵》诸幕之穿插。

作者在《哄丁》一幕中骂阮大铖曰：

> 你的心迹，待我替你说来。
>
> 魏家干，又是客家干，[1]一处处，儿字难免。同气崔、田[2]，同气崔、田，热兄弟，粪争尝，痈同吮，东林里丢飞箭，西厂[3]里牵长线，怎掩旁人眼。笑冰山消化，铁柱翻掀。
>
> 阉儿珰子，阉儿珰子，那许你拜文宣。辱人贱行，玷庠

---

[1] 天启朝宦官魏忠贤，保母客氏，朋比擅权，当时趋炎附势者多窜身于妇寺，向两家称干儿。据《明史》所载：魏忠贤的私党有"左右拥护"，"五虎"，"五彪"，"十狗"，"十孩儿"，"四十孙"。阮大铖其干儿之一也。

[2] 崔、田者，崔呈秀，田尔耕也，皆阉党之凶残者。

[3] 明代有东厂、西厂及内厂皆不属于刑部之黑狱。当时东厂、西厂番役横行，日以快私仇，行倾陷为事，投匦告密日夜未已。凡所缉捕，无论虚实，辄糜烂，当时正人君子多被其毒。

序，愧班联，急将吾党鸣鼓传，攻之必远；屏荒服，不与同
州县；投豺虎，只当闲猪犬。

这正是："党人逆案铁同坚。当年势焰掀天转，今日奔逃亦
可怜。儒冠打扁，归家应自焚笔砚。"

又在《侦戏》一幕中说：

> 他说老爷呵！是南国秀，东林彦，玉堂班。
> 为何投崔、魏，自摧残。
> 呼亲父，称干子，忝羞颜。也不过仗人势，狗一般。

又在《却奁》中借妓女香君之口大骂阮大铖曰：

> 阮大铖趋附权奸，廉耻丧尽，妇人女子，无不唾骂。他
> 人攻之，官人救之，官人自处于何等也？……官人之意，不
> 过因他助俺妆奁，便要徇私废公；那知道这几件钗钏衣裙，
> 原放不到我香君眼里。

于是作者曰：

> 平康巷，他能将名节讲。偏是咱学校朝堂，偏是咱学校
> 朝堂，混贤奸，不问青黄。

又在《闹榭》一幕中借复社名士之口，大骂阮大铖曰：

> 好大胆老奴才，这贡院之前，也许他来游耍么！

陈于玉题《桃花扇》诗曰：

> 公子豪华尽妙才，秦淮灯舫一时开，千金置酒浑闲事，
> 不许阉儿入社来。

即因如此，所以阮大铖便痛恨复社诸生。不久，遂造作谣言，说侯朝宗暗通左良玉要反到南京来。于是政府信以为真，遂通缉侯朝宗。因而作者又写出《辞院》一幕。其中有曰：

> 这冤怎伸，硬叠成曾参杀人。这恨怎吞，强书为陈恒弒君。

四 "迎立为上"

"三月桃花四月叶"，正是南京城里莺颠燕狂之时。就在这个时候，大伙的"流寇"在李自成的领导之下，攻破了居庸关，焚烧了十二陵，围困了北京城。当此之时，一位抱着"安内攘外"之"大志"的崇祯皇帝，"呼不应天灵祖灵，调不来亲兵救兵。"奴才背叛了主人，宦官打开了城门，成群的饿鬼闯进了神京。在三月十九日的清晨，太阳还没有出来，外城纵起了大火，禁城中敲出了紧急的钟声。就在这个时候，"白练无情，送君王一命。伤心煞煤山私幸，独殉了社稷仓生，独殉了社稷仓生。""宫车出，庙社倾。……（这真是）养文臣，帷幄无谋；豢武夫，疆场不猛。到今日，山残水剩。对大江，月明浪明；满楼头呼声哭声。"（《哭主》）

与李自成之打进北京同时，青年的吴三桂将军也就打开了山海关的门，六军缟素迎降清兵。在明清联军压迫之下，李自成退出了北京。一切都没有改变，只是在明朝皇帝的宝座，换了一位满族的"龙种"，这就是顺治皇帝。

当时明朝遗臣故老，见清朝"抚定燕京"，"建号称尊"，始知他是"乘我蒙难","规此幅员"。于是相议立新君，重组政府。当时权奸马士英等以"一旦神京失守，看中原逐鹿交走。"（《迎驾》）于是主张迎立福王，以图拥立之功。据作者说：

> 福邸藩王，神宗骄子，母妃郑氏淫邪。若无调护良臣，几将神器夺窃。骄奢，盈装满载分封去，把内府金钱偷竭。这君德全亏尽丧，怎图皇业。（《阻奸》）

但是"马中丞（士英）当先出头，众公卿谁肯逗留。"（《迎驾》）于是迎驾的官员出发了。我们看：

> 趁斜阳，南山雨收；控青骢，烟驿水邮；金鞭急抽，金鞭急抽，早见浦江云气，楚尾吴头。应运英雄，虎赴龙投。恨不的双翅飔飔，银烛下，拜冕旒。（《迎驾》）

这正是"江云山气晚悠悠，马走平川似水流，莫学防风随后到，涂山明日会诸侯。"（同上）

五月初一日，福王谒孝陵。初二日，群臣劝进，称监国①。我们看："宫门殿阁，重重初敞。满目飞腾新紫气，倚着钟山千丈。……云消帘卷，东南烟景雄壮。"（《设朝》）"开朗，中兴气象，见罘罳瑞霭祥云，王业重创。"那管他"豺虎纵横"，"中原板荡"。"兵燹难消，松楸多恙，鼎湖弓剑无人葬。"且"垂旒正冕，受贺当阳。"（同上）这正是："一朵黄云捧御床，醒来魂梦自彷徨。中兴不用亲征战，才洗尘颜著衮裳。"（同上）

现在，开始组织政府。我们听，福王在训话。他说："职

---

① 南都初建大事日表：崇祯十七年四月二十七日，以迎立福王告于庙。四月二十九日，徐弘基等迎王于江浦。五月初一日，王谒孝陵毕，驻跸内守备府。初二日，众臣劝进，王辞让，称监国。

掌，先设将相，论麒麟画阁功劳，迎立为上。"（《设朝》）于是马士英等奸党也与史可法、姜曰广、高弘图等忠臣，同时做了东阁大学士①。现在"旧黄扉，新丞相"，一个个"趾高气扬"，都是"二十四考中书模样。"而魏阉干儿阮大铖"也步金阶，抱笏囊"，"新参知政气昂昂"了。（《设朝》）

当福王即位之时，清军尚不过占有河北、山东。太行以西，大河以南之广大领土，完全为明朝所有。而且福王政府，尚拥有庞大的军队。在江北有四镇之军，在江南有闽军，在武汉有左良玉三十六营，在江西有袁继咸的赣军，在湖南有何腾蛟的湘军。此外，两广、滇、黔之军，也有一部分开到了江西。总计当时的兵力，当在二百万以上。同时，李自成尚盘据山、陕，大有卷土西秦之势；张献忠占有四川，非无卷旗北伐之心。地非不广，兵非不多，人非不众，物质资源非不丰富。假使福王政府，能顾念国家危机，朝野上下团结一致，刷新内政，重整军备，并进而招辑流亡使其来归，共抗清兵，则收回河北，恢复北京，非不可能也。

但是，可惜福王政府为奸党马士英、阮大铖等所把持②。他们不此之图，而梦想与清兵戮力同心，连兵西讨，问罪秦中。于

---

① 《南都初建大事日表》初五日，以史可法、高弘图为大学士，入阁办事；马士英为大学士，仍总督凤阳等处军务。初七日，以姜曰广、王铎为大学士，入阁办事，曰广辞。以吕大器为吏部左侍郎。初八日，召前都察院左都御史刘宗周复官，辞，不受。十一日，分江北为四镇，以黄得功、刘泽清、刘良佐、高杰分统之。杰驻徐州，良佐驻临淮，泽清驻淮安，得功驻庐州，设督师于扬州，节制诸镇。初八日，马士英率兵入朝。十一日，众臣劝进，笺三上，王许之。十六日，史可法自请督师江北，许之。十五日王即位，以明年为弘光元年。

② 《南都初建大事日表》云：十六日，马士英入阁办事，仍掌兵部尚书事。

是一面放逐忠臣史可法、刘宗周等①，企图转移政治的方向；一面派遣左懋弟等恭诣清廷，请命鸿裁，企图与清妥协。另一面则令左良玉的百万大军扼守武汉，防止李自成南窜，阻截张献忠东下，展开与清兵夹攻"流寇"的形势。这诚如多尔衮致史可法书所云："夫以中华全力，受制潢池。而欲以江左一隅，兼支大国。胜败之数，无待著龟矣。"

五 "敌国在萧墙"

一切都安排妥当，现在南朝的君臣，开始了骄奢淫侈的生活。据作者说：

当时，弘光皇帝，发布了征歌选舞的命令。"凤纸金名唤乐工，南朝天子春心动。""传凤诏，选蛾眉，把丝鞭，骑骄马，催花使乱拥。"（《骂筵》）那些阉党余孽阮大铖之流，为了奉承圣意，"恨不能腮描粉墨，也情愿怀抱琵琶，但博得歌筵前垂一顾，舞裀边受寸赏，御酒龙茶，三生侥幸，万世荣华。这便是为臣经济，报主功阀。"（《选优》）他们手捧着皇帝的诏令，把一群群青春美女，"硬选入秋宫院门。"（《拒媒》）只顾着自己"迁旧秩，壮新猷"，"拜相与封侯"。（《迎驾》）那管他"歌残舞罢锁长门，卧甂瓯，夜夜伤神"。（《拒媒》）

现在，"旧吴宫，重开馆娃；新扬州，初教瘦马；淮阳鼓，昆山弦索；无锡口，姑苏娇娃。一件件，闹春风，吹暖响，斗晴烟，飘冷袖，宫女如麻。红楼翠殿，景美天佳，都奉俺无愁天

---

① 史可法陛辞出京，督师扬州。

子，语笑喧哗。"（《选优》）这正是"创业选声容，后庭花，又添几种。"（《骂筵》）

当时的官僚，"堂堂列公，半边南朝。"（《骂筵》）"干儿义子重新用，绝不了魏家种。"（同上）马士英加个阮大铖，便恰似"赵文华陪着严嵩，抹粉脸，席前趋奉，丑腔恶态，演出真鸣凤。"（同上）他们五夜征歌，千金买笑，"拆散夫妻惊魂迸，割开母子鲜血涌，比那流贼远猛，做哑装聋，骂着不知惶恐。"（同上）

不仅如此，他们又兴党狱，收捕复社诸生，摧毁文化，箝制舆论。"传缇骑，重兴狱囚，笑杨（涟）、左（光斗），今番又休。"（《逮社》）他们放出一群群"吠神仙，朱门犬"，"凶凶的缧绁在手，忙忙的捉人飞走。小复社，没个东林救，新马、阮，接着崔、田后。堪忧，昏君乱相，为别人公报私仇。"（《题画》）

现在，在南朝的法庭前，"一个是定生兄，艺苑豪；一个是主骚坛，吴次老。"还有侯朝宗，也"池鱼堂燕一时烧。"（《归山》）现在，法官在说话。他说：

> 为甚的，冶长无罪拘皋陶，俺怎肯祸兴党锢推又敲。大锦衣，权自操；黑狱中，白日照；莫教名士清流贾祸含冤也，把中兴文运凋。（《归山》）

> 俺正要省约法，画狱牢；那知他，铸刑书，加炮烙，莫不是，清流欲向浊流抛。莫不是，党碑又刻元祐号。这法网，人怎逃，这威令，谁敢拗；眼见复社、东林，尽入囹圄也，试新刑，搜尔曹。（同上）

现在，"囹圄里，竟是瀛洲翰苑。"（《会狱》）"却也似武陵

桃洞，有避乱秦人，同话渔船。"（同上）

当时四镇的将军们，他们为了争夺扬州，未曾出师先内乱。把一位督师史可法，弄得一筹莫展。我们听，史可法在怎样说：

> 四镇堂堂气象豪，倚仗着恢复北朝。看您挨肩雁序，恰似好同胞。为甚的，争坐位，失了同心好；斗齿牙，变了协恭貌。一个眼睁睁，同室操戈盾；一个怒冲冲，平地起波涛。没见阵上逞威风，早已窝里相争闹。笑中兴，封了一伙小儿曹。（《争位》）

> "俺只道，塞马南来把战挑，杀声渐高；却是咱兵自鏖。这时候协力同仇还愁少，怎当的阋墙鼓噪，起了个离间根苗。这才是，将难调，北贼易讨。"（同上）这才是"国仇犹可恕，私怨最难消。"（同上）

> "这情形何待瞧，那事业全去了。""你（高杰）占住繁华廿四桥，竹西明月夜吹箫；他也想，隋堤柳下安营巢，不教你，蕃厘观，独夸琼花少，谁不羡，扬州鹤背飘。妒杀你，腰缠十万好，怕明日杀声咽断广陵涛。"（同上）

这正是"局已变，势难支，踌躇中夜少眠时，自叹经纶空满纸。""三百年事，是何人掀翻到此！只手儿怎擎青天，却莱兵总仗虚词。烟尘满眼野横尸，只倚扬州兵一枝。"（《移防》）

总之，当此之时，"京中事，似雾昏，朝朝报仇搜党人。"小阮思报前仇，老马没分寸。"三山街，缇骑狼，骤飞来，似鹰隼。""朝廷上，用逆臣，公然弃妃囚嗣君。报仇翻案纷纷，正士皆逃遁。寻冶容，教艳品，卖官爵，笔难尽。"（《草檄》）至于四镇的将军，他们只知争扬州，打内战，"何须问江北戎马，南朝旧例尽风流，只愁春色无价。"（《拜坛》）

像这样的情形，当然是亡国的现象。"眼看他，命运差，河北新房一半塌。承继个儿郎贪戏耍，不报冤仇不挣家，窝里财奴乱抓。"（同上）

好梦难长，不到一年，为了争夺政权，左良玉反了。舳舻千里，杀向南京而来。他宣言要讨伐"替奸臣、复私仇的桀纣，媚昏君、上排场的花丑，投北朝、学叩马的夷、齐，吠唐尧、听使唤的三家狗。"（《截矶》）左良玉虽然到九江就病死了，他的儿子左梦庚还是继续挥军东下。这个消息，传到南京，马士英、阮大铖等阉党余孽慌了手脚。于是尽撤江北的国防军队，南调长江，进行内战。但是当时清兵发动了两路攻势，一路由山西入陕西，扫荡李自成；一路由河南入安徽，南征福王政府。马、阮也明知江北的军队一撤，则无异开门迎敌。所以当他们调兵之前，马士英与阮大铖曾作如次的商量：

> 马——倘若北兵渡河，叫谁迎敌？
> 阮——北兵一到，还要迎敌么？
> 马——不迎敌，更有何法？
> 阮——（作揥衣介）跑，（又作跪地介）降。马——说的也是，大丈夫烈烈轰轰，宁可叩北兵之马，不可试南贼之刀。吾主意已决，即发兵符，调取三镇便了。（《拜坛》）

于是"发兵符，乘飞马，过江速劝黄、刘驾；舟同济，舵又同拿，才保得性命身家。"（同上）这正是："暗放北兵"，"明弃淮扬"，"调镇移防"，"敌国在萧墙"。（《赚将》）

六 "拉不住黄袍北上"

"鹬蚌持，渔人候，旁观将利收。英雄举动，要看前和后。"（《截矶》）果然，清朝的大军，乘虚而入，渡淮河，逼扬州。当时守扬州的残兵，都是"降字儿横胸，守字儿难成。"史可法虽然想死守这座危城，"奈人心惧瓦崩，协力少良朋，同心无弟兄。都想逃生，漫不关情；这江山倒像设著筵席请。"但是史可法是一个至死不投降的民族英雄，他仍然指挥他的军队与敌人死战。他下令曰："上阵不利，守城。""守城不利，巷战。""巷战不利，短接。""短接不利，自尽。"（《誓师》）然终以众寡不敌，扬州陷落，史可法以身殉国。这正是："累死英雄，到此日，看江山换主，无可留恋。"（《沉江》）

扬州一破，清朝的大军遂乘胜南下，陷六合，逼芜湖，克镇江，迫南京。现在，南朝的君臣停了内战，歇了歌舞，开始逃亡的生活了。

首先开跑的是弘光帝。你看他："听三更漏催，听三更漏催，马蹄轻快，风吹蜡泪宫门外。趁天街寂静，趁天街寂静，飞下凤凰台，难撇鸳鸯债。似明驼出塞，似明驼出塞，琵琶在怀，珍珠偷洒。"（《逃难》）

其次是马士英，他"报长江锁开，报长江锁开，石头将坏，高官贱卖没人买。"于是"快微服早度，快微服早度，走出鸡鹅街，提防仇人害。……要随身紧带，要随身紧带，殉棺货财，贴皮恩爱。"（同上）

现在的阮大铖，也顾不得"恋防江美差，恋防江美差，杀来谁代兵符掷向空江濑。"他以前"受千人笑骂，受千人笑骂，积得些金帛，娶了些娇艾。"到今日，"叹十分狼狈，叹十分狼

狈，村拳共捱，鸡肋同坏。"（同上）

那些宫女们，"正清歌满台，正清歌满台，水裙风带，三更未歇轻盈态。"现在也只有把"这笙歌另卖，这笙歌另卖。"（同上）

那些妓女们，"舍烟花旧寨，舍烟花旧寨，情根爱胎，何时消败。""望荒山野道，望荒山野道，""便天涯海崖，便天涯海崖，""铁鞋踏破三千界，""行路难时泪满腮。"（同上）

那些书生们，"整琴书襆被，整琴书襆被，换布袜青鞋，一只扁舟载。"（同上）

牢狱打开了，"众囚徒四散，众囚徒四散。"到今日，才"三面网全开"。

"看逃亡满街，看逃亡满街，失迷君宰，百忙难出江关外。"（同上）

"望烟尘一派，望烟尘一派，抛妻弃孩，团圆难再。"（同上）

"这情形紧迫，各人自裁，谁能携带。"（同上）

现在清朝的大军，逼近了城门。那些来不及逃亡的官僚们，他们"望风便生降，望风便生降，好似波斯样。职贡朝天，思将奇货（弘光帝）擎双掌；倒戈劫君，争功邀赏。顿丧心，全反面，真贼党。"《劫宝》）这正是："休教铁锁沉江底，怕有降旗出石头。"（《修札》）

清朝的大军在迎降的队伍中，走进了繁华的南京。而福王也被俘北狩了。黄得功将军，虽然"平生骁勇无人挡，拉不住黄袍北上，笑断江东父老肠。"（同上）

现在的南京啊！已经不是当时的情境了。我们看：

在这里："残军留废垒，瘦马卧空壕，村郭萧条，城对着夕阳道。"（《余韵》）

望明陵："野火频烧，护墓长楸多半焦。山羊群跑，守陵阿监几时逃。鸽翎蝠粪满堂抛，枯枝败叶当阶罩；谁祭扫，牧儿打碎龙碑帽。"（同上）

当时的宫殿，到现在，"横白玉八根柱倒，堕红泥半堵墙高。碎琉璃瓦片多，烂翡翠窗棂少。舞丹墀燕雀常朝，直入宫门一路蒿，住几个乞儿饿殍。"（同上）

"问秦淮旧日窗寮，破纸迎风，坏槛当潮，目断魂消。当年粉黛，何处笙箫。罢灯船，端阳不闹；收酒旗，重九无聊。白鸟飘飘，绿水滔滔，嫩黄花有些蝶飞，新红叶无个人瞧。"（同上）

"你记得，跨青溪，半里桥，旧红板，没一条。秋水长天人过少，冷清清的落照，剩一树柳弯腰。"（同上）

"行到那旧院门，何用轻敲，也不怕小犬哗哗。无非是枯井颓巢，不过些砖苔砌草。手种的花条柳梢，尽意儿采樵；这黑灰是谁家厨灶？"（同上）

想当年，"金陵玉殿莺啼晓，秦淮水榭花开早；谁知道，容易冰消。眼看他，起朱楼；眼看他，宴宾客；眼看他，楼塌了；（眼看他，兴党狱；眼看他，起内哄；眼看他，逃跑了。）"（同上）现在"那乌衣巷不姓王，莫愁湖鬼夜哭，凤凰台栖枭鸟。残山梦最真，旧境丢难掉。"（同上）胡骑驰逐，"舆图换稿"，汉奸横行，洪承畴来了。这正是：

"前一番，后一遭，正人邪党，南朝接北朝。"

（重庆《群众》第九卷第7期，1944年4月15日出版）

清代宫廷戏剧考

一　新型的戏剧从民间走进宫廷

中国戏剧，在金、元时代，已有光辉灿烂的发展。"一时诸君如马东篱（致远）、关汉卿、王实甫辈，咸富有才情，兼善音律，遂擅一代之长。"据锺嗣成《录鬼簿》所载，当时戏剧作家之有姓名可稽者，凡一百十七人，其已逸其姓名者，尚不知有若干人，剧曲创作之盛，可谓前所未有。

明承金、元之后，剧曲作家，接踵辈出，自汤显祖，王世贞，以至阮大铖、李渔等或工于词藻，或善谱音律，皆足以继往开来，卓然成家。由于明代剧曲作家的激荡回旋，因而又使中国的戏剧，获得更进一步的发展。这种发展从各个方面表现出来。如在体裁方面，则由"杂剧"发展而为"传奇"。在音律方面，则由"弦索"发展而为"调用水磨拍捱冷板"的"昆山腔"。在结构方面则由"四折剧"发展而为百回以上的长篇巨制。刘若愚《酌中志》谓："（明代）过锦之戏，约有百回，每回十余人不拘，浓淡相间，雅俗并陈，全在结局有趣。"① 由此可知明代戏剧，无论在剧曲本身音乐配合方面，都已经超越了金元时代的水准。

---

① 刘若愚：《酌中志》卷十六《内府衙门职掌》，第 22 页。

　　清初承明代的余绪，传奇之作，仍盛极一时。南洪（升）北孔（尚任），声华并茂，其音律词藻，皆足以超迈明人，上追金、元。尤侗《西堂文集·语录》有云：顺治十五年，有以侗《读离骚乐府》献者，上益读而善之，令梨园子弟播之管弦，为宫中雅乐。"董含《莼乡赘笔》云："（康熙）二十二年癸亥上以海宇荡平，宜与臣民共为宴乐，特发帑金一千两，在后宰门架高台，命梨园演'目莲传奇'，用活虎活象真马。"又清礼亲王《啸亭杂录》谓雍正曾有杀演《绣襦记》伶人之事。[1]举此数端，即知清室康熙、雍正之际，其戏剧作风，尚未脱元、明时代的窠臼。

　　乾隆时代，是中国戏剧的一个转变时代，从这时起，杂剧传奇，开始从舞台上退去，继之而起的，便出现了所谓"乱弹"。"乱弹"者，即清初新兴的各种形式的民间戏剧之总称。此种新型的民间戏剧，在乾隆时代已经普遍地发生于全国各地。据《大清会典》所载，乾隆初次南巡时（十六年）沿途供应戏剧献演之风甚炽，故二十年六月上谕中有云："城市经途毋张灯演剧，踵事增华。"又御制驻驿姑苏诗曾有"艳舞新歌翻觉闹"之句，此外《梦香词》亦云："扬州好，新乐十番佳，消夏园亭雨夹雪，冶春楼阁蝶穿花。"[2]据此，则知在乾隆初年，自北京而南，历山东、安徽以至江南，其间所有的城市，已无不有当地之民间戏剧，而尤以商业繁荣之姑苏及扬州为尤甚。

　　从《梦香词》中所谓"新乐十番佳"一语看来，则当时扬州戏剧，已有新的发展。因为所谓"十番"者，乃是一种乐曲之

---

① 昭梿：《啸亭杂录》卷一《杖杀优伶》条。
② 李斗：《扬州画舫录》卷十一，第6页。

名，此种乐曲，在明末即已有之，到清初则更加发展，并且广泛地流行于江南一带。李斗《扬州画舫录》对于十番鼓曾有详细的说明。据云：

> 十番鼓者，吹双笛，用紧膜，其声最高，谓之闷笛。佐以箫管，管声如人度曲。三弦紧缓，与云锣相应，佐以提琴。鼍鼓紧缓，与檀板相应，佐以汤锣。众乐齐，乃用单皮鼓，响如裂竹。所谓头如青山峰，手似白雨点。佐以木鱼、檀板，以成节奏，此十番鼓也。是乐不用小锣、金锣、铙钹、号筒，只用笛、管、箫、弦、提琴、云锣、汤锣、木鱼、檀板、大鼓十种，故名十番鼓。番者，更番之谓。有花信风、双鸳鸯、风摆荷叶、雨打梧桐诸名。后增星钹，器辄不止十种，遂以“星汤蒲大各句同”七字为谱。七字乃吴语状器之声，有声无字，此近今庸师所传也。若夹用锣、铙之属，则为“粗细十番”，如下西风，他一立在太湖石畔之类，皆系古曲，而吹弹击打，合拍合符，其中之蝶穿花，闹端阳，为粗细十番下乘。加以锁哪，名曰“鸳鸯拍”，如雨夹雪，大开门，小开门，七五三，乃锣鼓，非十番鼓也。①

由此，我们可知当时江南戏剧之演出乃配合着吹弹击打各种音乐之合奏，与元人之“被以弦索”，明人之“拍捱冷板”者，已迥然不同。音乐的发展，必然地会发展乐曲的内容，同时也必然地会改变歌唱的腔调，所以我以为在清初江南一带的戏剧，已从元明杂剧传奇中脱出一种新的形式了。

不仅齐、鲁、徐、淮及江南一带如此，其他全国各地远至

---

① 李斗：《扬州画舫录》卷一一，第5—6页。

滇、蜀边鄙之区，亦无不有新兴的地方剧出现。近人王芷章《清升平署志略》中有云：

> 吾尝考京师一隅，其演戏之风独盛于中国者，实由高宗（乾隆）启之。盖每当寿节，各省疆吏，除献奇巧贡物外，仍选本地优伶进京，以应此役。高朗亭之得以二簧入都，即为闽浙总督伍拉阿命浙江盐商偕之以俱者也。在四五十年之际，滇、蜀、皖、鄂伶人，俱萃都下，梨园中戏班数目有三十五。总论三百年间，前后莫与比伦，则亦化于诸万寿演戏之效也。[1]

我们从此可以想见当时各地民间戏剧发展之一般，而今日仍然流行之皮簧，在当时早已卓然成风了。

戏剧的这一发展，决非偶然，而是一定的社会内容之反映。我们知道杂剧传奇，虽词藻绮丽，文字典奥，仍不脱诗词的格调，但曲白之中，已有不少俚语方言的应用，而其内容则又如《酌中志》所云：“备极世间骗局丑态，并闺壶拙妇呆男及市井商匠，刁赖词讼，杂耍把戏等项。”[2] 以视唐诗宋词，已不啻下里巴人之于阳春白雪。故杂剧传奇在元明时代，实为当时之一种新兴的通俗文学。此种新兴的通俗文学，乃系适应于当时新兴的市民层之文化的要求而产生，换言之，杂戏传奇乃系元明时代蓬勃发展的都市经济的产物。故以文按歌叶舞，则当时一般市民，无不曲通其情。随着时代的前进，人类的语言文字，也有相应之改变。在元明人之视为通俗文学的杂剧传奇，到清代，又成为古

---

① 王芷章：《清升平署志略》，第 122 页。
② 刘若愚：《酌中志》卷十六《内府衙门职掌》，第 22—23 页。

典文学了。此种古典文学所表现之艺术的情调，已不复再为一般市民所了解，而仅能供具有文学素养的贵族和士大夫之文学性的欣赏。因之当清初的贵族和士大夫们还以杂剧传奇作歌筵舞席之余兴的演奏，而新兴的乱弹，已经普遍于民间。

论者多以清代的戏剧发展，归功于乾隆的倡导，殊不知乾隆不过借国家的力量与皇帝的权威，集民间戏剧之大成而已。实际上乱弹之发生与发展，决非帝王之主观愿望的现实，而是当时客观环境的产物，亦即适应于当时新兴市民层之文化要求而引起之艺术的变革。因为清至乾隆之际，不但巩固了对中国全土的统治，而且胜利地结束了十大远征，当时帝国的声威，远播遐荒，真是所谓蛮夷宾服，四裔来王的时候。同时中国的社会，也由长期的动乱，趋于安定，农村的富庶，都市的繁荣，已经超越了明代的水准继续向前发展。当时新兴的商人和手工业者，乃至一般农民，他们在丰衣足食的环境之下，当然进而要求文化的享受。但是他们又没有古典文学的素养，对于那种杂剧传奇一类的古典的歌剧，不感兴趣，所以更为通俗的乱弹，便应运而生。乾隆席乃祖乃父的余荫，值国势如日方中的时会，在十大远征胜利之后，自谓"功高五帝，德迈三皇"，骄奢与淫佚相连，于是倡导戏剧，歌舞升平，因而民间戏剧的浪涛，遂以澎湃之势，涌进宫廷，而使清代宫廷戏剧，走向新的形式。我们可以断言，乾隆本人，并不是为了发扬文化而提倡戏剧，而只是为了个人的娱乐，因为乾隆虽然也喜欢写字作诗，附庸风雅，但是他在八年之间（乾隆39年至47年），继续焚书二十四次，焚书一万三千八百六十二部，实为中国文化史上一大蟊贼。虽然如此，在客观上他却尽了推动中国戏剧发展的任务。因为有他的推动，各地的民间戏剧，才能在宫廷中获得了充实的改造，而完成他们的发育。所以在后来，这种新型的戏剧，由宫廷再回到民间，便是具有丰富的内容与完美形式的戏剧了。

二 两大皇家剧团的出现及其组织与发展

考清初承明代的旧制，在宫廷，仅有教坊司的设立。当时教坊司仅有女乐二十四名，每逢朝廷大典，则序立奏乐。故所谓女乐者，并非演剧的伶人。到顺治元年，奠定燕京以后，曾另设"随銮细乐"太监十八人，然其职责亦仅系承应皇帝的巡幸及祀典。到顺治八年，乃废除女乐，乐工悉用太监，而增其人数为四十八名，其中始羼杂扮演杂剧的伶人。直到康熙、雍正之际，虽宫廷渐有演戏之事，但仍不过将元、明杂剧播之管弦，其规模还是很小。

清代宫廷戏剧的发展，从乾隆时代开始。乾隆继承大统以后，到处巡幸，因而得有机会接触各地民间戏剧。于是对于原有之宫廷戏剧，感到不满。为了改进宫廷戏剧遂决计组织一个皇家剧团。最初出现的一个皇家剧团，名曰南府剧团。南府剧团的得名，系因此剧团设立于南府。南府在今日北平南长街南口，据窦光鼐等所撰《日下旧闻考》所云：此地在明代本为灰池，清初于其中杂植花木，培灌由苏杭所贡盆景，改名曰南花园。此地与内廷相通，故剧团设立于此，以便指挥。

南府剧团的规模极为庞大。据《清升平署档案》所纪：其中分为六部，即内三学、外二学、中和乐、十番学、钱粮处、跳索学。在此六部中，除钱粮处系经理剧团的经费以外，其余皆系戏剧及音乐的专科。如内三学、外二学、跳索学，皆属于戏剧部门；中和乐、十番学则属于音乐部门。

所谓内三学者，即内头学、内二学、内三学的总称。此种内学，皆系就原有宫内学艺太监编制而成，故曰内学。所谓外二学者，即外头学、外二学的总称。此种外学，则系征选民间子弟编制而成，故曰外学。所谓跳索学者，即系传习翻筋斗及其他武打的专科。此种翻筋斗及武打的技艺，在乾隆时代，尚为戏剧中之一独立的科目。当时有专翻筋斗人一百名以供演剧之用。此外属于音乐部门之中和乐，则系就原有属于教坊司之中和乐队编制而成，此种乐队在康熙、雍正间即开始学习中和韶乐，其职务原系供奉朝廷典礼，后并入南府，加入舞台的演奏。十番学者，即传习十番鼓的专科，系由江南征选而来。总观南府剧团的各科，除中和乐，跳索学系宫廷原有的科目，其余都是来自民间。虽内三学亦由原有宫内学艺太监编织而成，但其教授，皆系由苏、扬、皖、鄂各地征选而来的人。因此，所谓南府剧团者，实即清代宫廷最初接受民间戏剧的一个组织。

继南府剧团而出现的，为景山剧团。据吴太初《宸垣识略》所载："景山内垣西北隅，有连房百余间，为苏州梨园供奉所居，俗称苏州巷。总门内有庙三楹，祀翼宿，前有亭，为度曲之所。其子弟亦延师受业，出入由景山西门。"[1] 由此而知景山原为安置民间教授之地，以后因学艺者日多，遂又就景山教授宿舍另组一剧团。景山在乾嘉时代，虽与南府并称，但其规模则远逊于南府，其中仅设内二学、外三学及钱粮处三部。我们由此又知景山剧团的继起，乃系民间戏剧在宫廷中发展的结果。

据《清升平署档案》所载，当时南府剧团人数约在一千四五百

---

① 吴太初：《宸垣识略》卷十六，第38页。

左右，景山剧团人数不详，但亦当在千人左右，南府、景山两剧团的学生合计当在两千以上。再加以民间教授，则两大剧团的人数，当在三千人左右。如此大规模的皇家剧团之组织，在中国史上，可以说是开历代未有之局。

时民间子弟当加入皇家剧团学艺者，几占学额的半数。据总管禄喜复奏中云："今现在南府、景山外边学生虽有三百余名，较比嘉庆四年之数，不及其半。"（道光元年正月十七日下谕革退外学民旗籍学生时）按嘉庆时剧团学生已经裁减一半，然民间学生尚有七百，则乾隆时代当在千人以上。由此而知皇家剧团中之民间学生，最多时有千人以上，最少时亦有三百余名。此种民间学生后来遂成为宫廷戏剧回到民间的媒介。

据《清升平署档案》中伶人提名录所记，当时两大剧团中的艺人有各种等级的年龄。其中有老至八十八岁者，亦有一岁乃至六岁之幼童。从其籍贯看来，他们是自不同的地方，而且尚有一人名约的勒己拉斯（嘉庆十二年时）者，疑系外国人。

南府景山在行政的管理上，各设总管一人，而同隶于内务府大臣。但是在习惯上，事无巨细，皆直接请命皇帝。至于征选学生，则由制造府负责。顾钱卿《清嘉录》云："老郎庙，梨园总局也，凡隶乐籍者，必先署名于老郎庙。庙属制造府所辖，以南府供奉需人，必由制造府选取故也。"[1] 是知当时之老郎庙，一方面为伶人之同业公会，而另一面又为伶人之职业介绍所。

学生的一切用费，皆由国家供给。民籍学生，每月除钱粮米食外，均有口分食米；内学太监则无口分食米。此种经费向由崇文门税务处每年交广储司银库银九千两，由该库按月支放。

---

① 顾禄：《清嘉录》卷七《青龙戏》。

对学生管理极严，逃走者治罪。最轻者责四十板，最重者永远枷号示惩。

学生每日皆有一定的常课。据《清升平署志略》所云："其学艺也，每日分早晚两学，在夏季天热，有时则缩为一学。届时先由场面人打鼓为号，名曰'点鼓'。'点鼓'后，全学学生，即各从其本师上课。初念本子，念熟后，再教白口、唱法、身段，谓之'上散学'。待一出戏中之各角色将其个人之唱、白、身段俱熟悉之后，乃由此戏中各角，在其本师指导之下，相与对白对唱，谓之'唱对某戏'。唱对时，复经本师为说其相互间之过场，后再按一戏次第，由其师口念锣鼓，（锣经总名）带说过门，指示学生在何种锣鼓点内出场，唱之何场，应作何身段，直至将此戏演毕下场为止，谓之'过某戏'，亦曰'说排'。'过'时，并请首领临视，经首领认可时，再加锣鼓，带髯口穿靴子，手执所应执之刀枪马鞭等，以实地排演之，所缺者惟不上装，谓之'响排'。'响排'时请总管临视，总管若有指议处，仍需再排，俟得允许方罢。其最后一次则书曰'站某戏'。于是总管乃敢书此戏名于上呈单上，谓之'安单'。"[1] 我们由此而知当时教唱与排演亦至为精微而审慎。

除学正戏以外，当时的伶人尚须学习杂技百戏。如高丽筋斗，跳狮子，扛子搬演戏法、设法取水、彩台偶戏、童子棍、八角鼓、大鼓、秧歌及太平歌词等。

其音乐部门，除学习中和韶乐及十番鼓以外，尚须学习少数民族和外国音乐，如玛克新密乐、安南乐、缅甸乐（粗细二种）、廓尔喀乐、绰罗多密乐、瓦尔喀乐、蒙古乐等。此种音乐，乃由

---

① 王芷章：《清升平署志略》，第55页。

于宴享外国使臣之时，所以表彰帝国的武功之盛大者。

南府、景山两剧团在嘉庆时，依然存在，惟内部组织略有变更。如南府中之内三学缩减为内二学；外二学则扩充为外三学，此外跳索学则被取消。在景山剧团中，则外三学缩减为外二学。同时学生人数，则大为裁汰。如南府在乾隆时有一千四五百人，到嘉庆时，则只有七八百人左右了。此种紧缩政策与当时震动全国的白莲教叛乱，颇有关系。虽然如此，到嘉庆时，民间戏剧在宫廷中，已经有了五十余年之长期的培育，故量的方面虽已减而质的方面，则已臻于成熟的境界。

清至道光时代，水旱频仍，民变蜂起，朝廷靖乱不暇，已无复乾、嘉时代从容于艺术享乐的闲情逸致了。因此道光即位以后，即将南府与景山归并为一，而统名之曰"升平署"。归并之目的，主要的是为紧缩，尤其在革退民间教授，以防奸宄。所以在升平署中，不但民间教授全体革退，即旗籍学生，亦大加裁汰，全署的伶人仅有四百人左右了。因为人数减少，所以内二学、外三学皆并为一学。升平署的成立，是清代宫廷戏剧衰歇的起点，但是却因民间教授之全体革退，而又使民间戏剧从宫廷再回到民间。

道光以后，清代国势日蹙，内忧外患，相逼而来，但升平署仍于风雨飘摇之中，成为粉饰太平的工具。甚至宣统三年始与清代政权同归覆灭。因之，所谓升平署者，实乾嘉以后二百余年间中国戏剧活动的一个中心机构。

三 新的剧本之改编与创作

乾隆之所以组织如此大规模的皇家剧团，其目的，乃在改造原有的宫廷戏剧。因此，他一面广泛地搜集天下各地，民间戏剧；另一面，又动员他的词臣，写著新的剧本。据《啸亭杂录》云：

> 乾隆初，纯皇帝海内升平，命张文敏制诸院本进呈，以备乐部演习。凡各节令皆奏演。其时典故如'屈子竞渡'、'子安题阁'诸事，无不谱入，谓之'月令承应'。其于内廷诸喜庆事，奏演祥征瑞应者，谓之'法宫雅奏'。其于万寿令节前后奏演群仙神道添筹锡禧，以及黄童白首、含哺鼓腹者，谓之'九九大庆'。又演目犍连尊者救母事，析为十本，谓之'劝善金科'，于岁暮奏之，以其鬼魅杂出，以代古人傩祓之意。演唐玄奘西域取经事，谓之'升平宝筏'，于上元前后日奏之。其曲文皆文敏亲制，词藻奇丽，引用内典经卷，大为超妙。其后又命庄恪亲王谱蜀汉《三国志》典故，谓之'鼎峙春秋'。又谱宋政和间梁山诸盗及宋、金交兵，徽、钦北狩诸事，谓之'忠义璇图'。其词皆出月华游客之手，惟能敷衍成章，又抄袭元、明《水浒义侠》《西川图》诸院本，远不逮文敏多矣。①

据此，我们因知乾隆时代曾编著大批的新剧本，惟剧本虽多，要不外西游、封神（乾隆时期《封神传》极为流行）及"目莲救母"等神怪故事。因为当时正值文字狱繁兴的时候，清统治者对中国文化，采取极端的干涉政策，甚至可以说是消灭政策。

---

① 昭梿：《啸亭杂录·啸亭续录》卷一《大戏节戏》条。

在当时，一字之嫌，即可以杀身夷族而有余。故当时戏剧作家，只能寻求与人间社会毫无关系的题材，姑能免于文字之祸。因而出现于乾隆时代之舞台上的，皆系天仙化人鬼怪精灵之类的活动。人的活动从舞台上的退去，就说明了当时的世界已经不是人的世界，而是匪类飞扬跋扈的世界。乾隆时代正是匪类荼毒文化的时代，所以当时的作家，不独不敢发挥自己的个性从事于任何具有灵魂的创作，即翻改元明旧剧亦只能择其与当时社会无关的院本。若张文敏者乃一新赦之囚徒，所以他奉旨写剧，除了引据内典经卷，实不能有自由创作的可能。至于后来亦能演奏三国志的原因，则以当十大远征的时候，为了兵役的动员，需要战争的刺激。至若梁山泊的英雄好汉之登上清宫的舞台，则是因为在结论上有投顺一幕，而其用意乃在诱降当时犹在抗清的一般不屈的绿林豪杰。他如宋金交兵，徽、钦北狩，更是衬托清朝的威风，讽刺中国的无能。

乾隆以后，文网渐弛，因而存若干说部，先后翻成乱弹。如战国传、楚汉传、东汉传、唐传、西唐传、残唐传、五代传、南唐传、宋传、明传等，每一说部皆翻成无数戏剧。此外如杨家将、狄青平南、包公案等，亦先后翻成剧本。历史剧的发展，遂盛极一时。

从神怪剧到历史剧的推移，这自然是表现文化干涉政策逐渐松懈的一种结果。因为历史剧所描写的虽然是过去的人类活动，但他描写的对象，究竟不是神的活动，而是人的活动。虽然如此，历史剧的出现，并不能意味着，就是达到了思想自由的时代。反之，那些古装的人物之出现于舞台，正是表现戏剧作家没有暴露他们自己的时代罪恶之允许。清代的作剧家之走上历史剧的道路与当时一般学术之走上考据的道路是同一客观环境所规定。

即因历史剧是描写人的活动，所以最容易使观众发生联想和推论，把对古人的描写当作对今人的讽刺，这样就会触犯忌讳。比如若是有人编一出秦皇焚书的戏，在乾隆看来，一定会说，这是詈我的。因此之故，清代历史剧之编著虽然甚多，但宫廷演奏，则仍以媚神颂圣之剧最为流行。因为清宫演剧约分三类，其一为"月令承应"，其二为"庆典承应"，其三为"临时承应"。此三者之中，"月令承应"则与敬天事神有关，故所演之剧，皆为神怪之剧。"庆典承应"，又非歌功颂德不可，故所演之剧，必为颂圣之剧。因之历史剧演出之唯一机会，只有在"临时承应"的时候了。

据《清升平署志略》所载，清代宫廷之"月令承应"极为繁多。如在元旦、立春、上元前一日、上元、上元后、燕九（此日为长春真人邱处机诞辰）、花朝、寒食、浴佛（4月8日释迦生日）、碧霞元君诞辰、端午、关帝诞辰、七夕、中元、北岳大帝诞辰（8月10日）、中秋、重九、宗喀巴诞辰（10月25日）、冬至、腊日（12月8日）赏雪、赏梅、观酺、祀社、除夕等节日，在宫廷中皆须演出一定应时的戏剧。例如在元旦则演"椒花献颂"等，上元则演"御花献瑞"等，花朝则演"百花献寿"等，端午则演"蒲剑辟邪"等，七夕则演"银河鹊渡"等，中秋则演"广寒法曲"等，除夕则演"福寿迎年"等。诸如此类，不胜枚举。但一般说来，此类"月令承应"之戏剧，在原则上皆以风俗为命题，而以各种附丽于各个节日之神话穿插附会而成。而其结局，则皆必归结于风调雨顺，鬼神其依。

据同书所载，清代宫廷的"庆典承应"，亦复不少，如皇帝定婚及大婚，皇子诞生，洗三，弥月及成婚。皇太后、皇帝的万寿，皇后、皇子的千秋，皇太妃、皇贵妃的寿辰。此外如恭上徽号，册封妃嫔，祝捷，行围，巡幸，召试，迎銮送驾等典礼中，皆须演出一定之应典的戏剧。例如皇帝定婚则演"碧月呈祥"，结婚则演"双星永庆"，皇子诞生则演"慈云锡类"，恭上徽号则演"喜溢寰区"，册封妃嫔则演"螽斯衍庆"。至于皇太后及皇帝寿辰，则演出之戏更为繁多，但大抵不外"八洞神仙""九九大庆""千秋彩索""万载恒春"之类颂圣锡善的戏剧。此外如巡幸则演"群仙导路"，召试则演"翰苑献诗"，诸如此类，不胜枚举。总之，此类"庆典承应"之戏，不论如何繁多，而其内容，则千篇一律，即"皇帝万岁"是也。

至于"临时承应"的戏剧，向无一定的规定，但亦有一原则，即绝对要避免触犯忌讳。

总观以上所述，我们可以想象清代三百年间宫廷戏剧的内容，实不过神曲的集大成而已。虽然亦有历史剧，但作为清代宫廷戏剧之主流的，恐怕还是神怪剧。当时戏剧的构成，多截取神的生活或人的生活中之一个最紧张最曲折的片断以为题材，而争以情节取胜。同时亦有长篇巨制的戏剧，如"升平宝筏"，"劝善金科"，"鼎峙春秋"，"忠义璇图"等剧，皆在二百回以上，因之演完一剧，非十天半月不可。此种长剧，最适宜于有关的贵族之观赏，因为只有他们才饱食终日，无所事事，才有充分的时间为长夜之饮，弥月之宴。据《清升平署志略》所云，此类长剧多于后来所谓"朔望承应"中演出之，因而所谓"朔望承应"者并不止于朔望两日，而是朔以继望，望以继朔。

虽然如此，清代的宫廷戏剧，无论在唱做方面，音乐方面，化装方面，以及舞台的装饰方面，较之元明时代，已有极大一步的前进。关于唱做与音乐已如前述。关于化装之进步，如面谱之复杂化与定型化，把剧中人的性格，用面谱的图案和颜色表现出来。又如戏具的形制之复杂，亦表现化装的技术之进步。赵瓯北《檐曝杂记》卷一有云："内府戏班子弟，最多袍笏甲胄及诸装具，皆世所未有。"此种装具，最近已从《升平署档案》中有所发现。如衣类之中，张生、莺莺、红娘各有专用衣，此外并有一种睡魔神衣。盔类之中，除各色王冠，将军盔，文官盔，鬼神盔之外，尚有龙王冠，虎盔，彪盔，象盔，红蝠盔，龙衣，虎衣，象衣，狮衣，鹿衣，骡衣，麒麟衣，龟衣，兔衣，白马衣，仙鹤衣，青鸟衣，鸾凤衣，鹦鹉衣，鸡衣等化装动物之面具。从升平署的档案中，我们又发现了当时已有若干布景的切末的存在，如杂类之中，有彩亭二座，布画鳌山一分，各种树五十九类，莲花池一分，有画虹桥一块。凡此皆足以证明当时舞台装饰的进步。

此外在戏具清单中，又发现各色回回衣九十七件、回回帽九十二顶、回回鼻子四十六个（开除十六个），并有各色布外国衣一〇八件。同时又发现有炮车二辆、火炮箱子四个、夹纸木炮二十六个，这些戏具的存在，又证明了清代的宫廷中，亦曾有现代剧之演出。

四　大规模的演出

最后我们说到清代宫廷戏剧演出的规模。据赵瓯北《檐曝杂记》卷一云：

> 皇太后寿辰，在十一月二十五日。乾隆十六年，届六十慈寿。中外臣僚，纷集京师，举行大庆。自西华门至西直门外之高亮桥十余里中，各有分地，张设灯彩，结撰楼阁。天

街本广阔，两傍遂不见市廛。锦绣山河，金银宫阙，剪彩为花，铺锦为屋，九华之灯，七宝之座，丹碧相映，不可名状。每数十步间一戏台，南腔北调；备四方之乐，伭童妙伎，歌扇舞衫，后部未歇，前部已迎，左顾方惊，右盼复眩，游者如入蓬莱仙岛，在琼楼玉宇中，听霓裳曲，观羽衣舞也。后皇太后八十万寿（乾隆三十六年），皇上八十万寿，（乾隆五十五年）闻京师巨典繁盛，均不减辛未（即乾隆十六年皇太后万寿），而余已出京，不及见矣。

据此，我们因知乾隆时代历次的万寿节，皆"巨典繁盛不减辛未"。而辛未之皇太后万寿，演剧之盛，实为可惊。以北平城市的广阔，"每数十步间一戏台"，则应有若干戏台。以每一戏台平均二三十人计之，应有若干伶人。以"南腔北调"一语观之，又应有若干种不同的剧曲。这种大规模的演出之可能实现，乃因当时正值南府、景山两皇家剧团的全盛时代，同时又有各地伶人应征而至京师，故能使伭童妙伎，麇集一地，南腔北调，同时并奏。

《檐曝杂记》卷一又纪述乾隆在热河行宫作万寿事。据云："上（乾隆）秋狝至热河，蒙古诸王皆觐。中秋前二日为万寿圣节，是以月之六日，即演大戏，至十五日止。所演戏率用西游记、封神传等小说中神仙鬼怪之类，取其荒幻不经，无所触忌，且可凭空点缀，排引多人，离奇变诡，作大观也。戏台阔九筵，凡三层，所扮妖魅，有自上而下者，自下突出者，甚至两厢楼亦作化人居，而跨驼舞马，则庭中亦满焉。有时神鬼毕集，面具千百，无一相肖者。神仙将出，先有道童十二三岁者，作队出场。继有十五六岁十七岁者每队各数十人，长短一律，无分寸参差。举此则其他可知也。又按六十甲子，扮寿星六十人，后增至一百二十人。又有八仙来庆贺，携寻道童，不计其数，至唐玄奘僧雷音寺取经之日，如来上殿，迦叶，罗汉，辟支，声闻，高下分九层，列坐几千人，而台仍绰有余地。"

（重庆《中原》第一卷第二期，1943 年 9 月出版）

论中日甲午之战

一　战争的酝酿及其爆发

1894年爆发的中日甲午之战，到现在已经50年了。在50年前的今天，日本帝国主义的军队，已由朝鲜渡鸭绿江而北，深入辽东。其别军由花园港登陆，已经攻陷大连、旅顺。当此之时，首都为之震撼，清室为之动摇。高据庙堂的达官显宦，寓居京、津的豪商巨富，都在准备迁家移眷，向着安全的地方逃命。贫穷的小民则惶惶不知所措，"怎么办？"之声，扬溢乎道路。这真是中国历史上一个紧急的时代。

幸而当时的统治者还有最后的一着棋，这就是对日投降。不久投降的使者李鸿章到达了日本的广岛，签订了有名的《马关条约》，这一个历史上的紧急时代，就算度过了。

50年的时间飞速地过去了，假如我们不是又在与日本帝国主义作战，谁也不会再想到1895年春天的紧急。可是我们偏偏在50年后又在与50年前的敌人作战，而且我们今日所遭遇的历史危难，较之50年前我们前辈之所遭遇，何只百倍千倍（当时日军逼近贵阳，重庆紧张）！因此便不觉抚今追昔，想起中日甲午之战。

我记得当甲午之战结束以后，当时《泰晤士报》曾有这样的评论。它说：中国若仍抱残守缺，不求进步，"一二世后，为日本之印度矣。"①甚至敌相伊藤博文也说："中国若不力求进步，采行西法；而空谈复仇，于日本何害，"②50年来，中国究竟有些甚么进步，这是我们应该自我反省的。

甲午之战，已经成了过去，但现在再翻阅这一页历史，还是如在目前。温故知新，再谈谈这次战争，也是好的。

首先，说到甲午之战的爆发。这个战争的爆发，是以朝鲜"东学党"的暴动为导火线，但"东学党"的暴动之所以成为中日战争的导火线，则是由于日本已经在朝鲜埋藏了战争的火药。同时，也是因为有一个腐败的中国，望着日本侵略自己的藩属而视若无睹。

早在东学党的暴动之前20年（1865年），日本的兵舰就已经驶入朝鲜的釜山，日本的大炮就已经轰击朝鲜的江华岛，胁迫中国允许日本和朝鲜通商。当时中国的政权掌握在以慈禧为首的保守派手里。这一群保守派，昏庸懦怯，腐败透顶。为了拒绝日本的要求，竟向日本宣称："朝鲜虽属我藩属，而内政外交，听其自主，我朝向不与闻。"这就无异向日本声明，朝鲜是一个独立自主的国家。因此，日本便根据这个宣言，压迫朝鲜和他订立了《日韩商约》。这个商约中的第一条，就是承认朝鲜为独立自主的国家。这样就取消了中国对朝鲜的宗主权。同时，日本并胁迫朝鲜政府与日本互派使臣，建立直接的外交关系，又迫其开放元山、仁川为商埠，允许日舰随时测量朝鲜的海岸。这样就奠定了日本进出朝鲜的基础。

---

① 《甲午中日战辑》卷六下，第260、230页。
② 《甲午中日战辑》卷六下，第260、230页。

1882 年，朝鲜爆发了以李昰应为首的保守派的政变。李昰应是当时朝鲜国王李熙之父，当李熙幼时，李昰应主持国政，号大院君。后来李熙年长，其妃闵氏专政，李昰应遂不得与闻国事。李昰应既蓄怨于闵氏，又痛恨政府对日本的屈服，遂利用兵变，劫杀执政，幽闭国王，焚烧日本使馆，诛杀日本派往朝鲜的军事教官。这次政变，显然是对日本侵略者的一个武装回答。政变发生之后，清政府派兵至朝鲜靖乱，日本的军队也借口开进了朝鲜。但是结果，中国所得到的，是一个俘虏大院君，而日本所得到的，却是驻兵朝鲜首都的特权。这样，日本军队的刺刀，便渐渐靠近朝鲜政府的大门了。

1884 年，朝鲜又爆发了所谓"维新党"的叛乱，实则所谓"维新党"，不过是一些亲日分子。而其叛乱则为日本侵略者所导演。当时朝鲜的亲日分子金玉均、洪英植、朴咏孝、徐光范、徐载弼等，与日本的朝鲜驻军勾结，在首都发难，打进王宫，劫持国王，杀戮大臣，放逐反日分子，并且自署官爵，组织政府，企图一举而使朝鲜脱离中国的关系。这个阴谋，虽然被中国的武装击破了，但是日本却借此而提出了进一步的要求，他要求中、日两国驻朝鲜之兵同时撤退；而且以后两国如派兵至朝鲜，须事前互相通知。这样，日本对朝鲜便俨然以主人自命了。

日本资本主义的侵略，就这样一步一步向朝鲜发展。当时中国的统治者，正忙着剿捻平回，以及镇压哥老会的暴动，以全力对付国内的人民。同时，他们又仗着祖宗的遗产甚多，可以让他们挥霍；人民的脂膏未尽，可以供他们搜刮，所以对于日本之侵略朝鲜，并不十分关心。因而日本遂得寸进尺，以至喧宾夺主。即至东学党的事变发生，中日战争遂不能避免。所以我说，中日甲午之战，一方面固然是由于日本资本主义的发展，另一方面，也是因为有一个腐败落后的中国。

"维新党"的叛乱之后十年，朝鲜爆发了"东学党"的事变。"东学党"的组织，由来已久，据说在同治年间就有这种组织，其创始人名崔福成，其党义系刺取儒家佛老各种学说。这种组织是朝鲜人民反政府的组织。它的产生是朝鲜暴政的反映。至其发展为叛乱，则是资本主义侵略的刺激。关于这次叛乱触发的动因，据说是"东学党"人为了他们一个在同治四年被冤杀的同志举行讼冤的请愿。在请愿时，他们的领袖数人，又被政府屠杀，于是他们就号召人民在全罗道的古阜县暴动起来。

对付这个暴动，朝鲜政府立即发动大军，前往进剿。但是剿灭人民的大军却反而被人民剿灭了。白山一战，朝鲜的官军几乎全军覆没。因此暴动不久便由全罗扩大到忠、清两道，大有直捣首都之势。朝鲜的统治者在暴动之前骇昏了，于是羽檄飞驰，求援于中国。中国的统治者对于日本之侵略朝鲜，可以不管；但对于镇压朝鲜人民的暴动是非常热心的。当朝鲜告急文书到达中国时，慈禧的助手——李鸿章，立即派遣直隶提督叶志超、太原镇总兵聂士成率军东渡，参加朝鲜政府屠杀人民的战争。但当清廷军队开抵牙山之时，"东学党"的暴动，已告平息。

当时中国的统治者一面要在朝鲜人民面前耀武扬威；一面又畏日如虎，不敢忘记在出兵朝鲜之前，通知日本。所以当中国军队到达牙山之时，日本军队也就在大鸟圭介的统率之下，开进了朝鲜的首都汉城。

"东学党"的暴动已经平息，中国通知日本同时撤兵；但日本却借口要改革朝鲜的内政，坚持不肯撤兵。这样中、日两军在朝鲜便展开了敌对的形势。当时日本政府已经准备与中国一战，扫除中国在朝鲜的势力。当时中国驻朝鲜的总办袁世凯已看出日本有战争的准备，屡次电请李鸿章速发舰队至仁川，并增派陆军驻守马坡，以戒备非常的事变。但是当时中国妥协派的巨头李鸿章不但不增兵备战，而且还要撤退牙山的驻军以缓和日本的敌气。如果不是光绪皇帝的反对，日本简直可以不战而得朝鲜。

当中国的妥协派还以为和平尚未绝望时，而日军已在朝鲜开始战争的行动。他们一面遍布水雷于汉江之口，以堵塞中国海军的进路；一面竟闯进朝鲜王宫，逮捕朝鲜国王及反日分子，组织以大院君为领袖的傀儡政府。这样的消息传到中国，朝野上下，无不愤慨，弹劾李鸿章的奏折雪片飞来。当时，以光绪与翁同龢为首的主战派也极力主张与日本一战。李鸿章在举国上下的督责之下，才勉强备战。

依照当时的紧急形势，中国的当局，应该立即派遣北洋舰队，以最快的速度运兵朝鲜，以援牙山之孤军。但是李鸿章总以为和平尚未绝望，恐因此而爆发战争，因而他所派遣的军队如卫汝贵、丰伸阿、马玉琨、左宝贵等各军，皆命其由辽东陆路迂回前进。同时为了虚应故事，才以英船高升和操江运舰运送少数陆军和军械，由渤海东航，以援牙山之军。但是这两只船行至中途，便遇着日舰的袭击，操江降敌，高升沉没。同时，驻汉城的日军也开始向牙山的中国驻军进攻。直至此时，妥协派的首领慈禧太后还没有与日本作战的意思，只说："不受辱"。但是朝野上下，都在一致呼吁战争，这样才于七月初一日发布了对日宣战的上谕。

由此看来，中日甲午之战，乃是当时统治者中的妥协派最不愿意的一个战争，也是全国人民逼出来的一个战争。即因中国妥协派对战争的犹豫，所以提供日本以准备战争之充分时间，并争取到战略的主动。甚矣！"误国之罪，同于卖国"，岂不然耶？

二 战争的进行及其失败

在宣战以前，日军就向牙山的中国驻军进攻。没有对垒的战争，仅仅在成欢有几次前哨的接触，中国的驻军，就在牙山守将叶志超、聂士成的指挥之下，弃城而逃。叶志超一面溃退，一面向政府谎报"成欢的大捷"，于是叶志超以败军之将，而拜受总统诸军之荣命。

叶志超自牙山北奔平壤。时中国大军皆聚平壤，牙山的残军，遂得与大军会合。平壤为朝鲜旧京，负山阻河，形势险要；而当地人民，又素亲中国。当中国军队开抵平壤之时，当地人民，争奉牛酒，热烈欢迎，正如古书所云："箪食壶浆，以迎王师。"中国军队在平壤既据地利，又得人和，战争的条件非常优越。

同时，中国政府亦知平壤的得失，关系中日战争的胜败，已派遣后续部队，增援平壤。时四川提督宋庆，以毅军发旅顺；提督刘盛休，以铭军发大连，将军依克唐阿，以镇边等军发黑龙江，皆奉命会师于九连城。是平壤之军，又有大批援军以为后盾。

平壤之战，中国方面若能指挥得宜，或攻或守，皆可立于不败之地。但是统帅叶志超，懦庸无能，不能督率诸将，部署军队。诸将则环炮自守，每天置酒高会。而士兵，特别是卫汝贵的盛军，则到处抢劫财物，奴役壮丁，奸淫妇女。因而地利无用，人和尽失，战争的优势，已完全失去。

战争在平壤展开。9 月 15 日，日本第一军在其大将山县有朋的指挥之下，开始了对平壤的总攻。一战而攻占北门要塞，再战而平壤遂树降旗。即于当日之夜，统帅叶志超竟率诸军弃城而逃，日军跟踪追击。中国的败军溃于山隘，回旋不得出，自相践踏。日军乘势猛击，中国的败军，人仰马翻，死者两千余人，被俘者数百，军储器械，公文密码，皆委之日军。

叶志超率残军万余人狼狈北退，过安州、定州，皆弃而不守，狂奔五百里，渡过鸭绿江，才敢驻营。

投降溃退，这就是所谓平壤之战。自平壤失守，中国的军队，遂不复再出现于朝鲜境内了。

平壤失守的后两天，海上也发生了战争。说到海上的战争，那就更无光彩。本来当这次变乱发生之初，李鸿章就应该下令出动北洋舰队，控制朝鲜海面，以保持海上的交通。但他却要保存海军实力，仅派济远兵舰一艘，率扬威、平远，往护朝鲜。及日军大集，济远管带方伯谦竟以济远逃归。不但如此，当时李鸿章还在幻想和平，遂尽召诸舰回国。

等到日军俘虏朝鲜国王，才再命济远、威远、广乙，先后驶至牙山。而当时朝鲜海面，已被日舰控制了，所以中国兵舰行至中途，即遇日舰袭击，广乙受伤而逃，济远继之。日舰吉野速浪追济远，方伯谦竖白旗，再树日本旗，日舰仍追不已。有水兵发炮中日舰，方伯谦得生还，遂告大捷，以后海军即逃匿不出。

即至牙山失守，中国大军集平壤，中日大战迫在眉睫，这时李鸿章才派海军提督丁汝昌率舰队前往应援。其时日本海军已经雄据朝鲜海面，所以当中国舰队行至鸭绿江口大东沟附近海面时，便遇着日舰的攻击，因而发生战争。

这一次中国方面参战的兵舰，计有铁甲舰二、快船十，共三万五千余吨，此外并有水雷艇四艘。日本方面参战的兵舰，有十二艘，约四万吨，此外有改装之商船西京丸一艘。从量的方面说，双方势均力敌。又中国的铁甲舰大于日本，中国各舰之炮，亦重于日本。惟日舰的速率，大于中国，舰上之炮，亦较中国为轻便。故从质的方面看，双方亦互有优劣。量与质均相伯仲，因而胜败之数，只有决定于战斗技术。换言之，若中国海军统帅指挥得宜，则这一次的海上战争实无败于日本的理由。

可惜中国的海军提督丁汝昌原系陆军将领，不知海战为何事。丁系淮人，而海军官兵，则十之九皆系闽人，以是威令不行。说到海军官佐，左右翼总兵以下，在平时都带着家眷住在陆上。至于海军士兵，亦多离船陆居，视兵舰为衙门，只有照例点卯领饷，才回到兵舰。每当北洋封冻，海军照例南巡，官兵淫赌于上海、香港，留连忘返。以这样的海军官兵和日本的海军作战，胜败之数，已可预见。

战争终于被迫展开了，中国的舰队，列阵作人字形，张两翼以待敌舰。日舰初作一字形，以后相机变化，争取有利的形势，而中国舰队则以不变应日本之万变，最初是人字形，以后也是人字形，最后还是人字阵。

在战斗中，惟定远（中国的旗舰）、镇远、超勇最奋战，而超勇被日舰击沉，致远弹尽。当此之时，其他各舰，多作壁上观。定远管带刘步蟾竟至震悚失次，幸有洋员汉纳根代为指挥，才没有被俘。方伯谦首先率济远逃，转舵时误撞自己的扬威舰，日舰乘机击沉扬威。致远亦中水雷而沉。自是诸舰纷纷逃窜，人字阵也乱了。

战争历四小时，中国舰队大败，一共丧失五只兵舰：其一（经远）被俘，其四（致远、超勇、扬威、广丙）击沉。剩下来的，只有七只兵舰（定远、镇远、来远、靖远、济远、平远、广甲），已经不能成军了。从此以后，中国的兵舰遂深藏于旅顺，不复再见于朝鲜海上了。

陆军既大败于平壤，海军又继败于大东沟，中国的失败，于此实已决定。王炳耀《甲午中日战辑·朝鲜纪乱五》慨乎其言之曰：

> 奈何兵衅既开，边烽迭起，牙山则先遁，高升则被毁，操江则就掳，犹可曰，胜败兵家常事耳。更奈何统带战舰，不能得力者厥有海军提督丁汝昌；临敌退缩，致溃全军，克扣军饷，纵兵抢掠者，厥有统带盛军之宁夏镇卫汝贵。于是海战则丧师失律于大东沟，陆战则又避敌偷生于平壤，此尚得诿为无罪乎！

自平壤失守，而日军的前锋遂进至鸭绿江南岸，中国的大军则猬集九连城。为了督励将帅，振奋士气，以图扭转战争的颓势，当时中国的统治者下令撤叶志超、卫汝贵逮问，另派宋庆总统诸军。

宋庆虽忠勇敢战，但胸无韬略，亦非统帅之才。且资历甚浅，与诸行辈相若，骤禀节度，诸将多不服约束。故当时九连城诸将虽有七十余营，而无法调度。

以当时情势而论，应以重兵扼守鸭绿江沿岸，阻止敌人渡江。但宋庆却仅以少数哨兵游弋于江岸，而大兵皆集九连城。一切攻守计划，皆无布置，坐守江北一月，以待敌人进攻。

10 月 25 日，日军一切进攻准备皆已完成，遂以炮队掩护，强渡鸭绿江。宋庆弃九连城北趋凤凰城。又以凤凰城不可守，再退摩天岭，以守辽阳州，日军遂占凤凰城。

同时，日军的另一支队，已由义州渡江，向西北进击，连陷安东、岫岩、析木城，最后进陷海城，截断了摩天岭与后方的交通。

继第一军之后，日第二军又在其大将大山岩的统率之下向中国出发。当时中国的海军已逃匿无踪，故日第二军得以安全到达中国海岸。

10月24日，这一支日军，在花园港、貔子窝登陆，运输马炮十二日，而中国海陆军，似乎都不知道。因而他们得以从容展开其对大连、旅顺的攻势。

当时，中国驻守大连和旅顺的军队已由守将宋庆、刘盛休率领增援九连城，镇防旅顺的是提督姜桂题、程允和所募的新兵。镇防大连的，是总兵徐邦道、铭军分统赵怀益所募的新兵。当日军向金州进发之时，徐邦道力言金州失则大连、旅顺不守，请诸将分兵迎击。但当时旅大诸将，各不相属，都不肯发兵守金州。

十一月六日，日军攻金州，徐邦道自率所部迎击。赵怀益的部下，有请援金州者。赵说："吾奉命守旅顺炮台，不闻赴后路备敌也。"徐邦道兵力单薄，金州将不守，电赵怀益告急。而赵正督率部属运辎重，作渡海逃亡的准备工作，并不派兵，金州遂失。

七日，日军三路南捣大连，赵怀益卷款逃旅顺，而大连的大炮一百二十尊，弹药枪械全数送给敌人了。日军在大连休战十日。至二十二日，日军海陆并进，夹攻旅顺。

在日军进攻旅顺之前，旅顺诸将，已将粮饷运送烟台，作逃亡之计。营务处的道员龚照玙听到金州失陷，陆路断绝，就由旅顺南渡烟台，一口气跑到天津去了。自从这位道员逃走以后，旅顺人心惶惶，船坞工人的工钱也无着落，遂群起掠夺库款，各自散去了。

旅顺的六个统领，原不相辖，至是，共推姜桂题为主。而姜愚暗，惶惶然不知所措。只有徐邦道是一员勇将，他以少数之兵，迎击敌人于土城子，给敌人的前哨以一个很大的打击。但日军大队继至，徐邦道孤军无援，也败退下来了。

日军益迫近，赵怀益等遂率部抢掠，夺民船饱载而逃。敌军未至，而旅顺已成废墟。

以后，徐邦道孤军再战，士兵几乎死伤殆尽，而日舰又已纵横海面，陆军则分据炮台，旅顺已无可挽救，乃与姜桂题、程允和、张光前杂乱军中逃去，旅顺遂陷。

王炳耀《甲午中日战辑·朝鲜纪乱七》有言曰：

> 牙山不守，平壤又逃，安州城尚有远戍之师，鸭绿江遽返清流之棹，是华军之救朝者，虚有其名，朝王之累华者，竟酿成实有其事也。九连、凤凰诸城，相继沦陷；扬威、超勇诸舰，一战覆沉。于是日本之陆军，鹰瞵于发祥之地；日本之水卒，鲸戏于渤海之涛。是朝鲜之乱不暇谋，中国之乱大可惧也。守旅顺口者，文则如龚革道（照玙），武则如卫革提（汝成）、黄革提（仕林）、姜革镇（桂题）、程革镇（允和）等，以监司提镇之尊，当金城汤池之固，又有天险之足恃，地利之足凭，乃鏖战不过数点钟，毙命不过数百辈，忽焉而土崩瓦解，鼠窜狼奔。呜乎噫嘻！中国之祸，匪朝鲜累之也，亦匪日本扰之也，直贪生畏死、天良丧尽之徒贻之也。

战争节节失败，局势日益严重，政府以淮军不可依靠，改用湘军，起用故湘军旧将魏光焘、陈湜、李光久等，令皆募兵北上。召两江总督刘坤一，授钦差大臣，督办征东事务；以湖南巡抚吴大澂及宋庆副之。这时的李鸿章，已经拔去了三眼花翎，褫去了黄马褂，并且受了革职留任的处分，但仍然掌握海陆军事的实权。

不久湘军将领率军出关，但是魏光焘败于牛庄，李光久弃军而逃，吴大澂弃田台庄夜奔入关，湘军又溃。日军乘胜追逐，进陷营口，自是辽河以东，遂非复中国所有。

淮军、湘军相继败溃于辽东，中国的陆军已零落不堪；但中国残余的舰队，尚逃匿于威海卫。为了彻底地歼灭中国的舰队，日军又发动了对威海卫的进攻。

日军之袭威海卫，系用声东击西的战略，明攻登州，暗袭荣成。当中国军队往救登州之时，而日军二万人已自荣成登陆，由荣成西击，以拊威海卫之背。

日军于1895年1月10日登陆，三十日攻陷威海卫的炮台。同时日舰二十五艘包围威海卫的海口，于是海陆两军夹攻停泊于刘公岛的中国兵舰。不久，定远、来远两舰中鱼雷沉没，靖远为炮击沉，鱼雷艇十二艘亦为日舰俘房，余舰已不能动弹。于是水兵登陆，鸣枪过市，挟丁汝昌投降。

当威海卫失守以后，丁汝昌从德员瑞乃尔之言，命诸将沉船，徒手投降，诸将不从。又命诸舰突围而出，亦不从。汝昌乃入舱仰药自杀，诸舰遂降日。自是以后，中国遂无海军。

王炳耀《刘公岛降敌杂记》云：

> 据《字林西报》言，威海之降日者，一曰定远……二曰镇远……三曰平远铁舰，四曰济远钢带舰，皆尚完善。五曰靖远钢带舰……，六曰来远铁舰，亦已沉海。七曰威远木质船，八曰广丙木质水雷船，九曰康济木质水雷栈房船，十曰湄云木质小兵船。又有蚊子船四号，曰镇北、镇边、镇西、镇中，又有水雷船五号，炮船三号皆未伤，另有宝发一船，亦已沉没。统共刘公岛湾内，或伤或完之船共大小二十三

艘，悉为日本所有，惟逃出之水雷（船）十三号，孑立海面（作者按：后亦为日本所虏）。呜乎噫嘻，天欤人欤！又查鸭绿江之战，超勇、扬威并致远、广乙，先已或沉或毁。牙山之战，广甲搁浅焚毁，操江小舰被虏。旅顺之役，被虏轮船三，夹板大船二。大连之役，被虏轮船一，小炮船二：曰运春，曰汉江。兵炮十五。盖前后所丧失者不下五十余艘矣。静言思之，可胜浩叹！

战争发展至此，中日两国已开始停战议和的谈判。但在和议的进行时，日本的舰队又攻占澎湖群岛，进窥台湾，不过澎湖之役，已是战争的尾声了。

总结这次战争，中国方面，人的伤亡并不很多。即因人的伤亡不多，物质之委而资敌者，其数量就甚为浩大。关于甲午战争中，中国方面之人的伤亡和资敌的物质，当时日本某报，曾有如次的统计：

牙山之战，华军尽节约二百人，伤约三百人。日兵死三十五，伤六十。平壤各战，华军尽节约二千余人，伤约三千人。日兵死一百八十二，伤五百二。九连城各战，华军尽节约五百人，伤约千人。日兵死三十三，伤百十一。金州各战，华军尽节约四百人，伤二十人。日兵死二十人，伤五十。旅顺各战，华军尽节约一千五百人，伤约三千人。日兵死四十，伤二百七十。丰岛之战，华军尽节者约一千二百人，伤者不知细数。日兵伤三人。鸭绿江之战，华军尽节约六百人，伤约三百人。日兵死八十，伤一百八十六。草河口之战，华军尽节二十人，伤约一百人。日兵死十一，伤四十一。金家窝子之战，华军尽节约一百人，伤约三百人。日兵死五，伤二十五。海城之战，华军尽节四十人，伤约一百人。日军死五，伤六。瓦岗寨之战，华军尽节约一百人，伤约五百人。日兵死十二，伤三百五十七。都计自光绪二十年五月初九日，日本大岛混成旅团由仁川上岸占踞高丽，以迄是年扑犯旅顺之战，共大战十七次，华军之奋不顾身、沙疆效命者，约共六千六百六十人。诛斩日兵四百十三人。华军之裹创血战者约共九千六百人。击伤日兵一千七百十二人。此外尚有华兵一千一百六十四人被掳。①

自中日开战以至明治二十七年12月31日，（日军）劫得华军各物，共值日银七百三十一万二千圆。内计：

大炮——在牙山劫得八尊，平壤四十八尊，九连城七十八尊，凤凰城五尊，金州及大连湾一百二十九尊，旅顺口三百三十尊，岫岩州五尊，海城四尊，共六百零七尊。

洋枪——在牙山劫得八十三支，平壤一千一百六十五支，九连城四千三百九十五支，金州及大连湾六百二十一支，旅顺口一千零八十支，金家窝子五十支，共七千三百九十四支。

炮弹——在平壤劫得八百四十颗，旅顺口九万六千三百七颗，金州及大连湾二百四十六万八千二百颗，九连城三万六千三百七十四颗，共二百六十万一千七百二十一颗。

枪子——在平壤劫得五十六万粒，九连城四千三百万六百六十粒，金州三千三百八十一万四千粒，旅顺口八万四千一百二十五粒，共七千七百四十五万八千七百八十五粒。

米谷——在牙山劫得日粮二万谷古（每谷古合华权

---

① 《甲午中日战辑·朝鲜纪乱九》。

二百二十五斤），平壤四千六百谷古，九连城四千十五谷古，凤凰城五千五百三十七谷古，金州及大连湾二千六百五谷古，旅顺无米，大奇，共三万六千一百五十七谷古。

马——在平壤劫得二百五十四，金州八十五匹，旅顺三十三匹，共三百六十八匹。

金银铜钱——在平壤劫得金二十五贯目三百五十刃（一贯目合华权一百两，一刃即一钱），银一百十三贯目九百十刃，零物四贯目六百刃，高丽钱二万八千二百四十千文，日本钞票五千九百五十五圆。九连城、凤凰城，制钱二万一千九十千文，金州及大连湾，银钱六十圆，共合日本银钱约一百万元。

行帐——在平壤劫得一千八百顶，九连城四百一顶，旅顺口一百二十一顶，共二千三百二十二顶。

旗——在牙山劫得三十三面，平壤三百面，金州及半岛一百四十四面，共四百七十七面。

船——在花园口劫得民船十五艘，大连湾劫得容三十吨之小轮船一艘，旅顺口劫得小轮船一艘、帆船二艘，云程、海镜兵船二艘，在丰岛劫得操江兵船。

此外尚有鼓、剑、刀、枪、号筒、车辆、工作具、踞锅、地雷、水雷、火药、伞、快靴、衣服、电线不计其数。[①]

以上数字，威海卫及澎湖两役的人物伤亡尚不在内。威海卫一役，中国海军投降，军舰扫数被俘，已于前述；至士兵伤亡，则不知其数。澎湖之役，死伤人数，亦无数字可查，惟物

---

① 《甲午中日战辑·朝鲜纪乱九》。

质之被劫者，则日报曾载有一个统计。《东报》云："澎湖之役，日本虏获车炮、山炮共二十尊，来复枪一千九百四十六枝，药弹一千九百八十二匣，格林炮弹六万八千九百枚，铅弹六十二万二千八百枚，火药三千九百七十包，米九百一十袋，刀枪等一百三十枝，鼓十九面，帐篷五十座，铁锹一百八十只，锄八十个，其余小件甚多。"[1]

以上所记，不过是战争中的直接损失之有数可稽者。此外因战争而被敌人屠杀之人民，以旅顺一地而论，即有二千余人。因战争而间接遭受之物质损失，如商务之所阻滞，农事之荒废，则更不可以数计了。所以《中日战辑》的作者王炳耀氏为之慨曰：

> 噫！中国竭数十年之精力，萃二十一省之菁华，始得壮其军容，备兹利器。乃一旦邻邦衅启，竟致不能抵御，悉数委之敌人。藉寇兵而赍盗粮，能不痛恨于败兵之懦将哉[2]！

中日甲午之战，终于以对日投降结束了。1895年4月17日，李鸿章在日本广岛签订了《马关条约》。《马关条约》中最丧权辱国的有五款：一、中国承认朝鲜为完全独立自主国。二、割让辽东半岛、台湾、澎湖群岛。三、赔款二万万元。四、开放苏州、杭州、沙市、重庆为商埠。五、允许日军驻扎威海卫。后来虽由俄、德、法三国之共同干涉，日本放弃了辽东半岛，但台湾、澎湖群岛从此就划入日本的领土了。

---

[1] 《甲午中日战辑·朝鲜纪乱九》。
[2] 《甲午中日战辑·朝鲜纪乱九》。

三 失败的原因

甲午之战，中国一开始就是失败，以后也是失败，最后，还是失败。这是什么原因呢？非常明白，最主要的原因，就是因为中国落后腐败。

我们知道，在甲午战争以前的世界，早已是资本主义的世界。资本主义的经济，民主主义的政治，自由主义的文化，是当时世界史的主流。在这个历史主流之前，不动的推起走，落后的被清算，反动的被扫荡，这是历史的命定。在世界史的主流之前，只有顺应潮流，才有出路，谁要企图玩弄倒转历史的游戏，谁就灭亡。具体地说，不自动走上资本主义的道路，就要沦为殖民地。

日本自 1868 年明治维新以后，地主资产阶级即联合一致，实行自上而下的产业革命，走上了资本主义的道路，追上了世界的潮流。到甲午战争时，日本的维新，已经二十余年了，这时日本精力饱满，正是资本主义的青春时代。

中国，虽然早在鸦片战争、中法战争中，先后受到残酷的历史教训。但这些教训对于当时中国麻木不仁的统治阶级，并没有发生教育作用。从鸦片战争到中日战争，其间将近半个世纪，他们都把时间和国力，浪费在剿灭中国人民的战争之中。所以一直到甲午之战的时候，他们还是落后腐败，不异过去。

当着整个世界走向资本主义的时候，而当时中国的统治者还在梦想在这资本主义的世界中，划出一块特殊的地盘，来保持他们最喜爱的封建专制主义。在这里，让他们继续进行手工业的生产，独裁的政治，中世纪的文化。一言以蔽之，让他们利用社会的落后，人民的无知，来关着大门做皇帝。但是他们不知道，这就是上帝的儿子也是做不到的。因为世界史发展的规律不是全体迁就局部，而是局部服从全体。不是倒退，而是前进。

甲午之战从表面上看，是中日战争；但从本质上看，则是日本资本主义对中国残余的封建专制主义的清算。而这就是中国失败的最主要的原因。

其次，是中国统治者内部对和战的主张不一致。当时以光绪、翁同龢等为首的维新派，极力主张对日抗战；以慈禧、李鸿章等为首的保守派，则始终主张妥协，而当时掌握国家大政、海陆军权的，则是主张妥协的保守派。

保守派自始就想回避这个战争，用妥协方法解决朝鲜问题。当日本陆军已经开进朝鲜首都时，而李鸿章还主张撤兵回国，避免冲突。后来光绪下了两道严厉的上谕，不许撤兵，并且进一步要李鸿章备战，才没有撤回牙山的驻军。

光绪的上谕之一云："彼顿兵不动，我先撤退，既先示弱，且将来进剿，枉劳往返，殊属非计。现在和商之议，迄无成就，恐大举致讨，即在指顾。"

其二有云："懍遵前旨，将布置进兵一切事宜，迅速复奏。若顾虑不前，徒事延宕，驯至贻误事机，定惟该大臣是问！"

李鸿章接到光绪的上谕之后，因有慈禧的靠山，并不把它当回事，仍然电告总督与日使小村协商中国撤兵之事。

直至日军已开始进攻牙山的中国驻军之时，而慈禧仍不欲宣战，仅曰："不受辱。"后来因为群情愤激，宣战之议才被迫决定。即因保守派对战争之犹豫摇摆，所以日本便争取了战争的主动。

宣战以后，保守派虽然稍微敛迹，但是战争的最高指挥者，还是妥协派的领袖李鸿章。以妥协派的领袖而主持战争，当然对战争不会有诚意。所以当战争发生以后，既不以陆军增援牙山，又不令海军捍卫朝鲜海面，因而使牙山不守，平壤继败。这即使不是有意进行失败主义，也是对战争的不积极。

妥协派当然不会忘记投降。所以每当战争一有失利，和平运动便勃然高涨。早在平壤之败时，李鸿章便企图中止战争，与日本谈判和议。但以当时民气方张，不克如愿。即至旅顺失守，首都震撼，于是和议运动遂一发而不可中止。

当敌人在旅顺屠杀中国人民之时，中国的投降使节，却在上海待船出发。当敌人炮轰威海卫之时，而李鸿章却在马关与伊藤博文握手言欢。

一个人是战争的最高指挥者，同时又是投降的全权代表，这在世界史上也是少有的。一面要前线的将士去抗战，另一面又公然去投降，这个战争，怎样不失败？妥协与战争的平行发展，是这次战争失败的第二个原因。

第三，是没有动员全国的人力与物力，使这个战争变成全面的战争，人民的战争。

以常理而论，当战争发生之初，政府就应号召全国的人民，武装全国的人民，使他们为着保卫祖国而斗争。但是我们从宣战的上谕中，早看到"在沿江沿海各将军、督抚及统兵大员，整饬戎行"的命令，没有看到一个号召人民的字。所以尽管辽东战事严重，尽管首都吃紧，而"其他各省，农守于野，商藏于市，工居于肆，甚至官吏偃息于床头，师旅逍遥于河上，晏然不知有兵革祸也。"①

即因没有整个的动员计划，所以募兵则到处捆绑，筹饷则临

---

① 《甲午中日战辑·朝鲜纪乱九》。

时摊派。以募兵而论，淮军已溃，然后才募湘军；湘军再溃，遂曰无兵。而且当时淮、湘两军虽溃，尚可收聚。如果日人之统计大致不错，则截至旅顺沦陷，中国军队死者不过六千余人，伤者不及一万，是关外之兵，并未消灭。即使扫数消灭，中国岂遂无人乎？

以筹款而论，库款将尽，然后才商借洋债，洋债年息太高，遂曰无饷。实则当时地方税尚未移作军费，洋债亦非不可举借。即使尽所有的税收而亦不足以应国家之急，乃至洋债亦不能借到，而当时皇家、贵族、达官、地主、豪商，尚未为国家拔一毛，中国岂遂无饷乎？

以战争形势而论，九连、凤凰两城虽失，而辽沈犹在；旅顺、大连两港虽失，而威海犹在；牛庄、营口两地虽失，而榆关犹在；然而战争至此，遂曰可险可据。实则即使榆关不守，辽、沈全陷，威海亦失，山东沉沦，乃至日军入关，首都失守，中国岂竟无险可据乎？

有广大之人力而不知动员，有丰富之物力而不知征发，有辽阔无比之领土而不知利用，而竟以淮、湘两军之溃，洋债利息之高，旅顺、大连之失，遂曰中国无兵、无饷、无险可以持续战争，遂自认中国已被敌人按倒在地，中止战争，决心投降。中国岂真被敌人按倒在地乎？曰，未也。被敌人按倒在地的不是中国的人民，而是毫无廉耻的妥协派的政府。

当《马关条约》签订之后，《泰晤士报》曾有一评论曰：

> 中国如海蜇然，任人择肥而割，他省仍漠不相关。假如欧洲亦有如旅顺口者，猝为敌兵所夺，则全国丁男子女，无不引为己忧。反是以观，华人诚蠢拙之至矣。

《泰晤士报》的评论，可以说知其然而不知其所以然。当旅顺失守以后，中国的人民，何尝不思奋起杀敌报国。但当时中国的人民已被妥协派的政府按倒在地，不能动弹。妥协派的政府害怕人民比害怕敌人还要厉害。他们以为如果把武器交给人民以后，比交给敌人更为危险。敌人所要求者，土地与金钱。他们多的是祖宗的遗产，有的是人民的膏血，反之，人民一旦拿起武器，则有革命的可能，革命一起，他们根本要滚下宝座，所以自始至终不肯动员人民。若人民自动抗战，那便是土匪，格杀勿论。因此，当时中国的人民只有望着无能的统治者，天天打败仗，好在"日蹙国百里"，古亦有之。古亦有之者，即不妨今亦有之。

虽然如此，中国的人民自始就反对投降，以后也是反对投降，最后还是反对投降。当中国投降使臣出发之时，上海人民反对投降的标语贴满街巷。当投降使臣既发之后，全国的舆论一致抨击议和的失策。当卖国的《马关条约》签定以后，在北京皇宫之前，出现了以康有为为首的几千人的反投降的大请愿。而且台湾的人民则拿起武器与敌人战斗，直到弹尽而后已，这都是事实。所以李鸿章当与伊藤博文痛饮樱花之酒时，不觉说出了这句真话，他说：

> 和局既成之后，中国必须办理善后事宜，在在需款。即如遣散兵勇皆成游手，抢劫生事，国家自必设法弹压。且百姓不以国家之屈志求和为然，亦必愤而思乱。国家办事，必更棘手。不但新添之税难收，且恐原有之税旋失。

从这里，可知当时妥协派一面投降，一面并未忘记镇压因投降而引起的人民之反抗。所以我说不是中国人民不抗战，而是政府不准他们抗战。不动员全国的人力物力把战争坚持到底，这是失败的第三个原因。

第四，是军队的腐败。这种腐败，首先表现于自上而下的贪污。如以海军经费移作颐和园的建筑，致使舰队的设备不全，乃至以石子代替弹药。皇家如此，等而下之，则无不贪污。当时《泰晤士报》评曰：

> 中国当承平之际，人不论文武，官不论大小，半皆徇私而忘公。旅顺、威海既设炮台，其安置于台上之炮，竟有不堪一放者。其经购之人，固俨然显宦也。只知七折八扣，售者又因以为利。假如一炮也，报销千金，经手者侵蚀二三百金，售主则仅以值五六百金之炮应命，皆不问其可用否也[①]。

又王炳耀《朝鲜纪乱四》亦云：

> 平壤华军所执之洋枪，系专于牟利、不顾丧师辱国之监司大员所转购，药不配弹，子不对枪。

以上不过举例而已，由此已可推想一切。此外，扣饷吃缺，以军饷而饱私囊者又为普遍之情形。如"（卫汝贵）西报谓其私运饷银八万两回籍，以致军心溃散，临阵先降"。[②]"台庄营参将陈佑和，缺短防兵额数，克扣口粮。"[③] 这也不过是一二例子。军械不可用，军队吃不饱，而将官则腰缠累累，怎样不打败仗？

至于士兵，除淮军外，皆系新募之兵，"急于成军，不暇选

---

① 《甲午中日战辑·朝鲜纪乱九》。
② 《甲午中日战辑·朝鲜纪乱四》。
③ 《甲午中日战辑·朝鲜纪乱四》。

择，乞丐无赖，混杂其中。"① 既无军事训练，更无政治教育。
"湘、楚各军，尚有以大旗刀矛为战具者，并有持新器而茫然不
知用法者。"② 至于为甚么打仗，为谁打仗，兵士更不知道。而
海军又经常陆居，只知嫖赌，亦无训练。像这样的军队以之应
敌，又怎样不打败仗？

当时的军官，"事先一无培植。一闻招募，各营皆以钻谋为
能事，不以韬略为实政。是兵官先不知战，安望教兵以战？"而
且"若补署一缺，委留一差，先自较量肥瘠，绝不计利国利民之
事。"⑥所以当时的将官，皆为升官发财而来，并非为赴敌死国
而起。因而大抵皆临阵脱逃，卷款私遁。罗惇曧《中日兵事本
末》云：

> 卫汝贵治淮军久，以贪谄至提督，援朝鲜时年六十矣。
> 其妻贻书曰："君起家戎行，致位统帅。家既饶于财，宜自颐
> 养。且春秋高，望善自为计，勿当前敌。"汝贵守妇诫，益
> 避敌军。败逃后，日人获其书，后引诸教科书，以戒国人。

像卫汝贵这样的将领，当时岂少也哉？不过他们的家信，
未为日人所获而已。像这样的将领而以之指挥战事，又怎样不
打败仗？

又如"海军提督丁汝昌，本系淮军陆将，水师学问，毫无根
底，平素各兵官本轻视之，一旦临阵，无论其不知水师之法，即
知亦安能号令各船。"③像这样的海军司令，又怎样不全军覆没？

同时，军纪废弛，军行所至，到处扰害百姓，以致军队与人

---

①　《甲午中日战辑·朝鲜纪乱四》。

②　《甲午中日战辑·朝鲜纪乱四》。

③　《甲午中日战辑·朝鲜纪乱四》。

民，不但不能合作，而且人民视军队如寇仇。兹据《甲午中日战辑》所录当时上谕，略示其例："直隶、山东一带，师行所至，仍不免扰害地方。民间畏惧兵差，至有抛弃车马，乘间窜匿情事。""吴大澂奏湘军虎字营哨官都司石云峰，经过静海县地方，强索驿站马匹，凶殴伤人。""卫汝贵统带盛军，有克扣军饷，纵兵抢掠情事。"①

此外，在后方办理兵役者，亦无不扰害人民。《甲午中日战辑》云："山东平度州知州茅思绶于应付兵差车辆，借端苛派。""广东候补守备宋鹏飞，经李鸿章派令前往皖江，招勇赴粤。路过江西赣县及南康、大庚等县，纵令勇丁，沿途捉船殴人，强抢号马，种种骚扰，该守备并有捏抢讹索情事。"像这样的军纪，又怎样不打败仗？

不但将不知兵，兵不知战，而且指挥又不统一，因而海、陆两军不相配合。以海军司令而命令不能行于各舰，以陆军统帅而指挥不能及于诸军。一旦临战，自然攻守不应，呼应不灵，或陆军备战而海军不动，或海军出击而陆军不知，或前军进攻而后军逃遁，或后军扼守而前军溃退，甚至自相攻战，不辨敌我。像这样指挥不统一的军队，又怎样不打败仗？

即因以上种种的原因，所以"每遇战事，官先逃，兵亦散，一若日人有三头六臂者也。"陆军如此，海军亦然。当时中国的兵舰甚至"有遥见本国军舰之烟，即已仓皇逃遁者。"这诚如当时西报所云："中国至今日孱弱已极，其炮如木雕成，其人如纸糊老虎。"其所以如此，都是军队腐败所致。

当战争失败以后，《泰晤士报》有一评论曰：

---

① 《申严法纪》。

吾辈向所望于中国者，至此皆爽然若失。呜呼，惜哉！其水陆各兵，皆不知战阵为何事。诚使早延西人为之训练，饷银则毫不克扣，兵器则悉属精良，吾知必有能专心力战者。今乃有兵之名，而无兵之实，问以行阵之分合，而未练者不知也；问以枪炮之利钝，而几成徒手也，即有，亦不能用也。问以粮饷之多少，而几尽枵腹也，即发亦必扣成也。职此之故，彼当兵者，无不心灰意懒，但冀有可抢劫财物之处，则惟肆其抢劫而已。为之将者，驱使赴敌，几如逼之至行刑之地，其谁肯用命乎！有不知而竟去者，然亦不过杀之云尔，于战事岂有助乎？至于战败之后，或竟被杀于敌，或则四散逃生，无人照管。遂如流离载道之乞丐，其悍者，遂相率而为盗，民间亦几不聊生，岂不大可哀乎①！

这一段评语，我们今天读起来，犹觉毛发悚然。

总之，甲午战争失败的原因，不外以上所述各端。以上各端，有其一已足以失败而有余，况兼而有之，又怎样不败？当战争失败以后，当时的统治者明白了一点，即自己的军队不行，于是积极购买新式武器，训练新式陆军，但是他们不知道新式的武器如果不配合新的政治和文化，还是不能发挥它的威力，所以不久又有八国联军之败。这一群握有新式武装的腐败东西，终于在辛亥革命中被扫除了。

甲午战争，以割地赔款结束了，但由此而引致的后果，却是非常严重。因为在这次战争中彻底地暴露了中国统治者的无能。固然，鸦片战争与中法战争，都以中国的失败而结束，但前者尚

---

① 《甲午中日战辑·朝鲜纪乱四》。

可以说中国当时有革命；后者也可以说在战争的进行中，互有胜负。而且战争对方，都是大国。甲午之战，中国既无内乱，而竟败于蕞尔三岛之日本，并且自始至终没有打过一次胜仗。如果说有，那就是捏造捷报，欺骗人民。

因为甲午之败，欧美列强便看穿了当时中国统治阶级原来是一群毫无能力的顽固东西，于是纷起要求租借土地，承认特权，在中国划分势力范围，进而高唱瓜分豆剖之说。而中国之半殖民地地位亦即从此决定了。因为甲午之败，英国看到中国的统治者无能，也一变其原来联华制俄的政策，转而联合日本以制俄国。也是因为甲午之败，俄国也看到中国统治者的无能，也积极地侵略辽东，以致引起 1904 年的日俄之战。一言以蔽之，甲午之战是中国史上一个划时代的战争，这一战败下来，改变了中国，也改变了世界。

（重庆《群众》第十卷第二期，1945 年 2 月 10 日出版）

在义和团暴动的背后

义和团的暴动已经成了过去; 但对这一页历史再温习一下, 也不是没有益处的。

义和团的暴动, 在中国近代史上是一个有名的大规模的排外运动, 几乎是尽人皆知的。一直到现在, 只要提起义和团, 首先就会令人想到在 1900 年的夏天, 成千成万被称为"义民"的义和团的团员, 打着大刀会、杀鬼会、保国会、沙锅照以及红灯照、青灯照、黑灯照、蓝灯照、花灯照等等的旗帜, 拿着引魂幡、混天旗、雷火扇、阴阳瓶、九连环、如意钩、火牌、飞剑、八宝法物, 喊着"扶清灭洋"的口号, 慷慨激昂地走进北京的情景。

其次就会令人想到义和团在城内的暴动, 杀洋人 (杀死日本使馆书记官杉山彬和德国公使克林德), 烧教堂, 配合董福祥带领的政府军围攻使馆区 (东交民巷), 纵火正阳门西, 火延城楼以及使馆区的外国兵严守东西街口, 如临大敌地恐怖和骚乱的情景。

再次就会令人想到慈禧太后在仪銮殿东室一连召集四次御前会议, 商讨应付紧急事变的方策以及决定和战的大计那种张皇失措的情景。

又次, 就会令人想到八国联军连陷大沽、天津、通州、北京及其焚杀虏掠的暴行，以及慈禧太后和光绪皇帝仓皇出走的悲剧。

最后就会令人想到作为这一次事变之结束的，不是灭洋而是可耻的《辛丑条约》。

义和团的结果是非常悲惨的失败；但不论它的失败如何悲惨，义和团的本身是不负责任的。对于这一历史事变应该负责任的，是把义和团引导到排外运动的清朝政府中的反动派，即义和团暴动背后的人物。

我们知道，原始的义和团是八卦教的一个支派。八卦教是清末贫苦的中国人民的一种秘密革命组织。这种组织早在嘉庆时期就传播于山东一带。当时清政府视为匪类，犯者至凌迟处死。以后到光绪年间，特别是中日甲午之战以后，由于外国暴力压迫的加强，这种组织也有仇视洋人的倾向。但是他们的反洋人，完全是出发于一种纯洁的爱国主义，并没有任何其他政治意义的附加。这种纯洁的爱国主义是当时被压迫的中国人民应该有的，而且必然会发生的。这种爱国主义如果正确地发展下去，其结果应该是对丧权辱国的清政府进行革命。

但是，不幸义和团的爱国运动不久便被以慈禧、载漪、刚毅等为首的清政府中的反动派所利用，把义和团所领导的爱国运动变质为"扶清灭洋"的排外运动。清政府中的反动派之所以要把义和团变质为排外运动，一方面是企图在排外运动中转移义和团之对内革命的情绪；另一方面，而且是最主要的方面，则是企图以排外运动为手段，以达到其对内的目的。即通过这种运动来压迫当时中国的进步的政治运动——维新运动。

我们知道，在中日甲午之战以后，中国进步的士大夫康有为、梁启超等感于国家的危殆，为了救亡图存，曾经发动一个维新运动。他们企图以和平转变的方式革故鼎新。维新主义者在光绪皇帝的同意之下，曾经一度参加政府，并且发布了他们新政的纲领。依照这个新政的纲领，第一，经济事实应该注重，命于京师设立农工商总局。第二，政府的机构应该改组，许多饭碗衙门如詹事部、通政司、光禄寺、鸿胪寺、太仆寺、大理寺等衙门，湖北、广东、云南三巡抚，东河总督以及各省不办运务之粮道，向无盐场之盐道，都在裁撤之列，其余京外应裁文武各缺，尚不知有多少。第三，考试制度应该改变，向用四书文的，改试策论。第四，外国文化应该介绍，设译书局。

像这样一个政治纲领，对清政府实在只有好处而无害处。然而以慈禧为首的反动派，对于这样的政治纲领也不愿接受。因为他们担心这个纲领一旦实施，第一，政治会走向新的进步的方向，使其不能关着大门做皇帝；同时，许多顽固的保守分子会从政治机构中被排除出来，而这些顽固的保守分子，又正是慈禧倚为栋梁和爪牙的人物。既因如此，这些顽固的保守分子便团结在慈禧周围，怂恿慈禧发动戊戌政变。在这次政变中，维新的首领光绪皇帝被幽禁，维新运动的领导人物或被放逐、或被幽禁、或被屠杀，而维新的局面也就结束了。

维新的局面虽然被摧毁，但维新运动仍然继续高涨。康、梁等在海外组织了保皇党，出版了报纸，仍然向国内人民做广泛的宣传。而当时的外国政府，对于康、梁领导的维新运动不但不加以干涉，反而予以支持。这样就使得以慈禧为首的反动集团，由痛恨维新而痛恨洋人，因而决然发动排外运动。

关于这一点，罗惇曧《拳变余闻》上说："（刚毅）奉命江南查案……得梁启超所撰《清议报》，进于孝钦后。后大怒，愤外国之庇康、梁，必欲报此仇。益恨德宗（光绪），思废之，立端王载漪之子溥俊为大阿哥。将于庚子（1900年）正月行废立。刚毅实主之，力引载漪居要职，宠眷在诸王上。后命荣禄告李鸿章，私以废立意询各国公使，皆不协。后益大恨，刚毅日言仇洋，见谈洋务者皆斥为汉奸。"又说："载漪自以将为天子父，方大快意，闻各国阻之，乃极恨外人，思伺时报此仇。适义和团以灭洋为帜，载漪乃大喜。"又恽毓鼎《崇陵传信录》也说："朝廷所以信之（义和团）者，意固别有所在。……载漪又急欲其子得天位，计非借兵力以慑使臣，固难得志也。义和拳适起……载漪等遂利用之，以发大难。"这些记录不是很明白地指出清朝反动派之所以要发动排外运动，完全是为了对内，为了对付维新运动吗？

又据参加围攻使馆区的董福祥写给荣禄的信，其中有一段说："戊戌八月，公有非常之举。七月二十日电命祥统所部入京师，实卫公也。拳民之变，屡奉钧谕，抚嘱李来中命攻使馆。祥以兹事重大，犹尚迟疑，以公驱策？敢不承命。叠承面谕，围攻使馆不妨开炮，祥犹以杀使臣为疑。公谓戮力攘夷，祸福同之。"从这封信上的言词看来，义和团在北京的暴动，是清政府中的反动派的策动，而且还有官军参加，不是很明白的吗？

总之，义和团的暴动完全是清政府中的保守、反动派有计划煽动起来的。最初是山东巡抚李秉衡和毓贤，以后是北洋总督裕禄、直隶臬司延雍，而最后又是最主要的发纵指使者，则是军机大臣刚毅、启秀、端王载漪和反动派的首领慈禧太后。当义和团入京之后，反动派无不拍手称快，以为这是对付国内进步势力的一个最好工具。当天津被陷、洋兵节节内逼、势将直扑京师的时候，"而徐桐、刚毅等谈笑漏舟之中，晏然自得，一若仍以拳匪可作长城之恃。盈廷惘惘，如醉如痴，亲而天潢贵胄，尊而师保枢密，大半尊奉拳匪，神而明之，甚至王公府第亦设有拳坛。"（许景澄等奏文）他们没有想到会酿成大祸，几乎把中国都断送了。

像初期义和团那样一种人民自发的爱国运动，假使清政府善于领导，对于当时的外交是有帮助的。但是不幸当时政府中的反动派竟把这种纯洁的爱国运动转变为盲目的排外运动，而授外国侵略者以武装进攻的借口，这不能说不是一个错误。

假使当时的反动派真有抵抗外国武装进攻的准备，而只是利用义和团的暴动来挑动战争，那又当别论。但是从当时政府应付八国联军的情形看来，他们只是依靠义和团的天兵天将，和《封神》《西游记》上的一些法宝，这岂不是以国家为儿戏？

幸而在这一幕反动的活剧中，鲁、粤、江、鄂四督巡袁世凯、李鸿章、刘坤一、张之洞颇能保持东南半壁，否则诚如袁世凯所云："国事尚可问乎？"

义和团终于失败了，跟着那些发动排外运动的反动派头子的"削爵""革职""停俸""戍边""斩监候""赐死"，曾经被政府称为义士而加以奖励的义和团，也变成了"拳匪"而"非痛加剿除不可"了。（慈禧上谕）

最令人痛心的便是这一次的暴动在中国近代史上，又添上了一个可耻的《辛丑条约》。

义和团暴动的出现并不偶然。因为在历史上只要进步的势力一旦抬头，反动的势力就必然跟着来一次顽固的挣扎；虽然这种挣扎是没有希望的。康、梁所领导的维新运动，在清末可以说是一种进步的运动，所以跟着而来的便是一个短期的反动时代。这个时代开始于戊戌政变的当时（1898年的秋间），而终止于义和团的暴动（1900年的夏天）。义和团的暴动是这次反动的最高潮，也是它的尾声。

义和团的暴动过去了，但是它留给我们一个宝贵的历史教训，这就是："在爱国运动的高潮中，谨防慈禧、载漪、刚毅一类反动分子的利用。"

（重庆《民主星期刊》第二二期，1946 年 3 月 20 日出版）

论辛亥革命与中国历史之新的转向

一 辛亥革命的前夕

辛亥革命是中国历史上的一个巨大的变革,是中国由封建主义到民主主义之新的历史转换;他第一次在中国历史上提出了民主主义,而且使中国成为民主国家。

这种历史的转向,决不是偶然的事变,而是中日战争以后,尤其是"戊戌政变"与"义和团"暴动以后,中国社会经济内在的诸矛盾发展到不得不爆炸之结果,亦即当时社会经济总危机之政治的表现。

在中日战争以后,中国社会从经济机构到政治文化之整个体系上,都彻头彻尾变成了资本帝国主义的附庸,而以半殖民地的资格参加其世界经济,作为其组成之一环。到这时候,中国的半殖民地地位确立了,中国人民带着中古式的野蛮枷锁,而又加上了"西洋文明"的灾难了。

在双重压迫之下,中国一部分进步的士大夫和新官僚,便发动了"立宪运动",企图以改良主义来"维新中国"。但这一运动,却在以慈禧太后为首的顽固派的反动政变中被消灭了,留下来的,只是杨锐、林旭、谭嗣同等六君子的血迹,与康梁之慷慨激昂的政治论文而已。

跟着而来的，便是以"义和团"为旗帜的农民大暴动。这次暴动不幸为"顽固派"所利用，只发挥了运动之一面的意义。结果在八国联军的西洋大炮的轰击之下被歼灭了；留下来的，只是成千成万的农民尸骨建立起来的德国公使克林德之丰碑，再加青年女性赛金花之风流逸事而已。

不必奇怪，这种农民运动与农民暴动之相继惨败，因为这正是中国历史上不断表演着的悲剧。然而因此使清朝政府完全屈膝于帝国主义的脚下而充任其剥削中国人民的代理人，则是没有历史先例的。

在不断的资本帝国主义侵略战争中，清朝政府不仅丧失了许多领土，开辟了许多的商埠，出卖了许多特权，并且还借了巨量的外债，其款是为了偿付这巨量的外债与赔款并加强了中国人民的剥削，遂成为清朝政府唯一的脱身之计。他以取之于中国人民的财富之大部分，一转手而奉献于各帝国主义，而以其剩余之一部，用于支持其统治的机构与贵族官僚的奢侈。

贪污与贿赂，本是官僚政治的特色，尤其当危亡的时候，更容易成为普遍的现象。据赵启霖劾段芝贵疏中有云："奕劻、载振父子，以亲贵之位，蒙倚畀之专，惟知广收贿遗，置时艰于不问，置大计于不顾，尤可谓无心肝……，交通贿赂，欺罔朝廷，明目张胆，无所顾忌"，奕劻、载振，不过见诸文献之例子，我们以是而知当时明目张胆，白昼行劫者，又必不止此二人而已。

跟着贪污而来的，必然是整个官僚政治之腐化。一般"顽固派"，为了投合慈禧太后的欢心，和确保其自己的禄位，仍然在现实的环境之前，闭着眼睛，盲目的反对革新，反对进步，尤其反对宪政运动。他们生恐因此而削弱了皇帝陛下的权威，并从而影响到他们自己的尊严；所以他们对于"维新派"，不是说他们是"不靖之徒，附会名义，借端构衅"，便是说他们是躁妄生事，紊乱秩序。而这在他们看来，唯有"执法惩儆，断不能任其妨害治安也"。但是，这些高呼"秩序"与"治安"的"顽固派"，他们自己却只是"积弊相仍，因循粉饰"。在1901年2月，清朝皇帝皇皇的上谕中，暴露了他们的丑态。上谕中有云："近二十年来，每有一次事端，必申一番告诫。卧薪尝胆，徒托空言；理财自强，几成习套。事过之后，循情面如故，用私人如故，敷衍公事如故，欺饰朝廷如故，……"我们由此而又知当时所谓"秩序"者，不过"循情""用私""敷衍""欺罔"而已。

当时张之洞对于这种"顽固派"深致不满。他在致刘坤一的电文中有云："总之，不化新旧之见，顽固如故，虚骄如故，老团不出之说如故，和局断不能和。贪昏如故，废弛如故，蒙蔽如故，康党断不灭绝。官派如故，兵派如故，秀才派如故，穷益加穷，弱益加弱。饷竭营虚则兵愈少，债重征苛则民愈怨。游勇叛匪合而为一，则中国断不能支矣"。又于致鹿传麟书中有云："时局艰难，到此地步，而滔滔不返，依然袭故蹈常""无怪各国谓中国人昏陋懒弱，诈滑无用，而又顽固虚骄，狂妄自大，……其无用既可欺，其骄妄更可恶"。我们由此而又知当时非无明达之士，洞察当时政治之腐败黑暗，与夫应行改弦更张之处，惟可惜也止的慨叹而已。

在这种腐败贪污的政治压迫之下，人民反对苛捐杂税的运动，遂成为一发而不可遏止的趋势。尤其在1906年，这种运动不下千百起，普遍及于全国。并且在每一次运动中，都往往拥有几千几万乃至十几万的群众。比如广西归顺县人民反对苛捐的暴动①，河南叶县万余人反对加税的暴动，山东十余万人因地丁而引起的暴动，云南个旧数万人因矿税而引起的暴动，这都是拥有广大群众的暴动。这些暴动，虽然也有秘密会党的领导，但在本质上，都是由于不堪剥削而引起的人民的自发的暴动。

其次，秘密会党，如黄河流域之八卦党，长江流域之哥老会，两广与福建之天地会或三合会，在这一时代，随着失业人口之扩大，也呈现了极大的活跃。他们组成的分子已经不是限于失业的农民，而是已经扩大到清朝政府所领导的军队中和官吏中去了。例如《清鉴》所记："广西匪乱数年……提督苏元春与匪勾连，根株盘桓。"又云："广西兵匪勾结有年矣。"又云："柳州兵变，柳庆土匪又同时蜂起。"据此，则孟森《广西边事傍记》中所云："粤匪羽翼日广，有会而匪者，兵而匪者，官而匪者，与黔滇接连各地，几乎无人不匪"。必系事实。广西如此，其他各处，当亦只有程度上之差异而已。

在另一方面，改良派的运动，虽以"百日维新"而告一结束；但是这个运动的暗流，不因此而终止，当时的知识分子与新官僚，还是到处进行立宪运动。如梁启超在东京组织了新闻社，朱福佐、张謇在上海组织了立宪公会。此外，在湖北则有宪政分会，在广东则有自治会。在这些组织的领导之下，又使得这个运动高涨起来。他们虽然是一种温和的请愿上书，但对于清朝政府，也是一种和平威胁。

在农民暴动、会党活跃与立宪运动同时高涨的环境之中，清朝政府除了用血的屠杀对付农民、"会匪"和改良派中的激烈分子以外，同时对于人民不能不表示相当的让步。于此而有1906年

---

① 归顺县：今广西靖西县。

颁布预备立宪的上谕，于是而有 1907 年各省咨议局的设立，于是而有 1908 年宪法大纲的颁布。这些让步，在清朝皇帝看来，已经是倒转天地；但在一般人民，甚至在改良派看来，则不过是统治阶级朝三暮四的骗术而已。

在改良运动的前面者，已经立着"此路不通"的木牌。现在唯一的道路，是革命的道路。这从两广总督陶模致张之洞的电文中，可以看出当时大多数青年已经由改良主义转向革命的方面去了。电文中有云："南方会党宗旨不一，亦有欲解散流血之谋者。湘楚少年，托名保皇会出洋，讹索巨款。……今少年不尽信康而信革命党之说。我不变法，清军日多，非杀戮所能止，谓吾师勿再提拿……恐为丛驱雀"。又据《清鉴》有云："初唐才常虽由康有为运动，设会上海，以勤上保国为名。久之：才常与康梁宗旨不同，乃结合江湖会党，设自立会，……其规条内，不认满洲国家，与孙文宗旨颇合，盖亦革命运动也"。从这里，我们又看出了中国历史已经走进新的转向时代了。

二　山雨欲来风满楼

历史的发展，究竟有其自己的一定的规律，他决不依照人们主观的幻想而委曲求全。资本帝国主义者固然幻想一面征服中国的封建势力；另一面，为了自己的需要起见，还要扶持中国的社会经济，便从根基上引起了一个深刻的变革。这种变革。恰恰成为资本帝国主义征服中国之反对物。这一历史之辩证的发展，也就是辛亥革命之历史的根据。

当资本帝国主义深入中国以后的结果，一方面是中国中古式的农村经济之分解。而这一分解，遂把几千年依附于土地的中国农民手工业者投诸生产过程之外，成为广大的失业游民群；同时由于农村的崩溃，中国的小商人和知识分子也从小康的境遇沦为一无所有者。另一方面，却又影响到中国民族资本的发展，——虽然这种资本，没有脱离买办的性质——而使中国一部分的大地主、大商人、大官僚转入新的生产方式。然而在资本帝国主义的压迫之下，不仅前者感到致命的威胁，即后者也不能获得自由发展的许可。在这种历史的客观条件下，前者与后者必然以利害相同而统一起来，形成一个强大的革命集团。反之，清朝政府以及由清朝政府而能分到赃物的腐败官僚军阀、大地主、买办，又必然以资本帝国主义为靠背而组成其反革命的集团。在这样的社会基础之上，革命两大敌对营垒的斗争，便日益成为不可避免。

伟大的孙中山先生首先出现为这一时代的革命的领导者，他组织了中国最初的革命的党—兴中会，并且确立了革命的三民主义的纲领，开始了反中世纪制度的民主主义的斗争。

中山先生深知要实现他所创立的主义，不是经过和平的道路可以达到的，而是要经过采取革命强力反对封建主义的道路。同时他又知道，要实现这种革命，只有把一切不满意于封建主义者组织起来。根据这样的要求于扩大党的组织，遂成为必要，而兴中会便与光复会、华兴会组合为同盟会。并且在同盟会的宣言上，提出了"驱除鞑虏，恢复中华，建立民国，平均地权"的口号。这种革命的号召，就完全表示他不以种族革命为满足，甚至也不以政治革命为满足，并且提出了社会经济改造与民众生活问题之完整的民主主义的革命。中山先生深知"如果没有民众的伟大精神和革命的高涨，中国的民主派就未能推翻中国的旧制度，就未能争取共和国。"于是他开始从广大的人民中，寻找革命的力量。他一方面在三合会与哥老会等秘密会党中及新军中，进行组织和煽动的活动；另一方面又在国内外进行对大商人及知识分子的宣传与鼓动；最后则使这各种力量巩固而密切的联合而形成一个广泛的反清的统一战线。很明白地，这一反清的统一战线之形成，就完全由于中山先生的三民主义，不仅为中国当时的民族资本者所需要，同时对于贫苦的人民，也表示了极恳切的同情。

中山先生的革命号召，不久就在中国广大的苦难的人民中得到了热烈的回响，不在清朝的敌人三合会和哥老会的群众，及一切不在秘密会党中的贫穷的农民手工业者，带着深刻的悲哀与痛苦，积极参加反清斗争。就是清政府的新军也受到革命思想的感化，到处发动了可怕的哗变，来响应革命党人的活动。

革命的号召，吹出了新时代的声音。在同盟会的领导之下继续不断的革命起义，成了辛亥革命前夜历史的主要内容。从1895年（乙未）广州之役开始，以后1900年（庚子）惠州之役，1902年（壬寅）广州之役，1904年（甲辰）长沙之役，1906年（丙午）萍乡之役，1907年（丁未）黄冈之役，惠州七女湖之役，防城之役，镇南关之役，四川之役，1908年（戊申）钦廉上思之役，云南河口之役，安徽之役，1910年（庚戌）广东新军哗变之役，直至1911年（辛亥）七十二烈士起义广州之役。这些革命斗争，虽然一个跟着一个陷于惨败，可是任何的血的屠杀，任何大炮的轰击，任何失败，任何收买，都不能使他们放弃革命的事业；反之，由此而造成了革命的高涨。

与这种群众性的武装斗争几乎是平行发展的，还有一种暗杀的活动。如1904年，万福华之枪击王之春。吴樾之图炸载泽、戴鸿慈、徐世昌、端方、绍英。1907年，徐锡麟之刺杀恩铭。1908年，熊成基之谋杀载洵。1910年，汪精卫之炸载沣。1911年，温生才之枪杀孚琦，林寇慈、陈敬岳之炸李准。李沛基之炸凤山。这些壮烈的英雄主义的活动，是当时革命斗争之又一形式的表现。但是这种个别的暗杀手段，去刺杀压迫者集团中个别的代表人物，在当时革命斗争中，并不是一种正确的路线。因为刺杀了一个封建的贵族或将军，代之而起的，又是另一个封建的贵族或将军。而且恐怖的活动将提高反动者对革命活动之更高的警觉，从而给与革命活动之进行以更大的阻碍。所以当时的革命主流，还是在于那些具有群众性的斗争，而不在于这些暗杀活动。

三　辛亥革命爆发了

当革命斗争以可怕的威力普遍地袭击清政府的统治的时候，清政府不得不更无耻地倒在帝国主义的怀抱中；并且宣言，他对于中国的统治权"宁赠外人，不与家奴"，以求得到帝国主义的卵翼。反之，帝国主义者却转而利用时机，向清政府攫取更多更大的特权，而这首先便是要求中国铁路的建筑权。为了从人民手中获得铁路自由赠送之权，清政府便宣布"铁路国有"的政策。实际上，所谓"铁路国有"，就是将所有铁路建筑权完全奉送于帝国主义。在英、德、法、美、日五国的收回铁路基金的借款之幕后，呈现了帝国主义的凶相。反对铁路国有的风潮，在绅商的领导之下，首先在川、鄂、湘、粤四省，展开了轰轰烈烈的运动。他们宣言："今政府忽又宣布国有政策，与民争利，只不啻夺我生命财产付诸外人"。这种风潮，由绅商的抗争，很快就扩大成为一种群众运动。不仅川、鄂、湘、粤四省的咨议员群起反对，海外的华侨、留学生也相继响应；而且许多地方并发生罢市、罢课，甚至川汉铁路宜万筑路工人举行暴动。清政府对于这种争路风潮采取高压的手段，在四川总督赵尔丰的屠刀下，把请愿的群众当作土匪，枪杀四十余人。这样一来，人民更趋于愤怒，武昌起义遂在高涨的人民愤怒之中爆发出来。

在 1911 年 10 月 10 日，阴历 8 月 9 日一个黑暗的夜晚，开始了中国历史上之巨大的转变，——从封建主义到民主主义的转变。革命的火把，首先从新军的工程营中高举出来，接着便是十五协士兵的响应，在民军的旗帜之下，开始了反中世纪式的野蛮专制主义的革命斗争。

民军首先占领了军械局，攻入总督署。在大炮的巨响中，鄂督瑞澄已弃城而逃。当时情形，据中山先生说："总督一逃，而张彪亦走，清朝方面已失其统驭之权，秩序大乱矣。然革命党方面，孙武以造炸药误伤未愈，刘公谦让未遑，上海人员又不能到；于是同盟会会员蔡济民、张振武等乃迫黎元洪出而担任湖北都督，然后秩序渐复。厥后黄克强等乃到……"①

革命军占领武昌以后，继续出兵渡江占领汉口、汉阳，一败张彪之军于刘家庙，再败张彪之军于沈家矶，于是民军声势大张，汉口领事团乃宣告局外中立。

中山先生纪武昌起义曰："按武昌之成功，乃成于意外。其主因则在瑞澄一逃；倘瑞澄不逃，则张彪断不走，而彼之统驭必不失，秩序必不乱也。以当时武昌之新军，其赞成革命者之大部分已由端方调往四川。其尚留武昌者，只炮兵及工程营之小部分

---

① 《建国方略》。

耳。其他留武昌之新军，尚属毫无成见者也。乃此小部分以机关破坏而自危，决冒险以图功，成败在所不计，初不意一击而中也。此殆天心助汉而亡胡者欤？"[①]

中山先生的话是很正确的。武昌起义，实际上是一种意外的或偶然的成功。但是这种偶然性正是历史的必然性之表现的形式，亦有所谓"天心"也。根据当时的事实，革命的高涨，已经把成千成万的火星，散布于各方面，而在周围却堆着引火的燃料。谁来点烧这革命的火把，以及在何处先点燃这个火把，固是偶然，然这个火把之必被某人在某地点燃，则是"天心"之所向，亦即必然的趋势。

我们不要忘记，在武昌起义之前夕，清政府在广州对七十二烈士之大规模的屠杀，在四川对请愿民众之血的围剿，尤其在武昌对革命党人和秦澧明、龚霞初、刘汝夔等之屠杀，对革命机关之破获与搜查，这些事实，都标示着革命者与反革命之肉搏的开始。在这样一个时代，革命的火把，从武昌城中高举起来，正是历史的必然。瑞澄之逃走，固然是由于他个人的胆小，然而同时也表征着整个封建主义之已经走到不堪一击的没落阶段。这从后来其他各省的清朝封建大臣之望风而靡，得了很好的证明。

革命以武昌为起点，以非常之迅速向四方八面展开了。9月1日，湖南起义，巡抚余诚格遁。9月2日，江西起义，巡抚冯汝骙遁。9月3日，陕西起义，巡抚钱能训遁。9月8日，山西起义，巡抚陆锺琦被戕。9月10日，云南起义，总督李经羲遁。9月18日，安徽起义，巡抚朱家宝遁。9月13日，上海起义；15日，苏州起义，巡抚程德全降。以后松江、镇江、扬州等处

---

① 《建国方略》。

先后为民军占领。9月15日，浙江起义，巡抚增韫被俘。9月19日，广东起义，总督张鸣歧遁。9月16日，广西起义，巡抚沈秉堃为都督。9月19日，福建起义，总督松寿自杀。9月20日，山东起义，巡抚孙宝琦伪降。10月2日，重庆起义；7日，成都起义，前总督赵尔丰、总督端方皆被杀。此外贵州、甘肃、新疆、奉天都纷纷独立。根据这些史实看来，武昌起义不到一月，革命军已占领十余省，革命军并没有经过激烈的战斗，而清朝统治已陷于土崩瓦解。我们以是而知革命军之"一击而中"，乃是由于清朝政府之"不堪一击"。

清朝帝国的丧钟已经在全国各地同时敲响了。在这一时代，清政府自然会想起太平天国的喜剧，而企图历史的重演。为了抢救其临时的统治，于是最后的挣扎开始了。一方面便是企图以对人民之更大的让步，缓和革命的攻势，如宣布宪法十九条，组织内阁。另一方面，则集中大军，命袁世凯反攻武汉，以图击溃革命军的大本营。并令张勋死守南京，以为进攻江南之根据。但是袁世凯已经不是曾国藩，而当时清朝的军队，也不是过去的"湘军"和"淮军"。这些军队的士兵已视保卫帝国的战争为可耻的行为。所以结果张勋不能不狼狈北窜，而袁世凯则被迫采取一种在帝制与革命之间的顺风转舵的政策。

革命在顺利的展开。不久，民军占领南京，各省府代表乃集合南京，成立临时政府，选举孙中山先生为中华民国的临时大总统，制定《中华民国临时约法》。于是，从此中华民国遂出现于世界，而中国人民，才获得"无种族、阶级、宗教之区别"的"一律平等"，才获得"言论、著作、刊行及集会结社之自由"。一言以蔽之，才从几千年的封建皇帝的奴役中被解放出来。

四　昙花一现的第二帝国

革命政府成立，清政府并未崩溃。摆在革命政府之前的紧急任务是继续北伐，彻底地解除反革命集团的武装，并进而消除其依以建立的社会经济基础。一言以蔽之，把革命进行到底。但是不幸在袁世凯的和平攻势之下，革命的军事进攻变为和平的政治谈判。和平政治谈判的结果，就无异以一个革命的成果，换取清朝皇帝的退位；而以袁世凯的出任临时总统，作为南北统一与中华民国成立之象征。

当"仁慈的"清朝皇帝不忍"九夏沸腾，生灵涂炭"，而"将统治权公诸全国"之后，中山先生即履行誓约，辞去临时大总统职，跟着便是袁世凯被选为临时大总统。这样一种禅让的结果，遂使袁世凯顺利地篡窃了一切革命的成果，而将新政权移转到自己的手中。

现在，袁世凯却因此而一面承继了清朝政府所遗留下来的几个封建遗产；另一方面，又获得了掌握革命势力的大权。换言之，他以清朝政府的代理人，一变而为革命政府的首领。

为了开始反动的企图，于是袁世凯便毫不犹豫地运用残余的封建势力，并找到日本帝国主义作为其国际的依靠，开始对革命的民主势力作一步紧一步的进攻。首先，便制造兵变，把新政府从南京迁到他的势力所能控制的北京。其次，便驱逐唐绍仪，暗杀宋教仁，把民主政治最重要的机构内阁，转化为个人的御用机关。最后，藉帝国主义的帮助，获得了五国银行团的借款，开始向革命势力作武装的进攻。

反动的时代到了。第一道命令是罢免皖、赣、粤三都督，铲除革命党人的根据。这使得当时由同盟会扩大组织而成的国民党，除了再革命，已经没有第二条路可走；于是而有二次革命之役。在"讨袁军"的旗帜之下，李烈钧起义湖口，黄兴则进占南京，此外安徽、福建、广东、湖南相继响应。但是时间太晚了，袁世凯在和平谈判中，已经争取了充分的时间，完成了反动的准备。所以当袁军大举南下以后，二次革命又失败了。

跟着二次革命的失败，于是解散国民党，修改约法，解散国会、省议会，甚至废除名义上之内阁制。于是政事堂代替了内阁，命令代替了约法，独裁代替了民主，北洋军阀代替了清朝皇帝。一切一切，都退回旧路，帝国主义又亲亲热热地拥抱着一个新的情人了。

正值第一次世界大战的时候，也是日本帝国主义乘机向中国猛烈发展的时候，反动的封建军阀发明了"民主政治不适宜于中国"的理论。他们说以孔子之圣，三日无君则惶惶然，何况我们平凡之辈。于是帝制运动勃然而兴。旧的宝座被刷新了，收了箱的马蹄袖的朝衣和可爱的朝笏，又重新拿出来了，这些新朝的预备臣仆也正是旧朝的残余臣仆，他们竟一致主张承认日本帝国主义所提出的二十一条亡国条件，而换取帝制的承认。于是，在中国史上公然又出现了以洪宪为纪元的"第二帝国"。

"第二帝国"成立的那天，是全中国反动派的快乐节。那些攀龙附凤的大大小小的封建余孽，希望在庆祝"第二帝国"的新华宫的欢宴中，表彰自己屠杀革命民众的丰功伟绩，而换取"龙虎"、"嘉禾"等金晃晃的勋章。虽然，"第二帝国"究竟是日本帝国主义单独导演的一幕滑稽剧，自然为其他列强所不满，加之这样的透顶的反动，尤其不是革命的势力所能容忍。所以蔡锷一倡，而西南各省争先响应，于是"第二帝国"遂不得不在举国一致的打击之下而终结其寿命。

"第二帝国"的寿命虽然只有一百天，但紧接着"第二帝国"而来的，不是革命政权的恢复；反之，而是十年以上的封建军阀的黑暗统治。这些相继而起的军阀，他们没有一分钟忘记剿灭革命民众的任务。他们拼命地保持有利于他们的一切旧制度的陈腐的妙处，并且还从"第二帝国"学来了他的一些新的政治阴谋与诡计，如实际的专制与假装的民主，政治上的欺诈与财政上的盗窃。最漂亮的言论与最下流的行为。他们与袁世凯不同的地方，只是没有披过龙袍，登过宝座，而在实际上，他们都是变相的皇帝。一言以蔽之，十余年的军阀政治只是"第二帝国"的"延长"。

五　总是中国史的新转向

以上是辛亥革命历史的概略。

人们往往慨叹辛亥革命的失败，但我以为辛亥革命有其失败的地方，也有其成功的地方。当作一个独立的历史行动看，辛亥革命是失败了。但是，当作近百年来中国革命运动发展过程中之一阶段看，则辛亥革命实是一个承先启后的革命运动。他一方面承继其先行阶段的诸革命斗争的历史传统而加以发展；另一方面，他开创了一件历史上无与伦比的事实，即从这时起，在中国人民面前,已经展开着对于"光明的将来"之希望。所谓"光明的将来"，即与经济贫穷政治荒谬的封建社会相反的新的三民主义的社会之诞生。而辛亥革命就是这种"新社会"之诞生的预告者。

用政治的眼光看，辛亥革命的确犯了许多主观上的错误；但如我们用历史的眼光看，则这些错误，就正是附着于辛亥革命的历史属性上的东西，亦是辛亥的历史的局限性。

总而言之，辛亥革命是中国历史从封建主义到民主主义的一个新的转向，但也只是一个转向而已。一直到现在，我们还是为着辛亥革命所提出的历史任务而斗争。辛亥革命只是中国民主主义革命的绪言，而目前正在进行中的民族抗日战争，正用血与火的文字，替这一革命写着光辉的结论。

（重庆《中苏文化》第九卷第二、三期合刊，1941 年 10 月出版）

论"五五"与中国宪政运动之史的发展

一 从清朝皇帝的"钦定宪法"
到民元的"临时约法"

"五五"是过去十九年前国父中山先生就任护法大总统的一天，因而这一天在中国宪政运动之史的发展中有着重大的意义。在民族革命战争中的今天来纪念这一伟大的历史节日，我们觉得对于中国宪政运动的发生和发展，作一度历史的考察是有着特别重大的意义。

从历史发展的一般规律上说来，宪政与民主是封建的专制主义之历史的否定。因而在世界史的具体事实中，宪政运动之发生与发展，是和资本者集团之兴起与封建阶层之没落有其历史的一致性。英国的"大宪章"与法国的"人权宣言"就充分地说明了这一历史原理。

中国的宪政运动之发生与发展，在一般的方面，自然也不会例外于这一历史的原理。不过特殊的，是中国的宪政运动不是单纯地从反封建的斗争中发展出来，而且是连带地在反资本主义侵略中发展出来。因为作为中国宪政运动的对立物，不但是封建主义，而且是支配着中国封建主义的资本帝国主义。因此中国的宪政运动较之西欧各国，就格外艰难。

　　具体的历史指示出来,当中国封建社会母胎内发育着的资本主义因素正在萌芽的时候,正当西欧资本帝国主义之世界扩张的时代,1840 年的鸦片战争使中国的封建社会第一次遭受帝国主义的侵袭,把中国资本主义的因素窒死于封建社会的母胎内。因而此后中国的历史便失去其自由发展的前途,而开始走向殖民地化的过程。以后 1858 年的《天津条约》,1860 年的《北京条约》,1858 年的《瑷珲条约》,这些继续不断的资本主义之侵略,一方面加增了帝国主义对中国社会经济之统治,同时也就加速了中国封建社会经济之解体的过程。帝国主义与封建主义之交织,自然会给予中国社会经济以基础上之变革。这一变革就是使中国从封建社会转化为半封建半殖民地的社会,使中国人民由一重压迫走进双重压迫。太平天国的革命运动,就是在这一历史条件下而兴起的中国农民的大暴动。这一暴动延长到十余年,扩展到十余省。虽然后来在清朝的封建政权与帝国主义的联合战线之下消灭了,但是在实际上却大大地削弱了清朝的封建政权及其社会基础。

　　太平天国虽然失败了,但由此却警醒了中国的官僚资本,开始创立了官办的新式工业——尤其是军事工业。适应这一经济步程的,便有曾国藩、李鸿章、张之洞等洋务运动。可惜这一运动,并不是建筑在一般国民经济的基础上,而只是动员官僚资本,以图抢救封建统治之危机。所以他虽然是后来中国民族资本之始基,但并不能摆脱帝国主义之桎梏。但是这一运动却正是中国社会内在的矛盾与外来的影响的基础之上所反映出来的民族之最初的觉醒。

　　1894 年中日战争的失败,由于日本帝国主义势力之深入,又把中国的封建统治,引到更深刻的危机。但是在另一方面,中国的官僚资本却获得微弱的发展。而这反映到政治的斗争上,便是康梁等改良派的立宪运动。

这样看来,康梁等改良派的立宪运动,正是建立于微弱的官僚资本的基础之上,因此历史就决定了这种运动的改良性。康梁等的宪政运动是由上而下的运动。他们没有把这一运动建立在民众的基础之上,而幻想从皇帝得到一些民主的权力。他们要求皇帝"尽革旧俗,一意维新,大召天下才俊,议筹变法之方,采万国律例,定宪法公私之分"。但是要想封建皇帝自动的给与人民以权力,这当然是一种可怜的企图。所以结果在以慈禧为首的封建顽固派的压迫之下,使这一运动归于失败。

改良派的立宪运动虽然失败,但他们却遗留着一种积极的历史因素,最低的限度这是中国官僚资产者对封建专制政权之一个正面的批评,这是中国官僚资产者对封建政权之第一次抗争,虽然是微弱的抗争。并且他影响到后来孙宝琦、周馥、张之洞、岑春煊等之奏请立宪,终于使清朝政府不能不颁布一种"钦定宪法"。

与康梁等改良派的立宪运动差不多同时并行的,便是以中山先生为首领的革命派。这一派在当时已经高举了民主革命的旗帜,提出了民主政治的纲领,形成了革命的组织,决定了革命行动的方向。他们知道,要实行宪政,实现民主,必须要铲除宪政与民主的敌人——封建政权。所以在同盟会的宣言中,以驱除鞑虏、恢复中华、建立民国、平均地权,向全人民作广大的号召。终于在辛亥革命,推翻了满清的封建王朝,打破了民族牢狱,建立了中华民国,制定了"临时约法"。

"临时约法"是中国有史以来第一部宪法。它在第一条就规定"中华民国由中华人民组织之"。第二条规定"中华民国之主权，属于国民全体"。第五条规定"中华民国人民一律平等，无种族阶级宗教之区别"。第六条规定人民有言论、出版、集会、结社、书信秘密……之一切自由权。像以上这些，虽然是起码的民主；但是就是这种起码的民主，也决不是用和平的哀求所能得到的；而是革命流血的结果，是辛亥革命的成果，是中国民主主义反封建主义斗争之胜利的纪录。诚如中山先生所云："临时约法者，南北统一之条件，而民国所由构成也。"由此"临时约法"可以说是从鸦片战争到辛亥革命这一历史时期中，中国民主主义反封建斗争之总结。但是在另一方面，诚如中山先生所云，"临时约法"是"违背革命方略之约法"，因为它只是从消极的方面用条文去限制封建势力之复活，而没有从积极方面注意到实现这些条文之客观的物质条件。自然这也就反映着当时残存的封建势力还有着相当反抗的力量。

二 封建军阀专政与"伪宪"的出现

辛亥革命并没有完成其民主主义革命的历史任务。它只做到在形式上推翻清朝专制政权，而没有从根基上彻底地粉碎这一封建的政权所依以建立的社会经济基础。甚至可以说，仅仅推翻一个封建政权的首脑部——清朝皇室，而没有将支持这一封建政权的大部分军事组织解除武装。诚如中山先生所云："辛亥之役，以为在使清帝退位，则民国告成，讴歌太平，坐待共和幸福之降临，此外无复余事。所有民国一切设施与旧制之更张，不特不以为必要，且以为多事。"就因为辛亥革命没有完成其应有的任务，所以留给封建势力以复活的地盘，同时也就留给帝国主以侵略的根据,形成由民国二年到民国十三年间封建军阀混乱的局面。在这十余年间,反动的封建军阀达到绝顶的飞扬,而革命的民主势力,则相对的低落。

封建军阀的混战,很显然地是反映着帝国主义在中国的利害之对立。帝国主义一方面支持中国的封建军阀用以为抑压中国民族资本集团的工具;另一方面利用封建军阀的落后性作为剥削中国广大人民的工具。因为帝国主义只许中国的民族资本充任其买办的作用。超越了这个界限,则帝国主义便有从中国被驱逐的可能。然而在实际上,辛亥革命却给中国的民族资本开辟了一条出路,尤其在第一次帝国主义战争,又给中国的民族资本以发展之历史的间隙。自然,中国的民族资本之发展,其动力还是他的内在的历史因素,大战只不过是一种外来的影响而已。这些就是民二以后迄于民十三年,中国封建军阀混战与民主势力南北对立的局势之最基础的内容。

在大战中,日本帝国主义乘着英美法诸国在中国之资本斗争的休战,在中国获得了最大的跃进,而这就充任了袁世凯复活帝制的客观条件。袁世凯以承认日本帝国主义的"二十一条"换得了"洪宪皇帝"的尊号。日本帝国主义企图以阻抑中国民族资本之发展以镇压中国的民主革命,所以要把中国牢牢地固定在反动军阀的手里。假如当时没有"讨袁之役"的胜利,则中国早已变成日本的附庸。袁世凯称帝,是日本帝国主义镇压中国民主革命之一个最冒险的试验,他企图以"中国历史之逆转"培养日本资本主义之发展。所以他给与袁世凯的第一个任务便是毁灭中国人民刚刚获得的一点起码的民主。他初则修正约法,继则解散国会,制造伪宪,终则粉碎一切民主形式而自称皇帝。同时在另一方面,革命的民主势力虽有其社会的经济基础,然而在先进的资本帝国主义控制之下，还是相当的脆弱，所以讨袁之役又不彻底。诚如中山先生所云："丙辰之役，以为但使袁世凯取消帝制，则民国依然无恙。袁世凯所遗留之制度，不妨萧规曹随。似袁世凯所为，除帝制外，无不宜于民国者。甚至袁世凯所摧毁之约法与所解散之国会，亦须力争而后得以恢复，其他更无俟言。"

就由于"辛亥之结果，清帝退位而止；丙辰之结果，袁世凯取消帝制而止"。这两次革命都没有彻底地铲除民主主义正面的敌人，都是有粉碎这些民主主义敌人之依以存在的物质基础，所以日本帝国主义接着便又导演出张勋的复辟。虽然这只是一幕滑稽的历史剧，但在本质上却证明着日本帝国主义仍然在袁世凯所遗留的封建制度的基础上，利用中国的封建势力以摧毁中国的民主革命运动。

继张勋而起的以段祺瑞为首领之"皖系"，又继续以日本帝国主义的工具而出现于中国近代史。但是他们却比袁、张等军阀之反动的技术更为进步了。他们一方面拼命保持着封建制度所遗下来的一切陈腐的妙处，而同时从袁、张失败的历史教训中，学会假借民主之名以行专制之实。他们在政治上的欺诈与财政上的盗窃，他们不曾一分钟忘记毁灭民主政治以奉承帝国主义，都和袁、张没有区别。诚如中山先生所云，他们"假借反对复辟拥护共和之名，以图自固……又以为今日之患，非患真复辟者之众，正患伪共和之多。心复辟而伪共和者，不唯不能认为有诚意之友，且不能认为有诚意之敌。以叛讨叛，以贼灭贼，但当视为械斗，不能与以拥护共和之名。"

三 反对"伪宪"的"护法运动"

第一次帝国主义大战结束后，英国及其他帝国主义势力，重新回到中国，于是各帝国主义在其原有的基础上又展开尖锐的对立，尤其是英、日的对立。英、日的对立，很快就反映为直奉战争与直皖战争，以及其他许多大大小小的军阀火并。在这一长期的军阀混战中，我们可以很明白地看出各帝国主义在中国的势力之消长。但这些帝国主义相互间的矛盾斗争，却被制约于一种一定的历史界限，即在不妨碍阻抑中国民族资本之发展，超越于这一界限，则他们是可以相互谅解的。因此，他们为了巩固其在中国之一致的共同利益，在原则上仍不能不继续支持中国的封建军阀去作为毁灭民主势力的工具。因此在这一阶段中有徐世昌的毁法，曹锟的贿选，以及大小军阀割据下之所谓联省自治，这一切都充任了帝国主义毁灭中国民主政治的工具，而大大小小的军阀都充任了帝国主义压榨中国人民大众的一部机器。在这一时期虽然没有大皇帝，但是却出现无数的小皇帝。虽然也还叫做民国，但是"民国之所由构成"的"约法"已经被军阀粉成碎片，抛到垃圾堆里去了。代之而起的是"袁氏约法"、"段氏宪草"、"曹锟宪法"以及各省小军阀之所谓"省宪"。因此，这一时期是反动的封建军阀政治之绝顶的飞扬时期，同时也是革命的民主势力遭受着极大的威胁时期。诚如中山先生所云，这一时期，"洪宪虽覆，而余孽尚有，军阀专擅，道德坠地，政治日窳，四分五裂。"又说："袁世凯虽死，而袁世凯所留之制度不随以俱死，则民国之变乱正无已时，……果也，不期年而毁弃约法、解散国会之祸再发，训至废帝复辟民国不绝如缕。复辟之变，虽旬余而定；而毁法之变，则愈演愈烈。余乃不得不以护法号召天下。"

这样看来，中国的民主势力在辛亥革命中所获得的一些胜利的成果，到这时，已被帝国主义及其走狗封建军阀粉碎无余。其仅存者，只有一块"民国"的空招牌。在这种客观的历史条件下，革命的势力，已经没有可能作进一步扩大民主权力的斗争，而只能把斗争集中到得而复失的民主权力之恢复。历史决定了这一阶段革命斗争的形式，采取"护法运动"。在表面看来，护法运动，好像是一种微弱的斗争；但这一运动中间，却包含着一种积极的历史因素，即坚决地持续着反帝反封建的内容。中山先生说："四年以来，爱国之士讨伐军阀及卖国贼，无非为护法主义及国家生存计，此不能名为南北之争，实共和主义与军阀主义宣战，爱国者与祸国者宣战而已。"因为"拥护约法，即所以拥护民国，使国人对于民国，无有异志也。"

就由于护法运动包含着反帝反封建的积极内容，所以帝国主义不但扶植封建军阀抑压民主势力，并且甚至企图从根本上瓦解民主革命的组织，这就是"护法事业凡三波折"的原因。据中山先生说：初则"西南将领虽有阴持两端不受约束者，然于护法之名，则崇奉不敢有异。"继则"军政府对于护法，不能坚持，而西南诸省亦因之携贰，卒至军政府有悍然取消护法之举。于是护法事业几于坠地。"到这一时期，中山先生乃不得不"奋然以一身荷护法之大任"，乃不得不毅然就任大总统"以护法号令天下。""重整护法之旗鼓以北响中原。"然而不幸接着"奸宄窃发"，在革命的营阵中，出现了陈炯明、沈鸿英以及商团等先后的叛变。使中国的民主革命几至一败涂地。同时作为当时民主机构之构成分子的议员，一部分也"暮楚朝秦，宗旨靡定，权利是猎，臣妾可为。"中山先生到了这个时候，他认为要实现民主政治，还是"必赖乎有主义有组织有训练之政治团体"，"本其历史的使命，依民众之热望为之指导奋斗"才能达到。于是才有民十三年中国国民党之改组及其后的北伐。使宪政运动由护法的形式转向直接革命行动的形式。而宪政运动的内容也由拥护约法进而发展为争取民权主义之实现。国民党第一次代表大会宣言中有一段话，可以说是对宪政运动之新的认识。

> 宪法之所以能有效力，全恃民众之拥护。假使只有白纸黑字之宪法，决不能保证民权，俾不受军阀之摧残。元年以来，尝有约法矣。然专制余孽、军阀官僚，僭窃擅权，无恶不作，此辈一日不去，宪法即一日不生效力，无异废纸，何补民权？迩者，曹锟以非法行贿，尸位北京，亦尝借所谓宪法以为文饰之具矣。而其所为，乃与宪法若风马牛不相及。故知推行宪法之先决问题，首先在民众之能拥护宪法与否。舍本求末，无有是处。不特此也，民众果无组织，虽有宪法，即民众自身亦不能运用之。纵无军阀之摧残，其为具文自若也。

这段话不但指出要实现宪政，实现民主，必须先要绝根地铲除宪政与民主的敌人，并且也指明要实现宪政与民主，必须要在人民大众中展开广泛而深入的宪政运动。所以十三年以后中国的宪政运动已经就融合在民主革命的高潮中了。

四 民主主义的高扬与宪政运动之新的发展

随着大战以后中国的民族资本与帝国主义资本在中国之发展，尖锐了他们之间的矛盾对立。同时，在这种社会经济的发展中，又发达了中国的劳动者集团，造成了中国民主革命之有力的队伍。在另一方面，在大战终末，世界革命形势之一般高潮；尤其是苏联社会主义革命的成功，给与中国民主革命以最大鼓舞。在这样内在的因素与外在的影响之下，于是十五六年的中国大革命便爆发了。这一次的革命，虽然到后来也发生了内部的分裂，但是对于打击残余的封建势力却比以前任何一次，都要比较地有力。因而也就提高了一般人民对宪政与民主的要求。人民到这一时代，他们所要求的已经不是"约法"的恢复，而是"民权主义"之实现，要求依据民权主义制定中华民国的新宪法。在这一时期宪政运动之成果，便是二十年六月国民政府公布的"中华民国训政时期的约法"。

"九一八"沈阳事变的爆发，使中国民族走入了危机的新阶段。日本帝国主义势力在中国之突出的发展，不但改变了中国各阶层间的关系，也改变了各帝国主义势力在中国之对比的关系。对外的矛盾缓和了内部的矛盾，统一救亡成了举国上下一致的要求。为了团结全国人民以应付巨变，于是中国国民党第四届三中全会决定"实现宪政，还政权于全民。"并饬立法院起草宪法草案。这部宪草于二十五年五月五日由国民政府命令公布，就是现在的"中华民国宪法草案"，又称"五五宪草"。

从"七七"那天起，展开了中国民族的抗日战争。在这一神圣的民族革命战争的旗帜之下，形成了全国各种族各阶层间的大团结。为了"集中意识"、"集中力量"以丰富抗日斗争的内容，巩固抗日斗争的团结，对于宪政之实行更其迫切需要。诚如蒋委员长在四届国民参政会闭幕词中所云：

> 中国欲贯彻其绝对必要之作战目的，更须动员全民加强长期抗战之一切设施……提高民权，加强国本，应为最要

之务。用是决议请政府依中国国民党过去之决议，召开国民大会，建立宪政规模。

六中全会的宣言中也同样说过：

> 盖鉴于国难之严重，与世变之不测，认为必须早日完成建国大纲之程序，制定全国共循之永久大法，而后可以应付未来之大局，保障国家之生存……本会特郑重决议，限于民国二十九年召集国民大会，以预备早日制定宪法，俾于抗战胜利接近之日，完成建国未竟之功。

此外，国民参政会第四次大会也通过了"召集国民大会与实施宪政案"。近来全国各界人士，对于宪政实行，都表示热烈的期望。由此，可知宪政之实行，实今日中国举国上下一致的要求。而且在实际上，为了要驱逐日寇，建立三民主义的新中国，必须要实行宪政，也才能动员广大的人民的力量。客观的事实决定了中国今日必须要实行宪政，实行民主，提高民权，才能争取最后的胜利。

在今日要实行宪政，比之以前是容易多了。在以前，在宪政的对面，有着帝国主义及其走狗封建军阀这一些顽强的反动的敌人。在现在，在中国民族内部大团结的历史条件下，已经没有这一切内在的矛盾。有之，则为汉奸。因此今日的宪政运动是与反汉奸运动有着不可分的联系。日本帝国主义利用下的汉奸，与过去的其他帝国主义利用下的军阀同为中国民主势力的敌人，亦即宪政的敌人。他们希望中国不能动员人民，希望中国内部分裂削弱并瓦解中国的抗日政权。所以他一面扶植中国的汉奸政权，用以打击中国的民主主义革命；另一面又指使汉奸用实行"伪宪"

来欺骗中国的人民。为了粉碎日寇及汉奸的毒计，我们也只有从速实行宪政。

五 从"五五"得到的历史启示

我们对于中国宪政运动之史的发展，已经作了一个简单的叙述。从这种发展的过程中，我们看出了"五五"在中国宪政运动史上是一个由低级形式转向高级形式的关节点。而这也就恰恰反映着中国民主革命由低潮转向高潮的客观条件。

"五五"以前的宪政运动是护法运动，所争取的是"约法"的恢复；"五五"以后的宪政运动是民权运动，所努力的是"民权主义"之实现。虽然不管这种斗争的形式如何，而同为争取民主主义之实现，则无二致。在实际上，中国革命从辛亥一直到现在，争取宪政与民主，可以说是革命发展中之一贯的全部内容。

"五五"虽然已成为历史上的一个纪念日，但他却留给我们以极可宝贵之历史教训：

第一，他指出革命的任务，就是要巩固一切既得的民主权力——即使是最低限度的——而使之成为进一步发展之基础。中山先生说："夫余对于临时约法之不满，已如前述。则余对于每与革命方略相背驰之约法又何为起而拥护之？"他接着加以说明："余为民国前途计，一方面甚望有更进步更适宜之宪法以代临时约法；一方面，则务拥护临时约法之尊严，俾国本不致摇撼。"由此，我们知道，在进一步的民主权力未获得以前，对于既得的民主权力之拥护，是革命之最低任务。所以中山先生并不以约法与革命方略相背驰而放弃之，并且"奋然以一身荷护法之大任而不挠"。

其次，他指出宪法是民国的内容，民国是宪法的形式。所以中山先生以"服从临时约法，为服从民国之证据"；"毁弃约法"即为"取消其服从民国之证据"。因此"拥护约法，即所以拥护民国"。宪法与民国是一而二，二而一者也。

第三，他指示我们内乱的根本原因，在于没有宪法。中山先生说："须知国内纷争，皆由大法不立"，而和平统一之不能实现，"罪在不求之于国家组织之根本，而求之于个人权利之关系"。因此他以为"若不使国会获得完全自由行使其职权，则法律已失其效力。根本先摇，枝叶何由救正？内乱何由永绝？"

第四，他指出要实行"真宪政"才能打倒"假宪政"。中山先生说："中国共和垂六年，国民未有享过共和幸福，非共和之罪也，执共和之罪也，执共和国政之人，以假共和之面孔，行真专制之手段也。故今日变乱，非政府与民政之争，非新旧潮流之争，非南北意见之争，实真共和与假共和之争。"因此他以为"今日之患，非患真复辟者，正患假共和之名，真复辟而伪共和者。"为了打倒"假共和"，中山先生才拥护"真约法"。

第五，他指出要推行宪政，首先必须铲除宪政与民主的敌人——帝国主义与军阀。"此辈一日不去，宪法即一日不生效力，无异废纸，何补民权。"不仅如此，还要肃清革命营阵中的叛徒如陈炯明等，以及妥协投降分子如陆荣廷等，乃至一切"暮楚朝秦，宗旨靡定，权利是图，臣妾可为"的动摇无耻的分子。

第六，他指出："宪法之所以能有效，全恃民众之拥护。假使只有白纸黑字之宪法，决不能保证民权，俾不受军阀之摧毁。……故知推行宪政之先决问题，首先在民众之能拥护与否。"因为"政治上的宪法就是支配人民的一大机器"。"讲民治就是要把机器给予人民。"这就是说，宪政的基础，必须放置在广大人民的要求之上，必须要充分地反映人民的要求与利益，而且成为人民自己处理政治的东西。人民要有权选出真正代表他们自己的代表参加制宪，人民要有权运用宪法，修改宪法。然后保证宪法才能发生实际效力。因此，民众要有组织，"民众若无组织，虽有宪法，即民众自身亦不能运用之。纵无军阀摧毁，其为具文自若也。"由此我们知道要保证宪法不成为"白纸黑字"，不成为"具文"，必须在人民中展开广大深入的宪政运动，以提高人民运用宪法的能力。

总上各点，"五五"以前中国的宪政运动遗留我们最可宝贵的教训，这些教训对于我们今日的宪政运动，还是有着指导的作用。当着中国人民正在为着驱逐日本帝国主义、建设三民主义新中国而斗争的今日，宪政的实行是巩固扩大这一斗争最迫切的要求。宪政运动发展到今天，已经与中国民族的解放斗争成为不可分离的运动，前者是后者实现的条件，而后者又是前者发展的动力。历史决定了中国民族的解放运动之成功与宪政之实施是有其一致性的。因此我们在今日来纪念"五五"，便是继续完成中山先生争取宪政与民主之伟大的历史事业，使宪政运动走向更高的历史阶段。

（重庆《中苏文化》第六卷第三期，1940 年 5 月 5 日出版。原题《五五与中国宪政运动的发展》）

末代帝王的下场

——逃跑、投降、自杀、被俘

在中国史上，我们看到无数的末代帝王，他们的下场虽各有不同，但除了由于内部发动的政变而被迫禅位（即逼宫）以外，大抵不外逃跑、自杀、投降、被俘。

古代交通不便，事到临头，逃跑是不容易的。自杀固然简单，但需要勇气，更需要知道廉耻。所以在中国史上，末代帝王之逃跑与自杀者，非常之少，最多的是投降与被俘。因为投降与被俘不一定要性命，如果新王朝宽大，还可以赏一个封爵像安乐公、归命侯之类。

在中国史上，自杀的末代帝王可得而数。最有名的，是楚霸王乌江自刎，宋帝昺崖山跳海，明崇祯煤山上吊。此外，尚有后唐废帝（李从珂）之闭阙自焚，金哀宗（守绪）之被围自缢。这些自杀的帝王，不论他们为人如何，但当国破家亡之时，尚能一死以谢天下，总算尚知廉耻。如果不知廉耻，则楚霸王大可不必自刎，因为渡过乌江，还有他的天下；但是他总觉得带了八千子弟渡过长江，结果他一个人回来，没有脸面再见江东父老。如果不知廉耻，宋帝昺也大可不必跳海，因为只要逃到安南，他就可以活出一条小命；但是他总觉得一代人王，流亡外国，有失国格。如果不知廉耻，明崇祯也大可不必上吊，因为他只要早点放弃北京，逃到南京，仍然可以偏安江南；但是总觉得把整个京师地区丢弃，而自己却偷生江南，对不起祖宗。如果不知廉耻，唐废帝、金哀宗都大可以不必自焚或自缢，只要把脸皮一厚，举起双手，问题不就解决了吧？

因为逃跑不容易，所以在中国史上，逃跑的末代帝王也不多，而且大半都是跑到半路，就被捉了回来。例如前燕的末主慕容暐，当王猛破邺时，弃城逃跑，但为追兵所执。北齐末主高恒，当北周师破邺时，弃城逃跑，也为周师追捕。跑得最远的要算明桂王。当清兵入滇时，他已到了缅甸，但结果被吴三桂引渡回来，处死昆明。其逃而能脱险者，仅北燕末主冯弘、元顺帝妥懽帖睦尔二人而已。然而冯弘则走死高丽，妥懽帖睦尔则穷蹙沙漠。

没有勇气自杀，又无法逃跑，那就只有投降。投降倒是比较容易做的事，最多也不过肉袒牵牛，面缚舆榇，装一次假死而已，实则走到敌人大营，敌人的主将就会焚榇解缚的。惟其如此，所以在中国史上，末代帝王投降的最多。这种投降的帝王，我们可以举出一大堆。最早的，是秦王子婴之降刘邦；以后是前蜀末主李势之降晋，前凉末主张天锡之降前秦，西秦末主乞伏暮末之降魏，后凉末主吕隆之降后秦；更后是后蜀后主孟昶、南汉后主刘鋹、荆南末主高从诲、北汉末主刘继元、吴越王钱俶等之降宋。在势穷力竭之时，能低首投降的帝王尚算是有自知之明的人物，因为他们知道，大势已去，不投降也是灭亡。

既不能逃跑，又不能自杀，而又不愿投降，则惟一的命运便是被俘。像这一类的末代帝王，在中国史上也很多。如蜀后主刘禅之被俘于魏，吴后主孙皓之被俘于晋，晋怀帝司马炽、愍帝司马邺之被俘于匈奴刘曜，南唐后主李煜之被俘于北宋，北宋徽宗赵佶、钦宗赵桓之被俘于金，南宋恭帝赵㬎之被俘于元，南明福王（弘光帝）朱由崧、唐王（隆武帝）朱聿键之被俘于清。这些人被俘以后，有些是很幸的，如刘禅、孙皓等备受优待；有些则备受侮辱，终于不免一死，如怀愍之青衣行酒。

总之，路有四条，任凭末代帝王自己选择。最好是自杀，其次是投降，至于逃跑与被俘，都是下策。

自然，上面所说的是过去的事，现在客观条件不同，交通工具如此发达，不但有轮船、火车，而且有飞机，甚至有直升飞机，只要控制着一个机场，随时可以逃跑。不过，是英雄，还是应该自杀；识时务，最好是投降；否则，逃跑也要早一点。不然，万一被俘，岂不大不好看乎？

最后，我还要重复一句，摆在末代帝王面前的路只有四条：自杀，逃跑，投降，被俘。

（香港《文汇报》1948 年 11 月 12 日《史地周刊》第七期）

台湾番族[①]考

一 前 言

（一）记载台湾番族的中国文献

关于台湾番族，日本的民俗学者已经有了精细的研究；但在中国，这样的研究尚未开始。

研究台湾番族，最正确的方法，是从民俗考察入手；但在目前漠视学术的中国，如果有人提到这样的问题，他一定会被人指为疯子。因而对台湾番族之民俗学的考察，只有期待于未来的新中国。在目前，可能的，只是根据文献中既存的资料作一种初步的探讨。

台湾，古无可考[②]。直至明末，这个地名，才出现于中国文献。周婴《远征篇》中的《东番记》，是记述台湾的最初一部著作。至于清代，中国的殖边官吏接踵东渡。他们在吸饱了番族膏血以后，退食从容，徜徉于榕阴荔圃之中，撷拾异乡见闻，多有著述，以为消遣。因而此类著作，日见增益；但还是少得可怜。

在清人的著作中，其内容又非集中记录番族的生活。例如其

---

① 番族，台湾高山族旧称。

② 台湾,在三国时称夷洲,隋唐宋元称流求(球)、蹡求,明前期称流球或鸡笼山,明后期始称台湾。

中有些著作是专门夸耀征服台湾的武功，如施琅的《靖海纪》《平南事实》；蓝鼎元的《平台纪略》《东征集》；有些是专门论列台湾的地理形势，如沈文光的《台湾舆图考》，季麒光的《山川考略》；有些是专门记述台湾的物产，如沈文光的《草木杂记》，至于季麒光的《蓉洲文稿》，陈梦林的《游台诗》，张湄的《瀛壖百咏》，以及沈文开的诗文集《台湾赋》等类之文艺作品，则不过是留连风景，感慨流寓之作。在这些著作中，虽已可寻绎番族的迹象；但其中可以看出的迹象，非常模糊。

其中记录番族生活习惯，较为具体的著作，只有黄叔璥的《番俗六考》《赤嵌笔谈》《番俗杂记》《台海使槎录》，季麒光的《台湾杂记》《海外集》，郁永河的《稗海纪游》《番境补遗》《海上纪略》，孙元衡的《赤嵌集》，林谦光的《台湾纪略》，刘良璧的《台湾风土纪》，以及六十七（满人）的《台湾采风图考》数书。而在这些书中，对于番族的记述，亦不过如《齐谐》之志怪，《山海》之图经，聊广异闻而已。

除上述诸书以外，《台湾府志》算是一部最好的参考书。《台湾府志》经过四次增补，最初的一部府志，是高拱乾创辑，成书于康熙三十三年（1694 年），是为"高志"。全书分十卷，以封域规制等为十纲，各附以目，虽序列有体，但过于简略。

以后，乾隆六年（1741 年），刘良璧又改编"高志"，另成"刘志"。"刘志"二十卷，较"高志"详细；但体例杂乱，眉目不清。如"星野""建置""山川"之外，更列"疆域"一篇，实为重复；又如将"物产"附于"风俗"篇中，尤为不伦。

更后，给事中六十七、监察御史范咸巡视台湾。又以"高"、"刘"二志为底本，存其精华，去其繁复，再广搜旧典，遍访新闻，以补茸二志的疏漏，另成一志。全书分十二纲、九十二目。

纲举目张，有条不紊，较之以前二志，可谓青出于蓝而胜于蓝。

最后，光绪十四年（1888年），余文仪知台湾府事，又损益以前诸志，另成一书，是为"新志"，亦称《续修台湾府志》。"新志"共分二十六卷，另有"卷首"一卷，载"序言""目录""图谱"等，合为二十七卷。全书分十二类，一曰封疆，二曰规制，三曰职官，四曰赋税，五曰典礼，六曰学校，七曰武备，八曰人物，九曰风俗，十曰物产，十一曰杂记，十二曰艺文。"新志"的内容，诚如钟音的《序言》所云："凡山川之夷险，水土之美恶，物产之盈缩，风气之异同，习俗之淳漓，远自殊俗番黎，下及民兵蔀屋，罔不心识手定，勒为成书。真是"洋洋乎蔚为瀛岛之巨观矣。"

虽然，当作志书，"新志"或较各旧志为佳；但当作民俗学的资料，则大嫌不够。因"新志"记述番族生活习惯的篇幅，仍然很少，其中除《番社风俗》两篇及《番社》《番语》《番曲》各一篇外，其他各篇，对于番族，则为零星散记，甚至只字不提。

本文即以"新志"为主要资料而写成。我知道，仅仅依据这样的资料，不能充分地说明台湾番族的社会。但这些资料有一特点，即皆系距今以前50年左右的作者记录下来的。在这种资料中保留下来的台湾番族之若干原始形态，在今天的番族中，也许已经看不到影子了。因而这篇论文，最少钩稽了一些台湾番族的历史。

（二）台湾番族的人种来源

在研究台湾番族的社会以前，我想略说这种番族的人种来源，因为这个问题关联着番族的社会经济和风俗习惯。

台湾番族的人种究竟从何而来？发生于台湾本土？抑从其

他地方迁徙而来？关于这个问题，至今尚未得到确切的解答。

清代的学者对于台湾番族的人种来源曾有许多推测。沈文开说："台郡土番，种类各异，有土产者；有自海舶飘来；及宋时零丁洋之败，遁亡至此者，聚众以居，男女分配，故番语处处不同。"《文开杂记》）郁永河说："相传元人灭金，金人有浮海避元者，为飓风飘至，各择所居，耕凿自赡。数世之后，忘其所自，而语则未尝改。"《稗海纪游》）季麒光说："台湾番人，考其源，则琉球之余种，自哈剌分支，近通日本，远接吕宋，控南澳，阻铜山，以澎湖为外援。"《蓉洲文稿》）以上各种传说，大抵皆以番族的远祖，是海舶飘来。飘来的时代，则在宋元之际。这种传说，简直是传奇中的神话，不足征信。

我在《中国史纲》第一卷中，曾经确说中国古代的"百越之族"是"南太平洋系人种"之一分支，现在我又根据若干证据认为台湾的番族，是"百越之族"的支裔。这种番族之占领台湾，不在宋、元之际，而是在遥远的太古时代。

据地质学家考察，台湾在太古时代，并不是一个海岛，而是从中国大陆向东伸延于大海中之一狭长地峡的一部。它一面以澎湖群岛与中国大陆继续相连，一面以琉球群岛与日本继续相连。一直到旧石器时代的末期，台湾才因为地壳的沉沦而变成今日这样的一个孤岛。也许在台湾尚未变成孤岛以前，今日散布于台湾各地的番族之祖先，就进入了台湾。

关于这一点，从考古学的发现中，已经获得暗示。我在《中国史纲》第一卷中，曾经指出，在中国的南部，有两条很明显的"南太平洋系人种"之史前文化的路线：其一，是从马来半岛走向中国的西南云南、贵州乃至四川；其二，是从马来半岛沿东京湾经广西、广东、福建而东向日本。在这两条文化线上所发现的史前文化，与发现于中国北部之"蒙古高原系人种"的史前文化截然不同。他们的区别，就在于在这两条文化线上所发现的史前文物之主要的特征，是"蒙古高原系人种"之史前文化中所没有的印纹陶器、爪形石斧和大石环文化。而这些史前文化在菲律宾，在柬埔寨以及南洋各地，又是最一般的东西。固然，这一类型的文化，在台湾是否存在，尚不得而知；但在广西的古洞穴中，在广东的海丰，在香港的舶寮岛，在日本，都已先后发现。如果这种类型的文化不跳过台湾，则台湾应该是这种文化之传播站。

从民俗学方面，也可以得到若干旁证。假如台湾番族住的房屋，形如覆舟；即使居住于深山中的番族，也习于水性，这就证明他们是来自海洋。他们最初的房子，也许就是把他们乘坐的木船，翻转底来当屋顶，以后模仿建筑，历世相传，成了规制。又如台湾番族穿的衣服，至今尚不知著棉，只是一块麻布。到了冬天，再换兽皮（古代日本人亦不知著棉，天寒则于单衣之外再加单衣，有加之十余层者）。这又证明他们是来自热带的一个种族。他们吃的食物，主要的是鱼、虾等水产物。到了台湾以后，加了鹿肉；但不食牛羊。这又证明他们的口味，与"蒙古高原系人种"不同。又如他们的装饰，大半都是椎髻、贯耳、文身，而这和中国西南诸落后种族的打扮又是一样的。此外，如他们席地而坐，食用木碗，这又和今日的日本人和云南的某些种族的习惯相仿佛。最重要的，是他们的言语，不像汉族是单音，而和南太平洋土人的言语一样，都是复音。虽然在诸番族之间，言语也有小差异，但其同为复音言语则一，他们自己之间的差异只是后来种族分化之结果。

最后，从肉体型看：《稗海纪游》谓台湾土番"状貌无甚异；

惟两目拗深，瞪视似稍别"。"两目拗深"正是马来种族与蒙古种族之区别。

根据以上种种的看法，我以为台湾番族是"南太平洋系人种"之一分支，他们和中国东南、西南诸落后种族以及澎湖、琉球和日本的原始住民在太古时代都是近亲。至于他们为什么从中国沿海走向台湾，这也许是当他们走到闽、浙一带，碰到由北而南之"蒙古高原系人种"的抵触，也许是这种渔捞的种族欢喜海洋。事在太古，无从考证。

（三）台湾番族的历史遭遇

自从台湾与大陆分离成为一个孤岛以后，这里的番族不但文物不通于中国，即与分布于琉球、澎湖一带的他们的近亲也断绝了联络。海洋遮断了他们和邻近文化种族的接触，使他们在海岛上过着一种孤独的日子。

若干万年飞速地过去了，这里的番人世世代代生活在这个岛国里。在这里，没有私有，没有剥削，没有压迫，他们还是保持着他们祖先传下来的一种原始的生活方式和风俗习惯。诚如《诸罗志》所云："夫妇亲昵，虽富，无婢妾僮仆，终生不出里闬，行携手，坐同车，不知有人生离别之苦；不为窃盗穿窬，不识博弈；种织、渔猎、樵采之外，浑乎混沌之未凿也。"

一直到 16 世纪初叶，台湾的番族尚不知世界上已经有过奴隶制度、封建制度、而且资本主义制度又开始出现。他们做梦也没有想到，在不久的将来，"人剥削人"的制度会侵入这个自由的岛国。

大约在南宋时，跟着汉族政权的南播与商业资本的发展，中国商人的足迹也许曾经踏上这个海岛。以后，元代远征南洋的舰队；更后，明永乐、宣德年间郑和七下西洋的商船队，都相继在这里停泊过 ①。

据文献所载，最初侵略台湾的异族人是古代日本人为海盗者，中国史上所谓"倭寇"。在明嘉靖末年（1536—1553 年），中国东南沿海曾遭倭寇的侵略，当时的倭寇即以台湾为巢窟。何乔远《闽书》云："（番人）始皆聚居海滨。明嘉靖末，遭倭焚掠，乃避居山。"据此因知当时的倭寇一面侵略中国的东南沿海，同时也焚掠台湾番族，迫使他们从沿海退向山岳地带。

稍后，在明万历年间（1573—1620 年），中国的海盗颜思齐又以台湾为根据剽掠海上。颜思齐所领导的海盗，对于番族作了一些怎样的迫害，史无所记。

继颜思齐之后，寻求殖民地的荷兰武装商船队就爬上了这个海岛。荷兰人在这里登陆以后，不像以前的倭寇和海盗时来时去；而是要永远占领这里，作为他们在东方贸易的根据地。所以他们在这里建筑了城堡，并以城堡为据点，扩大其占领。他们征服了沿海一带的番族，迫使他们纳贡。对于不降服的番族，则肆行剿灭。《稗海纪游》云："红毛（旧称荷兰人）② 始踞时，平地土番悉受约束，力役输赋不敢违，犯法杀人者（反抗者）剿灭无孑遗。"从这时起，居住平地的番族有些已沦为资本主义的"种族奴隶"。

到清初顺治十八年（1661 年），明代遗将郑成功，因反攻江南失败，还师海上，因驱逐荷兰人，收复台湾。郑氏收复台

---

① 元《岛夷志略·琉球》《元史·外夷列传（三）·瑠求》及明费信《星槎胜览》、马欢《瀛涯胜览》《明史·外国列传·鸡笼》等分别记述了元、明时期有关台湾的民族、地理、社会情况及元、明王朝与台湾的关系。

② 《明史·外国列传·和兰》曰："和兰，又名红毛番。"

湾后，乃以台湾为郡县，分遣官吏，向番族征收贡赋。又从福建移植农民，从事垦殖。据《府志·户口篇》载，郑氏时移民为 12，727 户，16，820 口，垦田面积共为 18，453 甲 8 分 6 厘，以亩计算，为 192，983 亩以上（1 甲等于 10 分，每甲东西南北 4 至各 25 戈，每戈长 1 丈 2 尺 5 寸。若以亩合算，则 1 甲等于 11 亩。）

康熙二十二年（1683 年），清朝统一台湾。继续向台湾移民，并开垦土地。据《府志·户口篇》载，截至康熙时止，新增移民为 2，007 人，新垦田园为 36，258 甲 7 分 9 厘 3 毫。这种数字，是清初的统计，在以后的二百余年间，当更有大量增加。此外，据《稗海纪游》云："（清统治者）凡番人一粒一毫，皆有籍稽之；射得麋鹿，尽取其肉为脯，并收其皮；……二者输赋有余；然此辈欺番人愚，朘削无厌，视（番）所有，不异己物。平时事无巨细，悉呼番人男妇孩稚供役，其室无虚日，且皆纳番妇为妻妾。有求必与，有过必挞，而番人不甚怨之。"

番族的灾难，并不到此为止。光绪二十年（1894 年），台湾又到来了一个历史风暴。这一年，爆发了中日"甲午之战"，中国战败，台湾割让日本。三百年前曾经劫掠番族的倭寇之子孙，又再成为番族之主人。可是他们和他们的祖先已经大大不同，他们的祖先是以劫掠为生的海盗，而他们却是具有资本主义生产工具的资本家了。自从日本占有台湾以后，50 年来，番族所遭遇的迫害如何，只有日本军国主义者才清楚。

去年（1945 年），由于抗日战争的胜利，中国收回了台湾。现在，君临于番族之上的，正是他们 50 年前的旧主人。

自从 16 世纪初叶以来，一幕又一幕的历史悲剧在台湾番族面前继续演出。在这些历史变故当中，台湾的番族，被迫而一步一步从沿海平地退向深山穷谷之中，在极端恶劣的自然环境之中过着极原始的生活。一直到现在，"文明的灾难"尚未终止。假如他们还能记忆他们在 16 世纪以前"自由王国"时代的生活，当不胜今昔之感呵！

二　台湾番族诸部族的名称及其分布

台湾番族，在征服者残酷的迫害与剿灭之中，其族类已日趋萎缩①。但直至清末，还有几百个部族分布于台湾各地。

番族部族，中国文献上称之曰"社"②。据《台湾府志·番社篇》载，诸番部族之分布于台湾县者 3 社，分布于凤山县者 132 社，分布于诸罗县者 30 社，分布于彰化县者 51 社，分布于淡水县者 70 社，共 286 社。

从以上的数字我们可以看出，诸番部族分布于台湾县者最少，诸罗次之，彰化又次之，而最多者为凤山，其次为淡水。按台湾（今台南）、诸罗、彰化（今台中及花莲）在台中，凤山（今高雄及台东）在台南，淡水（今新竹及台北）在台北，是知当清代末叶，台湾番族已被迫从台中退出，徙向台南、台北深山峻岭之中。

每一番人部族都有自己的名称，这种部族名称，必然有其命意。《府志》曾列举其名。可惜除极少数的部族如感恩社、

---

①　《番俗杂记》云："社番不通汉语，纳饷办差，皆通事为之承理。而奸棍以番为可欺，视其所有，不异己物，藉事开销，朘削无厌；呼男妇孩稚供役，直如奴隶；甚至略卖或纳番女为妻妾，以至番民老而无妻，各社户口，日就衰微。"

②　何乔远《闽书》云："番族种类其蕃别为社。"

德化社是后来的赐名，其余都是番语的音译。假如能够把这些部族的名称全部意译出来，则名称的本身对于其所名之部族就是一种说明。

为了确切地知道在某些地方有些什么番人部族，我在下面，把这些部族的名称及其分布的地方，列举出来。虽然他们到现在已经有了很大的移动、分化与混合，但对于将来民俗学者的访问，总是一种线索。

（一）分布于台湾县的诸部族

（1）大杰巅社，（2）新港社，（3）卓猴社。

这三个部族，都在台湾县（今台南县）城附近，其中新港社距城仅二十里，卓猴社距城三十里，只有大杰巅社，距城七十里。新港与卓猴皆在沿海平地，据《番俗六考》云："新港番，原住小琉球，后迁于此。"大杰巅社在罗汉门山。《番俗六考》云："罗汉内门外门田，皆大杰巅社地也。"新港社在郑氏时，即开始同化。《稗海纪游》谓郑氏曾"令其子弟能就乡塾读书者，蠲其徭，欲以渐化之。"卓猴社，距城更近，其被同化当更早。只有大杰巅直至清初，尚未被征服，不应差徭。康熙四十二年（1703 年）以后，始有汉人侵入其境，然往往被镖杀，或放火烧死，割去头颅。

（二）分布于凤山县的诸部族

甲　熟番八社（1）上淡水社（一名大木连），（2）下淡水社（一名麻里麻仑），（3）力力社，（4）放绦社（一名阿加），（5）武洛社（一名大泽机），（6）阿猴社，（7）搭楼社，（8）茄藤社（一名奢连）。

以上八个部族，都在凤山县（今高雄县）附近平地。上、下淡水社、阿猴社在县南40里，搭楼社在县东南50里，武洛社在县东南60里，力力社在县南60里，茄藤社在县南65里，只有放𦨭社在县南70里。8社皆系熟番，其中只有武洛社最小，而又接近傀儡山生番。据《番俗六考》云："先是，傀儡生番欺其社小人微，欲灭之。土官纠集社番往斗，大败生番，戮其众无算。由是傀儡生番慑服，不敢窥境。其子孙作歌以颂祖功。"

乙　　山猪毛四社　（1）小毛孩社，（2）万里笃社，（3）山无仑社，（4）加六堂社。

以上四个部族俱系生番，清初归化，自山猪毛以下诸部族皆在深山，汉人势力不能达到，里程不明。

丙　　傀儡山27社　（1）八丝力社，（2）礁老其难社，（3）加少山社，（4）加蚌社，（5）加无郎社，（6）施汝腊社，（7）北叶安社，（8）山里留社，（9）锡干社，（10）加走山社，（11）毛丝丝社，（12）施率腊社，（13）七脚亭社，（14）拜律社，（15）加无朗社，（16）加笼雅社，（17）陈阿修社，（18）陈阿难社，（19）何律社，（20）务朗逸社，（21）望子立社，（22）盆难社，（23）加泵社，（24）礁冈曷氏社，（25）礁劳加物社，（26）加者惹也社，（27）勃朗锡干社。

以上诸部族皆分布在傀儡大山中，统称傀儡番。傀儡山在凤山县东北，今台东县境内，北通崇爻山，南接琅峤山，范围极广。在傀儡山中，分布的番族甚多，不只27个部族。《番俗六考》云："（傀儡番社）大社辖10余社，或数社不一，共54社。"是知以上所举27社，乃就其所知者而言，而且其中尚有本来是一个部族而误为两个部族的，如加无郎社之与加无朗社，施汝腊社之与施率腊社，或即同一部族名称之不同的译音。而加无郎加无朗之与山猪毛四社中之加六堂社，又或为一音之转。果尔，则地域亦有错乱。

傀儡番，直至清初，尚固守穷山，逍遥化外。《番俗六考》云："番贫莫如傀儡，而负嵎蟠踞，自昔为然。红毛、伪郑、屡思剿除，居高负险，数战不利，率皆中止。近则种类渐繁，野性难驯，且幼习镖刀，拈弓矢，轻禽狡兽，镖箭一发无逸。凶顽嗜杀，实为化外异类。"

丁　　琅峤18社　（1）琅峤社，（2）猫仔社，（3）绍猫厘社，（4）合兰社，（5）上哆啰怪社，（6）下哆啰怪社，（7）蛟率社，（8）猴洞社，（9）龟劳律社，（10）猫笼逸社，（11）猫里毒社，（12）滑思滑社，（13）加锥来社，（14）施那格社，（15）新蟯牡丹社，（16）德社，（17）慄留社，（18）猪劳束社（一名地兰松）。

以上诸部族，皆分布琅峤山中，统称琅峤番。琅峤山在凤山之极南（今台东县属），北接傀儡，南临大海，山路险阻，沿海一带，跳石而行，汉人非数十人结队，不敢轻践其境。《番俗六考》谓："或云18社外，尚有高士港社、是人杰社、佳诸来社、怀里社、咬人土社、滑事滑社。"琅峤山不只18个番社，还是可以想到的。但上书所举18社以外之社名，除高士港社、怀里社以外，其余皆上列18社社名之不同的译音。如是人杰社即施那格社，佳诸来社即加锥来社，咬人土社即猫里毒社，滑事滑社即滑思滑社。

戊　　卑南觅65社

A 卑南觅西10社　（1）治本社，（2）射马干社，（3）吕加阁社，（4）拔望社，（5）百马以力社，（6）礁劳那狡社，（7）里踏里社，（8）八搭里社，（9）八丝阁社，（10）老郎社。

B 卑南觅南35社　（1）暮陆社，（2）大龟文社，（3）闷闷社，（4）里立社，（5）朝猫篱社，（6）加那打难社，（7）哆啰网曷氏社，（8）买屡里乃社，（9）礁里亡社，（10）马劳的社，（11）那作社，（12）加留难社，（13）龙鸾社，（14）搭祺文社，（15）蝈子仑社，（16）哆啰觅则社，（17）屡们社，（18）大咬社，（19）猫里曷社，（20）射已宁社，（21）礁猫里力社，（22）劳北社，（23）柯末社，（24）射猎眉社，（25）大板陆社，（26）搭林搭林社，（27）罔雅社，（28）劳合社，（29）大里力社，（30）七脚亭社，（31）一大德讫社，（32）大枣高社，（33）虫间子弼社，（34）确只零社，（35）大鸟万社。

C 卑南觅北 20 社　（1）本湾社，（2）米箕社，（3）郎也郎社，（4）新八里网社，（5）旧八里罔社，（6）加里房曷社，（7）干也猫益社，（8）须那载社，（9）株买烟社，（10）甘武突社，（11）邦也遥社，（12）株栗社，（13）窠栗社，（14）瓮索社，（15）焦劳社，（16）加洛社，（17）沙别社，（18）丁也老社，（19）加那突社，（20）巴鸠郁社。

以上诸部族均分布卑南觅山中，统称卑南觅番。卑南觅在傀儡山南，东北接芊匏山、大柴高山，东南接大鸟万山、霄马千山（今台东县西部），高山峻岭，地势险阻，鸟道盘旋，人迹鲜至。据《番俗六考》云："赴社水路，仅容杉板船，悬崖石壁，无可泊处。农子农社有深沟一道，船至，土番群立岸上，船梢抛索，土番接索挽进，即泊沟内，若无接挽，沟外无可泊处。"像这样一个地方，自然会成为番族最后的避乱所，所以这里的番族最多。

（三）分布于诸罗县的诸部族

甲　　熟番 8 社　（1）加溜湾社，（2）麻豆社，（3）萧垅社，（4）哆啰国社（5）诸罗山社，（6）打猫社，（7）他里雾社，（8）斗六门社（一名柴里）。

以上诸部族，均分布于今台中县城周围之沿海平地。其中加溜湾、麻豆、萧垅三社与台湾县之新港社接近，在郑氏时，与新港社合称为四大社，后改隶诸罗。哆啰国社在县南30里的溪谷之内，诸罗山社在县治西北里许之诸罗山内，打猫社去县治亦仅10里左右。他里雾在县东北之溪涧间，这里到处都是竹园和槟榔，风景幽雅。孙元衡《过他里雾》诗云："翠竹阴阴散犬羊，蛮儿结屋小如箱。年来不用愁兵马，海外青山尽大唐。"（《赤嵌集》斗六门在县治东北四十里。《台海使槎录》云："斗六门旧社去柴里十余里，在大山之麓，数被野番侵杀，乃移出。"又《诸罗志》谓，原住斗六门之番，"悉以疫死无噍类。今斗六门之番皆他社来居者。"斗六门风景亦不亚于他里雾。黄叔璥《过斗六门》诗云："墙阴蕉叶依然绿，垄畔桃花自在红；冬仲何殊春候暖，蛮娘嘻笑竹围东。"（《台海使槎录》）

乙　　大武垄头三社　　（1）大武垄头社，（2）二社，（3）噍巴哖社。

以上诸部族，均分布县治东南六七十里一带，靠近高山。据《番社风俗考》云；"大武垄，南为八里打难，东为达里打猿，俱生番，与傀儡番通。"又以上所列之"二社"，不是一个部族的名称，而是不知名的两个部族。旧志谓这两个部族，即木冈与芋匏。原隶台湾，后改隶诸罗。

丙　　内优六社　　（1）内优社，（2）米笼社，（3）邦尉社（一名邦鹃），（4）望社，（5）簑社，（6）墩社。

以上诸部族，均分布于县治东南二三百里以外之深山中，皆系归化生番。据《番俗六考》云："内优之邦尉社，绝壑深崖，鸟道三十里，陟其巅，……俯视众山，万籁无声，幽境寂历，不知身在尘世也。"

丁　　阿里山八社　　（1）大圭佛社，（2）阜罗婆社，（3）干子务社，（4）卢麻产社，（5）猫丹社，（6）鹿褚社，（7）奇冷岸社，（8）踏枋社。

以上诸部族，均分布于县东北二百里至四百七十里以外之大山中。据《诸罗志》云："阿里山离县治十里许，山广而深峻，番剽悍，诸罗山、哆咯啯诸番皆畏之，遇辄引避。"

戊　　崇爻山八社　　（1）纳纳社，（2）芝舞兰社，（3）芝密社，（4）薄薄社，（5）竹子宣社，（6）多难社，（7）水辇社，（8）筊椰椰社。

以上诸部族，均分布于崇爻山中人迹罕至之地，俱系生番。崇爻山，在傀儡大山之东，东临大海，崇山叠巘，比傀儡山更为荒凉，亦为番族之大本营。《府志》仅列八社，想系就其所知者而言。《番俗六考》谓崇爻山有九社，其所举之社名，除崇爻、描丹二社名外，其余皆与府志雷同，或仅为译音之别。又谓："八社之外有礁那女吗社、打马郎社、吗老因笼社、已只力社、龟窑社、伊碎摆社。"其实崇爻山的部族，尚不止此，若能亲历其境，必能有更多的发现。

（四）分布于彰化县的诸部族

甲　　大武郡9社　　（1）大武郡社，（2）东螺社，（3）西螺社，（4）二林社，（5）南社，（6）阿东社，（7）大突社，（8）眉里社，（9）马芝遴社。

以上诸部族，均分布于今新竹县县治附近山溪之间。《番俗六考》云："（这一带）山麓间，竹树蔽云，远岫若屏，几不知为文身之乡矣。"惟山溪水涨，常有淹没之虑。同上书云："旧阿东社，于康熙五十七年（1718 年）大肚溪涨，几遭淹没，因移居山岗，今经其地，社寮就倾，而竹围尚郁然葱茜也。"这些部族，都是熟番，同化最深，甚至有能识汉文读汉书的番人。

乙　　南北投 6 社　（1）南投社，（2）北投社，（3）猫罗社，（4）半线社，（5）柴子坑社，（6）水里社。

以上诸部族，如半线，则在南门外城郊柴子坑，距城仅五里，水里与猫罗，在城东 30 里之猫罗山，南投、北投，在城东四五十里之南投山、北投山。南投山、北投山与猫罗山相接，为大肚溪发源之处。这一带，也是风景如画。黄叔璥《晚次半线》诗云："忆昔历下行，龙山豁我情；今兹半线游，秀色欲与争，林木正蓊翳，岚光映晓晴；重冈如回抱，涧溪清一泓。里社数百家，对宇复望衡……"《台海使槎录》）

丙　　水沙连 24 社　（1）呋里社，（2）毛啐社，（3）猫丹社，（4）社子社，（5）水扣社，（6）木武郡社，（7）子黑社，（8）子希社，（9）倒咯社，（10）蛮恋社，（11）田仔社，（12）猫兰社，（13）田头社，（14）思顺社，（15）挽兰社，（16）埔里社，（17）致雾社，（18）福骨社，（19）外斗截社，（20）水眉里社，（21）内斗截社，（22）内眉里社，（23）平来万社，（24）哆咯郎社。

以上诸部族，均分布于水沙连山内。水沙连，是一个奇异的地方，据《番境补遗》云："其地四面高山，中为大湖，湖中复起一山，番人聚居山上，非舟莫即，番社形胜，无出其右。自柴里社转小径，过斗六门，崎岖而入，阻大溪三重，水深险，无桥梁，老藤横跨溪上，往来从藤上行。外人至，辄股栗不敢前，番人惯行不怖也。"

又据《番俗六考》云："水沙连，四周大山，山外溪流包络，自山口入为潭，广可七八里，曲屈如环；围二十余里，水深多鱼。中突一屿，番绕屿以居，空其顶；顶为屋则社有火灾。岸草蔓延，绕岸架竹木浮水申上，藉草承土以种稻，谓之'浮田'隔岸欲诣社者，必举火为号，番社划'蟒甲'[①]以渡。屿中圆净开爽，青嶂白波，云水飞动，海外别有一洞天。"

同上书又云：少沙连"番二十余社，各依山筑居。山谷巉岩，路径崎岖。惟南北两涧沿岸堪往来，外通斗六门。竹脚寮乃各社总路隘口，通事筑室以居焉。水沙连之集集、呋里、毛碎、峦蛮，靠（近）木武郡，又子黑社、佛子希社，亦木武郡辖。（水沙连分南北二港）挽鳞、倒咯、大基、描丹、蛤里烂等社，名为'南港'。加老、望埔、描里眉、斗截、平来万、致务、倒哈国、眉加碟、望加腊、福骨、描里八、描里旺、买槽、无老等社，名为'北港'。或云'北港'尚有买葬买唐、于老二社。'南港'之番，居近汉人，尚知有法；而'北港'之番，与悠武乃等社野番接壤，最为凶顽。巴老完、问子眉、触甲、描楮江四社，昔属水沙连统辖，今移于巴老完，合伙同居，与民子、里武俱通于悠武乃生番矣。"

以上所举南北两港之社名，其中有若干不见于《府志》所列之 24 社中，如南港中之挽鳞（或即挽兰？）、大基、蛤里烂，北港中之加老、望埔、描里眉、眉加碟、望加腊、描里八、猫里旺、买槽、无老。此外如靠近木武郡之集集，以及巴老完等四社，皆系上列 24 社以外之社名。据此，则水沙连山内，当尚有

---

① 《番俗六考》云："蟒甲（即独木舟），独木挖空，两边翼以木板，用藤缚之，无油灰可艌，水易流入，番以杓不时挹之。"

若干部族，未为清时之人所知。

丁　　大肚9社　　（1）大肚社，（2）牛骂社（清改名感恩社），（3）沙辘社（清改名迁善社），（4）猫雾捒社（5）岸里社，（6）阿里史社，（7）朴仔篱社，（8）扫捒社，（9）乌牛栏社。

以上诸部族，均分布于县治之东北。大肚社在大肚溪北岸之大肚山，《番俗六考》云："大肚山形，远望如百雉高城。"大肚社分南、北、中三社，均在大肚山中。牛骂、沙辘皆山名，此二山，皆在大肚山西北，西临大海。《番俗六考》云："沙辘番，原有数百人，为最盛，后为刘国轩杀戮殆尽，只余六人，潜匿海口，今生齿又百余人。"据《稗海纪游》云：过牛骂，再往北去，则"荆榛樛结，不可置足。林木如猬毛，联枝累叶，阴翳昼暝，仰视太虚，如井底窥天，时见一规而已。"

岸里、朴仔篱、阿里史、扫捒、乌牛栏5社，均在县治东北之内山。《府志·番社篇》谓巴老远、狮头、狮尾三社，在阿里史社内，或系阿史里之女儿氏族。《诸罗志》谓阿史里等社所据之地，"磴道峻折，溪涧深阻。番焌健嗜杀，虽内附，罕与诸番接。"《番俗六考》亦云："岸里、朴仔篱、阿里史、扫捒、乌牛栏五社，不出外山，惟向猫雾捒交易。朴子篱逼近内山，生番眉里国、猫堵猫堵两社，间出杀人。"

（五）分布于淡水县的诸部族

甲　　蓬山8社　　（1）岸里社，（2）大甲社，（3）日社，（4）双寮社，（5）房里社，（6）猫盂社，（7）苑里社，（8）吞霄社。

以上诸部族均分布于县治东南80里至120里的地方。《番俗六考》云："蓬山八社所属地，横亘200余里，高阜居多，低下处少。"大甲社清政府改名德化社,分东西2社,在大甲溪旁,距港口仅10里。双寮社亦近海,距港口仅6里。日社分日南、日北西社,距城均90里。

乙　　后垄5社（1）后垄社,（2）猫里社,（3）加志阁社,（4）新港社,（5）中港社。

丙　　竹堑社

丁　　南嵌4社　　（1）南嵌社,（2）霄里社,（3）坑子社,（4）龟伦社。

戊　　淡水14社　　（1）武劳湾社,（2）雷里社,（3）搭搭悠社,（4）毛少翁社,（5）内北投社,（6）金包里社,（7）大鸡社,（8）鸡柔社,（9）外北投社,（10）八里盆社,（11）峰仔峙社,（12）毛搭吝社,（13）猴猴社,（14）卓高屺社。

以上诸部族均分布于今新竹县沿海山溪港湾之间:后垄番离后垄港3里,竹堑社离竹堑港10里,南嵌诸社在南嵌山。《稗海纪游》云:"自竹堑迄南嵌八九十里,不见一人一屋,求一树就阴不得,途中遇麋鹿、鹿君、鹿段逐队行甚伙。既至南嵌,入青箐中,披荆度莽,冠履俱败,直狐貉之窟,非人类所宜至也。"

《稗海纪游》又云:"自南嵌越小岭,在海岸闲行,巨浪卷雪拍辕下,衣袂为湿。至八里坌社,有江水为阻,即淡水也。水广五六里,港口中流有鸡心礁,海舶畏之。乘蟒甲由淡水港入,前望两山夹峙,曰关渡门,水道甚隘。入门,水忽广,潴为大湖,渺无涯涘。行十许里,高山四绕、周广百余里,中为平原,唯一溪流水,麻少翁等三社,缘溪而居。甲戌四月,地动不休,番人恐怖,相率徙去,俄陷为巨浸。距今不及三年,再指浅处,犹有竹树梢出水面,三社旧址可识。毛少翁、内北投在磺山左右,毒气蒸郁,触鼻昏闷,诸番常以糖水洗眼。隔关渡门,巨港依山阻海，划蟒甲以入，地险固，数以睚眦杀汉人，官军至则窜。淡水以北诸番，此最难治。武劳湾、大浪泵等处，地广土沃，可容万夫之耕。八里坌社旧在淡水港西南之长豆溪。荷兰时，后垄最悍，歼之几无遗种，乃移社港之东北。"

己　　鸡笼、山朝、哈子难等处36社　　（1）奇毛宇老社，（2）珍汝女简社，（3）女老社，（4）奇王律社，（5）勿罕勿罕社，（6）毛老甫渊社，（7）哆凹尾社，（8）歪仔歪社，（9）东拂东拂社，（10）奇立援社，（11）抵羡福社，（12）宾子扣难社，（13）猫姜渊社，（14）丁子难社，（15）巴老郁社，（16）八里沙喃社，（17）哆劳美子远社，（18）屏子猫力社，（19）摆里社，（20）新子罗罕社，（21）奇立丹社，（22）毛社阵县社，（23）抵马悦社，（24）抵美简社，（25）劳援丹社，（26）奇班宇难社，（27）四劳湾社，（28）奇宇猫氏社，（29）抵美抵美社，（30）打那轩社，（31）踏踏社，（32）匏渡湾社，（33）新子罕社，（34）奇觅省社，（35）搭笼奇社，（36）三貂社。

以上诸部族均在台湾之极东北角，分布于鸡笼山、山朝山及蛤仔难山之间。《海上事略》云："鸡笼山土著，种类繁多，秉质骁勇，概居山谷。按其山川，则形胜极秀；论其土地，则千里饶沃。溪涧深远，足以设立州县，惟少人工居址，荒芜未辟，皆为鸟兽蛇龙之窟。"自鸡笼山而北，为山朝山；自山朝山而东北，为蛤仔难山，已至台湾之极北。这一带的情形，文献不详。

以上是清末台湾番族分布的大概情形。在当时，台南的番族似较台北为弱，这从清代统治者利用北番统治南番的政策可以看出。《台湾采风图》云："社番南弱于北，南路内山、邦尉等社凶番，常出杀掠，通事忧之，常求北社。每年二次差目番二人，名曰'出海'，带器械番众至南社，谕令不得肆恶，违则剿之。

盖南社被北社虔刘苦毒，故闻之奉令惟谨也。"

三 台湾番族的经济构造及其生活方式

台湾番族的社会经济构造，一般地说，尚处在历史上之氏族制阶段，因为在他们的经济构造中，还没有私有财产，也没有容奴隶的余地。《诸罗志》云：番"虽富，无婢妾僮仆"。又云：番"不为窃盗穿窬"。这正是番族社会性质的说明。

分别地说，诸番部族的社会经济内容，亦互有差异。虽此种差异，并不表现为社会之质的不同，但显然表现他们是处于氏族制经济之不同的发展阶段上。由于外来文明之强烈影响，他们的阶段性已经表现得不很典型，但剔除由历史之外烁而引致的变化，仍然可以看出阶段的迹象。

文献中把番族分别为熟番（即今之平埔族）、生番（即今之高山族）和野番（今日或已不存在），正是因为他们处于三种发展不同的经济生活之中。大概说来，野番尚处于狩猎经济阶段；生番较野番进步，他们除狩猎以外，已经知道种植、畜牧；熟番则以农业为生活基础而以狩猎为生活之补助。像这样一系列的经济形态，正是表征出野蛮下期、中期以至上期之历史的全部内容。

（一）以狩猎为生活基础的野番诸部族

这种野番诸部族皆分布于森林之中。《稗海纪游》云："野番在深山中，叠嶂如屏，连峰插汉。深林密箐，仰不见天；棘刺藤萝，举足触碍，盖自洪荒以来，斧斤所未入。野番巢居穴处，血饮毛茹，种类实繁。其升高陟巅、越箐度莽之捷，可以追惊猿，逐骇兽。平地诸番恒畏之，无敢入其境。"

在野番中，直至清末，还有一种生活在树上的"猿型人"，文献上称之曰"鸡距番"。《番境补遗》云："鸡距番，足距楂杙如鸡距，性善缘木，树上往来跳踯，捷同猿犹；食息皆在树间，非种植不下平地。其巢与鸡笼山相近，常深夜独出至海边取水，遇土番，往往窃其头去。土番亦追杀（鸡距番）不遗余力，盖其足趾楂杆，不利平地，多为土番追及。既登树，则穿林度棘，不可复制矣。"

又《台湾采风图》亦云："内山绝顶，有社名曰都国，其番剪发、突眼、大耳，状甚恶。足指如鸡爪，上树如猿猱，善射好杀。无路可通，土人扳藤上下，与近番交易，一月一次；虽生番亦慑焉。"

以上对于"鸡距番"的报告，虽甚简单，但指出了这种野番还没有脱离树上的生活。

据上文所云，这种野番，已经形成了氏族，氏族之名曰都国。他们居于树上，以射猎为生，穿林度箐，和禽兽一样的敏捷，但他们似乎也知道栽培植物，而且与其他的土番，还有一月一次的定期交易。惟他们窠巢的形式及狩猎用的工具，没有具体报告，因而没有充分的资料，使我们对于这种野番的社会性质，加以判断。

除"鸡距番"外，这种生活在树上的野番，在台湾之其他的森林中，也可以看到。据《凤山志》云：自凤山、武洛社"入深山，番状如猿猱，长仅三四尺，语与外社不通。见人则升树杪，人视之，则张弓相向。"又《稗海纪游》有云："（过沙辘、牛骂，再入深山）野番常伏林中射鹿，见人则矢镞立至。"这种野番，大概和凤山的野番类似。

总之，像上述的诸野番，他们虽然生活在树上，但已经组成了最初的氏族；虽然以狩猎为生，但已经在学习栽培植物；从这里，可以看出他们已经走出了蒙昧的境界，进入了历史上之野蛮时代的下期。

（二）以渔猎为主种植为辅的生番诸部族

这种生番诸部族大抵也是分布于深山丛林之中，但亦分布于沿岸险阻之处。《东征集》云："生番所行之处，必林木丛茂，荆榛芜秽，可以藏身，遇田园平埔，则缩首而返，不敢过。"《诸罗志》云：生番"皆在深溪峻岭之间。惟知采捕獐鹿，听商贸易；鲜食衣毛，所异于禽兽者几希矣。"《番社风俗》亦云：生番所居，"叠巘深溪，树木翁翳，平原绝少。山尽沙石，种黍秫、薯芋，俱于石罅凿孔栽植。"《番俗六考》云：内优诸番，"煨芋为粮，捕鹿为生；茹毛饮血，不知稼穑，不辨春秋。"内优诸番如此，其他生番亦然。他们的生活资料大半皆依靠狩猎，而以芋薯等球根类植物为副食品。像这样的生番在台湾很多，如分布于凤山的傀儡番、琅峤番、卑南觅番；分布于诸罗的内优番、崇爻番、阿里山番；分布于淡水的淡水番、南嵌番、鸡笼番、山朝番及蛤仔难番，都是属于这一类的部族。

生番诸部族皆未脱离巢居穴处的生活，淡水所属诸番，因地方潮湿，皆巢居树上。其余则皆系穴居。生番的洞穴，大都皆系选定山凹险隘之处的天然岩穴，略加打凿，再于洞穴之外叠石为墙，盖以石板而成。有时亦于洞穴周围栽种槟榔藤萝之属，以为荫蔽①。生番的窠巢，其形皆如覆舟，给竹葺草，下铺木板，为梯而入②。

　　生番诸部族的主要生产事业是狩猎③，狩猎的主要目的物是獐鹿④。此外，也猎取山猪、野牛、熊、豹、雉、兔等野兽⑤。番人谓狩猎曰"出草"，在"出草"之前，必占卜吉凶，卜以鸟音。据《番社风俗》云："将捕鹿，先听鸟音，占吉凶。鸟色白尾长，即莘雀（番曰蛮在）也。音宏亮，吉；微细，凶。"鸟卜，大概是狩猎氏族惯用的。因为在森林中，鸟啼的声音往往是野兽行动的报告。

　　狩猎所用武器是镖枪和弓箭。《番社风俗》云："捕鹿弓箭及镖，俱以竹为之。弓无弰背，密缠以藤，苎绳为弦，渍以鹿血，坚韧过丝革。射，搭箭于左，箭舌长二寸至四寸不等，傅翎

---

　　① 《番社风俗》云：傀儡山诸社，"于山凹险隘处，以小石片筑为墙壁，大木为梁，大枋为桷，凿石为瓦。"又云：琅峤诸社，"筑厝于岩洞，以石为垣，以木为梁，盖薄石板于厝上，厝名'打包'。前后栽植槟榔、蒌藤。"又云：内优、崇爻、阿里山诸社番，"倚山掘土，状若穴居。以沙石板代砖瓦，或用木及茅秆草为之，阔不一式，高不盈丈，牲畜俱养于内。"《番俗六考》亦云："（内优之邦尉社）入其社，垒石为穴，高五尺许，内如洞。地光洁，木瓦器具，悉藏其中，鸡犬同处，夜入，则以石抵门。"

　　② 《番社风俗》云："淡水地潮湿，番人作室，结草构成，为梯以入，铺木板于地。亦用木板为屋，如覆舟，极狭隘，不似近府县各社宽广，前后门户式相类。"

　　③ 《台海采风图》云："台地未入版图以前，番惟以射猎为生，名曰：'出草'，至今尚沿其俗。十龄以上，即令演弓矢，练习既热，三四十步外，取的必中。"

　　④ 《台湾府志》云："其俗海而不渔，穷年捕鹿，鹿亦不竭。"《诸罗杂识》云："台湾南北番社，以捕鹿为业。"《诸罗志》云："（诸罗山以上）惟知采捕獐鹿。"又云：（诸罗番）"种植、渔猎、樵采之外，浑乎混沌之未凿也。"又云：岸里、内优、礁吧年、茅匏、阿里史诸社"种山射生以食"。"茹毛饮血，登山如飞，深林邃谷，能蛇钻以入。"

　　⑤ 《番俗六考》谓彰化一带，"山有野牛，民间有购者，众番乘马追捕售之，价减熟牛一半。"《番社风俗》谓傀儡山诸社番，"射猎獐鹿、山猪等兽。"《番俗杂记》谓猎取雉兔不禁。《东中政事集》谓"伪册（郑氏时之档案）报告，并未有止用大鹿皮及山马皮之说。"《番社风俗》谓熊皮、豹尾非土官不敢用。

略如汉制而剪其梢。镖杆长五尺许，铁镞，锋铓长二寸许，有双钩，长绳系之，用时始置箭端。遇鹿麂，一发即及。虽奔逸，而绳挂于树，终就获焉。"又《诸罗志》云："番射猎所用之器，镖枪最利，竹弓、竹箭，虽不甚劲，而射飞逐走，发无不中。"此外，生番已知使用猎犬。

因为狩猎武器幼稚，狩猎还是集体进行，每当春深草茂或冬天林木萧疏之际，便是番人大规模狩猎活动之时。当此之时，各部族皆动员全族成员集体围猎。这些猎人皆全副武装，头戴鹿皮帽，身著鹿皮衣袴，足登鹿皮履，"腰佩短刀，手执镖槊、竹箭、木牌等械，背负网袋，内贮薯芋"（《番社风俗》），走向围猎的场所。《台海采风图》亦云："当春深草茂，则邀集社众，各持器械，带猎犬，逐之呼噪，四面围猎。"《番俗杂记》述其围猎的情形云："鹿场多荒草，高丈余，一望不知其极。逐鹿因风所向，三面纵火焚烧，前留一面。各番负弓矢，持镖枪，俟其奔逸，围绕擒杀。"像这样的狩猎，正是所谓"焚林而狩"之现存的样式。

猎鹿的场所，在各部族之间似乎已有习惯上所承认的界线；特别对文明人的侵入，防守极严。《番俗杂记》云："汉人有私往场中捕鹿者，被获，用竹杆将两手平缚，鸣官究治，谓为'误饷'。相识者，而或不言，暗伏镖箭以射之。若雉兔，则不禁也。"但在荒山中，则似无此种限制。例如琅峤生番，"捕鹿不计日期，饥则生姜嚼水，佐以草木之实，云可支一月，或以煨芋为粮。无火，则取竹木相锯而出火。"《番社风俗》）按行猎不计日期，即随其所至之地，皆可自由狩猎。

猎物属于氏族全体之所有。何远乔《闽书》云：台湾"山多鹿，冬时合围捕之，获若丘陵。"这证明猎物是堆在一起，并没有为猎人带走，但猎人对于其所捕获的野兽，也有部分的特权，如捕得一只鹿，猎人有权刺破这只鹿的咽喉，吮吸其血。若捕得的是一只兔，猎人并有权把它全部生吞①。此外，在猎物的分配中，已经萌芽了最初的剥削，这就是无论猎获的是獐鹿、山猪或是其他的野兽，酋长都有权分得一只后蹄②。至于鹿或其他野兽的皮毛、筋肉和脏腑，都是属于氏族全体所公有。脏腑腌食③，鹿肉或鲜食，或制成脯，皮毛则用以进贡纳税于征服者④，或用以交换征服者的什物⑤。

分布于海岸及溪河附近的诸部族，与狩猎平行，也从事渔捞。《番社风俗》云"捕鹿、采鱼，自新港以至淡水（沿台湾西部海岸）俱相等。"番人捕鱼所用的工具，是三叉镖和手网⑥，有些部族如大武郡诸社，兼用篊簄⑦。依于工具之个人使用的性质，渔捞或已个人化，但集体渔捞依然存在。如《番社风俗》谓："二林（社）捕鱼，番妇或十余，或数十，于溪中用竹笼套于右胯，众番持竹竿从上流殴鱼，番妇齐起齐落，扣鱼笼内，以手取之。"

生番诸部族亦知种植，但种植的不是谷物，而是芋薯等球根类的植物。耕种的工具没有犁耙铫耨，仅用小锄与短刀⑧。有些

---

① 《台湾采风图》："得鹿则刺喉吮其血；或擒兔，生啖之。"

② 《番社风俗》谓山猪毛、傀儡诸番，"射猎獐鹿、山猪等兽，土官得一后蹄。"又谓"卑南觅社，有犯及获兽不与豚蹄，以背叛论，即杀之。"

③ 《台湾采风图》云："（番人得鹿，）腌其脏腑，令生蛆，名曰'肉笋'，以为美馔。"《番社风俗》亦云："脏腑腌藏瓮中，名曰'膏蚌鲑'。"

④ 《东宁政事集》云，"交纳鹿皮，自红毛以来，即为成例。收皮之数，每年不过五万张。牯皮、田皮、末皮、獐皮、麂皮分为五等，大小兼收。"

⑤ 《台湾采风图》云："其皮，则以易汉人盐米烟布等物。"

⑥ 《番社风俗》云："凡捕鱼，于水清处，见鱼发发，用三叉镖射之，或手网取之。"

⑦ 同上书云："（彰化、南北投等社番）采鱼兼用篊簄。"

⑧ 《番俗六考》云："卑南觅诸社番，耕作无牛，亦无铫耨，仅用一锄。《番社风俗》云："（水沙连诸社番）耕种用小锄、短刀，掘地而种。"又云："（淡水诸生番）无田器，耕以锄。"

番族，如内优、崇爻、阿里山诸部族，甚至还在使用原始的木制掘土棒[①]。据《番俗六考》等云："锄阔三寸，柄长一尺。""刀长尺许，或齐头，或尖叶。"他们更不知牛耕，而是人耕，"种时男妇老幼偕往"，以小锄、短刀或木棒，"屈足伏地而锄"。由于农耕工具的幼稚，约制他们的耕种必须集体进行。即因耕种是集体进行，所以他们收获的农产物，也是集体所有。同上书云："琅峤诸番，傍岩而居，或丛处内山，五谷绝少，斫树燔根，以种芋，魁大者七八斤，贮以为粮。收芋时，穴为窖，积薪烧炭，置芋灰中，仍覆以土。聚一社之众发而噉焉，甲尽则乙，不分彼此，日凡三餐。"从这里，可以看出他们集体所有和平均分配的具体情形。

在生番诸部族中，马牛羊鸡犬豕所谓六畜均已存在，而且还在继续驯养野牛。《稗海纪游》云："至（淡水）中港社，见门外一牛甚腯，囚木笼中，俯首跼足，体不得展。社人谓是野牛初就勒，以此驯之。"又云："前路竹堑、南嵌山中，野牛千百为群，土番能生致之，候其驯，用之。今郡中挽车牛，强半皆是。"

生番诸部族，尚不知冶铁铸铜[②]。他们虽亦有铜铁器物，但均系从外面输入[③]。生番之主要手工业制品是藤器、竹器、木器，亦有陶器，并不发达。此外，又知将树皮纤维织成粗厚的麻布，

---

① 《番俗六考》云："（内优社番）耕田用小锄，或将坚木炙火为凿，以代农器。"崇爻，阿里诸社番，亦有用木制掘土棒于石罅凿孔种植芋薯者。

② 《番俗六考》云："番无铁，以金为镖镞枪舌。"《番社风俗》谓番人铜镯皆系由汉人及日本人输入。

③ 《台海使槎录》云："（傀儡生番以鹿肉）易盐、布、米珠，遇铁及铅子火药，虽倾其所有以易，不顾也。"

名曰"达戈纹"。所以《番社风俗》说："（诸生番于）农事之暇，男则采藤编篮，砍木凿盆，女则织苎、织布。"他们所织的布，虽然粗厚，但已能织成花纹①。

即因农植不发达，生番诸部族的主要生活资料还是依靠猎物，至于芋薯只是一种补助。《番社风俗》谓生番"煨芋为粮"，"捕鹿为生"，正是这种原因。生番食兽肉，或烧烤，或带血鲜食②，而以其余为脯③。食芋薯，则于热灰中煨熟，或焙为干④。此外，生番皆知酿酒，且皆嗜酒，每当节日，必群饮，亦用以款客。

由于织物缺乏，亦因气候温暖，生番无论男女，皆赤身裸体，仅于私处用布围遮。夏天用麻布或麻缕，冬天用兽皮，一般皆用鹿皮，惟酋长用熊皮或豹皮。天雨，用糠榔树叶，亦以此种树叶为笠。男女皆披发，束以草箍，簪以野花⑤，或饰以羽毛⑥。

---

① 《番社风俗》云："（傀儡番）惟土官家织红蓝色布及带头织人面形，余则不敢。"

② 《番社风俗》云："（内优、崇爻、阿里山诸社番）射生禽，镖麋鹿，炙而食之，生亦不厌也。"又云："（淡水诸社番）鸟兽之肉，传诸火，带血而食。麋鹿，刺其喉，吮生血至尽，乃剥割腹草将化者绿如苔，置盐少许即食之。

③ 《台海使槎录》云：傀儡番获"獐鹿，取其肉，用石压去血水，晒干"成脯。

④ 《番社风俗》云："（傀儡生番）芋熟，置大竹笐上，火焙成干，以为终岁之需。"《台海使槎录》云："芋极长大而细腻，番以为粮，熟后阴干，每食少许，以水下之，可终日不食。"

⑤ 《番社风俗》云："（傀儡山诸番）披发裸身，下体乌布围遮。隆冬以野兽皮为衣，熊皮非土官不敢服。天雨则以糠榔叶为衣、为笠。各社头皆留发，剪与眉齐，草箍以帽。"又云："（琅𤩝诸番），男妇用自织布围绕，曰'张面'；妇短衣（即围腰布）曰'鸽肉'，男短衣曰'郎袍'，剪纸条垂首曰'加笃北'，或为草箍束发曰：'腊'"。又云："（内优、崇爻、阿里山诸番），男女多著鹿皮，或织树皮、苎麻为布，极粗厚，日以作襖，夜以覆体。……男以布尺余遮前，后体毕露。"《番俗六考》云："番妇头插野花。"

⑥ 《番社风俗》云："（内优、崇爻、阿里山诸番）妇俱以布裹头。"又云：淡水诸生"番妇，头无装饰，乌布五尺蒙头曰'老锅'。"又云："（内优等诸番）吉事，则以鸟羽为饰。"

酋长亦以草箍束发，但往往插羽毛十余枝，脑后垂发二缕，以壮威严。有些酋长，亦戴豹皮帽，帽之周围饰以朱缨，帽后缀以豹尾，这大概就是原始的"王冠"[①]，女酋长的"王冠"更为漂亮。她们的"王冠"，是一个竹制的方架，周围缠以类似纹锦的织物，上面饰以美丽的孔雀毛[②]。

也是因为手工业工艺不发达，诸生番的日用器具非常简陋。他们食用的器具，如筐如碗如钵如勺如箸，都是用藤或竹子作的[③]。也有木罂、木碗、螺碗、瓦釜、瓦瓮以及龟壳作的什器。此外，只有网袋和革囊，这是狩猎和行旅时用的。生番皆席地而坐，夜则以鹿皮一张席地而睡。亦有设床者，但只以为装饰，并不实用[④]。

（三）以农耕为主狩猎为辅的熟番诸部族

熟番诸部族大抵分布于靠近平地的山溪之间，或散处都市附近的平原。熟番比生番接触文明的机会更多，同时，他们所处的自然环境，亦较生番为优越；因而他们的社会经济也较生番进步。一般地说来，熟番诸部族的社会正在由狩猎经济转向

---

① 《台海使槎录》云："土官有戴豹皮帽者，名'力居楼大罗房'，如豹头形，眼中嵌玻璃片，周围饰以朱缨，帽后缀以豹尾。亦有戴头箍者，名'粤曼'。插以羽毛十余枝，参差排列，垂发二缕，云系其妻之发。衣熊豹皮，名曰'褚买'。内披短衣，曰'鸽觅'。下体尽露，惟于私处围乌布一片，名曰'突勿'。亦有胸前搭红绿卓戈纹者，名曰'噶拉录'。用红毵吱折碎，间以草丝，番妇用口染成青绿，经纬错综，颇为坚致。"

② 《台海使槎录》云："土官衣状如裂裳，风吹，四肢毕露。毛丝丝社女土官弟劳里阮头戴竹方架，四围用红雨缨织成，中有黄花纹，远望如锦，缠竹上，名'达拉吗'。亦有饰以孔雀毛者云非土官，不敢加首。"

③ 《番社风俗》云："（傀儡山诸番）食用器具，以藤篾为筐为椀为钵为勺为箸。"

④ 《番社风俗》云："琅峤诸番社，社内有制床者，名曰'笃笃'亦设而不用。"

农耕经济。熟番部族很多，如分布于台湾县的大杰巅等 3 社；分布于凤山县的武洛等八社；分布于彰化县的大武郡等 11 社，南北投等 6 社，大肚等 9 社，水沙连等 25 社；分布于诸罗县的加溜湾等 8 社，大武垄头等 5 社；分布于淡水县的蓬山等 6 社，后垄等 5 社和竹堑社等，都是属于这一类的部族。

熟番诸部族，均已脱离了洞穴生活，建筑了房屋。房屋的结构和形式，各部族之间虽小有差异，但在大部上还是相同。为了避免潮湿，他们在建筑房屋之前，都先筑成五六尺高的土基，在土基上架竹为梁，剖竹为椽，编竹为墙，茸茅为盖，织蓬为门。用不着斧斤凿锯，只要一把短刀，就可盖成一座房子①。

因为有土台做基地，所以房屋高敞，需要架梯，才能登堂入室。阶梯皆用坚木制作，高亦五六尺②。据《番社风俗》云，有些番族房屋，如加溜湾诸社，"连串十余间，中排大柱，两旁俱开双门，粉饰可观。"如水沙连诸社，"比屋相连，如同内地街

---

① 《番社风俗》云："自新港、萧垄、麻豆、大武郡、南社、湾里，以至东螺、西螺、马芝遴，（番人构屋皆）填土为基，高可五六尺，编竹为壁，上覆以茅。"又云"（武洛等番）屋名曰'朗'，筑土为基，架竹为梁，茸茅为盖，编竹为墙，织蓬为门。"又云："（大武垄诸垄）住室曰'达劳'，平地筑土作基，大木为梁，剖竹结椽桷为盖，众擎而覆之。"又云："南北投诸社番，屋曰'夏堵混'，以草为盖，或木或竹为柱，厝盖茸茅编成，邀众番合于脊上。"又云："大肚诸社，屋以木为梁，编竹为墙，状如覆舟，体制与各社相似。"又云："（蓬山、后垄诸社番）营屋，先竖木为墙，用草结盖，体制与别社同。"只有猫雾捒与水沙连诸社番之屋，小有差异。猫务捒"凿山为壁，壁前用木为屏，覆以茅草，零星错落，高不盈丈，门户出入，俯首而行，屋式迥不同外社。"水沙连"筑室曰'浓密'，架木为梁，凿松石片为墙，上以石片代瓦，亦用以铺地，远望如生成石室。"

② 《番社风俗》谓大杰巅诸社，"凿木板为阶梯，木极坚韧，或以相思木为之。又一种木，纹理楙结如檀梨状，从内山采出，番亦不名何木。（梯）高可五六尺，入室者拾级而入。"

衢。"除未成年的男女另在一舍①，男女同室而居，仅分衽席。像这样"连串十余间"或"比屋相连"的房屋，也许就是他们的"共同长屋"？

番人房屋的屋檐向四周伸出很长，遮盖土基以外很远的地方。这茅檐覆的地方就是番人安置炉灶、杵臼、鸡埘、畜栏以及牛车、网罟等的场所②。在房屋附近，在一个砌成的更高的地基之上，建有公共仓库，也是竹壁茅顶，不过地上铺有木板，木板上又铺有竹簟，以防潮湿。仓库的式样，或方或圆；其数或三五间，或10余间不一，每间可容谷物300余石③。

熟番的房屋，已经有了简单的艺术装饰。据《番社风俗》云：武洛等8社的房屋，"正屋起脊，圈竹裹草标左右如兽吻状，名曰'律'（武洛名曰'打篮'）示观美也。"大武郡八社，"门绘红毛人象"。大杰巅3社，屋前有凌空的走廊，以"竹木铺设如桥"，廊前并有栏杆。又"门两傍上下，丹腹采色，灿然可观。"在房屋周围，环植竹林、槟榔、椰子、芭蕉、榕树之类的植物，也栽种生姜、芋薯及各种瓜果。

熟番，已经不是单纯的猎人，同是又是最初的农夫。从他们已有庞大的公共谷仓之设置，就证明了农业在他们的经济生活中：已经占有重要的地位。虽然如此，他们的耕种技术还是很幼

---

① 《番社风俗》谓"（大武郡等社）'麻达'（即未成年人）夜宿舍寮，不家居。"南北投诸社，"大小同居一室，惟未嫁者另住一舍，曰'猫邻'。"水沙连诸社，"男女未婚嫁，另起小屋曰'笼仔'，曰'公廨'。女住'笼仔'，男住'公廨'。"蓬山、后垄诸社，"合家一室，惟娶赘婿则另室而居。"

② 《番社风俗》云："檐颇深邃，垂地过土基方丈，雨阳不得侵。其下可舂可炊，可坐可卧，以贮笨车、网罟、鸡埘、豕栏。"

③ 《番社风俗》云："贮米另为小室，名曰'圭茅'，或方或圆，或三五间、十余间毗连，亦以竹草成之。基高倍于常屋，下木上簟，积谷于上，每间可容三百余石。"

稚。只有极少数的部族引用犁耕，大多数熟番部族使用的农耕工具，仍然只是一把铁锄。《番社风俗》云：大杰巅、新港、卓猴诸社，"耕种如牛车、犁耙，与汉人同。"又云："蓬山、后垄诸社，耕种犁耙诸器，均如汉人。"

从锄耕到犁耕，在农业的发展上，是很大一步的前进。因为用铁锄掘土，既不能深入，又很缓慢。只有犁耕，才能深耕易耨，提高土地的报酬；才能垦拓荒地，扩大耕地的面积；从而把人类引进田野农业的生活。熟番诸部族，正是处于从锄耕转向犁耕的过程中，不过台湾番族的这一发展，不是自发的，而是历史的外烁，因为他们的犁耙，都是从汉人输入的。

一直到清初，台湾的熟番，还不知年月，不辨四时，或以刺桐花开为一年，或以黍米成熟为一年，或以二月二日为一年之首，但他们都知道在三四月间插秧。番族插秧，亦于先一日举行占卜，占卜的方法，还是鸟卜，凶则止，吉然后行。

由于农耕工具仍然幼稚，制约着熟番的耕种，还是集体进行。因为男子还是要从事狩猎，所以从事耕种的，大半都是女子。《台湾采风图》云："番妇耕稼，备尝辛苦，或襁褓负子扶犁，男则仅供馌饷。"或"以大布为襁褓，有事耕织，则系布于树，较枝桠相距远近，首尾结之，若悬床然。风动枝叶飒飒然，儿酣睡其中，不颠不怖，饥则就乳之，醒乃置焉。"

锄耕的熟番都施行"休耕制"。所谓"休耕制"，即今年种过的土地明年让它休息，用休耕的方法，回复土地的生产性能。《台湾采风图》云："番地土多人少，所播之地，一年一易，故颖粟滋长，薄种广收。"至于犁耕的番族，休耕的制度恐怕已经被废除了。这些番族，由于犁耙的引用，已经开始了田野农业的生活。《诸罗志》云："田园阡陌"。《番俗六考》云："蓬山八社所属地横亘二百余里，""沃上可耕者种芝麻、黍、芋"。从这里可以看出，在这些番社领域中，只要是可耕之地大抵都辟为田园了。

不仅如此，由于犁耕的引用，扩大了耕地的面积；由于耕地面积之日益扩大，氏族成员，就必须分派到这个氏族领域内之各地，分区耕种。这样，氏族便向着大家族的方向崩溃，而氏族制也就到了它的末日，代之而起的，是由许多大家族组合之村落公社。分布于台湾县的大杰巅等三社，已经履行这个历史变革。

在大杰巅等部族中分解出来的大家族已经开始了贫富之别。《诸罗志》云："新港四社，地边海空阔，诸番饶裕者，中为室，四旁列种果木，廪囷圈圈，次第井井，环植刺竹至数十亩。"这些富裕的大家族之家长就是后来奴隶主贵族的前身。这就是说，如果番族依照他们自己的历史行程自发地发展，再向前走一步，便踏进了奴隶社会的境界了。不过台湾的番族之发展到村落公社并不是自发的发展，而是外来的影响，而且这种外来的影响，将继续支配着番族社会的发展，使他们履行一种历史的跳跃。他们可能跳过奴隶制，飞跃到封建制；也可能跳过奴隶制与封建制，飞跃到资本主义制。他们今后究竟飞跃到什么历史阶段，就要看外来的影响是一种什么"文明"。

台湾的熟番诸部族虽然已经向大家族的历史方向崩溃，但作为农业生产之基本手段的土地还是属于氏族共同所有。关于这一点，可以从各部族的土地均有自己的界线，得到说明。例如《番俗六考》谓"罗汉内门、外门田，皆大杰巅社地。"又谓"蓬山八社所属地，横亘二百余里。"此外，在许多游记上，常有自某某社行若干里至某某社的记载。这些，都证明了各部族的土地都有自己的界线。这种以部族为单位而划定之土地的界线，正犹后来以家族或个人为单位而划定之土地的界线一样，同是表示土地所有的属性，后者是表示土地之"个人所有"，而前者，则是表示土地之"氏族所有"。

即因土地是"氏族所有"，所以当这个氏族或部族一旦遇着凶年，他们的成员只有替别族佣工以取得生活资料。《番俗六考》谓沙辘番，"辛丑七月大风，糯黍歉收，间为别番佣工以糊口。"正是说明这一事实。

也是因为土地是"氏族所有"，所以每当土地被侵占时，便全族出动，为了保卫自己氏族的土地而战斗。《番俗六考》云："汉人有欲售其（沙辘番）地者，（其土官）嘎即佯许之，私谓番众曰：'祖公所遗，只此尺寸土，可耕可捕，藉以给饔餐，输课饷。今售与汉人，侵占欺弄，势必尽为所有，阖社将无以自存矣'。因率领全社番众，为保卫共有的土地而战斗。这样的战斗在征服者土地收夺的过程中，不知有多少。许多土地收夺者的头颅至今还被当作史料，陈列在各番族的农村公社中，而这也就是番族好杀的原因①。因为他们除了抵抗，实在没有可以退却的地方了。

自然，熟番的土地，已经开始了定期的分配，但各大家族对于分配的一定量的土地，也许只有使用权，还没有把使用权转化为所有权。

由于土地是共同所有，农业生产也是集体进行。他们集体耕种，已如前述，收获也是集体进行。当七月谷物成熟时，各氏族相与商定收获日期，轮流收获。在举行一个祭神典礼以后，全族

---

① 《海上事略》云："其俗尚杀人，以为武勇。所屠人头，挖去皮肉，煮出膏脂，涂以金色，藏诸高阁，以多较胜，称为豪杰云。"

成员同往田野，用手摘取，不用镰刀[①]。当收获以后，各氏族皆选择一适宜于守望的空地，用竹木建一瞭望台，到夜间，氏族男女，扳缘而上，轮班守护[②]。以后于屋旁别筑一室曰"禾间"，用竹箙围绕，盖以茅苫，将收获的谷物连穗倒悬于内，使其干燥[③]。

他们收获的农产物不是和生番一样，仅有芋薯等球根类的植物；而是除此以外，尚有大量的稻、麦、黍、稷、芝麻等谷物。稻有水稻、旱稻，而且还有来自安南和吕宋的稻种。此外，尚有各种豆类。他们简直是已经从"猎物之所有者"变成了"谷物之所有者"了。除了粮食以外，在他们的园圃中已经种满了各种蔬菜瓜类和果树。在他们屋檐下面已经有了各种的家畜和家禽。

由于集体耕种，又决定了他们的农产物之集体的所有。关于这一点，从他们只有公共谷仓，没有私人谷仓，可以得到说明；同时由于他们对征服者的进贡也是以部族为单位，更可证明（见《台湾府志·赋税篇》）。不以个人或家庭而以部族为单位之进贡制：正是说明进贡的谷物，不是属于个人或家族所有，而是属于氏族或部族之所有。就是在那些已经分解为若干大家族的氏族中，大家族也许可以留出一部分谷物作为第二年再生产之用；但其余的谷物，还是要送到村落公社的公共仓库，以为进贡、祭祀以及其他公共事务之用。大家族所能私有的，恐怕只有蔬菜瓜果之类园圃的产物。

---

① 《台湾采风图》云："番稻七月成熟，集通社阄定日期，以次轮获。及期，各家皆自酾牲酒以祭神，遂率男女同往，以手摘取，不用镰铚，归则相劳以酒。"

② 同上书云："社番择空隙地，编藤架竹木，高建望楼。每逢稻田黄茂，收获登场之时，至夜，呼群扳缘而上，以延睇遐瞩，平地亦持械敲柝，彻晓巡视，以防奸宄，此亦同井相助之意。"

③ 同上书云："收成后，于屋旁别筑室，围以竹箙，覆以茅苫，连穗倒而悬之，令易干，名之曰'禾间'"。

　　跟着农业的发展，手工业也应该发展，但熟番的手工业比之生番，并没有多大的进步，他们主要的手工业制造品还是藤器、竹器、木器。据《稗海纪游》说，其中有些部族，甚至"陶冶不能自为"。至于金属器物，皆系来自汉人。不过据上书云："（番人）得铁，则取涧中两石自捶之，久亦成器。"据此，他们也似乎学会了冶铁技术。

　　在各种手工业中，纺织似乎有些发展。据《番俗六考》所载，纺织已经成了熟番诸部族妇女之主要的劳动任务①。他们没有纺车，纱线都是用手捻成的，但他们已经有了简单的织机。织机的构造，《台湾采风图》曾有如此的叙述："番女织杼，以大木如栲栳，凿空其中，横穿以竹，使可转，缠经于上。刓木为轴，系于腰，穿梭阖而织之。"《番社风俗》所述，与此略同②。

　　在番族的织物中，最有名的是"达戈纹"，这是一种树皮和葛丝织成的毡子。此外，有用彩色丝和鸟兽毛混合织成的彩帛和一种巾布③，有用树皮纤维织成的一种类似白苎的织物④，有用狗毛织成的毛织物⑤，又有用狗毛和树皮纤维混合织成的五彩半

---

　　①　《番俗六考》录阮蔡文《大甲妇》诗云："大甲妇，一何苦，……为夫日日绩麻缕，绩缕须净亦须长，捻匀合线紧双股，斲木虚中三尺围，凿开一道两头堵，轻圆漫卷不支机，一任玄黄杂成组，间彩颇似虹霓生，绽花疑落仙姬舞。"

　　②　《番社风俗》云："圆木挖空为机，围三尺许，函口如槽，名'曹鲁'，以苎麻捻线，纬用犬毛为之。横竹木杆于机内，卷舒其线，缀线为综，掷纬而织。"

　　③　《台湾采风图》云，"以树皮合葛丝织毡，名曰'达戈纹'。以色丝合鸟兽毛织帛，采各色草染彩，斑斓相间。又有巾布等物，皆坚致。"

　　④　《番社风俗》云："半线以上，多揉树皮为裙，白如苎。"

　　⑤　《诸罗志》云："朴仔篱、乌牛栏等社，有异种狗，状类西洋，不大而色白，毛细软如绵，长二三寸，番拔其毛，染以茜草，合而成线，杂织领袖、衣带，相间成文，朱殷夺目。"

毛织物 ①。

由于农业还没有完全过渡到犁耕的阶段，熟番诸部族，仍不能不继续狩猎的生活，而且狩猎在他们的经济生活中，还是相当重要。他们耕种捕鹿，与生番同，捕鹿所用的武器方法以及猎物的共同所有皆与生番无异，所不同的，只是狩猎较之农耕已经退到次要的地位。

由于农业生产尚不能提供他们以足够的谷物，少数的家畜更不能满足吃惯了肉类的番人之肉食的要求，因而从狩猎而来的山珍海味在他们的生活资料中，仍然是主要的东西。据《番社风俗》载，熟番诸部族日食三餐，再不是芋薯，大抵皆以稻米为饭，并且还以黍麦为酒。如武洛诸社番，"岁时宴会，鱼肉鸡黍，每味重设，大会则用豕一，不治别具。"但番薯鹿肉仍为其主要食品。大武垄头诸社番以稻黍为饭，糯米为酒；但"鱼虾鹿麂俱生食"。南北投诸社番以占米、糯米为饭，而同时食鱼虾鹿肉。水沙连诸社番以豆麦为饭，黍米为酒，而同时食芋和臭鱼，并且"凡物生食居多"。蓬山、后垄诸社番以黍为饭为酒，而"鱼虾腌为鲑，鹿麂腌为脯，余物皆生食。"

由于纺织比较发达，熟番诸部族穿的东西已经不完全是兽皮树叶，而是有了美丽的"达戈纹"和其他的织物。但是他们的纺织品还是不能解决全氏族的衣服问题，因而从狩猎而来的兽皮在他们衣服材料中仍然占有相当重要的地位。

据《番社风俗》载，武洛诸社番"女著衣裙，裹双胫"，而"男用鹿皮蔽体"。加溜湾诸社番皆以长仅及脐之衣服掩蔽下

---

① 《番境补遗》云："（水沙连诸番）善织罽毯，染五色狗毛，杂树皮为之，陆离如错锦，质亦细密。"

体，而男女头缠金丝藤。水沙连诸社番虽"间有著布衫者"，而大半"衣用鹿皮、树皮，横连于身，无袖。"大肚诸社番"嫁娶俱著红衣"，而所属之猫雾拺、岸里以下诸社番，"俱衣鹿皮，并以皮蒙其头面，只露两目。"蓬山、后垄诸社番，"下体围布二幅，亦名'遮阴'"，但亦"间有衣鹿皮者"。这些例子，都证明他们是织物与兽皮并用。

但是，在熟番中，也有完全不披兽皮的部族。据同上书载，大武郡诸社番"衣达戈纹"，"下体用乌布为蔽"。南北投诸社番"著杂色绸纻红袄，曰'包练'或装蟒锦绣为之。"大杰巅诸社番"衣黑白不等，俱短至脐，名'笼仔'。用布二幅，缝其半于背，左右及腋而止余尺许，垂肩及臂，无袖，披其襟。衣长至足者名'襟'。暑则围二幅半乌布，寒则披襟，近亦有仿汉人衣裤者。番妇衣短至腰，或织茜毛于领，或缘以他色，腰下围幅布，旁无襞积，为桶裙。膝以下，用乌布十余重，坚束其腓至踝。"此外，蓬山、后垄的酋长，甚至"用优人蟒衣皂靴汉人绒帽。"

《台湾杂记》云："土番初以鹿皮为衣，夏月结麻巢缕缕，挂于下体。后乃渐易幅布，或以'达戈纹'为之。数年来，新港社番衣裤半如汉人，各装棉。诸罗山诸社亦有仿效者。"

由于手工业的不发达，熟番诸部族的日用器皿十分之九还是藤器、竹器、木器，间有陶器、螺壳；此外，代替革囊、网袋，出现了椰壳、葫芦。据《社番风俗》载，武洛诸社番饮食用椰瓢，吸水用大葫芦，裹粮用竹筒，量谷物用藤笼。目加溜湾诸番社亦"制葫芦为行具"，亦有木床，只作装饰，"寝以竹片铺地，借以鹿皮。"大武垄头诸番社贮米用匏斗，贮物用竹筐、藤篮。南北投诸社番"螺蛤壳为碗，竹筒为汲桶。"水沙连诸社番"货物贮皮囊"，"炊用木扣以代铛。"大肚诸社番"收贮禾黍，编竹为筐"，"无升斗，以篾篮较准，""亦置床榻、鼎铛、碗筋，"但以为雅观，而不以为实用。大杰巅诸社汲水用匏，饭具用椰碗、螺壳，炊饭用铁铛，亦用木扣，陶土为之，圆底缩口，微有唇起以承甑，以石三块为灶，置木扣于上以炊。近亦筑灶，间置桌椅及五彩瓷器，非以资用，为观美耳。蓬山、后垄诸社番食器亦用铁铛、瓷碗，但这些都是舶来的。

以上是台湾番族社会经济构造及其生活方式的大概情形。虽然也有等差，但一般仍然很原始。例如《番社风俗》云："（番人）坐皆席地，或藉鹿皮，饮食宴会，蹲踞而食。"食"不用箸，以手攫取。""无灯，用松木片植石上燃之，名曰'搭贮屡'。"但是这都是50年前的情况，在这50年中，他们当然又吸收了不少的文明，也许上述的情形，早已不存在了。

四　台湾番族的家族形态及其氏族组织

番族的婚姻关系和他们的社会经济生活一样，也表现为古典家族之一系列的形态。不过他们的家族形态和他们的社会经济内容并不是完全相适应的。例如有些经济比较落后的部族，家族形态反而进步；有些经济比较进步的部族，家族形态反而落后；甚至处于同一经济阶段的部族，他们的家族形态也不一致。

不适应的理由非常明白，是外来文明扰乱了他们社会之有机的合拍发展。因为外来的文明，可能刺激番族社会经济作跳跃的前进；但不能拉着家族形态以同一速度向前跃进，因而使得他们的社会经济生活跑到了家族形态的前面，从而使得两者不相适应。

家族形态和社会经济生活之间的距离，正是外来文明给予台湾番族社会之影响的分量。所以当研究台湾番族社会时，家族形态是一面镜子。从这面镜子中，可以照出诸番部族文明化的深浅乃至在文明化以前的原形。自然，家族形态也不能说完全不受影响，例如即使是一个狩猎为生的生番，一旦和汉人结婚，便过着一夫一妻制家族的生活，而这在他们的经济生活上，是不应该有的。但是家族形态是相当顽固的，虽然也受到一些外来文明的影响，但影响是非常轻微的。

（一）生番诸部族的家族形态

野番诸部族的家族形态，因文献不足，无从考证。

生番诸部族从其经济结构上看，已经进入了历史上之野蛮时代的中期。野蛮中期的主要家族形态，应该是对偶婚家族，但是生番诸部族中，甚至还有亚血族婚家族存在。据《番社风俗》载，傀儡番"三世外，即互相嫁娶。"又云："（琅峤）各番结婚不问伯叔之子，自相配偶。"按"三世外即互相嫁娶"，即同一曾祖母的兄弟姊妹可以互相结婚；而"伯叔之子，自相配偶"，则是结婚的范围，仅仅排除嫡亲兄弟姊妹间的血族群婚而已。从这里我们可以看出，傀儡、琅峤诸番当接触文明以前，也许尚未走出蒙昧时代的历史境界。

傀儡、琅峤诸番虽尚保持亚血族婚的家族形态，但已经不是典型的形态。按典型的亚血族婚，是同一原始人群中男女互为婚姻，而傀儡、琅峤诸番，则已形成了氏族，他们的亚血族婚是在男子出嫁的族外婚中进行的。

族外婚的出现，是指明一个男子再不能在自己氏族以内找到结婚的对象，他必须要到外族才能找到他的妻。换言之，即同族的兄弟姊妹间的性交已被禁止。但是男子出嫁的族外婚，并不排除伯叔之子乃至三世以外的亲属之互为婚姻。因为在男子出嫁的族外婚中，本族的男子都要嫁到外族，女子则全部留在族内，作为家系追溯的主体，这样兄弟与姊妹便各属于一个氏族。同时，一个氏族的男子，可以嫁到同一氏族，也可以不嫁到同一氏族，这样，兄弟与兄弟，也可能不属于同一氏族。因而兄弟之子可以嫁给姊妹之女为夫，姊妹之子也可以嫁给兄弟之女为夫；同样，兄弟与兄弟的子女，也可以互为婚姻，这就是"伯叔之子，自相配偶"的内容。至于兄弟姊妹之"子之子"及其更远的后裔，更可以互为婚姻，所以说："三世外，即互为嫁娶。"

傀儡与琅峤的族外婚，以琅峤的比较典型，这是因为琅峤诸番所受的文明影响较之傀儡诸番更为稀薄。据《番社风俗》云："（琅峤诸番结婚前）男女于山间弹嘴琴[①]，歌唱相和，意投则野合，各以佩物相贻，归告父母、土官，另期具豕酒，会土官、亲戚，赘入妇家。反目，男再娶，妇将所生子女别醮。"从这里，我们不但可以看出琅峤诸番的婚姻是男子出嫁，而且并可以看出他们还保有原始杂婚之浓厚的色彩。这种色彩就表现于男女在结婚以前乃至结婚以后，都有性交的绝对自由，他们自由结婚，也可以自由离婚。

上书又云："（傀儡诸番），未婚时，男女歌唱相合，男随女肩，女负薪，意既投，始告父母聘之。反目，即时分离，男再娶，女别嫁。"又云："（傀儡诸番）土官，无论男女，总以长者承嗣，长男则娶妇，长女则赘婿，家业尽付之，甥即为孙，以衍

①《番社风俗》云：嘴琴，"削竹为弓，长尺余，以丝线为弦，一头以蒲篾折而环其端，承于近弰，弦末登系于弓面，咬其背，爪其弦，自成一音，名曰'突肉'。"

后嗣。"从这里我们可以看出在傀儡各部族中，一般还是男子出嫁，同时，女子出嫁也萌芽了。

即因男子出嫁，女子留在本族，所以傀儡、琅峤诸部族的社会，都还是母系氏族社会。《番社风俗》云："（琅峤诸番）其俗重母不重父。同母异父，俱为同胞；同父异母，直如陌路。呼父曰'阿妈'，称叔伯、母舅如之；呼母曰'惟那'，称婶母及姈亦如之。"从这里我们可以看出琅峤诸番对于"父之兄弟"及"母之兄弟"俱称曰"父"，对于"父之兄弟之妻"及"母之兄弟之妻"，俱称曰"母"。这种称呼并不偶然，正是说明他们对于父母还没有明确的认识。至于傀儡番以家业尽付赘婿，赘婿之子（亦即其女之子）即以为孙，更是母系氏族社会的明证。

在生番诸部族中，还有许多部族正在从母系氏族过渡到男系氏族，如内优、崇爻、阿里山诸部族中，有些已经是男子出嫁与女子出嫁并行①。南嵌、淡水、鸡笼、山朝诸部族中，有些已经是女子出嫁多于男子出嫁②。这种婚姻形态的改变，说明了在这些部族中母系制已经到了末日。

此外，卑南觅诸生番部族的婚姻，《番俗六考》曾有记载③，但未说明出嫁外族的是男子，还是女子；不过从其中所载，"父母亡，视若路人"一语看来，则他们的家族，也许还是血族群婚。

---

① 《番社风俗》谓内优、崇爻、阿里山诸社番，"男女私合，父母知之，则会饮议婚。同饮者倩一人为媒，遂定偶。工作之暇，两家订期酿酒成婚，或娶或赘不等。"

② 同上书谓南嵌、淡水、鸡笼、山朝诸社，"既娶曰'麻民'，未娶曰'安辘'。自幼倩媒，以珠粒为定。及长而娶，间有赘于家者。"

③ 《番俗六考》云："（卑南觅诸番）婚嫁，男女十余岁时，男以镖为定，迄成婚，略无聘礼。反目，男女各择匹偶方离。"

（二）熟番诸部族的家族形态

熟番诸部族中，如武洛、目加溜湾诸番，乃至发展到田野农业生活之大杰巅番，他们的婚姻都是男子出嫁的族外婚。

《番社风俗》云："（武洛诸社番）不择婚，不倩媒妁，女及笄，构屋独居，番童有意者弹嘴琴逗之。……意合，女出而招之同居，曰'牵手'。逾月，各告于父母，以纱帕、青红布为聘，……女父母具牲醪，会诸亲以赘焉。谓子曰'阿郎'，婿亦同之。既婚，女赴男家洒扫屋舍三日，名曰'乌合'。此后，男归女家，同耕并作，以谐终身。夫妇反目，夫出其妇，妇离其夫，不论有无生育，均分舍内杂物，各再牵手、出赘。"

同书又云："（目加溜湾诸番），婚姻曰'带引那'，幼番名'搭密喜'。初订姻，男家赠头箍，以草为之，名'搭搭干'。或以车螯一盂定。将成婚，男、妇两家各烦亲属引男至女家婚配，通社饮酒相庆，名曰'马女无夏'。男家更以铜铁手钏及牲醪送女家。或夫妇离异，男离妇者罚粟十石，妇离男者亦如之。男未再聚，女不得先嫁。反是，罚番钱二圆。私通被获，投送土官，罚酒豕，鸣于众，再罚番钱二圆。未嫁聚之男女不计也。"

同上书又云："（大杰巅社）婚姻名曰'牵手'。订盟时，男家父母遗以布。'麻达'（番未聚者）成婚，父母送至女家，不需媒妁。至日，执豕酌酒，请通事（翻译）、土官、亲戚聚饮贺新婚，名曰"猫罩佳里'。夫妇反目，即离异。男离妇，罚酒一瓮，番银三饼；女离男，或私通被获，均如前例。其未嫁聚者不禁。"

从以上的记载可以看出，武洛、目加溜湾及大杰巅诸社番的婚姻都是男子出嫁。男子出嫁以后，就成为其所嫁之氏族的成员，参加这个氏族的劳动，享有这个氏族的财产。关于这一点，从武洛诸社番对于"子"与"婿"的称呼相同，以及离异时男子有权分其妻舍内什物等，可以看出。

熟番和生番，虽同为男子出嫁，但有一点不同，即生番的离异完全自由；而熟番诸部族，则发动离异者有罚。生番对于已婚男女之通奸，未言有罚，而熟番诸部族则罚如离异。这就说明了在熟番诸部族中，女子在结婚以后的性交自由，已被剥夺了。

在熟番中，又有一些部族如大武郡诸社番、南北投诸社番、大肚诸社番、蓬山后垄诸社番，其婚姻皆系男子出嫁与女子出嫁并行。

据《番社风俗》云："（大武郡番）自幼订姻用螺钱，名'阿里扣'。及笄，女家送饭与男家，男家亦如之。定婚期，番媒于五更引婿至其家，天明告其亲，宴饮称贺。亦有不用定聘，薄暮男女梳妆结发，遍社戏游，互以嘴琴挑之，合意遂成夫妇。……其俗，惟长男娶妇于家，余则出赘。"

同上书云："（南北投诸社番）婚姻曰'绵堵混'，未娶妇曰'打猫堵'。男家父母先以犬毛纱头箍为定，或送糯饭。长则倩媒。娶时，宰割牛豕，会众叙饮。男赘女家亦如之。如有两女，一女招男生子，则家业悉归之；一女即移出。如无子，仍同居社寮。夫妇反目，男离妇，必妇嫁而后再娶；妇离男，必男娶而后再嫁；违则罚牛一只、车一辆。通奸被获，男女各罚牛车，未嫁娶者不禁。"

同上书又云："（大肚诸社番）婚姻曰'三问'。男女先私通。投契，男以银锡约指赠女为定，曰'猫六'，女倩媒告之父母，因为主配，或娶或赘。届期会众设牲醴相庆。不谐即离，妇不俟夫再娶先嫁，罚酒一瓮。私通被获，鸣通事、土官，罚牛一，未嫁娶者勿论。"

同上书又云："(莲山、后垄诸社番)嫁娶曰'诣猫麻哈呢'。娶妇先以海蛤数升为聘,竹堑间用生鹿肉为定。……杀牛饮酒,欢会竟日,……一女则赘婿,一男由娶妇。男多则听人招赘,惟幼男则娶妇终养;女多者听人聘娶,惟幼女则赘婿为嗣。夫妇服必逾年而后嫁娶,不和或因奸则离。夫未娶,妇不敢先嫁,嫁则罚妇及后夫并妇之父母各玛瑙珠一串,或牛一只以归。后夫不受罚,则纠其亲众,负弓矢,持镖刀,至后夫之家,拆毁房屋、仓困,土官、通事不能禁。私通亦然,强者将其妇及奸夫立杀死。或与'麻达'通,只罚妇酒一瓮,'麻达'不问。女与'麻达'通,亦不问。"

从以上的记载中可以看出,上述诸番部族均正在从男子出嫁过渡到女子出嫁。如大武郡诸番则长男娶妇,南北投诸番有两女则一女出嫁,大肚诸番则或娶或赘,蓬山后垄诸番女多则听人聘娶,惟幼女不嫁。同时,在这种过渡的婚姻中,我们又可以看出,女子在结婚以前的性交自由也被剥夺了。在上述诸部族中,除大肚诸番是由男女私通而结合,其余皆系以聘礼代替了过去的自由恋爱。至于女子在结婚以后的性交自由,更是被严厉的禁止,如前所述,在蓬山后垄诸番社中,一个女子如果和她的夫以外之另一个男子通奸,她就有被处死的危险,而这在过去是没有的。

在熟番中,有些部族,如水沙连诸番,大武郡之东螺社、南社、猫儿干社,他们的婚姻,已经是女子出嫁。

据《番社风俗》云："(水沙连)婚姻曰'闵言'。未娶曰'胡子辖',亦曰'麻达',未嫁曰'麻里斯宾'。不待父母媒妁,以咀琴挑之;相从,遂拥众挟女以去,势同攘敓。后乃以刀斧、釜铛之属为聘,女家以鸡、豕、达戈纹酬之。通社群聚欢饮,与外社男赘女家不同。"

同上书又云:"东螺社,幼时两家倩媒说合,男家用螺钱三五枚为定。娶时,再用数钱。或姊妹、妯娌迎新妇入门,男女并坐杵臼上,移时而起。……三日后,新妇随姑请母氏会饮。"

《番社采风图》云:"南社、猫儿干二社番,……其子孙婚配,皆由其父母主婚,不与别番同。"

总上所述,熟番的婚姻是正在从男子出嫁过渡到女子出嫁的过程中。这种婚姻所表现的家族形态,有些应该是对偶婚家族,有些则正在走向或已经是一夫一妻制家族。他们的社会,有些应该是母系氏族,有些则正在走向或已经是父系氏族。

(三)生番及熟番的氏族组织

台湾的番族,不论是生番或熟番,都已经形成了以血缘为基础的氏族组织,不仅形成氏族,而且还形成了由氏族组成的胞族,由胞族组成的部族。

不论是氏族、胞族或部族,番人皆称之曰"萨鲁屯",汉人皆称之曰"社"。过去的学者不懂得氏族、胞族和部族的分别,他们称氏族或胞族为小社,部族为大社。据《番俗六考》云:"(凤山诸番)大社辖十余社或数社不一。"这就是指明在凤山境内,已经有由几个或十几个氏族所组成的胞族或部族。如果没有文明人的侵入,台湾的番族也可能形成他们自己的种族国家。

每一部族大约有多少人?论者不一。何乔远《闽书》谓"社或千人,或五六百人。"《东宁政事集》谓"社之大者不过一二百丁,社之小者止有二三十丁。"《理台末议》谓"或数十家为一社,或百十家为一社。"但我以为这些不同的数字,并不矛盾,因为他们或指氏族的人口而言,或指胞族部族的人口而言,故有多有少。大概每一氏族多者一二百人，少者二三十人；每一胞族或部族，多者千人，少者五六百人。

氏族、胞族及部族皆有酋长，酋长有一正一副。《东宁政事集》云："各社有正副土官，以统摄番众。"《番俗六考》云："每社各土官一，仍有副土官、公廨（小头目），小社仅一土官。"这种正副酋长制亦名"两头军长制"。

酋长是由氏族大会选举的。氏族大会有五年开一次的，有三年开一次的。《番社风俗》云："山前山后诸社，例于五年，土官及众番百十围绕，各执长竹竿，一人以藤球上掷，竞以长竿刺之，中者为胜，番众捧酒为贺，名曰'托高会'。酒酣各矜豪勇，以杀人头多者为雄长。"同书又云："（琅峤番）三年则大会，束草为人头，掷于空中，各番削竹为枪，迎而刺之，中者为'麻丹毕'，华言'好汉'也。各番以酒相庆，三日乃止，与傀儡略同。"这种以刺假人头为比武的"托高会"就是他们的氏族大会。比赛就是他们的选举，谁刺中人头最多，谁就被推举为酋长。推定以后，全氏族大宴三天，庆祝新酋长就职。

台湾番族为什么要以刺杀假人头为竞选酋长的方式？我在前面已经说过，他们在征服者的迫害掠夺与剿灭之下，除了武装抵抗，已经退无可退了。为了抵抗"文明的灾难"，从而保卫他们最后的生存根据地，他们需要英勇的酋长。

在台湾番族中，酋长的世袭已经出现。例如在傀儡诸部族中，有些酋长就是以酋长的长子或长女承嗣；但也许在形式上还要经过氏族评议会的承认。

在番族中，无论男女都可以当选为酋长。在酋长要选举的部族中，女子如能获得刺中假人头的冠军，她同样可以当选为酋长，在酋长世袭的部族中，只要她是酋长的长女，她也就是当然的继任酋长。

酋长的主要任务是指挥战斗。这种战斗有些是抵抗征服者的侵略，有些是他们部族之间的内讧。《台海使槎录》云："雍正癸卯秋，心武里女土官兰雷为客民（汉人）杀死，八歹社、加者膀眼社率领番众数百，暗伏东势庄，杀死客民三人，割头颅以去。"何乔远《闽书》云："有隙，邻社兴兵，期而后战，相杀伤，次日即解怨，往来如初。"前者是反抗征服者的战斗，后者是内讧。

关于番族的战斗，《理台末议》曾有如次之描写："（番）性好勇尚力，所习强弩、铁镖、短刀，别无长刃、利戟、藤牌、鸟枪之具。或以邻社相恶，称兵率众，群然讧斗，然未尝有步伐止齐之规。斗罢散去，或依密林，或伏草莽，伺奇零者擒而杀之。所得头颅携归社内，受众称贺，漆其头，悬挂室内，以较多者称为雄长。"

酋长第二个职务是裁判。如男女离婚或犯奸，皆投诉酋长，酋长依照习惯予以一定之处罚。

酋长第三个职务是和解族内的一切争斗。《番社风俗》云："社番间有角口，无相殴者；有犯，土官今公廨持竹木横击，将其器物尽为弃掷。"

此外，当举行氏族祭时，酋长是主祭，当氏族成员结婚时，酋长是证婚人。

番族的酋长和一般氏族成员，已经渐渐有了区别，这种区别从很多地方表现出来。例如以文身而论，"正土官刺人形，副土官、公廨只刺墨花而已，女土官肩臂手掌亦刺墨花，以为尊卑之别。"（《番社风俗》）以衣饰而论，一般氏族成员皆着鹿皮，而酋长则着熊皮豹皮；氏族成员皆戴草箍，而酋长则戴垂有朱缨或缠以纹锦之"王冠"。以宴会而论,"土官先酌,次及副土官、公廨,众番相继而饮。"《番社风俗》)以敬礼而论,"(众番)亲朋相见,以鼻彼此相就一点;小番见土官,以鼻向土官顶后发际一点。"《番社风俗》)以丧仪而论,酋长死,可以游尸,而众番不敢。又"土官死,则本社及所属各社老幼亦服六月。其服,身首缠披乌布,通社不饮酒,不歌唱。"

不仅如此,在某些部族中,酋长已经开始了剥削生活。例如傀儡诸番社,"小番栽种黍米、薯芋,土官抽取十分之二;至射猎獐鹿、山猪等兽,土官得一后蹄。"(《番社风俗》)"卑南觅社,有犯及获兽不与豚蹄,以背叛论,即杀之。"(同上)此外,傀儡番"凡嫁娶,则以鼎珠、刀布为聘,土官取其半。"这些,都是剥削的萌芽。

至于熟番诸部族的酋长,他们并以双重人格出现。一方面,他们是氏族的酋长,另一方面,他们又是征服者的种族奴隶总管。当作氏族酋长,他们不应该有剥削氏族成员的权力,即使剥削,也不过如上所述,但当作一个征服者的种族奴隶总管,他的职务就是剥削同族,替征服者征收贡物,征发徭役。

在诸番部族中,是否有氏族评议会的存在,不得而知。但据《理台末议》云:"台湾归化土番,散处村落,……社立一公所,名曰'公廨',有事则集。"《凤山志》云:"土官有正副,大社五六人,小社三、四人,各分公廨(管事头目亦称公廨),有事则集众以议。"从这里,我们知道各社酋长都有一个办公厅,这个办公厅就是后来宫殿之前身。我们又知道,有事则集众以议,酋长并不能独裁,这里所谓聚众而议,可能就是氏族评议会。

部族与其所属的各氏族之间,保持着密切的联系,他们经常有公文来往,传达公文的是未成年人,《番社风俗》云:"(大武郡番）凡差役，皆麻达所任，束腹奔走，倍为趫捷。"又云：
"（武洛社番）麻达用'咬根住'（即萨豉宜）击镯鸣声，另用
铁片系腰间以助韵，传送文移，行愈疾，声愈远。"

此外，有通事，掌与征服者之交换及纳贡。又有"能书红毛
字者号曰'教册'，掌登出入之数，削鹅毛管濡墨横书，自左而
右。"（《凤山志》）

以上就是氏族组织的大概。总之，在台湾番族中，家族形态
还是很原始，一般都还停留在男子出嫁的族外婚，氏族的中心，
还是母系。《台湾采风图》云："番俗以女承家，凡家务悉以女
主之。"正是一个最好的说明。在社会关系方面，原始的民主主
义依然存在，酋长还没有成为氏族成员之"上帝"。私有制度还
没有成立，虽然也有了剥削的萌芽，但还没有专靠剥削以为生的
阶级。因而在他们之中还没有出现最初的奴隶。

五　台湾番族的意识诸形态

（一）言语与外来文字

言语和文字是表达人类意识之最主要的工具。台湾番族只有
言语而无文字，这和他们的社会经济内容是相适应的。因为他们
还没有走出野蛮时代，而文字则是在文明时代的起点，才最初诞
生的。

没有文字，并不妨碍人类的意识之仍然可以表达，只要有了
音节的言语，它就可以沟通人与人之间的思维，从而把他们的思
维用声音传播出来。他们所欠缺的，只是没有纪录这种声音的符
号，因而不能把思维保存下来。

番族的言语都是复音。例如他们称"电"为"力巴力巴"，称"虹"为"打利包皆"，称"雷"为"临萨哈"，称"马"为"哈阿麻"，称"狗"为"阿都"，称"鸭"为"哈拿哈拿"，称"鸡"为"孤甲"。从这里，我们可以看出他们对于事物的称呼有些是形的缩写，如电曰"力巴力巴"，即象征其内烁。有些是音的模仿，如鸭曰"哈拿哈拿"，鸡曰"孤甲"，即以鸡、鸭之叫声以名鸡、鸭。

番族的言语已经发展到完全的形态。据余文仪《续修台湾府志·番语篇》所载，其中有各种语汇，如天文、地理、人体、动物、植物、家族称呼、时间、数目等等，无不具备。这里值得指出的，就是在时间的语汇中，没有春夏秋冬；在数目字的语汇中，只到万字而止。此外在家族称呼的语汇中，向上只及祖父祖母，向下只及子女，这证明他们三世以外，即不相识，实为可信。

番语中，不仅名词完备，也有动词、形容词等。而且他们还能把名词、动词、形容词缀成一种诗歌，用诗歌纪录他们祖先的故事。例如《搭楼社念祖被水歌》云："咳呵呵，咳呵嘎，祖公当时洪水发，漂房屋，冲禾稼；众番纷纷走，登山如病猿；无柴米、无田园，众番艰苦不堪言。"又《武洛社颂祖歌》云："嘻呵浩，孩耶嘎，提起我祖，英武绝天下，傀儡山族闻风怕，至今傀儡尚胆寒，不敢越界启衅端。"

番族的言语，各部族间略有差异。例如有些番社称"父"曰"耶妈"，有些则称"阿兼"；有些称"母"曰"摆奄"，有些则称"儿剌"。有些部族称"雨"曰"利麻那"，有些则称"乌达"；有些称"星"曰"萨哈兰"，有些则称"爱萨拉息"。诸如此类，不胜枚举。但这种歧异，并不是他们的言语系统不同，只是后来地方分化的结果。

如果没有文明种族的侵入，台湾番族必然能够产生他们自己的文字；但是有了文明人的侵入，他们就会使用文明人的现存的文字。

具体的事实指示出来，自荷兰人侵入台湾以后，在番族中，如大杰巅社、武洛社番即有能书荷兰文者，掌登记出入。以后汉人设治，番人识汉字者，日益加多。

据《续修台湾府志·土番社学篇》所载，郑成功曾首创番学，清代继之，益加扩充。计所设番学，在台湾者3所，在凤山者8所，在诸罗者9所，在彰化者17所，在淡水者6所，共计43所。这些番学皆以汉人之通文理者为教师，给以馆谷，使教诸番童。

这种政策，不久就收到了效果。《台湾采风图》云："递年南北路巡历，宣社师及各童至，背诵《四子书》及《毛诗》，岁科与童子试，亦知文理，有背诵《诗》《易》经无讹者，作字颇有楷法。"

《番俗通考》亦云："迩年（乾隆二十三年）以来，各社番众，衣衫半如汉制，略晓汉语，肄业番童，薙发冠履，诵《诗》读《书》，习课艺，应有司岁科试，骎骎乎礼教之乡矣。"

近50年来，在日本统治之下，台湾的番人，也许有些人又学会日语乃至日文了。

（二）图腾的信仰与咒术

台湾野番诸部族中，是否尚有"万物有灵"之原始宗教的存在，文献无征。惟生番和熟番部族中，则确有图腾信仰与咒术之存在。

据《番社风俗》所载，自新港以至淡水，"各社俱不敢食犬"。"沙辘、牛骂不食牛，牛死委于道旁。"山猪毛、傀儡诸社番"土官畜鸡犬，却不食。"琅峤诸社番"不食鸡"，"以为神"。这些都是以家畜为图腾的例子。

同上书又云："（武洛诸社番）以坚木为木牌，高三尺余，阔二尺，绘画云鸟以蔽身。"这就是以自然现象和鸟类为图腾的例子。

此外，在番社的名称中，有阿猴社、猴洞社、猴猴社、山猪毛社、鹿楮社、三貂社、狮头社、狮尾社、东螺社、西螺社、大龟纹社、芋匏社，这些社名好像都是意译。假如真是意译的话，那么像猴、山猪、貂、狮、螺、龟以及芋匏等动物和植物，都成为番族的图腾了。

又如番人称"猪"曰"猫务"，而彰化有"猫务揀社"。如以意译，或即"猪社"。假如能将所有的社名都意译出来，我想一定可以发现许多奇异的图腾。

番人无论狩猎或农耕，皆于事前举行鸟卜，以决吉凶；此外，又有咒术。《诸罗志》云："斗六门旧有番长，能占休咎。"《番社风俗》云："（大肚番有丧，）十二日后，请番'神姐'祈禳。"据此，则除酋长自兼宗教师以外，又有女巫。

执行咒术的，多半是女巫。《稗海纪游》云："（余游大肚社山中），有番妇至，蓬首瘠体，貌不类人，举手指画，若有所欲。余探得食物与之。社人望见，亟麾之去。曰：'此妇有术，善祟人，毋令得近也。'"

关于咒术的内容，《番俗六考》曾有如册次之记载："庄秀才子洪云：'康熙三十八年，郡民谢鸾、谢凤，借堪与至罗汉门卜地，归家俱病，医疗罔效。后始悟前曾乞火于大杰巅番妇，必为设'向'（向即咒术）。适郡中有汉人娶番妇者，因求解于妇，随以口吮鸢、凤脐中，各出草一茎，寻愈。番妇自言，初学咒时，坐卧长久，如一树在前，卧而诵向，树立死，方为有灵。"《诸罗志》云："作法诅咒名'向'，先试树木，立死，解而复苏，然后用之；不则恐能'向'不能'解'也。……擅其技者，多老番妇。田园阡陌，数尺一代，环以绳，虽山豕、麋鹿弗敢入。汉人初至，误摘啖果蔬，唇立肿，求其主解之，为按视，转辄推托而佯瞬平复如初。近年附郭诸社畏法不敢；稍远，则各社皆有。或于笒箸中取鹅卵石置于地，能令飞走，喝之则止。"

从这里，我们知道擅咒术的大半都是老番妇。她们的咒术能致人于死，而亦有解咒之法。咒术的作用则是为了保护他们的公有财产。

又据《番社风俗》载，武洛社传送文书的青年，照例用"咬根住"去镯鸣声，另用铁片系腰间以助韵，谓"暮夜有恶物阻道，恃以不恐。"又谓大武郡番人"舍中置鹿头角，有疾者沐发，用以击之，即瘥。"这些大概都是迷信。不过鹿角之被当作宗教的怪物，这在史前人类的社会中几乎是最通行的事，近来考古学家在欧洲各地，在中国的史前遗址中，都发现了用鹿角制的"指挥杖"，这种"指挥杖"今日南太平洋的某些土人，还是被当作宗教的怪物而使用。可惜台湾番人所用以疗病的鹿角我们没有看见，不知其上是否刻有花纹或钻有孔穴，因而使我们无法判断是否与考古学所发现之古人的"指挥杖"及南太平洋土人所使用者有些相同。

（三）祖先的崇拜与埋葬仪式

台湾番族对于灵魂存在之信仰已经发生，因而他们崇拜祖先的观念非常浓厚。《续修台湾府志·番曲篇》中关于这一类的神曲很多。如：

大肚社《祀祖歌》云："今日过新年，都备新酒赛戏祭祖先；想我祖，何等英雄！愿子孙，都和他一样英雄！"

淡水各社《祀祖歌》云："虔请祖公，虔请祖母，你来请用酒，你来请用饭和菜，保佑年年禾稼长得快！自东到西收成好，捕获的獐鹿吃不了。"

从这里，可以看出，每当新年，即二月耕种之时，番人各部族都要举行大规模的氏族祭。在番人的祭坛上，祖母和祖公是并坐的，这就是说，在人间的世界中，女子尚没有变成男子的附庸。他们用以祭祀祖先的，有酒，有菜，有饭，而其祭祀的用意，则是祈求祖先保佑他们无论在耕种方面或狩猎方面，都有很好的收获。换言之，就是希望有一种超人的力量来提高他们的生产。

番人死，俱埋葬。埋葬的方式，诸部族间各有不同。

有用棺埋葬的，如大杰巅诸社番，"不论贫富，俱用棺埋厝内。"南嵌、淡水诸社番，"番亡用枋为棺，瘗于厝边。"大武郡诸社番，"富者棺木，贫者草席或鹿皮衬土而殡，""瘗厝边。"

有用木板埋葬的，如武洛诸社番，"用板合成一盘，置尸于内，""葬所卧床下"。目加溜湾诸社番，"用木板四片殓葬竹围之内"。

有用石板坐葬的，如水沙连诸社番，"葬用石板四块，筑四方穴，屈曲尸膝，坐埋于中，上盖以石板，覆以土。"傀儡诸社番"埋葬于屋内挖穴，四围立石，先后死者次等坐葬，穴中无棺木，只以番布包裹其一份物件，置尸侧，大石为盖，米粥和柴灰粘石罅，使秽气不泄。"又琅峤诸社番，亦系于"厝内筑石洞以葬，石板封固，"惟未言坐葬。

有用大窑缸埋葬的，如大武垄头诸社番，"以大窑缸作棺，瘗本厝内。"

有用草席裹葬的，如南北投诸社"番死，老幼裹以草席，瘗本厝内。"

有裸葬的，如蓬山、后垄诸社，"番死，男女老幼皆体，用鹿皮包裹，亲属四人，异至山上，用鹿皮展铺如席，将平生衣服覆身，用土掩埋。"内优、崇爻诸社番，"男妇弥留，将平生所有之衣尽著于体。既死，衣尽脱去，裸葬厝内。"

从这种不同的埋葬方式，可以看出他们埋葬方式的变迁，大概最初是裸葬，以后用草席裹葬，更后用大窑缸或木板埋葬，最后用木板或棺木埋葬。

除琅峤、内优、崇爻、阿里山、水沙连以外，其余诸番社，皆用死人平生的衣服用物之一半乃至全部殉葬。这种用死者衣服殉葬的动机，一方面是说明这些番人具有灵魂存在之信仰，他们以为死人和活人过着一样的生活，只是生活在一个不同的世界，所以死人必须要带走他生前所用的一切，因而即使是裸葬，也要在其将死之际，将其所有的衣服，替他穿上，这样，死者的肉体，虽然是裸体，而他的灵魂则穿了衣服。在另一方面，又暗示这些部族，衣服用器已属于个人私有，所以到死后，还是为他所有。

此外，除内优、崇爻、阿里山及南嵌、淡水诸社，没有居丧仪节，其余诸番部族，均有丧服与服期。丧服的颜色，各部族亦不尽同，或用皂色，或用白色，或用乌色，或用蓝色。服期亦有长短，至短者三日，其次十日，十二日，二十余日，又次三月，半年，最长一年。这些都是依据各部族之传统的习惯以及血缘关系之确立的程度而决定。

（四）文身贯耳黑齿束腹及其他装饰

文身是南太平洋系人种最一般的风俗。因为热带的土人，往往赤身裸体，他们不能用衣服来装饰自己，就只有在他们身体上刺上花纹。

台湾诸番大抵皆有文身的习惯。文身在番族中不是一种随便的游戏，而是在盛大的氏族祭中，当作执行祖先之遗嘱而进行的。《诸罗志》云：“文身，皆命之祖父。刑牲，会社众饮其子孙。至醉，刺以针，醋而墨之。亦有壮而自文者。世相继，否则已焉。虽痛楚，忍创而刺之，云不敢背祖也。”

文身，大半都在结婚前后举行。《番社风俗》云：“（傀儡番）至娶妻后，即于背肩胸堂、手臂、两腋，以针刺花，用黑烟文之。”又云：“（水沙连所属）北港女将嫁时，两颊用针刺如网巾纹，名‘刺嘴箍’，不刺，则男不娶。”《诸罗志》谓岸里、内优、礁吧哖、芋匏，阿里史、大肚诸社番女，亦“绕唇吻皆刺之，点细细黛起，若塑像罗汉髭头，共相称美。”据此，则文身恐系“成年式”典礼中最主要的一个节目。因为不文身，即不足以表示其为成年人，而且氏族首长也就认为这是不接受祖先传下来的遗教，因而就不算祖先的子孙。自然习而久之，大家也就觉得是一种美的装饰。例如男子于婚后必文身，女子不刺嘴箍则男不娶，这就证明必须文身，才能吸引异性的爱。

文身的花纹，各部族皆有自己传统的图案，不能随便乱刺。例如北港女两颊刺“网巾文”。又如《稗海纪游》谓“渡溪后，过大甲社（即蓬山）、双寮社、至苑里社、御车番人，貌甚陋，胸皆雕青为‘豹文’”。此外，《番境补遗》谓“（斗尾、龙岸番），文身文面，状同魔鬼。"《稗海纪游》谓"大武郡社番文身者愈多。"可惜不知所刺花纹。假使当时有人把台湾两百多个部族文身的花纹摹绘出来，那真是一部最好的"台湾番族绘画集"。

文身的区别，不仅存在于部族与部族之间，也存在于酋长、副酋长、小头目与氏族成员之间。如前所述，在傀儡诸番社中，正、副土官、公廨及女土官，文身花纹皆有等级，"以为尊卑之别"。大抵人形图案最为尊贵，非正酋长不敢刺；此外则为各种形式的墨花，这些墨花有动物图案，也有植物图案。

除文身以外，番族还有许多我们认为奇异而他们认为美观的装饰。最特别的是贯耳黑齿和束腹。

《番社风俗》云："他里雾以上多为大耳。其始，先用线穿耳，后用蚝壳灰漆木，或螺钱，或竹圈，用白纸裹之，塞于两耳，名曰'马卓'。《裸人丛笑篇》云：'番造大耳，幼缵困，实以竹圈。自少至壮，渐大如盘，污以土粉，取饰观云。'或曰：'番妇最喜男子耳垂至肩，故竞为之。'"

同上书又云："(傀儡番) 两耳穴孔，用蔑圈抵塞。"《稗海纪游》云："(大武郡番) 耳轮渐大如碗。"这些都是贯耳之例。此外，亦有效汉人带耳环者。《番社风俗》谓"二林不为大耳，皆戴铜锡坠。"又谓南嵌、淡水诸番，"耳钻八九孔，带汉人耳环。"

贯耳，一方面是为了美观，同时也是未成年人的一种标志。《番社风俗》云："(南北投番) 麻达两耳如环，实以木板、螺壳。已娶者曰'老纤'，则去塞耳，以分别长幼。"又云："(蓬山、后垄诸社番) 穿耳，实以竹圈，圈渐舒，则耳渐大，垂至肩，乃实以木板，或嵌以螺钱。娶妇，则……摘其耳实。"由此，我们知道成年的番人是不贯耳的。

黑齿之俗，在番族中亦甚普遍。据《番社风俗》载，武洛诸

社番，"每日取草擦齿，愈黑愈固。"傀儡诸社番，亦"以野草黑齿。"惟"大武君之女，时以细砂砺齿，望若编贝。"（《外纪》）

束腹之俗，亦甚流行。《番社风俗》谓东西螺番，"编篾束腹，以图就细。"又谓蓬山、后垄诸社番，"麻达编五色篾束腹至胸，以便奔走。"又云："娶妇，则去其束箍。"据此，因知束腹乃未婚者之装束，其作用，则是使腹"就细"以便奔走。

又关于头发的处理，各番社男女其已婚者，大抵皆披发，束以草箍。亦有于草箍之外，另加木梳，或插竹簪，或插螺簪、鹿角簪者，名曰"忧基网"。马之遴番，多有此类装饰。其未婚者，发分两边梳，结两髻于额角左右，名曰"对对"。但亦有例外，东西螺番幼时剃发，约十余岁留发，成婚后，剃出周围之发，所留顶发，较辫稍大。牛骂、沙辘诸社番，"发皆散盘"。蓬山、后垄诸社番，"则剪发至额"。（《番社风俗》）而大武郡诸社番，则"于发加束，或为三叉，或为双角。"（《稗海纪游》）

此外，番人手足腕俱带铜镯或铁钏。东西螺番两腕所带铜铁钏有多至五六十者（《番社风俗》）。番妇颈上皆有饰物，或挂珠串，或缀螺壳为串，挂以颈项，缨珞累累，环绕数匝以为美观。珠串多用玛瑙珠，亦有用荷兰人之钱币（即红毛钱）及汉人所制之青红南把珠者。螺壳多用白色，方形，其大一寸左右。珠串为头饰，但亦有用以饰于手腕者。

最奇异的装饰，要算腕上束草。《番社风俗》云："（目加溜湾诸社番）麻达手腕缚草垂地，斗走而归，曰"劳罗束"，随插此草户上三日，以为大吉。"又云："（东西螺番）或缚手腕以草，长垂至地，如拂尘状，曰'下候落'。"从上文看来，这种装饰，只是施于未婚的青年，而且似乎只是在竞走的时候才作这样的打扮。

（五）歌舞与番曲

台湾番族的社会，是一个歌舞繁荣的社会。每当节日，特别是春耕和秋收时，他们都要举行盛大的歌舞会。

《番社风俗》云：大杰巅诸社番，"若遇种粟之期，群聚会饮，挽手歌唱，跳踯旋转以为乐，名曰'遇猫堵'。"南北投诸社番，"每年二月间力田之候，名曰'换年'，……数十人挽手而歌，歌呼蹋蹄，音颇哀怨。"

同上书又云：大武郡诸社番，"每年以黍熟时为节，先期定日，令麻达于高处传呼，约期会饮，男女著新衣，连手蹋地，歌呼呜呜。"水沙连诸社番，"收粟时，则通社欢饮歌唱，曰'做田'；携手环跳，进退低昂，惟意所适。"

从这里，我们可以看出，台湾番族的歌舞，还没有和生产脱节，变成像文明人的歌舞一样，是一种舒展有闲阶级肉体与精神的娱乐，而是劳动热情的奔放，是生产力的发扬。他们为鼓励生产而歌而舞，为庆祝收获而歌而舞。

除了春耕秋收以外，他们遇有喜事，也举行歌舞。《番社风俗》云：大武垄头诸社番，"遇吉事，则衣皆白色，群聚饮啖。醉后，歌唱跳舞以为乐。"此外，在举行氏族祭、成年式的时候，也一定会举行跳舞。

关于歌舞会的情形，从以下的纪载，可以略知梗概。

《台湾采风图》云："农事既毕，各番互相邀饮（或先期定日，麻达于高处传呼，约期会饮），必令酒多，不拘肴核。男女杂坐欢呼，其最相亲爱者，亚肩并唇，取酒从上泻下，双入于口，倾流满地，以为快乐。若汉人阑入，便拉同饮，不醉不止。"

《番社风俗》云："汉人至，则酌以待。欢甚，出番妇侑酒，或六七人十余人，各斟满碗以进。客逐碗皆饮，众妇欢然而退；

倘前进者饮，后进者辟，遂分荣辱矣。""酒酣，遂携手歌舞，汉人不与焉。"

《台湾志略》云："每秋成，会同社之人赛戏、饮酒过年，名曰'做年'。男妇尽选服饰华丽者，披裹以出，壮番结五尺鸟羽为冠。酒浆、菜饵、鱼鲊，席地陈设，递相酬酢。酒酣度曲，为联袂之歌。（起舞）男居前二三人，其下妇女连臂踏歌，曲喃喃不可晓；声微韵远，颇有古意。每一度，齐咻一声，以鸣金为起止。"

《番俗六考》云"（沙辘）番妇及猫女为戏，衣锦纻，簪野花，一老妪鸣金，以为进退之节。聚薪燃火，光可烛天。……挽手合围，歌唱跳舞。继复逐队蹋地，先作退步；后则踊跃直前，齐声歌呼，惟闻'得得'之声。"

综合以上的纪载，我们知道各番社的歌舞会，或系预定日期，由未成年人登高传呼；或系诸番互相邀约。氏族公社事先准备酒肴，陈列于公社附近空旷的草坪之中，菜不必要特别好，酒一定要多。在草坪的正中，烧起一堆大火，火光熊熊，把天都照得通红。氏族的男女皆盛装，逐队而来。男的腰围卓戈文或鹿皮，头束草箍，耳贯篾圈或木板，手足腕带满了铜镯和铁钏。女的穿着五色丝织的桶裙，在草箍上还插着野花或鸟羽，颈上挂着玛瑙珠串，或螺壳串铜镯铁钏，环珮巧珰。

这些氏族男女，走进野坪以后，于火堆周围男女席地杂坐，开始群饮。当此之时，各人都拉着自己的爱人，坐在一块，他们并肩接吻，同杯饮酒，真情热爱，如火如荼，只知发泄天真，不知何谓礼教，若有汉人来参观，他们也不拒绝，亦请其饮酒。那些番妇，并成群地和汉人干杯。

酒既酣，这些氏族的男女便开始歌舞。在他们之中，还没有"以出卖声音为职业"的"歌人",也没有"以出卖拥抱为职业"的"舞女",每一个男、女,都会唱歌,都会跳舞。更没有像文明世界跳舞场中鼓吹的乐队,唯一的乐器是一面铜锣,也许有"打布鲁"(打布鲁,以木为之,如唢呐状,声亦相似)伴奏?"丝不如竹,竹不如肉,"这里,完全是肉的交响。

铜锣一响,舞蹈便开始了。在熊熊火光的周围,男男女女结成舞队,挽手合围,连臂踏歌。每一舞队中,以男子二三人为导,以次都是妇女。最初是牵手合围,缓舞轻歌;以后便逐队踏地,低昂进退;最后则踊跃直前,歌呼乌乌。当此之时,歌音抑扬,舞态翩跹,环珮之声铿锵,与踏地之声得得,相应而鸣,奏出了人类情感之节拍,"人籁不如天籁",这里完全是"天籁的演奏"。

在番族中没有诗人,但他们却有很好的诗歌,也没有作曲家,但他们却有千人大合唱的曲调。他们每一个人都是诗人,都是作曲家。梦想者还没有出现于这样的社会之中,因而他们的诗歌都是和他们的生活密切相关的。伪善者尚不存在,因而他们的诗歌都是人类情感之真正的共鸣。堕落到依靠别人的劳动以为生的剥削者还没有出生,因而他们的歌唱的调子决无靡靡之音,都是充满了生命之热力的雄壮而朴素的调子。写实主义的风格,人民本位的内容和雄壮朴素的曲调,正是番人诗歌的内容。

《府志·番曲篇》曾录番曲若干阕,有音无文,注文中有汉文的意译。其中除上引的《祀祖歌》《颂祖歌》以外,尚有《庆丰年歌》《种稻歌》《种姜歌》《捕鹿歌》《耕捕会饮歌》《娶妻歌》和许多情歌。原书汉文的译词拙劣,我请我的朋友田汉先生根据原来的汉译,重译一次,现在我把田译的番曲摘录几阕:

诸罗山社庆丰年歌

黄金为谷白玉棉，
家家酿得酒如泉。
社中子弟舞欲颠，
但愿明年似今年。

萧垄社种稻歌

同伴莫踟蹰，
种稻须及时。
愿天降霖雨，
入冬无寒饥。
田间高歌颂神麻，
鸡豚满盘酒满瓯。

大武郡捕鹿歌

今日欢会饮一斛，
明日及早去捕鹿，
但愿归来心不愁，
人人都有鹿一头。
得鹿易银去还饷，
还了饷来喝几两。

大武垄头耕捕会饮歌

耕种胜过往年间，
上山同捕鹿，

切莫遇生番；

酿得好美酒，

大家来参加，

来参加，

脸上泛红霞，

泛红霞，

不醉不回家。

以上都是歌颂生产的诗歌。下面再摘录几首情歌。

牛骂、沙辘二社思归歌

上山去捕鹿，

思念妻子小肉肉。

快快还家跑下山，

免得妻子望眼穿。

蓬山八社情歌

夜间听歌声，

独卧心快快，

忽闻鸟雀喧，

疑是旧人访。

起来迎旧人，

原来风吹竹枝响，

呵！旧人如此萦梦想。

麻豆社思春歌

夜间辗转不能寐，

枕上点点相思泪。

梦中见伊白如雪，

今日寻到伊门前，

心中欢喜不可说！

猫务揀社男女会饮应答歌

幼番请番妇先歌，

番妇请幼番先歌，

幼番曰：

——汝妇人贤且美；

番妇曰：

——汝男子英雄兼捷足。

幼番曰；

——汝妇人在家能养鸡豕，

　　又能酿美酒。

番妇曰：

——汝男子上山能捕鹿，

　　又能耕田播百谷。

一时众番男女声谐和，

欢天喜地饮且歌，

　　从以上的歌辞中，我们可以听到人类真诚直率而又热烈的声音。在这种诗歌中，没有丝毫的虚伪欺骗和假装的爱恋。可惜这样的声音已经渐渐消逝于所谓"文明时代"的历史之中；到现在，剩下来的，只是几支遗曲，供人回味而已。

1946 年 10 月 16 日

（上海《开明书店二十周年纪念文集》，开明书店 1947 年 3 月出版）

关于台湾的石环及其他

——复李规先生

李规先生：

你的信很侥幸地送到我的手里，我以最大的喜悦读完了你的信。从你的信上，我知道你是一个有志于史学研究的青年，特别是对考古学与民俗学感到最大的兴趣。从你对石环所作的记录，以及在民族方面之敏感，你的头脑之精细使我惊奇。假如你真能把历史研究当作你的终生事业，你将来的成就是不可限量的。

你在台湾得到两个石环，从你信上的说明和照片上所显现的形式看来，毫无可疑这类的石环是属于南太平洋史前文化中之粗石环的类型。这种形式的石环，在香港附近的舶寮岛和广东海丰，在马来半岛和南洋某些岛屿上，均有发现。现在你在台湾又找到了这种粗石环，这至少证明了台湾的史前文化和中国东南沿海乃至南洋的史前文化，可能有着亲属关系。

不过，这种粗石环文化无论在中国东南沿海或南洋，它往往是印纹陶的伴随物，正犹如在仰韶文化中的三足器之于彩陶，在龙山文化中的卜骨之于黑陶，同样是孪生的兄弟。因此，我希望你更有一次幸运，能够在台湾发现类似舶寮岛和海丰所发现的印纹陶，则我们对于台湾的史前文化乃至台湾番族（高山族）的人种来源问题，就可以获得更多的知识。

在台湾寻求印纹陶,我以为并不是一种渺茫的事情。因为这一类型的陶器,在福建武平已有发现(见《南洋学报》第五卷第一期,1948 年 6 月),在日本亦有发现(见鸟居龙藏《有史以前之日本》)。它决不能跳过台湾飞渡日本。台湾至少是印纹陶东渡日本的一个驿站。根据既有的发现,我们可以假定,印纹陶文化的老家是在南洋,那么,从马来半岛经中国东南沿海、台湾、琉球东至日本,是这种文化经由的一条路线。假如我们在这条文化线上过细搜查,可能有更多的发现。

在来函中,使我最感兴趣的,是你告诉我在这次大战中,日本人曾利用台湾番人与南洋某海岛上的土人通话,竟发现双方语言是相同的。假如这一故事是真实的,那简直是一个奇迹。这个事实至少证明台湾土番与南洋某一海岛的土人,他们原来是属于同一语言系统的人种。不过奇异的,就是在长期的历史时期中与遥远的地理隔离中,他们的语言竟没有因此而发生歧异。以我推想,也许是保存着相同的语根吧?这个故事关系台湾土番之人种来源至为重要。我希望你能就近调查出通话双方的种族名称,让我们将来有证实的机会。

关于台湾番族的研究,我去年曾经写了一篇《台湾番族考》的论文,约四万言,载《开明书店二十周年纪念论文集》。在这篇论文中,我根据中国文献上关于台湾番族的生活习惯之记录,对番族的社会、经济、家族、文化,曾作过有系统的说明。从我所获得的资料中,我发现台湾番族是来自南洋,是中国古百越之族的一个分支,与中国西南诸落后种族及日本之原住种族有着亲属关系。假如我们能够从语言的系统上再发现有同源之处,那距离问题的解决就更走近了一步。

如果你真有机会到番族社会中作民俗访问,我希望你在出发之前，能够看到我的这篇论文。从这篇论文上，你至少可以知道你在调查时，应该注意的一些原则方面的事项。关于台湾番族的研究，日本的学者，还有更多和更好的著作。假使你懂得日文，那你还可以得到更多资料，这些资料对于你的调查总有些帮助。

现在我想要告诉你的，当你进行调查时，你必须注意今日的台湾番族，即使是最落后的，也不会保存着典型的原始状态。因为在他们的生活中（无论是物质的或精神的），或多或少都已经渗入了一些中国封建主义和日本资本主义的因素。因而最要紧的，就是要从他们生活中把这些后来加入的外来的因素分别开来。否则，这些现代的因素就会遮住你的眼睛，让你看不见他们的古典面貌。即以古典的生活方式而论，现在也要从被歪曲化或稀薄化了的形式之下去细心推索。你可以从经济结构中，从民族组织中，从婚姻形态中，从财产关系中，从语言、绘画、装饰、宗教、艺术各方面去找。这一方面找不出来，再从那一方面去找，总可以找出一些残余的痕迹来。

解决一个历史学上的问题，特别是史前史上的问题，不是一件容易的事情。我在《中国史纲》中所立的假说，不过是问题的提出而已。要解决这个问题，尚有待于后来史学家的努力。不过根据近来考古学的发现与民俗学的暗示，我的假说已有被证实的希望。例如在日本，除发现了印纹陶以外，近来又在九州发掘出铜鼓。这种铜鼓与南洋、印度、暹罗① 及中国西南部所发掘之铜鼓属于同一系统（见坪井九马三氏之《史学研究法》）。这可以说是日本人有一支来自南洋之铁证。今日残存在日本九州的熊袭

---

① 今泰国的旧名。

人，可能就是南太平洋系人种的后裔（大田亮氏《日本古代史新研究》第二篇第九章，谓《三国志·魏志·东夷传》上所载与耶马台国同种之狗奴国，即今日之熊袭部族。因日人读熊为Kuma，读袭为Soo，狗奴与熊袭，实为一音之变）。

自然，一种新的假说或学说，往往要受到传统的成见所阻碍。特别是我的这个假设，和中国的传统学说更相抵触。因为中国的学者有这样一种成见，即中国的文化，是由北方南播。照他们的想法，中国南部的文化只是北中国文化的尾巴。即因囿于这种成见，他们不愿承认在远古时代，就有一种与北中国相拮抗的文化乃至人种存在于中国的东南沿海。所以直到现在，芬神父的发现，尚不为中国学者注意，就是芬神父自己也不敢自信他的发现是一种独特的文化。但是只要有更多的类似舶寮岛的史前文化在南中国被发现，成见是慢慢可以被打破的。我希望你在台湾番族调查的学术旅行中，能够有些收获。祝你成功！

翦伯赞

1948 年 9 月 19 日

（香港《文汇报》1948 年 10 月 15 日《史地周刊》第五期）

附：李规先生来信

伯赞先生：

你对于南中国民族由来的论说，我最感兴趣。我到台湾以后，就注意着"南太平洋系"人种向这里发展的痕迹，最近于无意中发现了台湾民族的史前文化——石环。

所谓台湾族，日人称之为高山族，总数约20余万人，分为7族：（一）阿米族，（二）萨易塞陀族，（三）巴易文族，（四）佐雾族，（五）布门族，（六）塔易亚罗族，（七）亚眉族[①]。再分为很多社，分布全省，以山地为最多。

从肉体型上看，这些人方脸阔鼻，浓眉大眼，眉骨突出，鼻梁很粗，皮肤棕黑，很像南洋种族。

就语言方面说，据说这次南洋战争中，在某海岛（待查）上的日本兵竟利用台湾土番（哪一族待查）的士兵和当地土人通话，发现双方言语是相同的。

这两小石环是属于亚眉族土番的文化。亚眉族，现在还是极落后的种族，不会用钞票，不穿衣服，吃鱼、贝和芋等。日管时代，是从兰屿（在台湾东南海上，旧名红头屿，为亚眉族的世界）移来的。

这两小石环以前陈列在"乡土馆"里。光复后，就被丢在草里。有一次，我因为东西被窃，到警局去报失。警局门口，躺有几躯台湾族宗教崇拜的偶像——用木刻成的生殖器崇拜与祖先崇拜的合体。因为要看偶像，就在近旁墙下蔓草里看到了它们。

因为在木偶旁边，我便联想到它们或许是南中国民族的古代文化。后来问问当地的老年人，他们也说是"高山族的石钱"。我已把它照像，现在寄赠两张，敬请鉴定。

环是用粘板岩打制而成。甲环打制极粗，厚约十公分左右，孔是由一面打通，故入口甚大。乙环制工较细，厚十七公分左右，孔由两面向中打通。两环直径都有六十多公分。闻说东台湾海岸的台湾族，家里还有很多的石环，我想去看一看。

---

① 即阿眉族、萨斯特族、百宛族、朱欧族、布嫩族、泰耶尔族、耶美族。

　　台湾族的社会生活还是极古老的，值得看看。我准备用暑假的空闲，到最深山最原始的番族社会里去调查。关于这项工作，我希望先生能给一点指导。

　　先生，我对历史功课最有兴趣，决定终身学习它，我恳切地希望你指导我。

　　最后，我在这祖国最东南的领土上，敬祝你康乐！

晚　李规敬上。

37 年 8 月 10 日，最窒息的日子。

　　（香港《文汇报》1948 年 10 月 15 日《史地周刊》第五期）

略论中国史研究

一 一部二十四史从那里读起

"一部二十四史，从那里读起？"这是中国历史研究者发出来的一声浩叹。这种浩叹，正是表现中国历史研究者，对于庞大的中国历史资料，没有方法来处理了。

诚然，中国留下来的历史典籍，的确是非常丰富，一部二十四史还不过是九牛之一毛。所谓二十四史，只是历代增凑起来的一部官史，（唐只有三史，宋增至十七史，明增至二十一史，清增至二十四史）此外在史部之中还有汗牛充栋的私人著作，并未收入。若广义的说，则六经皆史，诸子皆史，乃至历代以来私人的文集，诗集，画集，政府的文告，官吏的奏议，地方的志书等，无一非史。再广义些说，一切历史的遗留，现存者与再发现者，亦无一非史。因而中国的历史资料，真可以说浩如烟海。当作"历史"，这些典籍，的确是太多；但当作"历史资料"，则这些典籍，我们还觉太少，因此，问题还是不在于历史典籍太多，而是在于没有很好的研究方法。懂得了研究的方法，则一切的历史资料，都变成了工程师手中的砖瓦，不懂得历史方法，则结果便会被材料包围而不得脱身。

所谓历史方法，就是从千头万绪的历史事实中，找出那一种贯通于他们之中的原理原则，使一切历史的事实，都在这种协理原则之前，得到正确的说明。这种原理原则不是用人类主观的思维，可以想得出来的，而是从无数具体的历史事实中抽象出来的。因此要找出历史发展的原理原则，还是要记得"历史事实"。多记"历史事实"，是研究"历史方法"之基本前提。研究历史的方法就是从历史事实中发见历史发展的原理原则；再用这种原理原则去说明历史的事实。换言之，即从这千头万绪的历史事实中，找出他们的相互关联，找出他们的运动法则，找出他们发展的倾向。这样，任何交错复杂的历史事实，在我们面前，便再不是混乱一团，而是一定的历史发展阶段上所表现出来的应有的现象。这样，我们也就不仅可以知道历史上的任何事实，"怎么样"发生发展，而且也可以知道他"为甚么"要发生和发展。

中国过去的历史家，也有他们的历史方法。如他们或以事系年而创为"编年史"，或以事系人，而创为"纪传史"，或即事名篇而创为"纪事本末"。但是编年史，则一事前后隔越，纪传史，则一事彼此错陈，纪事本末体对于历史事实虽类聚而条分，原始而要终，但是他并没有对于事与事之间给以联系之总结果，只是一些孤立的事实。因之中国过去的历史方法，可以说只是一种简单的逻辑。用这种简单的逻辑整理中国史，当然是不够的。

近来实验主义堰倡为点点滴滴研究中国史之议，实际上，这是乾嘉学派的旧方法，并不是实验主义的新方法。所谓点点滴滴，不过是对于史料之疏通辨证，训释辑补而已，但对于这样的工作，清代的历史家，已经留下极大的成绩。我们不是说，这种琐碎的研究工作，对于研究中国史，不是必要的，反之，我们觉得这正是研究历史的一个前提工作。但是如果没有正确的方法，就是点点滴滴的历史研究，也是不能得到正确的结论的。

在另一方面，新的历史学，直到现在，还是一种外来的科学，他依然是当作一种制成品，原封原样地输入中国。因此，在过去若干年间，这种外来的历史学，一到中国，便成了若干教义的集成。近来，已有不少的历史家在运用新的研究方法，来研究中国史，但一旦接触中国具体历史事实的时候，便不能正确地运用方法论了。因此，我以为新的历史家，在现在的任务，不是高谈方法论，而是应该带着他们已经知道了的方法，走进中国历史资料的宝库，去用历史资料来考验方法论。

在下面，我提出几点关于中国史研究的意见，也许这几点意见，可以帮助读者对于中国史的研究。

二　看看大汉族以外的中国

中国的历史家，过去以至现在，都是以大汉族主义为中心，处理中国的历史，因此，过去以至现在的中国史著述都不是中国史，而是大汉族史。

但是大汉族史，不是中国史，而只是中国史的一个主要的构成部分；真正的中国史，是大汉族及其以外之中国境内其他诸种族的历史活动之总和。因此，研究中国史，首先应该抛弃那种以大汉族主义为中心之狭义的种族主义的立场，把自己超然于种族主义之外，用极客观的眼光，把大汉族及其以外之中国境内的诸种族，都当作中国史构成的历史单位，从这些历史单位之各自的历史活动与其相互的历史交流中，看出中国史之全面的运动与全面的发展。

考古学的发现和无数古典的传说指示吾人，活动于中国这块地盘上之最初的人类是两个系统的人种：其一为"蒙古高原系"人种，其一为"南太平洋系"人种。这两系人种，在中国史前时代，还是处于匹敌的地位。他们具有同一水准的文化创造，而且他们之间有着不断的文化的和血统的交流。此外，在同一时代，这两系人种，又各自分裂为许多氏族，分布于不同的地域以及不同的自然环境之中，平行地展开他们各自的历史活动。在后来的历史发展中，他们或由分裂而再进于统一，或由统一而再进于分裂。因此，如果要了解中国史前社会的全部内容，就不能从某一人种的历史活动得到说明，而是要从这两系人种之文化的和血统的融混及其各自的分裂与统一中，才能得到说明。

在太古时代，中国并无所谓支配种族或落后种族。今日之成为支配种族或为落后种族，乃是后来历史发展的结果。汉族的形成，是殷周以来"蒙古高原系"人种中的一部分融混的结果。直到汉代，这个混成的种族才以汉族之名出现为中国历史上之支配种族。自从汉族在中国这块历史地盘上成为支配种族以后，于是不仅"南太平洋系"人种被称为南蛮或西南夷，即散在中原以外之"蒙古高原系"的诸种族，也被称为西羌北狄与东夷了。

因此，在中国史上，我们一方面可以看到在秦汉隋唐以至明代之历史的发展中，汉族不断地向中原以外的地域展开，因而使其他诸种族一步步的退出了中原历史的领域。在另一方面，我们又可以看到汉族以外之其他诸种族也不断地企图或竟然侵入中原文化区域，如周之严允，秦汉之匈奴，晋之五胡，南北朝之鲜卑，隋之吐谷浑，唐之吐蕃、南诏，宋之契丹、女真与鞑靼，明之瓦剌、阿鲁台与女真，这些种族或成为汉族可怕之邻人，或竟压服汉族成为中国史上一时之支配种族。中国史就在汉族的伸张与其他诸种族的侵袭而表现出他的展开与萎缩之曲线。

在这种种族间之拉锯式的错综伸缩的历史过程中，由于战争、交换与和平的移民，必然要不断地发生各种族间之血统的与文化的交流。由于这样的交流而引起之彼此间的变化，才是中国历史之全面的运动。因此我们研究中国史，应该尽可能的去搜集汉族以外之中国境内的其他诸种族的史料，从这些史料中去发现他们自己的历史之发展，以及在他们的历史发展过程中之彼此间的相互关系与相互影响，这样，我们便可以发现中国史并不是一个汉族所演的独角戏，而是许多种族为了发展其自己而表现出来之历史的活剧。

三 再看看中国以外的世界

中国的历史家，过去以至现在，都把中国史当作一种遗世而独立的历史。换言之，即把中国史从其与世界史之关联中，截然地割分出来；使之成为一个与世绝缘的独立的历史单位。

但是我以为当作一个独立的历史单位，中国史固然有其自己之独特的运动和发展；当作世界史中的有机之一环，则中国史与世界史之间，又决不能划出一条绝对的界线。在现实的历史发展中，地理的疆域，决不能范围历史的冲决；因而中国史的变动，往往影响世界史的发展。反之，世界史发展之总的倾向，也必然制约着中国史的发展，中国史之于世界史，正犹细胞之于人体，他是一个个体，但他决不能离开人体而自由的发展其生命。所以我们研究中国历史，必须要顾到他与世界史之间的关联。

举例来说，在西汉初，匈奴南侵，与原住今甘肃山谷间之月氏发生冲突，这是中国史上的一个事变；但月氏却被迫而西徙，渡流沙，逾葱岭而"西君大夏"，因而从妫河流域（即今之阿姆河）驱逐了希腊人的势力，使"塞王"不得不南徙罽宾（今克什米尔一带）。希腊人南徙罽宾之后，月氏人又蹑希腊人之后，夺取罽宾，成为中亚的共主。这样中国史上的一个事变，但因此而使西羌之一支西徙中亚。同样的史实，由于两汉之北击匈奴，匈奴之一支（即北匈奴）遂开始西徙的行程。当中国漠北无王庭的时候，而在欧洲之多瑙河莱茵河及波河流域却布满了匈奴的族类。当时的匈奴，成为欧洲东北诸种族之严重的威胁，因而加速了日耳曼人的南徙，从而促成了西罗马帝国的灭亡。这样中国史上的一个事变又影响到日耳曼人及罗马帝国的历史。

又如阿育王之宣扬佛教，这是印度史上的一个事件，但因此而使佛教文化东播中国，成为南北朝以至隋唐时代中国之支配的精神。到宋代，佛教中的一个宗派（禅宗）并且与儒家哲学结合，而产生了中国的"理学"。这种理学，自宋以迄于明末清初，又成为中国人民之支配的精神。这样印度史上的一个事件，又影响到中国文化思想的内容之变革。

以上，不过略举数例，但由此亦可看出中国史与世界史的关系，真是牵一发而全身俱痛。大概说来，中国史与世界史的关系，早在史前时代，恐怕就已经存在，如属于传说中夏代之彩陶文化与安诺苏萨的彩陶文化，也许有着某种直接或间接的影响。以后殷代的文化与巴比伦的文化，周代的文化与希腊文化，也许有着或多或少的关系。更后则秦汉文化与希腊、罗马文化在中亚之交流，隋唐文化与阿拉伯文化及印度文化在中亚之交流，元代文化与基督教文化在中亚与东欧一带之交流，明代文化与西欧初期资本主义文化在南太平洋上之交流，更为彰明较著之事实。最后，西欧资本主义的文化，便像水银泻地一样，无孔不入地注入了中国社会的每一个毛孔。这样看来，中国史决不是一个孤立于世界史之外的东西，他不断地以其运动给与世界史以影响，而世界史之发展的倾向，也时时给与中国的运动以制限。

因此，我们研究中国史，必须注意中国史与世界史的关联，以及由此而引起之变动。并且必须考察由于这种变动而产生之经济生活，政治变局，以至艺术、宗教之新的内容。只有如此我们才能了解中国史中每一个时代在世界史中所处的地位，从而在不同的地位中所展开之不同的活动。

四 中国史没有奇迹，也不是西洋史的翻版

中国的历史也和世界其他民族的历史一样，他的发展，决不能逸脱世界史发展的一般法则，但也有其自己的特殊性，——虽然这特殊性在究极上是被制约于历史发展之一般法则。因此我们研究中国史，应该从它的发展之一般的法则中找出它的特殊性；同时，也应该从它的特殊性中去发现它的发展之一般法则。假如我们把任何一个方面提了出来而加以夸张，那都会失去中国史之本来的面貌而得出一种不正确的结论来。

近来有些历史家往往强调中国史的特殊性，他们把中国史描绘成为一个神奇的东方之天国的图画，在这里充满了历史的奇迹与人类社会的神秘，一切都是特殊，中国史就是一个与众不同的特殊史，因而世界史发展的一般法则，在中国完全不能应用，从而作出了中国史上不是缺了这个社会便是短了那个社会之结论。像这样的看法，当然是神经衰弱的历史家之感官上

的幻觉，与中国历史之客观的实在性，并没有关系。

另外有些历史家，则强调中国史的一般性，他们不是用一般法则代替现实的中国史，便是用一般法则硬套具有特殊性的中国史，结果，在一般法则之前，中国史变成了一片灰色的东西，他失掉了一切的特殊性，几乎变成了西洋史的再版。实际上，所谓一般法则，只是在大体上近似地不完全地把变动中的历史现象反映出来，他并不能摄取现实历史中之无限丰富的内容。在现实的历史中，中国史中的许多现象，决不能与西洋史完全没有差别，因而一般法则便不能一举而完全正确地把中国历史发展的特殊性都反映出来。

考古学的报告和历史资料指示吾人，中国史也履行了世界史发展之一般的过程。许多旧石器文化和新石器文化的发现，证实了中国曾经有过原始公社制的社会之存在。殷虚出土的青铜器文化和许多甲骨文字的纪载，又证实了中国历史中之殷代已经进入奴隶社会。根据若干可靠的古典文献及金文的纪载，中国从西周时起已开始转向封建社会。到秦代，中国的封建社会，虽然转向专制主义的形式，但在本质上，仍然是封建社会。到清代中叶，在中国封建社会中，已经孕育出资本主义的因素，假如没有鸦片战争，则中国的历史，早已进入资本主义社会的阶段了。这样看来，世界史发展的一般法则，也同样贯穿着中国的历史。

虽然如此，中国史也有其特殊的地方，比如中国殷代的奴隶制，没有发展到希腊、罗马那样典型的形态，中国的封建制，很早就采取专制主义的形式，而这在西欧则直到 15 世纪才转入专制主义的形式。因此，当我们研究中国史的时候，不应强不同以为同；但同时，也不应因为形式上的不同而遂怀疑历史发展阶段的本质。换言之，我们不应把殷代的奴隶制夸张得像希腊、罗马的一样；反之，也不能因为殷代的奴隶主每人平均没有分配十八个奴隶，而遂谓殷代不是奴隶制。同样，我们不应把秦代的封建专制主义与西欧 15 世纪的专制主义相提并论；但也不应因为中国封建专制主义之早期出现，而遂谓不符合于公式。总之，我们应该承认中国史发展是遵循着世界史发展之一般法则，但同时，也切不可抹杀中国史自己所独有的特殊性。

五 注意客观的倾向，也不要忽略主观的创造

我很早就说过，在旧的中国史著作中，看不见社会经济的影子，在新的中国史著作中，看不见历史人物的名字，如果前者是观念论则后者便是机械论。

我以为研究历史，一方面，固然应该注重社会经济对历史的决定作用；另一方面，也不应忽视人类的主观斗争在历史上所起的作用。如果只注意社会经济的发展而忽略人类之主观斗争，那就无异说任何人类的历史行动对历史都不发生作用，而历史的发展，只是经济的自动发展。反之，如果只注重人类之主观斗争，而忽视社会经济对历史之决定作用，则又无异说，历史是英雄手中的一块泥土，任他捏成他所需要的形式，而一切客观条件，都失掉了对人类主观斗争的制约性。但是在现实的历史发展中，人类的主观斗争在历史上起着很大的作用。如中国史上的许多王朝，大半都被人民叛变所颠覆；反之，社会经济对人类的主观斗争，也有着决定的制限性，如中国史上许多反动的英雄，都一个跟着一个辗死于社会经济前进的车轮之下。因此，我以为历史的

发展，不仅是经济的自动，也不仅是人类斗争之自由创造，而是社会的客观条件与人类的主观斗争之辩证的统一。所以研究中国史也和研究其他民族的历史一样，一方面，应该拨开许多复杂的现象，去发现那条通过倾斜曲折乃至倒退的过程而贯通于中国史之社会经济发展的曲线；另一方面，也不要忽略活动于这一条曲线上下之形形色色的历史人物的活动。

在历史上，人类的任何行动，都不是出发于主观的幻想，而是当时社会经济内部的轧轹之政治的表现。因此人类的任何历史行动，都不是为了主观上的快意或仇恨，而都是企图作用于当时社会经济状况之改变或保守。暴君的虐政，农民的叛乱，并不是暴君与农民私人之间有甚么仇恨，而只是当时的经济现状不调和而已。换言之，经济发展的倾向，决定人类历史行动的方向，并且制限人类历史行动的范围。

在相反的方面，人类的主观斗争，对历史的发展，也演着重大的作用。例如两汉对西域之经营固然是当时社会经济的客观要求，但如果没有武帝明帝那样雄才大略的英王之领导，没有张骞、班超那样冒险绝域的英雄，没有卫青、霍去病及祭彤、窦固等那样英勇果敢的统帅，没有成千成万的远征的大军，则两汉对西域之经营也不会获得光辉的胜利。又如假使没有石敬瑭出卖燕云十六州，则契丹也许不能成为宋朝之威胁；没有汪伯彦、秦桧、张邦昌、刘豫等汉奸之卖国投降，北宋也许不致灭亡；没有洪承畴、吴三桂等之开门揖盗，满清至少不能四十日之内奠定燕京。又如历代的农民叛乱，假使没有一些坚强不屈的人物出现为叛乱的领导者，则那些叛乱也许不致扩大到不能收拾。这样看来，人类之主观的斗争，虽然不能改变历史的方向，但至少可以加速或迟缓历史发展的行程。

总而言之，社会经济规定人类主观斗争的方向，人类的主观斗争，又改变社会经济的状况。我们研究中国史，就是要找出人类主观斗争之经济的背景，同时，也要找出人类主观斗争对社会经济所起之作用。只有这样，我们才能把中国史从死板的文字纪录，变成有血有肉有灵魂的历史。

六　不要看不起小所有者

在旧的中国史著述中我们所看到的，只是无数个人的活动。由于无数个人活动之偶然的凑合和相续的递嬗，便形成了中国史的运动和他的发展。在旧史家看来，中国史上所有的人民叛乱，就是由于几个草寇首领发了"杀性"；而所有的太祖高皇帝的起义，都是因为他们动了"不忍人之心"。一切都是个人活动，一切个人活动，都不是根据于其自己的"社会属性"，而根据于其"情感的冲动"。

在有些新的中国史著述中，我们所看到的，又似乎除了两个集团之外，再没有游离的个人，或者不属于两个集团之间的社会群。

我以为忽略了个人之社会的属性，那历史便变成了一个万花筒，我们只看见混乱一团的无数个人之思想的活动、恩怨的报复。反之，把所有的个人都归纳到两个定型的集团，这又未免把历史过于简单化了。在一定的历史发展阶段上的社会，固然都有两个敌对的集团之对立：如在奴隶社会则有奴隶主与奴隶。在封建社会，则有封建主与农民。但在敌对集团之外，也还有一个中间的社会群，如在奴隶社会则有自由民，在封建社会则有小所有者。这些中间的社会群，在两大敌对集团之间，往往起着缓冲或激发的作用。

在现实的中国史中，小所有者往往在封建统治者与农民间的矛盾尖锐化的时候，倡导改良运动，演着很大的缓冲作用。不过，可惜他们的改良运动不是得不到统治者的接受，便是遭受了保守派的打击而每一次都归于失败。他们的失败，就是在统治者与农民之间，失去了缓冲的调人，结果，跟着而来的，便是农民的直接行动。例如在西汉末，王莽所领导的改良运动失败以后，便爆发了绿林、赤眉的叛乱，在唐代，牛僧孺李宗闵所领导的反贵族政治斗争失败以后，便爆发了王仙芝黄巢的叛乱；在宋代，王安石所领导的变法运动失败以后，便爆发了宋江、方腊的叛乱；在明代，东林党人所领导的反宦官政治的斗争失败以后，便爆发了李自成张献忠等的叛乱；在清代，康有为、梁启超等所领导的改良运动失败以后，便爆发了辛亥革命。这样看来，小所有者的改良运动或政治抗争的失败，几乎就是农民叛乱的信号。小所有者的社会属性，并不属于两大敌对集团的任何一面，然而他们却能演着他们自己的历史任务。因此，当我们研究中国史的时候，我们便不应忽略这一个中间社会群对历史所起的作用。

研究历史，也和研究其他的科学一样，研究愈精细，则结论愈正确。我们不应以分析两个敌对集团之关系为满足，我们必须要进而研究这两个敌对集团之内部的分化与变动。因为人类之社会关系，并不是一种死的不变的定型，而是经常在变动中发展，在发展中变动。例如奴隶社会中的自由民，本来与贵族同为一体；但在奴隶社会崩溃时他们却站在奴隶方面。又如封建社会中最初的商人，本来是与农民同为被压迫的一个社会层，但后来却上升到统治者的地位。像以上的这种变动，都是具体的历史事实所证实了的。我们如果不过细地考察这些人类集团内部的变动，则我们也就不能理解中国史中之社会关系的变化。

七　也要注意宗藩、外戚与宦官的活动

在中国史上，几乎每一个王朝，都有宗藩、外戚（有时也有后妃、女主）、宦官等的内乱，这些现象之发生，决不是偶然的，这正是封建统治者集团中内部矛盾之外的表现形式。因为当作一个集团看，他们的利害是统一的，但是一个集团中，却包含着许多小的阶层，在这些小的阶层与阶层之间，仍然有其相互之间的矛盾。这些矛盾发展到一定的限度也要决裂的。

在中国封建社会的历史中，统治者集团内部的矛盾，经常表现为相继出现的一系列的形式。

首先出现的便是宗藩之乱。如在秦则胡亥杀兄而二世自为；在汉则吕后称制而七国同叛；在晋则贾氏临朝而八王互屠；在隋则杨广弑父而人伦灭绝；在唐则李世民弑其兄，在宋则赵匡胤死于弟，在元则海山杀阿难答，在明则燕王棣逐建文帝，直至清朝，多尔衮亦几篡顺治之位。这些事实就正是表现当新的统治者削平了农民叛乱以后，于是社会的矛盾便由敌对的方面转化为统治者集团内部的矛盾。

宗藩之乱，可能发展为不同的前途，它可能转化为与农民之间的矛盾，也可能转化为与外族之间的矛盾，这两种转化都可能使封建政权陷于覆灭。前者如秦如隋，不旋踵而遂爆发了农民叛乱；后者如晋如宋，不旋踵而招来了外族的侵略。但是假如克服了这一矛盾，则封建政权，可能走上兴盛的路途，如汉则有文景

之治，唐则有贞观之治，明则有永乐之治，清则有乾嘉之治。这些所谓"之治"的历史内容，就正是说明封建统治者克服了内部的矛盾，而能致其全力于农民之复员，把农民再编制于土地之上，恢复了封建社会经济的秩序的结果。

跟着封建社会经济的繁荣，便是封建统治者的腐化，于是外戚宦官便相继走上了政治的舞台。因此，外戚宦官的登台，正是封建政权走向没落的标志。不过外戚宦官的登台有一个必要的条件，即必须在封建集权主义的政治体制之下，而且必须在这种集权政治开始腐化的条件之下。因为只有在集权政治之下，皇帝的外戚和家奴才能显出他们的威风；只有在集权政治开始腐化的时候，他们才能利用皇帝对一切臣民不信任的心理，而把自己变成时代的宠儿。历史的事实证明在三国两晋五代两宋，几乎看不见外戚宦官的踪影（虽然蜀有宦官黄皓，西晋有外戚杨贾，但都不够典型）。反之，在西汉，则外戚上官氏、霍氏把持朝政，宦官弘恭石显横行宫廷；在东汉，则外戚邓、窦、阎、梁互起互屠，宦官郑众、李润、江京、孙程、单超等狼狈相嬗；在唐代，则外戚杨氏权倾天下，宦官刘克明、鱼弘志、仇士良、田令孜、刘季述等任意弑立；在明代，外戚虽未作恶，而宦官王振、刘瑾、魏忠贤却掌握国家的大权；直到清末，还出现了一个有名的宦官李莲英。但在汉唐明清的全盛时代，虽有外戚宦官，但他们并不成为政治上的要人。

随着外戚宦官的登台，便到来了如上所述之小所有者的政治抗争，由此而把封建统治者内部的矛盾重新引渡到与农民间的矛盾，因而又展开新的农民叛乱。在农民叛乱以前，统治者集团内部的矛盾消解了。由此可知从宗藩的混战、外戚宦官的专政、小所有者的政治抗争到农民叛乱，这正是封建社会内部矛盾对立的

转化过程。如果我们研究中国史而忽略这些过程,那我们就不能
理解中国封建社会历史之特殊的内容。

八 在研究"内乱"时不要忘记了"外患"

研究中国史,我们必须注意到一个问题,即内外矛盾之转化
的问题。

中国史上,几乎每一个王朝,都有边疆民族的侵入。边疆民
族侵入决不是偶然的,而是中国社会内在的矛盾之外的转化。换
言之,即由于中国社会内部的矛盾之发展乃至决裂而引起的内
乱,提供边疆民族侵入以可能实现的客观条件。例如楚汉相持而
匈奴遂坐大于漠北,八王混战而五胡遂入据中原,五代纷争而契
丹遂席卷燕云,宋以和战意见不一而女真、鞑靼相继侵凌,终于
颠覆,明以内剿"流寇",而清兵遂长驱入关,竟陷灭亡。这样
看来,"内乱"乃是"外患"的前提条件,而"外患"只不过是
"内乱"的结果而已。

虽然,边疆民族的侵入,并不是完全为了主观地乘人之危,
主要的还是为了经济的动机。历史的事实指示吾人:中国封建
王朝的"外患"大半都在西北,这正是因为西北的自然条件比
较恶劣,因而散布于西北的诸族,必须仰给于与中原地区之交
换而取得其生活资料。但中原王朝发生"内乱",由于战争的
阻隔与政治的封锁,正常的交换关系因之断绝。为了获得生活
资料,于是不能不采取直接的掠夺手段。同时,中原王朝在"内
乱"中削弱了抵抗边疆民族的力量,因而又使边疆民族的侵入
成为可能。

"内乱"不仅提供边疆民族以客观条件，而且在"内乱"中，中国的封建统治者为了相互火并或镇压"内乱"，往往主动地引进边疆民族。前者如在三国，则魏引匈奴以抗蜀，蜀引西羌以击魏。在西晋，则成都王颖引匈奴以抗王室，东嬴公腾引羯人以拒成都王颖。在唐，则李世民以突厥亡隋。在五代，则石敬瑭以燕云十六州赂契丹。后者如在唐，则僖宗以沙陀剿黄巢。在明，则吴三桂以清兵平"流寇"。这样"内乱"与"外患"合流了，经济的掠夺与政治的入侵打成一片了。

边疆民族侵入，虽然是一种外在的历史因素，但当其一旦侵入以后，便与中原地区的历史发生化学的作用。换言之，外的历史因素便转化为内的历史因素，而作用于中国社会经济机构之改变。在中国史上，历来的边疆民族，当其侵入中原以后，都以其氏族制的历史原理来改编中国封建制的社会经济组织。如北魏之"均田制"，辽之"头下军州"，金之"谋克""猛安"，元之"社田制"，清之"旗庄"，都是氏族制与封建制之混合组织，都是因边疆民族之侵入而引起的中国社会经济之变革。不过我们不能把不同时代的边疆民族在中国社会经济上所引起的变化，视同一律，因为即使各时代的边疆民族，处于同一历史水准，但他所加入的中原社会，却是不同的历史发展阶段上的社会。加入的对象不同，则其所起的变化，也当然不同。

以上是边疆民族侵入所引起之直接的影响，此外，还有间接的影响，如因五胡侵入而晋室南渡，于是中原的文化遂因此而广播于江南。因辽、金侵入而宋室南渡，于是长江流域的都市因此而获得长足的发展。它如因边疆民族之侵入而引起之血统的文化的交流，以及由此而引起之变革，这些都给予中国社会经济以影响作用。

总而言之,边疆民族的侵入对中原社会来说,虽然是外在的历史因素,但这种外在的因素却作用于中原社会经济的内在矛盾之转向,而且在其后来的发展中,这种外在的因素,又转化为内在的因素。这样看来,在历史上社会内在的矛盾可以转化为外在的矛盾,而外在的矛盾又可以转化为内在的历史因素。必须明白这一点,才能理解中国史上的"内乱"与"外患"。

九 应该从文化中找反映,但不要被他们迷住

适应社会经济的发展,意识诸形态也有其一贯发展的过程。意识诸形态可以表现为文学、艺术、哲学、宗教等多样的形式。但不管它表现为何种形式,它都是社会经济生活之反映。而且一经形成其体系,它都反转来作用于当时及以后之社会经济发展。因此,我们研究中国史,也应该注意考察意识诸形态之发展。

在中国史上,儒家哲学是中国封建社会经济基础上反映出来的一种政治哲学,因而它是中国封建社会中的一条思想的主流。但当它一经形成体系,它便不仅是消极地反映中国封建社会的内容,而是积极地作用于中国封建社会之巩固。两千年来,儒家哲学都是中国封建政治的指导原理,因而它随着中国封建政权之消长,而表现其高扬与消沉,最后则随着中国封建社会经济之解体而走向没落。同时,为了适应于中国封建社会之不同的历史发展阶段的要求,儒家哲学也不断地被赋予以新的解释,如在汉则有马融郑玄的解释,在唐则有孔颖达的解释,在宋则有程颢程颐以至朱熹的解释,在明则有王阳明的解释,到清初也还有孙夏峰李二曲等对儒家哲学作了一个结束。随着国际资本主义的侵入,西

欧民主主义的哲学思想便代替儒家哲学而在中国获得支配的地位。但是因为国际资本主义并没有完全征服中国的封建主义，所以儒家哲学至今还有其影响作用。

在中国史上，宗教的发展也反映中国封建社会的发展步程。首先出现于中国史上的宗教是带有原始性的道教。其次，适应于中国封建社会的发展，佛教便出现为中国之支配的宗教。即因中国自发的资本主义被帝国主义绞死于母孕，而走进半殖民地的历史命运，所以基督教在中国不能成为一尊的宗教，反之，道佛两教仍然有其托命之社会基础。

中国的宗教除道教是土生的宗教以外，都是外来的宗教。但只要是宗教，不论他是土生的抑或是外来的，它都尽了麻醉中国人民的历史任务。因而在原则上所有的宗教都具有反动的性质。但是在另一方面，道教、佛教乃至基督教当它成为人民之信仰以后，又都在中国尽了"革命"的任务。如汉末的黄巾是以道教为旗帜，元末的红巾，是以弥勒白莲教为旗帜，太平天国，是以基督教为旗帜。不过外来的宗教，要成为中国人民革命的旗帜，有一个必要的条件，即必须中国化以后。如元代的红巾用以为旗帜的弥勒白莲教，是中国化了的佛教，太平天国用以为旗帜的天父天兄，是中国化了的基督教。

中国的文学由古典的四言诗，而汉赋、唐诗、宋词、元曲，以至清代之传奇，表现其一系列的发展阶段，这样的发展，当然不是文学家天才的创造，而是中国封建社会经济之发展在文学上的反映，假如西周的四言诗是反映封建庄园经济之牧歌，则汉赋唐诗便是中国专制封建社会全盛时代之文学的形式。自宋以后，适应于都市经济的发展与新兴的自由商人之要求，文学也脱离了古典的形式而采取了通俗化的体裁。

随着社会的发展，新的事物不断的出现，同时人类对新的事物也有不断之新的认识。为了表现这些新的事物与对新的事物之新的认识，于是新的语汇也一天天的加多，据吾人据知，自汉晋以迄于唐代八百年间，随着佛教之输入，新添的语汇多至三万五千余，这些语汇或缀华语而别赋新义，如"真如"、"众生"、"果报"等；或存梵音而变为熟语，如"般若"、"刹那"、"由旬"等。这些新的语汇，对于文学之发展，当然是一个有力的基本因素。而这些新的语汇则是现实的历史发展之结果。

艺术是人类思维之具体的凝固，因而它的发展，也就是现实的社会经济之模写，从而艺术发展的形式，也就要受到现实的社会经济的内容的限制。例如中国的雕刻和绘画，自南北朝以至隋唐，随着中国封建社会之发展与佛教文化的输入，它们便一面服务于宫廷，一面服务于宗教。自宋以后随着都市经济的发展，它们便从天堂走到人间，从宫廷走到市场。

因此，我们研究中国史，必须要把那些从社会经济基础上蒸发出来的思维（如哲学、宗教）还原到它们的出发点，把那些由思维而再凝固为形象的东西（文学、绘画、雕刻等）再蒸发为思维。从这里找出它们对历史的反映，找出历史对它们的制限。但是我们要小心，不要被它们迷住；否则看风筝的人，就会跟着风筝飞上天呵！

（重庆《学习生活》第十卷第五期，1943 年 5 月 1 日出版）

评实验主义的中国历史观

一 被杜威"牵着鼻子走了"

实验主义是以极粗浅的形式逻辑为基础的玄学,乘着哲学的贫困时代而出现于资本主义世界。"他是独立战争后美国社会经济发展的一种产物,亦即这个阶级庞大的蒸蒸日上的权力意识和企业精神的一种表现。这个阶级在实践上,既不受一切封建残余的妨害,在理论上,又不受一切形而上学成见的羁绊,便把他的福音:'无顾忌的蓄积'插入实际中。据詹母士说:"我们的观念是'工作的假设',产生于对效果的信仰。但从'对效果的信仰'到'信仰的效果'观,只有一步路",所以"他的实验主义——这种主义用真实不虚的美国无顾忌式的态度,表现于一切理论的问题中——流于神秘。因此宗教感情的满足,必定构成企业的一个部分,这里也是美国生活中最高技术经济发展和最大的宗教欺骗特别汇合的真实图形",所以实验主义的方法"一开始就成了抽象,把他们从可感觉的诸物中抽摄出来,后来却又希望从感觉上来认识他们,希望看到时间,嗅到空间,经验者已被他们用惯了的经济论的实验所迷着了"。

由于实验主义之庸俗的思想方法,颇能适合于一般市侩的精神水平,所以他曾经一时传布于世界的各地。在德国则以谢勒的人本主义、马赫的经验批判主义出现，在美国则以杜威的应用主义出现。然而不幸在半封建半殖民地的中国，也被硬搬进来了，这就是胡适等所宣扬的实验主义。

在五四运动中，胡适及其流派，他们乘着中国封建势力的崩溃与民主主义革命的高潮，便开始以市民代言人的资格而立于思想斗争的前线。他们一面对于还正在与他们直接斗争的封建思想，作正面的批判；另一面，对于真正在兴起中的社会主义思潮拼命的打击，而积极地鼓吹资本主义合理的资本家的精神。他们毫无批判地打击中国古典圣经贤传，以为这些如果不是伪造，便是封建的残渣。实际上，在儒教的学说中，也不是完全没有积极的成分，值得中国的市民去承继和发展的。固然市民的文化，是以否定封建主义的文化而产生出来，但所谓否定，不是完全的消灭，用武断的方法，把孔子抛到海里去。而是把被否定的诸要素中的积极的东西保存着并发展它，当作新的东西之发展的契机；而是从被否定的东西中找出肯定的东西来，即使否定的东西与肯定的东西获得辩证的统一。然而实验主义者，却想以毁灭中国两三千年来封建文化中的一切积极的成就，而赤手空拳凭空建立中国的文化，这是非常可怜的愚笨。至于他们对于科学社会主义，则完全采取污蔑的态度，他说："辩证法出于黑格尔的哲学，是生物进化论成立以前的玄学方法"。不错，黑格尔的辩证法是观念论的、玄学的方法，也就是说被歪曲成畸形的辩证法。但卡尔的却拒绝了和放弃了他的空虚体系，加以全部的改造为新的正相反的唯物辩证法。不错，黑格尔的辩证法是卡尔革命的唯物辩证法源泉之一，但也仅是源泉之一，卡尔的唯物辩证法，是人类文化在19世纪分成德国哲学，英国经济学和法国社会主义而创作出来的这些优良的东西之正当的综合与发展。然而这又是实验主义者所不知道或不愿知道的。胡适左右开弓之后，于是不能不离开"学者"的态度，向青年这样说：

> 从前禅宗和尚曾说："菩提达摩东来，只要寻一个不受惑的人。我这里千言万语，也只是要教一个不受人惑的方法。"被孔丘朱熹牵着鼻子走，固然不算高明，被马克思列宁……牵着鼻子走，也算不得好汉。我自己决不牵着谁的鼻子走。我只希望尽我微薄的能力，教我的少年朋友们学一防身的本领，努力做一个不受人惑的人。

很显然地，当胡适说这段话时，他自己已经被杜威牵着鼻子走了。

二　历史是"百依百顺的女孩"吗

实验主义对于人类历史发展的认识，完全是观念论中的主观主义。他以为客观的实在性是人类主观的空想之反映。胡适说：历史好比"一百个大钱，他可以摆成两座五十的，也可以摆成四座二十五的，也可以摆成十座十个"[①]。又说："总而言之，实在是我们自己改造过来的实在，这个实在里含有无数人造的分子，实在是一个很服从的女孩子，他百依百顺的由我们替他涂抹起来，装扮起来。'实在是好比一块大理石到了我们手里，由我们雕成甚么像'。宇宙是经过我们自己创造的功夫的，无论知识的生活或行为的生活我们都是创造的。实在的名的一部分，和实

---

① 《胡适文存》卷二，第440页。

在的一部分，都有我们参加的分子"①。

在这里，实验主义者，不但不承认历史的发展有着客观的规律性，而且不承认有现实的历史，在他们看来，历史只是人类的主观观念之反映，历史是依照主观观念的目的而显现其形象。一切客观的实在，都是被动的，只有主观的观念、意欲、神，才是主动的。客观的实在是一种可以任意摆布的"大钱"，可以任意装饰的"百依百顺的女孩"，可以任意雕刻的"大理石"；人类可以用主观的观念，任意改变他们的形象。总而言之，历史是"一幅未完的草稿"留给实验主义者以"涂改的大权"。这样，胡适便可以运用其自由意志，观念，创造适合于其自己脾胃的中国历史。

然而我们知道，历史首先是现实的人类生活之发展。而这种历史的实在性，是离开人类意识而客观地存在着的，不是人类的主观观念决定他的发展倾向，而是他的发展倾向决定人类的主观观念。固然人类可以创造历史，但人类不能依照其自己的意愿创造历史，而只能顺应历史之客观的倾向创造历史。只有当私有财产发生以后，希腊罗马氏族贵族才能创造古代的奴隶国家，只有当奴隶制经济崩溃的时候，日耳曼人才能在欧洲创造封建的国家，只有在商业资本转向工业资本的历史条件之下，近代欧洲的市民才能建立其阶级的统治，又只有在资本主义崩溃的今日，社会主义革命与殖民地的民族革命，才有现实的可能性。诚如胡适所云：历史是一幅未完的草稿，但是这幅草稿，是几千年来历史上无数人类在其生活斗争中创造出来的，而这种现实的生活斗争内容与形式，又是被规定于客观的历史条件。因此过去的历史是

———

① 《胡适文存》卷二，第 440 页。

千百万人世世代代的实际行动所创造的,今后的历史,也仍然是如此。而人类之历史行动又是被制约于历史发展之客观的规律。日本法西斯何尝不想创造一个"东亚大帝国"的历史,中国的汉奸汪精卫何尝不想创造一幅亡国灭种的历史,但在客观上却碰着了各资本主义国家间的矛盾,碰着了中国人民大众的坚强抗战。当初希特勒以及一些国际阴谋家,又何尝不想把"第三帝国"的疆域扩展到乌克兰,但却遇着了苏联强大的红军,而不能不反戈以向英法。这一些现实的活的历史,说明了历史是非常执拗的,他决不是实验主义者眼中的"大钱"……他常常与人们的主观意识,走到相反的方向。主观的观念,不但不能创造现实的历史,而且他本身也是历史的创造物。历史之客观发展的规律性,规定着人类的物质生活,也规定着人类的精神生活。不是孔丘朱熹的思想创造了封建社会,而是封建社会创造了孔丘朱熹的思想;不是马克思、列宁的思想,煽动了社会革命,而是已经成熟了的社会革命的历史基础创造出马克思、列宁的思想。同样,不是民族解放的思想煽起了民族革命的战争,而是在民族革命的历史的必然形势下,反映出民族解放的思想。就是实验主义的本身,也是资本主义向上发展时代的历史基础上所产出来的一种市民层唯利是图的意识形态。中国的实验主义者从詹母士学得了一些最简单的知识之操纵,就想借此武断中国的历史,这是非常可笑的。

三 关于"一点一滴的进步"

实验主义的历史观是陈旧的进化论。胡适说:"哲学是守旧的东西,这 60 年来哲学所用的'进化'观念,仍旧是黑格尔的进化观念，不是达尔文的物种由来的进化观念，到了实验主义一派的哲学家，方才把达尔文一派的进化观念拿到哲学上来应用，拿来批评哲学上的重要问题，拿来讨论真理，拿来研究道德。进化观念在哲学上应用的结果，便发生了一种'历史的态度'。怎样叫做'历史的态度'呢？这就是研究事务如何发生，怎样来的，怎样的到现在的样子，这就是'历史的态度'。……这便是实验的一个重要的原素"①。因此他得出如下的结论："实验主义只承认那一点一滴的做到的进步，——步步有智慧的指导，步步有自动的事实——才是真进化。"②

在这里，我们对于实验主义与达尔文学说有没有血统关系，这一点姑且不论，我们所要研究的，是实验主义者为甚么要抹杀达尔文学说中的物种突变论而强调其进化论这一点。很显然地他们是要借此否定人类社会之历史发展中的革命事实之存在。他们以为人类社会是永远在和平进化中发展着，人类社会就是在同质的社会经济基础上的伸延与发展，从古到今没有质的突变。从今往后，也不会有质的突变。历史学的任务就是研究这个社会怎样一点一滴的和平的进化到了现在。而且也就只准到"现在"为止，对于历史之未来的发展倾向，是不许研究的。这样，历史在实验主义的眼中，便变成了一片灰色的云雾，太古的历史与现在的历史，只有量的扩大，没有质的差异了。然而我们知道，所谓发展，无论在自然界或人类社会的历史中，都不仅仅是量的增大或延续，只要达到一定的发展阶段，在一定的条件之下，原来的东西就会失去其以前的质，而在新质上面成了另外的新的东西。

---

① 《胡适文存》卷二，第 416 页。
② 《胡适文存》卷二，第 535 页。

就因为如此，所以历史的发展，不能意味着是一个绝对连续的；因为由一质到另一质的转变，却不是连续的进化，而是飞跃，是历史过程的连续性之中断。仅仅承认连续性的和平进化，就等于否认历史的变革性，否认革命。然而在现实的历史中，这种变革或革命是存在着的。在现实的历史上，的确有着各种不同性质的社会，氏族社会，古代社会，封建社会，资本主义社会以及社会主义社会，这些社会他们虽然是一个跟着一个发生出来，但是他们却各自具有其独有的特殊的性质，他们表示着人类历史发展的特殊阶段，也就是人类历史发展的具体形式。中国的实验主义者则主张用和平进化来代替革命突变。

为了圆满其历史不变性的主张，胡适又这样说："无论是自然的演变，或是人为的选择，都由于一点一滴的变异，所以一种很复杂的现象，决没有一个简单的目的地可以一步跳到，更不会有一步跳到之后，可以一成不变"。在这里胡适只承认由量到量的变异，——"一点一滴的变异"是量的变异；他不知道这种变异，不能永远继续下去，只要达到一定的程度，他就会表现为质的变异。例如：在资本主义社会的任何一种可能的量的成长条件之下，他决不能把社会主义的生产关系产生出来。然而只要资本主义发展到一定的程度，他必然会发生一种革命的突变，使资本主义一点一滴的连续发展中断，而变质为社会主义社会。而这一个简单的目的地，也不是一步跳到的，而是资本主义社会中一点一滴的长期发展所准备的。并且也不是一步跳到之后，就一成不变，在苏联社会主义社会中，他也有其发展的规律。由战时共产主义、新经济政策到五年计划经济时代，他也经过了一系列之发展阶段，而且在继续向前的发展之中。实验主义者总想把历史停止在资本主义社会之上，因而不能不否认历史的突变，但是这与现实的历史并不相干。目前的世界史，却正走向一个伟大的突变的时代。同样只有汪精卫等汉奸，才主张中国可能以和平进化的方式走到独立自由的历史，而全中国的人民则正在以革命战争争取中国历史之新的转向，从半封建半殖民地国家转向为独立自由的新中国。这在实验主义者看来，岂不又违反了达尔文进化论的规律吗？

四　所谓"祖孙的方法"

我们现在说到实验主义的历史方法，关于这一点，胡适说得很明白。他说：

> 历史的方法——"祖孙的方法"，他从来不把一个制度或学说看作一个孤立的东西，总把他看作一个中段：一头是他所以发生的原因，一头是他自己发生的效果；上头有他的祖父，下面有他的子孙。捉住了这两头，他再也逃不去了，这个方法的应用，一方面是很忠厚宽恕的，因为他处处指出一个制度或学说所以发生的原因，指出他的历史的背景，故能了解他在历史上所占的地位与价值，故不致有过分的苛责。一方面这个方法，又是最厉害的，最带有革命性质的，因为他处处拿一个学说或制度所发生的结果来评判他本身的价值。故最公平，又最厉害。这种方法，是一切带有评判精神的运动的一个重要武器。①

---

① 《胡适文存》卷二，第534页。

从这里，我们可以看出实验主义的历史方法论，就是因果律论，他们以为只要抓着一个事实的因果，则这个事实就会自明了。因此"明因求果"，就是实验主义历史方法论之精髓。

但是我们知道，历史中的一切事实，一切运动都是相互联结着相互制约着的。历史中存在着客观的规律性，也存在着普遍的交互作用。一定的现象，在一定的条件下会产生别的现象。这种现象的继起，就引起了因果性的表象或诸因果性的因果连锁的表象的变动。先行的现象叫做原因，继起的现象才叫做结果。但是因果性之比较完全的证明，只有在一定的条件之下，使一定的现象再产生出来的时候才能得到。因此我们从原因与结果考察某一现象时，把个别的现象从一般的联系中相对地孤立出来，是不可免的，但同时不应忘记这些因果关系之相互的联系，然后，我们才能真正地理解这些个别的历史现象。然而实验主义者所谓因果律是没有看见各现象的整个联结及其交互作用的。他们观察事物时，只认为作为原因看的某种现象之后，常常一定会继续发生一个作为结果看的不变的同一现象。在实验主义者看来，原因与结果间，只有一种外在的孤立的一次的关系，原因不能成为结果，结果不能成为原因，他们不理解历史现象之整个性与复杂性，他们把因果性当作规律性的唯一形式。他们就用着这样的方法去片面地，零碎地，孤立地去解释历史上的诸现象，从而历史在他们眼前，便变为"断烂朝报"。虽然每一历史现象都有其自己之原因与结果，但这一现象与另一现象便是各不相关。每一现象都各有其原因与结果，因而每一现象都各自孤立存在着，这就是实验主义的"又公平又厉害"的"祖孙方法"。

然而即使这样一种粗淡的方法，中国的实验主义者也没有应用起来。胡适的《中国哲学史大纲》，总算是实验主义之实验。但是他的中国哲学史，是劈空从天上掉下来一个孔子替他揭幕，而秦始皇的焚书，替他收场的。他既没有从古代世界找出中国哲学的祖父，也没有从秦火灰中发掘出中国哲学的子孙，他没有"捉住两头"，反之，他是捉住了一个"中段"而溜其两头。他把中国哲学史斩头刖足，这样的方法，我以为只有"厉害"，而并不"忠厚"。

但是实际上，中国历史开始的地方，思想的进程也应随之开始。同样，中国历史继续前进的时候，思想也决不会中断。所谓哲学，不过是人类思维之表现的形式。而人类的思维，则是具体的客观历史的反映。胡适一面承认在孔子之前，中国历史上有个传说时代，然而他却不承认这个传说时代有哲学。他用"无信不征"四个大字，一笔勾销了中国历史上的原始共产社会乃至奴隶社会。同时，又利用秦始皇焚书的大火，把中国的哲学史结束了。这样中国哲学的"前因后果"在那里？他变成了一个前无祖先，后无子孙的神奇的东西了。

五 "这正是抬高个人的重要"

最后实验主义者在历史中极端强调"个人"的作用，而否认"大众"之历史的创造作用。胡适说：

> 个人吐一口痰在地上，也许可以毁灭一村一族。他起一个念头，也许可以起几十年的血战。他也许"一言可以兴邦，一言可以丧邦。……"古人说："一出言而不敢忘父

母，一举足而不敢忘父母。"我们应该说："说一句话不敢忘这句话的社会影响，走一步路而不敢忘这步路的社会影响。"这才是对于大我负责任。……这样说法并不是推崇社会而抹杀个人，这正是抬高个人的重要。个人虽渺小，而他的一言一动都在社会上留下不朽的痕迹，芳不止留百世，臭也不止遗万年，这不是绝对承认个人的重要吗？①

胡适在这里极端颂扬"个人"，自然他所谓"个人"是"特殊的，杰出的个人"，是英雄，豪杰和圣贤，他以为"过去现在将来，种种'无穷的''小我'一代传一代，一点加一滴，一线相传，连绵不断，一水奔流，滔滔不绝，这便是一个'大我'。"换言之，他以为历史的发展就是这些"无穷的""个人"的意念，言笑和行动之世世代代的积累。他以为中国的哲学，是孔子这个"个人"想出来的，而后来又被秦始皇这个"个人"消灭了。中国的哲学史，就是孔子加孟子，孟子加荀子，荀子加朱熹，这些"特殊个人"的一点一滴的意识之机械的相加的历史。詹母士"全知全能的上帝"，到胡适面前，便一变而为"全知全能的个人"。从表面看来，胡适的历史已经从神到达了人类，但实际上，胡适所到达的"人类"，依然不是真正的现实的人类，而是"超人"的"特殊人类"，是与一般人类不同的"人类的幽灵"，他即是"神"或"上帝"。因为他所谓"人类"是具有与"上帝"同等的威权，可以用一个人的意志创造世界，创造历史的"人类"。这种"人类"在现实的世界，现实的历史中是不存在的。

---

① 《胡适文存·序言》，第11—12页。

实验主义者，极力"抬高特殊个人"，而"蔑视大众"，把历史当作是"特殊个人"的创造事业，而把一般大众当作是泥土一样，可以被"特殊个人"随意塑成任何一种历史的社会形式。明白些说，可以放在任何一种经济制度之下去剥削，可以驱到任何一种战场上去屠杀。他们只是"特殊个人"创造历史的材料而已。

不错，我们承认这些"特殊个人"，对历史之主观创造作用，但是我们却以为这种主观作用是被规定于历史发展之客观的规律。因为"社会的发展最后地计算起来，不是杰出人物的意志和思想来决定，而是社会生存所必需的物质条件的发展来决定的，由社会生存所必需的物质财富的生产方式的变迁来决定。……不是思想决定人的社会经济地位，而是人的社会经济地位决定他们的思想。如果杰出人物的思想和希望与社会的经济发展脱节，与先进的阶级脱节，则他将变成没有一点用处，如果相反的，他们的思想和希望正确地反映社会经济发展的需要，先进阶级的需要，那末，杰出人物能够成为真正的杰出人物"。因此，我们以为不是"特殊个人"的一言一笑，一行一动，创造历史，而是历史发展的条件，决定着"特殊个人"的言笑行动。因为只有他能反映出整个民族和民族中的整个阶级的意识的时候，他才能够形成一个历史的行动，否则他决不能给与社会以影响。

其次，"特殊个人"在历史中的作用，只是历史的偶然，而历史的偶然性必然要被规定于历史的必然性。因为历史的偶然，并不消灭历史发展之必然的规律；反之我们只有把这偶然性和必然性统一起来看，才能正确地理解个人对历史的作用。拿破仑是一个"特殊个人"，他在法国历史上，曾经起过创造作用。但拿破仑的历史创造，是历史的偶然，而当时正在兴起中的法国布尔乔亚需要这样一个开辟市场的英雄，则是历史的必然。假如在当时客观条件上没有这种历史的必然，则拿破仑的偶然性也不能显现出来；反之，即使没有拿破仑，也会有另外一个杰出的人物，代替拿破仑来执行历史的创造任务。然而实验主义所谓个人是超历史的超社会的个人，是和"上帝"一样，可以不顾历史条件而能一手创造世界，颠倒历史的个人，而历史就是这种个人的观念与行动之连续，这样的"个人"，与其说是"人"，不如说是"神"或"上帝"。实验主义到这里，脱去了伪科学的外衣，赤裸裸地显露出"神秘主义"的原形了。

六 总结几句

总之。实验主义者的历史方法，可以概括如次的几点：第一、是从主观观念论出发，因而否认历史发展之客观的规律性。第二、是以陈旧的进化论为中心，因而否认社会经济在历史发展中有任何质的突变。第三、是以机械的因果律代替历史发展之一般的全面性，因而他只能看到个个的零碎的现象，而在现象之间，无力建立其联系。第四、他强调历史发展中之主观的创造作用，而无视客观条件对主观作用之制约性或规定性。第五、他强调历史的偶然性，并且把偶然性提高到必然性的地位，因而他们以为整个的历史，都是偶然事件的碰巧与凑合。实验主义者就以这样的方法研究历史，并且在中国历史科学的领域内造成了一般专凭脑袋去思维，去假设，去寻找道德，寻找真理做摆渡的所谓历史家。这些"历史家"，他们专门一点一滴的碟割中国的历史，他们无批判地否定一切，同时又毫不迟疑地涂改一切。这样，就形成了五四运动以来中国历史科学上的大割裂、大混乱与大曲解。

虽然，不管实验主义者在主观上对中国历史如何割裂、涂改与曲解，然而在客观上，中国的具体历史，并没有依照他们主观的观念而改变。在目前中国的人民正在一个空前未有的伟大的历史创造中，中国的人民为了争取这一历史创造的胜利，他们需要吸取过去一切历史的经验，需要用历史经验教育自己以建立自己的战斗知识。所以在目前，中国历史家的任务，就在于对一切歪曲的历史观作理论的清算，把中国历史从封建的云雾中，从市民的烟幕中洗刷出来，使中国的历史在严正的科学方法之前，得到正确的说明。这样中国的历史，才能成为我们民族解放战争之指导的原理。中国人民在自己的历史的指导之下，才能把他们主观的创造配合于客观的历史倾向以争取抗战之最后胜利。

（重庆《读书月报》第二卷第三期，重庆生活书店 1940 年 5 月 1 日出版）

略论中国文献学上的史料

我很早就想写一篇关于史料的论文，但总是没有着笔。月前复旦大学文学院约我作一次学术讲演，我就讲《史料与历史科学》这个问题。惟讲演时，为时间所限，不能作较详之发挥。近因书店之约，要我写一本关于史料学方面的小册子，我就开始把这次的讲演稿加以整理，计有三篇：一、中国文献学上的史料；二、中国考古学上的史料；三、与收集整理史料有关的各种学问。现在我还只写成《中国文献学上的史料》一篇；其余两篇，假如我的生活不发生变动，也想继续写出来。

翦伯赞

1945 年 8 月 2 日

一　导　言

中国文献学上的史料，真是浩如烟海，学者往往穷毕生之力，而莫测涯际。即以一部廿四史而论，就有三千二百四十二卷，其卷帙之浩繁，已足令人望洋兴叹。而况廿四史尚不过是史部^①诸史中之所谓正史。在史部中，除正史以外，尚有编年史、纪事本末、别史、杂史、实录、典制、方志、谱谍及笔记等，其数量更百倍千倍于所谓正史^②。

又况用历史学的眼光看，不仅史部诸书才是史料，一切史部以外的文献，都含有史料。章实斋曰："六经皆史"，此说甚是；但仍不足以概括史料的范围。我们若更广义地说，则何只"六经皆史"，"诸子亦史"，"诸诗集、文集、词选、曲录、传奇、小说亦史"，乃至政府档案、私人信札、碑铭、墓志、道书、佛典、契约账簿、杂志报纸、传单广告以及一切文字的记录，无一不是史料。若并此等史料而合计之，其数量又百倍千倍于史部的文献。

---

① 文字的记录，始于记事。故中国古代，文、史不分，举凡一切文字的记录，皆可称之曰史。直至汉代，尚无史部之别，刘歆《七略》，班固《汉书·艺文志》，虽将富于史实记录之文献，并入《春秋》之属；但并未独立。史部诸书从文献中分别出来而为一个独立部门，始于晋代。晋荀勖撰《中经新簿》，始分中国文献为甲、乙、丙、丁四部，而史为丙部。至李充撰《四部书目》，重分四部，经为甲部，史为乙部，子为丙部，诗赋为丁部，而中国的文献遂别为经、史、子集四部。以后历代因之，至于今日。

② 诸史《经籍志》或《艺文志》，对于史部分类，各不相同。少者分十类，多者分十五类。而其最初的范本，则为阮孝绪《七录》，阮《录》分史部为十二类，即国史、注历、旧事、职官、仪典、法制、伪史、杂传、鬼神、土地、谱状、簿录，是为史部最初之分类。《隋志》因之，分为十三类，曰正史、古史、杂史、霸史、起居注、旧事、职官、仪注、刑法、杂传、地理、谱系、簿录。《旧唐书·经籍志》《新唐书·艺文志》皆分十三类，其目相同，曰正史、编年、伪史、杂史、起居注、故事、职官、杂传、仪注、刑法、目录、谱牒、地理。《宋史·艺文志》亦分为十三类，曰正史、编年、别史、史钞、故事、职官、传记、仪注、刑法、目录、谱牒、地理、霸史。《明史·艺文志》则分十类，曰正史、杂史、史钞、故事、职官、仪注、刑法、传记、地理、谱牒。清《四库全书总目》则增为十五类，曰正史、编年、纪事本末、别史、杂史、诏令、奏议、传记、史钞、载记、时令、地理、职官、政书、目录、史评。此外尚有许多别录，其分类有多至三十七类者，不及备举。

从这里，我们可以看出，中国文献学上的史料之丰富，正如一座无尽的矿山，其中蕴藏着不可以数计的宝物。这座"史料的矿山"，在过去，虽曾有不少的人开采过，但都是用的手工业方法，器械不利，发掘不深，因而并没有触到史料之主要的矿脉。例如史部以外之群书上的史料，特别是历代以来文艺作品中的史料，并没有系统地发掘出来，应用于历史的说明。至于四部以外的文字记录，则更不曾把我们当作史料而引用。

但是，就史料的价值而论，则史部以外之群书上的史料，其可靠性高于史部诸史上的史料。因为史部诸史，是有意当作史料而写的，其写作的动机，则抱着一种主观的目的。例如对某一史实或人物执行褒贬，所谓《春秋》书法。就是主观意识之发挥。这种主观意识之渗入，当然要使史实受到程度不同的歪曲，乃至涂改，以致减少了史料的真实性①。至于史部以外的群书，则并非有意为了保存某种史料而写的，而是无意中保留了或反映出若干的史料，这样无意中保留着或反映出的史实，当然要比较真切。固然，在史部以外的群书中，其行文记事，也夹杂着主观的意识，特别是各种文艺作品，如诗词、诗赋、小说之类，甚至还具有比史部诸书更多的主观意识。但是在这一类书籍中所表现的主观意识之本身，就是客观现实之反映；因而他不但不破坏史料的真实，反而可以从侧面反映出更真实的史料。

再就史部诸书而论，则正史上的史料，较之正史以外之诸史，如别史、杂史等中的史料，其可靠性更少。其中原因甚多，而最主要的原因，则因为所谓正史，都是官撰的史书。中国之设

---

① 例如《左传》宣公二年载赵穿攻杀晋灵公于桃园。当时晋国的太史董狐，在晋史上记载此事，不曰"赵穿弑其君"，而曰"赵盾弑其君"。赵盾提出质问，董狐曰："子身为正卿，亡不出境，反不讨贼，非子而谁？"

史官，由来已久①。但自东汉以前，史书撰著，皆出自一家。如司马迁之著《史记》，班固之著《汉书》，虽以史官而著史，尚属一家之言。自东汉开东观，大集群儒，遂开集体官撰之始。自唐以降，历代政府，皆设置史馆，派贵臣为监修；史官记住，皆取禀监修，始能着笔。自是以后，修史者在政治的限制之下，完全丧失了记录史实的自由，而所谓正史，几乎都是历代政府监督之下写成的，至少也是经过政府的审查，认为合法的。虽然大部分正史，都是后代编前代之事，但其资为根据的史料，则系前代的实录及官书，此种实录及官书，皆成于当代人之手。以当代之人，记录当代之事，当然不允许暴露当时社会的黑暗，特别是统治阶级的罪恶。否则就要遇到危险，如孙盛《实录》，取嫉权门；王韶直书，见仇贵族；而吴之韦曜，魏之崔浩，且以触犯时讳而丧失生命。所以历代史官，大抵变乱是非，曲笔阿时。见皇帝则曰"神圣"，见反对皇帝者则曰"盗贼"，简直变成了统治阶级的纪功录。像这样专捧统治阶级而以人民为敌的历史，当然不可信。至于正史以外之别史、杂史等，则系私家著述，这一类的著述，并不向政府送审，他能尽量地写出所见所闻，所以较为真实。

总之，就史料的价值而论，正史不如正史以外之诸史，正史以外之诸史，又不如史部以外之群书。为了要使中国的历史获得

---

① 中国自有文字以来，即有专司史实记录之人。殷契、周金之镂刻，皆非具有专门技术之人才不可。自春秋以至战国，各国皆有史官。如赵鞅，不过晋之一大夫，而有直臣书过，操简笔于门下。田文，不过齐之一公子，而每坐对宾客，待史记于屏风。至若秦、赵二主，会盟渑池，各命其御史书某年某月，鼓瑟击缶。《左传》昭公二年，谓晋韩宣子来聘，观书于太史氏，是鲁亦有史官。至秦有天下，太史令胡母敬，作《博学章》，是秦亦有史官。汉兴，武帝又置太史公，以司马谈及其子迁为之，以后历代皆置史官。

更具体更正确之说明，我们就必须从中国的文献中，进行史料之广泛地搜求，从正史中，从正史以外之诸史中，从史部以外之群书中，去发掘史料，提炼史料。只有掌握了更丰富的史料，才能使中国的历史，在史料的总和中，显出它的大势；在史料的分析中，显出它的细节；在史料的升华中，显出它的发展法则。

二　正　史

首先说到廿四史，即中国史部群书中之所谓正史。

这部书，既非成于一时，更非出于一人之手；而是历代积累起来的一部官史。其中成于汉者二，司马迁《史记》、班固《汉书》是也。成于晋者一，陈寿《三国志》是也。成于南北朝者四，宋范晔《后汉书》、梁沈约《宋书》、梁萧子显《南齐书》、北齐魏收《魏书》是也。成于唐者八，房玄龄《晋书》、姚思廉《梁书》《陈书》、李百药《北齐书》、令狐德棻《周书》、魏徵《隋书》、李延寿《南史》《北史》是也。成于五代者一，后晋刘昫《旧唐书》是也。成于宋者三，薛居正《旧五代史》、欧阳修《新唐书》《新五代史》是也。成于元者三，脱脱《宋史》《辽史》《金史》是也。成于明者一，宋濂《元史》是也。成于清者一，张廷玉《明史》是也。

以成书的年代而论，大抵皆系后代撰前代之史。但其中亦有例外，如刘宋撰《后汉书》，唐撰《晋书》，则朝代隔越。特别是司马迁的《史记》上溯殷周，远至传说时代之五帝，更系以后代之人而追溯远古。

即因这部书是历史积累起来的，所以在唐代只有三史，即

《史记》《汉书》《三国志》，而成于南北朝的诸史，尚未列入正史。到宋代，始将宋及其以前所成的诸史列于正史，合为十七史，而《旧唐书》《旧五代史》，尚不在正史之内。至于明，又加入宋、辽、金、元四史，而有廿一史。到清代，再加入《明史》及《旧唐书》《旧五代史》，始足成今日之所谓廿四史。晚近又以柯劭忞《新元史》列入正史，增为廿五史。他日再加入《清史》，就有廿六史了。

廿四史，中国历来皆称为正史。但在我看来，与其称之曰史，不如称之曰"史料集成"。

第一，以体裁而论，虽皆为纪传体，而且其中最大多数皆系纪传体的断代史，但其中亦有纪传体的通史。如司马迁的《史记》，则上起五帝，下迄汉武；李延寿的《南史》，则系宋、齐、梁、陈四朝的通史；《北史》，则系北魏、北齐、北周、隋代四朝的通史。通史与断代史杂凑，以致体裁不一。

第二，即以纪传体而论，亦不尽合于规律。所谓纪传体，即以本纪、世家、列传、书志、年表合而成书。但《三国志》《梁书》《陈书》《北齐书》《周书》《南史》《北史》皆无书志，《隋书》本亦无志，今志乃合梁、陈、齐、周、隋并撰者。而《后汉书》《三国志》《宋书》《南齐书》《梁书》《陈书》《魏书》《北齐书》《周书》《隋书》《南史》《北史》《旧唐书》、新旧《五代史》，皆无表。

第三，以史实的系列而论，则重复互见。其中有全部重复者，如《南史》之于宋、齐、梁、陈书，《北史》之于魏、齐、周、隋书，《新唐书》之于《旧唐书》，《新五代史》之于《旧五代史》是也。亦有局部重复者，如《汉书》纪汉武以前的史实，完全抄录《史记》原文是也。又如于朝代交替之间的史实，前史已书，而后史必录。如东汉末群雄，《后汉书》有列传，《三国志》亦有列传。司马懿、司马师、司马昭之事迹，已见于《魏志》，而《晋书》又重为之纪。此外，当割据或偏安之际，同时并世的诸王朝，各有史书，而同一史实既见此史，又出彼史。如宋、齐、梁、陈书之于魏、北齐、周、隋书，《南史》之于《北史》，《宋史》之于辽、金、元史，其中重出互见之史实，不可胜举。至于论"夷狄"，则必追其本系，于是北貉起自淳维、南蛮出于槃瓠；高句骊以鱼桥复济，吐谷浑因马斗徙居等语，前史已载，后史再抄，重床叠被，千篇一律。因而以时间系列而论，亦未能前后紧密相含。

第四，因为廿四史都是用纪传体的方法写的，所谓纪传体，即以事系人的体裁。这种体裁用以保存史料，不失为方法之一。若用以写著历史，则纪一史实，必至前后隔越，彼此错陈。因为一人不仅作一事，一事又非一人所作，若以事系人，势必将一个史实分列于与此事有关之诸人的传纪中，这样，所有的史实都要被切为碎片。所以我们在廿四史中，只能看到许多孤立的历史人物，看不到人与人的联系。只能看到无数历史的碎片，看不到一个史实的发展过程。既无时间的系列，又无相互的关系。所以我说廿四史不能称为历史，只是一部史料的集成。

当作历史，则班、马之书，亦不敢妄许。即当作史料，而廿四史中有一部分史料，也只能当作代数学上的 X。是否正确，尚有待于新史料的证明。其不可靠的原因，一般地说来，不外如次的几点：

第一，循环论的观点。这种观点，在《史记》中，已经彰明其义。《历书》曰："三王之正若循环，穷则反本。"《高祖本纪》太史公曰："三王之道若循环，终而复始"。《天官书》曰：

"夫天运，三十岁一小变，百年中变，五百载大变，三大变一纪，三纪而大备，此其大数也。为国者必贵三五，上下各千岁，然后天人之际续备"。又说天变则依五星周转，应于世变则为五行轮回。所谓五行者，即土、木、金、水、火，亦曰五德。中国的历史，就是三五往复，五德终始，循环古今。所以历代受命之君，必于五德中有其一德而王，如某也以土德王，某也以木德王等等。五行又配以五色，如苍、赤、黄、白、黑，故以某德王者，则必尚某色。如汉以火德王，色尚赤。像这一类循环论的说法，充满廿四史，并以此而演化为天命论。如历史家以秦之祖先为金德，色尚白，汉为火德，色尚赤，于是把汉高祖斩白蛇之事，附会为赤帝子斩白帝子。又如刘秀继西汉而王，其德不改，其色亦不改，故当其即位之际，有《赤伏符》自天而降。又如公孙述，他根据王莽的新五德系统（五行相生）以为土生金。（王莽自谓以土德王，色尚黄），他继王莽之后，应为金德，金德王者色尚白，故自称白帝。这一类的鬼话，当然不可信。

第二，正统主义的立场。廿四史，是以帝王为中心的历史，帝王本纪，是全部历史的纲领。所以在任何时代，都必须要找到一个皇帝，而尊之曰"神圣"，替这个皇帝作本纪，替属于这个皇帝的贵族作世家，官僚、地主、商人作列传。任何人，不管他的理由如何，只要反对这个"神圣"，他就被指为叛逆，为盗贼。"神圣"可以反道败德，荒淫无耻，乃至杀人放火，史书上不过说他"略有逊德"，甚至美之曰"为民除暴"。反之，反对"神圣"的人民，如果杀了几个贪官污吏，史书上便大书特书，说他们不仅是杀人魔王，而且是吃人大王。但是他们有时也自相矛盾，即当他们找不到"神圣"的时候，则他们认为是盗贼、叛逆乃至夷狄，皆可以奉之为"神圣"。如朱温在《唐书》为盗

贼，在《五代史》遂为"神圣"。燕王棣在同一《明史》，前为
叛逆而后为"神圣"。北魏、北齐、北周之君，《南史》指为索
虏，而《北史》则尊为"神圣"。五代之李存勖、石敬瑭、刘知
远皆沙陀之裔，在《五代史》上皆尊为"神圣"。辽、金、元初
诸帝，《宋史》称之曰贼、曰虏、曰寇，而在辽、金、元史中，
则皆为某祖、某宗、某皇帝了。赵尔巽主编之《清史稿》，对于
清朝诸帝，亦无不称为祖、宗，尊为神圣；对于太平天国，则曰
发匪，对于帮助清朝屠杀中国人民的汉奸曾国藩，反而恭维备
至。至于某一时代神圣太多，则于诸神圣中，择一神圣，而曰此
乃正统之神圣，其余则指为僭伪。如《三国志》以魏为正统，
而以吴、蜀为僭伪①；新旧《五代史》以梁、唐、晋、汉、周为
正统，而以其余为僭伪②。像这样今日叛逆，明日帝王；今日盗
贼，明日神圣；今日夷狄，明日祖、宗，以及甲为正统、乙为僭
伪的胡说，充满廿四史。而且由此而展开"成王败寇"的书法。
如楚汉之际，项羽实曾分裂天下而王诸侯，但以结局失败，而史
家遂谓司马迁不应列项羽于本纪。如西汉之末，刘玄实曾为更始
皇帝，亦以结局失败，而《后汉书》遂不列刘玄于本纪。此外，
如李世民之与窦建德、王世充，朱元璋之与张士诚、陈友谅，清
顺治之与李自成、张献忠，其相去实不可以寸计；徒以成败之

---

　　① 关于三国的正伪，史家看法不同。在晋，则陈寿正魏，习凿齿正蜀；在宋，则
司马光正魏，朱熹正蜀。陈寿生于西晋，司马光生于北宋，西晋与北宋，皆据中原，
与魏相同，苟不以地望为据，则晋、宋为僭，故其所以正魏者，即所以正晋、正宋
也。习凿齿生于东晋，朱熹生于南宋，东晋与南宋，皆偏安江左，若不以血统为据，
则东晋、南宋为僭，故其所以正蜀者，亦所以正东晋、南宋也。
　　② 宋人之所以正梁、唐、晋、汉、周者，以宋之天下篡自周。由周而汉而晋而唐而梁，
实为一篡夺系统。因正宋而遂不能不正周，因正周而遂不能不正周之所自出。由此
上溯，以至于梁，遂上继唐代。故五代史之正梁、唐、晋、汉、周，亦所以正宋也。

故，而或为太祖、太宗，或为盗贼、流寇。按之史实，岂为正论？所以我以为读廿四史者，万勿为正统主义以及由此而演绎的"成王败寇"的书法所迷惑。我们应该从假神圣中去找真盗贼，从假盗贼中去找真神圣。

第三，大汉族主义的传统。"内诸夏而外夷狄"，是春秋以来发生的一种狭义的民族思想。这种思想，也充满了廿四史。一部廿四史，都是以大汉族为中心，对于国内其他诸种族的历史活动，或列于四夷列传，或完全没有记录，如《三国志》之《蜀志》《吴志》，以及《陈书》《北齐书》，皆无四夷列传。其有四夷列传者，记录亦极疏略，必其民族与中原王朝发生战争或重大交涉，始能一现。至于对各民族之渊源及其自己的发展，则无有系统之记载；有之，则不是把各民族拉扯为汉族的支裔，以图否定其民族，便是对其他民族加以侮辱。前者如谓匈奴为夏桀之后，朝鲜为箕子之裔；后者如谓北狄为犬羊之族，南蛮为虫豸之属。又如述汉族之侵略四国，则曰王化广被，声教远播；反之，若其他民族向中原发展，如匈奴只要越过长城，西羌只要转入甘肃，东胡只要西向辽东，南蛮只要走出崇山峻岭，便指为叛变，为入寇。又如汉族明明向外族献美女，纳岁贡，乃至称臣称侄，而美其名曰"怀柔"；反之，其他诸民族，明明是来至中原进行贸易，而必曰"四夷来王"。诸如此类的偏见不可胜举。假使真能坚持到底也好，但又不然，只要其他民族，一旦走进黄河流域或入主中国，如北魏、北齐、北周及辽、金、元等，则又歌德颂圣，充分表现其媚外求荣之奴性。当清顺治三年，议历代帝王祀典，而礼部上言，竟谓辽对宋曾纳贡，金对宋曾称侄，均应庙祀，侵侵乎几欲正辽、金而伪宋。其所以尊辽、金者，即所以逢迎清统治者。结果不但辽、金诸帝与宋朝诸帝并坐祭坛，而魏、元诸帝亦同享庙祀。这种入主出奴的心理，应用于历史的记录，必然要混淆事实。或曰：廿四史中，有《魏书》《北齐书》《周书》《北史》《辽史》《金史》《元史》，皆系纪录少数民族或以少数民族为中心之史书，故廿四史，不能说是以汉族为中心。但是这些史书，虽不以汉族为中心，而仍以某一支配民族为中心，因而仍是狭义的民族主义。我们之所以反对大汉族主义，就是因为他是一种狭义的民族主义，它把汉族当作中国这块领域内的天生的支配民族，而敌视其邻人，以致使历史的中心偏向一个支配民族；而其他中国境内诸民族的历史，遂疏漏简略，歪曲不明。同样，以任何一个支配民族为中心的历史，都是大民族主义，其作用，同于大汉族主义。

第四，主观主义的思想。一部廿四史充满了主观主义的成分；而其主要的表现方式，则在每篇终末的评语之中。这种评语的命名各书不同，如《史记》则曰"太史公曰"，《汉书》则曰"赞"，《后汉书》则曰"论"，《三国志》则曰"评"，其他或曰议，或曰述，或曰史臣，或自称姓名，其名不一，其实皆史家发挥主观主义之地盘。此外，在史实叙述中，亦夹杂批判。更有一种，则系歪曲史实，以适应其主观的观念，只有这一种，最足以变乱史实的真象而又最难辨识。在廿四史中，我们可以看到任意褒贬之处，如《汉书》贬王莽。但我们读《王莽传》，观其行事，虽亦有奸伪可贬之处，而其托古改制，知道当时的政治非变不可，尚不失为一个开明的贵族。《宋书》《南史》贬范晔，但我们读陈澧《东塾读书记》中的《申范篇》，而后知范晔之被诬。《宋史》贬王安石，但我们读陆象山《王荆公祠记》、蔡上翔《王荆公年谱考略》、梁启超《王荆公传》，而后知王安石之被谤。诸如此类，不胜枚举。此外曲笔阿时，以取媚权贵者，更颠倒是非，任意屈伸。他若贪污者，则更无论矣。刘知几曰："班固受金而始书，陈寿借米而方传。"[①] 班、陈尚如此，等而下之，当更有甚焉。

最后，便是政治的限制，嫉讳多端。即因如此，对于皇帝的记录，特别是开国皇帝的记录，最不可信。例如刘邦本是一个好美姬、贪财货的流氓；而《史记·高祖本纪》谓其一入咸阳，便变成了"财货无所取，妇女无所幸"的圣人。汉成帝尝白衣袒帻，从私奴客，奸淫人民的妻女；而《汉书·成帝纪》谓其"临朝渊嘿，尊严若神"。曹髦之死，实司马昭派贾充刺杀；而《三国志·魏书》但书"高贵乡公卒"。苍梧王之死，实萧道成派杨玉夫刺杀；而《南齐书》但书"玉夫弑帝"。杨广实弑其父，而《隋书·炀帝纪》但书"高祖崩"。李世民实弑其兄，而《唐书·高祖纪》反书建成谋害其弟。赵光义实弑其兄，而《宋史》不书。燕王棣实逐其侄，而《明史》不罪。诸如此类，举不胜举。其他对于皇帝以及权贵之一切无耻的罪行，大抵皆因忌讳而不许记录；其间有记录者，则为万人皆知不可隐蔽之史实。这种忌讳，当然要变乱并湮没许多史实。不但如此，而且在忌讳的反面，又产生逢迎，如史书上替那些开国皇帝大半都制造一些神话。这些神话，完全是凭空扯谎，决不可信。

此外或因后人窜乱，真伪相杂，如《史记》自褚少孙始，窜乱者不下十余辈。或因根据不同，同一史实，而两书互异。如《史》《汉》之于武帝以前的史实，《南史》与《宋》《齐》《梁》《陈书》之于南朝的史实，《北史》与《魏》《北齐》《周》《隋书》之于北朝的史实，《宋史》与《辽》《金史》之于同时的史

---

① 《史通·内篇·曲笔》。

实，多有歧异。或因仓卒成书，讹误不免，如沈约《宋书》纪、志、列传共一百卷，而撰书时间不过数月。元撰《宋》《辽》《金》三史，不及三年，即告完成。明撰《元史》，六月成书。或因文字不通，随便照抄官书档案。如元撰《宋》《辽》《金》，明撰《元史》，其中人名地名，译音不确，竟至一人化为二人，二人并为一人，其于地名亦然。他若由于撰史者的疏忽，以至同一书中，前后自相矛盾者，各史皆有。以是之故，所以我说廿四史上的史料，只能当作代数上的 X。

虽然，只要我们知道了它的毛病，廿四史中，还是有很多宝贵的史料，可以用于历史的说明。例如人皆谓《魏书》为秽史，但除去偏见，仍为史料。人皆谓《宋史》繁芜，但当作史料，则患其不繁。人皆谓《元史》猥杂，但其中所录官牍鄙俚一仍原文，更为实录。反之，如陈寿《三国志》字字锤炼，过求简净，若无裴松之的注解，史实几至不明。如欧阳修《新唐书》《新五代史》，下笔行文，褒贬随之，同样是满纸偏见；而且由于过分模仿《春秋》，以至变乱史实。如《新唐书》本纪书安史之乱，必书逆首；但在事实上，有若干行动，并非逆首所为，而系逆党所为。故吾于《唐书》及《五代史》，宁取薛著之繁琐直叙，而不取欧著之总核简严。又如宇文氏本为少数民族，文字言语、生活习惯，异于汉族；以汉字记少数民族历史，已属隔靴搔痒；而《周书》又行文必《尚书》，出语必《左传》，则史实真象，一误于翻译，再误于文字玩弄，结果，必然走样。故吾于记录少数民族之史，宁取《元史》之猥杂存真，而不取《周书》之古雅失实。总之，当作史料看，则宁取其繁琐、存真、直叙，而不取其简括、典雅与褒贬之辞。明乎此，然后才能读廿四史，用廿四史。

三 正史以外的诸史

其次，说到正史以外的诸史。正史以外的诸史，种类繁多，如前所述，有编年史、纪事本末，及通典、通考等。这些书，或以事系年，通诸代而为史；或标事为题，列诸事以名篇；或以事为类，分部类以成书。他们在写作的方法上，都能自成一体；但在史料方面，则并不多于正史，而且大半皆由正史中网罗搜括而来。因此我们如果为寻找新的史料，以补充和订正正史，就必须求之于史流之杂著。

史流杂著，由来甚古，早在所谓正史出现之前，即已有之。如《山海经》《世本》《国语》《国策》《楚汉春秋》之类的古史，论其体裁，皆系杂史；论其著书之时代，皆在史、汉之前；且为史、汉之所取材。自汉、魏以降，此类著作，仍与所谓正史，殊途并骛，平行发展。南北朝初，已蔚为大观。仅就裴松之注《三国志》所引之杂史，即有一百五十余种。至于宋代，由于印刷术的发明和应用，私家著作得以刊行，而史部杂著，亦日益繁富。降至明清，则此类著作，洋洋乎浩如烟海了。

史部杂著，种类甚多，体裁不一，要之，皆与正史有别。论其体裁，既不一律皆为纪传体；论其性质，亦不如《史记》《南史》《北史》通诸代而为史，又不如《汉书》《后汉书》等断一代以成书，而皆系各自为体之随手的记录，故其为书，皆零碎断烂，非如正史之有系统。关于史部杂著，刘知几曾为之别为十类："一曰偏纪，二曰小录，三曰逸事，四曰琐言，五曰郡书，六曰家史，七曰别传，八曰杂记，九曰地里书，十曰都邑簿。"[1]

---

① 《史通·内篇·杂述》。

这样的分类，虽过于琐碎，但却可以显出史部杂著的诸流别。徇此流别以观史部杂著，则纷乱一团之史部杂著，亦能类聚流别而形成其自己的系统。

刘知几所谓偏纪，即其书所记录的史实，并非始终一代；换言之，非断代的专史，只是记录某一朝代中的一个段落，或即当时耳闻目见之事。这种史实，或不见正史，或即见正史而记载并不详尽，于是有偏纪之作。刘知几曰："若陆贾《楚汉春秋》、乐资《山阳载记》（山阳公，即汉献帝禅魏后之封号）、王韶《晋安帝纪》、姚最《梁昭后略》，此之谓偏纪者也。"[1] 这一类的著作，以后最为发展，或截录一时，或专记一事。前者如五代王仁裕之《开元天宝遗事》，宋李纲之《建炎时政记》《靖康传信录》，明李逊之《三朝野记》、钱士馨《甲申传信录》之类皆是。后者如宋曹勋《北狩见闻录》、蔡鞗《北狩行录》、洪皓《松漠纪闻》、辛弃疾《南渡录》、明归有光《备倭事略》、吴应箕《东林本末》、清吴伟业《复社记事》、王秀楚《扬州十日记》、朱子素《嘉定屠城纪略》、李秉信《庚子传信录》、王炳耀《中日甲午战辑》等，不可胜举。

小录所以记人物，但并不如正史总一代之人物而分别为之纪传，而是仅就作者自己所熟知的人物为之传纪。小录上传纪的人物，或不见正史，或即见正史而于其平生事迹不详，故有小录之作。刘知几曰："若戴逵《竹林名士》、王粲《汉末英雄》、萧世诚（梁元帝）《怀旧志》、卢子行《知己传》，此之谓小录者也。"[2] 这类著作，后来亦继有撰著，如明朱国桢《皇明逊国臣

---

[1] 《史通·内篇·杂述》。

[2] 《史通·内篇·杂述》。

传》、张芹《建文忠节录》、黄佐《革朝遗臣录》、清陆心源《元祐党人传》、陈鼎《东林列传》、李清臣《东林同难录》、吴山嘉《复社姓氏传略》、彭孙贻《甲申以后亡臣表》等皆是也。

逸事记事亦记言，但不是重复正史，而是补正史之所遗逸，故其所载之事或言，皆为正史所无。刘知几曰："若和峤《汲冢纪年》、葛洪《西京杂记》、顾协《璅语》、谢绰《拾遗》，此之谓逸事者也。"① 这类著作，后来向三个方向发展：其一为辑逸，即从现存的文献中，搜集古书的逸文，辑而为书。其二为补逸，即根据其他书类增补史籍上的遗漏，或就原书注释，另为史补一书。其三则为存逸，即作者预知此事，若不及时记录，后来必然湮没，故因其见闻而随时记录之。辑逸与补逸，其性质已属于逸史之收集与补充，惟存逸而属于逸史之创造。此种存逸之书，明、清之际最多，如明应喜臣《青磷屑》、史惇《恸余杂录》、无名氏《江南闻见录》《天南逸史》黄宗羲《海外恸哭记》、夏允彝《幸存录》、夏完淳《续幸存录》、清陈维安《海滨外史》、邹漪《明季遗闻》、罗谦《也是录》以及搜集于《荆驼逸史》及明季《稗史》中之各种野史，都可以列入逸史之类。

琐言所以记言，但并不如正史所载皆系堂皇的诏令章奏及君臣对话，而是小说卮言，街谈巷议，民间言语，流俗嘲谑。故其所记，亦系正史所无。刘所几曰："若刘义庆《世说》、裴荣期《语林》、孔思尚《语录》、阳松玠《谈薮》，此之谓琐言者也。"② 此类著作，在宋代最为发达，如周密《齐东野语》《癸辛杂识》、朱绪《萍洲可谈》、张知甫《可书》、王辟之《渑水燕谈

---

① 《史通·内篇·杂述》。
② 《史通·内篇·杂述》。

录》、刘绩《霏雪录》、洪迈《夷坚志》、曾敏行《独醒杂志》、张师正《倦游杂录》、无名氏《续墨客挥犀》皆是也。

郡书记人物，但不如正史所载，网罗全国；而仅录其乡贤，故其所录人物或不见正史，或即见正史而不详。刘知几曰："若圈称《陈留耆旧》、周斐《汝南先贤》、陈寿《益都耆旧》、虞预《会稽典录》，此之谓郡书者也。"① 此种著作，后来亦续有撰述，如宋张齐贤《洛阳搢绅旧闻记》、宋句廷庆《锦里耆旧传》、元刘一清《钱塘遗事》、王鹗《汝南遗事》等皆是也。但更后则发展为地方志，如省志、府志、县志之类，史部中独立出来，成为方志之书。

家史记一家或一族之世系，但并不如正史上之世家，仅记贵族之世系；而是作者追溯其自己之家世，或任何不属于贵族者之谱系。刘知几曰："若扬雄《家谍》、殷敬《世传》、孙氏《谱记》、陆宗《系历》，此之谓家史者也"。② 这种著作，渊源甚古，如司马迁作《三代世表》所根据之《五帝系谍》就是记录氏族世系之书。自魏、晋迄于六朝，学者多仿《史记》"世家"遗意，自为家传。齐、梁之间，日益发展，郡谱、州谍并有专书。《通志·氏族略·序》曰："自隋唐而上，官有簿状，家有谱系。官之选举，必由于簿状；家之婚姻，必由于谱系。历代并有图谱局，置郎、令史以掌之，仍用博通古今之儒，知撰谱事。凡百官族姓之有家状者，则上之官，为考订详实，藏于秘阁，副在左户。若私书有滥，则纠之以官籍；官籍不及，则稽之以私书；此近古之制，以绳天下，使贵有常尊，贱有等威者也。所以人尚谱

---

① 《史通·内篇·杂述》。
② 《史通·内篇·杂述》。

系之学，家藏谱系之书。"若晋之贾弼、王宏，齐之王俭，梁之王僧孺等，各有百家谱，又如刘宋何承天撰《姓苑》，后魏《河南宫氏志》，都是谱系之书。谱系之学，至于唐而极盛。唐太宗命诸儒撰《氏族志》一百卷，柳冲撰《大唐姓氏录》二百卷，路淳有《衣冠谱》，韦述有《开元谱》，柳芳有《永泰谱》，柳璨有《韵略》，张九龄有《麴林》，林宝《姓纂》，邵思有《姓解》。自是以后，迄于今日，民间望族，大抵皆有其自己之谱牒。此外与族谱并行，尚有后人考证古人家系之书，如罗振玉《高昌麴氏年表》，《瓜沙曹氏年表》，以及许多个人的年表，不可胜举。这些，都是属于家史之类。

别传所以传人物，但并不如正史列传，仅录其大事，而是委曲细事，详其平生。亦不如小录，仅传其所熟知之人，而是认为其人有作别传之价值。也不如郡书，仅录其乡贤，而是就全部历史人物中，选择其别传之主人。一言一蔽之，别传是从全部历史人物中，选择一种在历史中占重要地位的人物，为之作专传。这种人物，或不见正史列传，或即见正史列传而不详，或已见于小录、郡书，或不见于小录、郡书。刘知几曰："若刘向《列女》、梁鸿《逸民》、赵采《忠臣》、徐广《孝子》，此之谓别传者也。"[1] 这种著作，在史部杂流中，也很发达。如唐郑处诲《明皇杂录》、李德裕《明皇十七事》、姚汝能《安禄山事迹》、宋王偁《张邦昌事略》、曹溶《刘豫事迹》、明杨学可《明氏（明玉珍）实录》、吴国伦《陈（友谅）张（士诚）事略》、王世德《崇祯遗录》、邵远平《建文帝后记》、清钱名世《吴耿尚孔四王合传》以及美人林白克《孙逸仙传记》等，皆属于别传之列。

---

[1] 《史通·内篇·杂述》。

　　杂记所以录鬼怪神仙,但并不如正史五行志专载征祥灾异,符瑞图谶,拉扯天变,附会人事;而是记录闾巷的异闻,民间的迷信。刘知几曰:"若祖台《志怪》、干宝《搜神》、刘义庆《幽明》、刘敬叔《异苑》,此之谓杂记者也。"① 杂记之书、后亦续有撰著,然以事涉荒唐,不被重视,故作者较少,然亦常散见于各种笔记、野史之中。更后则发展为神怪小说如《封神》《西游记》《聊斋志异》之类。

　　地理书所以志地理,但并不如正史地理志(或郡国、郡县、州郡、地形、职方诸志)皆千篇一律,总述一代之疆宇、郡国、州县、人口、物产。而是有各种各样的体裁,其中有总述一代之疆域者;但其最大的特点,则在专志一地,其所志之地,或为其本乡,或为其曾经游历之异域。而其内容,则侧重于山川形胜、风俗习惯。刘知几曰:"若盛弘之《荆州记》、常璩《华阳国志》、辛氏《三秦》、罗含《湘中》,此之谓地里书者也。"② 地理书以后向三个方向发展:其一衍为方志,如唐之《元和郡县志》、宋之《太平寰宇记》《元丰九域志》、明、清《一统志》之类是也。其二游记,如晋法显《佛国记》、唐玄奘《大唐西域记》、元长春真人《西游记》、耶律楚材《西游录》、马可波罗《游记》、明马欢《瀛涯胜览》、费信《星槎胜览》、严从简《殊域周咨录》、黄衷《海语》、顾玠《海槎余录》、朱孟震《西南夷风土记》、清徐弘祖《徐霞客游记》、陈伦炯《海国闻见录》、杨宾《柳边纪略》、洪北江《伊犁日记》《天山客话》、陆次云《峒溪纤志》、魏祝亭《荆南苗俗记》《两粤傜俗记》等是也。此外,

---

　　① 《史通·内篇·杂述》。
　　② 《史通·内篇·杂述》。

则为地理之历史的考证，此类地理考证之书，在清代著述最多，不及列举。

都邑簿所以记宫阙陵庙，街廛郭邑，辨其规模，明其制度。按历代都邑，正史无专志，故都邑簿，是所以补正史之所不及。刘知几曰："若潘岳《关中》、陆机《洛阳》《三辅黄图》《建康宫殿》（魏杨衒之《洛阳伽蓝记》、马温之《邺都故事》），此之谓都邑簿者也。"① 此类著作，以后各代亦有撰述，如宋周密《南宋故都宫殿》《武林旧事》，耐得翁《都城纪胜》，吴自牧《梦粱录》、孟元老《东京梦华录》，清余怀《板桥杂记》，雪樵居士《秦淮见闻录》，捧花生《秦淮画舫录》，许豫《白门新柳记》，西蜀樵也《燕台花事录》等书，虽其目的，或非专为记述都邑，而皆能保存若干都邑状况之史料。

总上所述，可知中国史部杂著之丰富，其中自记事、记言、记人、以至记山川物产、风俗习惯、宫阙陵庙、街廛郭邑、神仙鬼怪，无所不有。自一国之史以至一地之史，一家之史，一人之史，无所不备。以上十类，虽尚不足以概括史部之杂著，但大体上，已可由此而挈其要领。此等杂史，虽其写作体裁不及正史之有系统，行文用字不及正史之典雅；但因杂史所记，多系耳闻目见之事，而且其所记之事又多系民间琐事，故其所记，较之正史，皆为真切，而且皆足以补正史之遗逸缺略乃至订正正史之讹误。特别是因为杂史不向政府送审，没有政治的限制，能够尽量地暴露史实的真相。所以有时在一本半通不通的杂史或笔记中，我们可以找到比正史更可靠的史料。

例如正史记事，限于政治，不确；限于篇幅，不详；而偏纪

---

① 《史通·内篇·杂述》。

之类的书，则能正其不确，补其不详。如《宋史》载徽、钦北狩，不详。读辛弃疾《南渡录》等杂史，由徽、钦二帝北狩的行程及其沿途所受的侮辱，历历如见。《明史》载倭寇之战不确，读采九德《倭变事略》等书，则知当时商人勾引倭寇，明代官兵望敌而逃之实情。清兵入关对中原人民的大屠杀，将来清史，未必全录；但是有了《扬州十日记》《嘉定屠城记》等书，则知清兵入关，其屠杀之惨是严重的。

正史记人，皆根据其政治地位，为之纪传；其于草野之士，虽亦间有别为隐逸列传者，但被录者少而被遗者多。有了小录、郡书、家史、别传之类的书，或记其熟知之人，或记其乡土之贤，或自叙其家族之世系，或详记一人之平生，则正史所遗者因之而传；正史所略者，因之而详。例如《三国志》上的许多人物纪传，大抵皆以此种杂史为蓝本而记录出来。如以小录而论，则有魏文帝《典论》、鱼豢《典略》、孙盛《魏略》、王隐《蜀记》、张勃《吴录》等。以郡书而论，则有《汝南先贤传》《陈留耆旧传》《零陵先贤传》《楚国先贤传》《益都耆旧传》《冀州记》《襄阳记》《江表传》等。以家史而论，则有《孔氏谱》《庾氏谱》《孙氏谱》《嵇氏谱》《刘氏谱》《诸葛氏谱》等。以别传而论，则有吴人《曹瞒传》《陈思王传》《王朗家传》《赵云别传》《华佗别传》等。《三国志》如此，其他各史，大抵皆然。总之，凡正史列传中所不载或不详的人物，我们有时可以从杂史上找到。例如《宋史》载宋江的暴动，合《徽宗纪》《侯蒙传》《张叔夜传》三处所载，不过百余字，简直看不出宋江是怎样一个人，但我们读《宣和遗事》、周密《癸辛杂识》及龚圣与《三十六人赞》，则梁山泊上的三十六个英雄，有名有姓有来历了。

正史载言，多录诏令章奏，至于街谈巷议，则很少收入；

而诏令之类的文字，又最不可信。《史通·载文》曰："凡有诏敕，皆责成群下。但使朝多文士，国富词人，肆其笔端，何事不录。是以每发玺诰，下纶言，申恻隐之渥恩，叙忧勤之至意。其君虽有反道败德，惟顽与暴；观其政令，则辛癸不如；读其诏诰，则勋华再出；……是以行之于世，则上下相蒙；传之于后，则示人不信。"这就是说，政府的文告是最不可靠的史料，因为历代的统治者，都是满口的仁义道德，一肚子男盗女娼；好话说尽，坏事做完；但是有了琐言一类的杂史，则民间言语，亦获记录，而此种民间言语，则最为可信。例如《宋史》载宋、金战争，只记胜败，读周密《齐东野语》，其中载宣和中，童贯败于燕蓟，伶人饰一婢作三十六髻，另一伶人问之，对曰："走为上计（髻）。"由此而知宋代官军，只知向后转进。又张知甫《可书》有云："金人自侵中国，雅以敲棒击人脑而毙。绍兴间有伶人作杂剧戏云：'若欲胜金人，须是我中国一件件相敌乃可，且如金国有粘罕，我国有韩少保，金国有柳叶枪，我国有凤凰弓，金国有凿子箭，我国有锁子甲，金国有敲棒，我国有天灵盖。'"由此又知当时南宋政府对付金人，只有凭着天灵盖去领略金人的敲棒。此外如曾敏行《独醒杂志》讽刺宋朝政府滥发货币，洪迈《夷坚志》讽刺宋朝宰相的贪污，岳珂《桯史》讽刺南宋的统治阶级把徽、钦二帝抛在脑后等等，都是以琐语而暴露社会经济和政治的内容；而被暴露的事实，又都是正史上所没有的。

　　正史记事，多有遗逸、逸事之类的书，即所以补正史之遗逸。如武王伐纣，《尚书》《史记》只说武王伐罪吊民，读《逸周书·克殷》《世俘》诸篇，始知"血流漂杵"的内容。又如《三国志》记诸葛亮南征只有二十字，读《华阳国志·南中志》（有七百余字记载此事）才知道这一战争的经过始末。此外，若无夏允彝父子之

《幸存录》《续幸存录》，我们便不知亡国前夕的明朝政府之贪污腐败与荒淫无耻。若无邓凯《求野录》、罗谦《也是录》，便不知明桂王亡国君臣在缅甸之流亡情形及其最后的下落。

正史载四裔及外国皆甚简略模糊，地理书即可以补其不及。如《晋书》无外国志，但我们读法显《佛国记》，则自当时甘肃、新疆、中亚以至印度之山川形势、气候物产、艺术建筑、风俗信仰，便如身临其境；而且又知当时自印度经海道至中国的航线和海船的大小。读玄奘《大唐西域记》，则唐代的西域和印度的情形，即了如指掌。读范成大《吴船录》，便知宋时印度之王舍城已有汉寺。读马可波罗《游记》，便知自地中海以至中国之间这一广大领域在元时的状况。读马欢《瀛涯胜览》、费信《星槎胜览》等书，便知明代中国商人在南洋之活动，以及当时南洋各地之风土。此外，如清人所著关于苗傜之书类，又为研究西南少数民族风俗习惯之最好的参考书。

正史对都市，特别是都市生活不详；都邑簿之类的书，即可补其不足。例如北魏时的洛阳是怎样的情形，从《魏书》上看不出来；我们读《洛阳伽蓝记》，便知当时的洛阳有多少城门，街道如何，而且城内城外有一千多个佛寺。宋代的汴梁是怎样的情形，从《宋史》上也看不出来；但我们读吴自牧《梦粱录》，孟元老《东京梦华录》等书，不但宫殿的所在，街道的名称，可以复按；而且当时的都市生活、商店、茶楼、酒馆、书场、妓院的地址，以及过年、过节、庙会等风俗，亦琐细如见。明末的南京，是怎样的情形，从明史上，也看不出来；但我们读《板桥杂记》等书，则知亡国前夕的南京"灯火樊楼似汴京"；莫愁湖上的茶社，秦淮河中的游艇，都挤满了贫穷的妓女和腐化贪污的官僚。

刘知几曰："刍荛之言，明王必择；葑菲之体，诗人不弃。故学者欲博闻旧事，多识其物，若不窥别录，不讨异书，专治周、孔之章句，直守迁、固之纪传，亦何能自致于此乎？且夫子有云：'多闻，择其善者而从之，知之次也。'苟如是，则书有非圣，言多不经，学者博闻，盖在择之而已。"①

四　史部以外的群书——经、子、集

再次，说到史部以外的群书，即群经、诸子和集部诸书。这些书，虽不如史部诸书专记史实，但其中皆有意无意保存了一些史料，甚至比之史部诸书上所载更为可靠的史料。

首先说到群经。提起群经，就会使人头痛，今日流行的一部《十三经》，古往今来不知消磨了多少学者的精力。一直到现在，仍然是一种令人不能接近的怪物。

实际上，所谓群经，并不是什么神奇的天书，只是几部七拼八凑、残缺不全的古书。固然，由于其中文字的古奥、讹误、脱漏，致使义理不明，但这是一般古书的通病。这几部古书之所以令人头痛，一般的说来，是由于他们在经的尊称之下，被神秘化了。

因为一尊为经，则其中一言一句，皆被认为圣人垂世立教的微言大义。于是自汉以降，历代的经师皆以"说三字至二十万言"的著作来注释这几部古书。因而注疏之书，盈千累万。即一部《十三经注疏》而言，就有四百一十六卷，而其中所收之注

---

① 《史通·内篇·杂述》。

疏，每经尚仅一家；又唐宋以后之注疏，且不在内。

这些著作，或注释名物，或训诂音义，或疏通经说，其中固有不少佳作。但亦有若干著作，繁辞缛说，节外生枝，以致下笔千言，离题万里。甚至"饰经术以文讦言"者，亦往往而有。因之，愈注愈疏，就愈繁重，愈玄妙，愈使人头痛；此古人所以皓首穷经而至死不通也。

经书令人头痛之最主要的原因尚不在此，而是今古文之争。本来在汉初，中国的经书，只有一种用当时流行的文字写定的本子，即所谓今文经。至哀、平之际，又出现了一种所谓古文经。这种古文经，系当时学者刘歆等伪撰而托为"孔壁遗书"。自是以后，今古文并行，以致真伪相乱，时代不明。于是而门户之见，流派之别，纷然杂起。今古文之争，纠缠了两千余年，难解难分。直以清代，才算作了一个结束。

当时史料看，我们对于今古文问题，似乎可以不管；但这个问题攸关群经的真伪，和它的时代，所以仍然不许我们逃避。在下面，我们对于今日流行之所谓《十三经》，分别给予以说明：

（一）《易经》，本是古代的一部卜筮之书，其著作年代，说者不一。顾颉刚氏谓在西周，郭沫若氏谓在春秋以后，孔子所不及见。这部书，原来只有卦爻辞，后来儒家学者加入了《易传》，于是变成了儒家宣传教义的圣经。

在西汉中期，《易》有施（雠）、孟（喜）、梁丘（贺）三家，是为今文三派。其中又出现费氏（直）的古文，京（房）、高（相）的别派，自魏王弼之注盛行江左，唐人因之以作正义，自是汉《易》诸家俱废。今《十三经注疏》所收者，王弼之《易》。

《易》自汉儒即加入了燕、齐方士之说。至王弼注《易》，《易》学遂与老、庄之道家言混合。五代、北宋间，道士陈抟又以道教中丹鼎之术，附会《易经》。至邵康节、周濂溪，于是而有先天、太极诸图，《易经》至此，达到了神秘的顶点。

自程伊川作传，少谈天道，多言人事，始稍净化。其后朱熹综周、程之说，作《易本义》，明、清宗之。首先反对道士《易》的是黄宗羲，他著《易学象数论》，攻击周、邵，跟着其弟宗炎又著《图书辨惑》，指出太极图说出于道士陈抟的无极图之秘密。同时，毛奇龄又著《河图洛书原舛》，与二黄之说相应，道士《易》便开始动摇。至胡胐明著《易图明辨》，于是蒙罩在《易经》上的神秘云雾，遂一扫而空。

（二）《尚书》，本是一部残缺不完的殷、周杂史。其产生的时代，各篇不同，有殷代之文，有西周之文。相传最古的《尚书》有三千余篇，孔子删为百篇，百篇《尚书》有序，其序见于《史记》，但仅传二十八篇。其后，河内女子献《泰誓》一篇，为二十九篇。《泰誓》旋佚，仍为二十八篇，是为今文《尚书》，亦即西汉中期的欧阳、大夏后（胜）、小夏后（建）三派所传之《尚书》。

平帝时，出现了伪古文《尚书》，比今文多十六篇，是为汉伪古文《尚书》。

东汉末，汉伪古文《尚书》亡佚。至东晋时复出，但比汉古文多九篇，为二十五篇，还附有一部伪孔安国传，是为晋伪古文《尚书》。自是以后伪《孔传》流行，今日《十三经》中的《尚书》，就杂有晋伪古文《尚书》。

东晋的伪古文《尚书》，自宋以来，就有人反对，朱熹就是第一个反对者。以后元吴澄、明梅鷟、清姚际恒继起响应。至清初阎若璩著《古文尚书疏证》八卷，便宣告了东晋伪古文《尚书》的死刑。

（三）《诗经》，是西周至春秋时期的一部诗歌集。西汉前期，今文经只有鲁（申培公）、齐（辕固生）、韩（婴）三家，但西汉末又出现了毛氏的古文经。自郑康成依《毛诗》作笺，以后《毛诗》孤行，而三家俱废。（齐诗亡于魏，鲁诗亡于西晋，韩诗仅存《外传》）今《十三经》中之诗，即郑笺之古文《毛诗》。

《毛诗》自唐中叶以后，即浸生异议，韩愈对《毛诗》序即表示怀疑。至于宋，学者群起反对，如郑樵作《诗辨妄》，王质作《诗总闻》，朱熹作《诗集传》，程大昌作《诗论》，王柏作《诗疑》，于是《毛诗》遂被攻击得体无完肤。元、明以降，学者宗朱说，而《毛诗》不行。到清代，姚际恒作《诗经通论》，崔述作《读风偶识》，方玉润作《诗经原始》，而《毛诗》遂受最后之清算。

（四）所谓《礼经》，在西汉初只有高堂生、徐生两家，其后武帝至宣帝时，有后苍氏、大戴氏（德）、小戴氏（圣）、庆（普）氏之《礼》，是为《礼经》的今文。但以后又出现了《仪礼》《周礼》《礼记》，是为"三礼"。"三礼"自郑康成作注，唐人因以正义以后，亦俨然成为圣经，而汉初《礼经》遂废。

《周礼》，多数学者皆以为刘歆伪作，为西汉末之著作。但亦有谓为晚周人所作者，如何休谓《周礼》为"六国阴谋之书"。郭沫若谓为"赵人荀卿子之弟子所为"。

《礼记》，《汉书·艺文志》已经注明是七十子后学者所记。郑玄《六艺论》云："戴德传记八十五篇，则《大戴礼》是也。戴圣传说四十九篇，则此《礼记》是也。"然则《礼记》即《小戴礼》也。但陆德明《经典释文》云："后汉马融、卢植考诸家异同，附戴圣篇章，去其繁重，及所叙略，而行于世，即今之《礼记》是也。郑玄亦依卢、马之本而注。"由此而知《礼记》

之成，盖在东汉时。

《仪礼》为晚周之书，毛奇龄、顾栋高、崔述、牟庭皆有此说。姚际恒《仪礼通论》有云："《仪礼》是春秋以后儒者所作，如《聘礼》皆述春秋时事，又多用《左传》事，尤可见。"又云："《祝词》多用《诗》语，便知《仪礼》为春秋后人所作。"又云："前后多观摹乡党之文，而有意别为简练刻画以异之。"

（五）《春秋》，可以说是一部编年的"春秋"史，但这部书，过于简单。如果没有传，就令人看不懂。所以后来有《公羊》《穀梁》《左氏》三传，但这三传并不是同时产生的，在西汉初，只有《公羊传》一种。不久《穀梁》出来，《春秋》遂有两传，是为今文《春秋》。（一说《穀梁》亦系伪古文）西汉末，古文《左传》出现，于是《春秋》才有三传。东汉时，三传同行，《公羊》为盛。六朝后，《公羊》《穀梁》同废，《左传》孤行。至于唐代，啖助、赵匡之徒，力诋三传，于是"《春秋三传》束高阁，独抱遗经究终始。"以后，学者多撰新传，而宋人胡安国之传，在明代立于学官，至是三传皆废。至清代，学者始再复三传，但以《公羊》为盛，而《左氏》《穀梁》不振。今《十三经》中的《春秋》三传并录。

《公羊》为今文，似无可疑，《穀梁》暗袭《公羊》《左氏》，杂取《周礼》《毛诗》，义理乖戾，文辞不通。近人张西堂以此而疑其为汉人伪作。至于《左传》之为西汉末的伪书，刘逢禄在其《左氏春秋考证》一书中，辨之甚详。康有为《新学伪经考》亦谓《左传》乃刘歆分《国语》之大半，再缀拾杂书而成。故《国语》之所略者，即《左传》之所详；反之，《左传》之所详者，亦即《国语》之所略。此外，《左传》中，常杂有战国时代的辞句。如"不更""庶长""腊祭"等战国的官名或制度，由而知《左传》之成书，乃在西汉之末。

（六）《论语》，是孔门弟子所记之孔子的语录。西汉初有齐、鲁二家，《齐论》二十二篇，《鲁论》二十篇，是为今文。西汉末，又出现古文《论语》。古文《论语》与今文没有什么分别，只是把《鲁论》的二十篇变为二十一篇，即将《鲁论》之末一篇"尧曰"分为"尧曰"与"子张"二篇。自张禹合《齐》于《鲁》而《齐》《鲁》相混，郑康成复合《齐》《鲁》于古文《论语》，于是真伪不辨。今《十三经》中之《论语》，即今古文混合以后的《论语》。

（七）《孝经》本是汉人所撰的一部修身教科书，但亦有古文。古文经与今文不同者，即今文为十八章，古文则分为二十二章。《孝经》之伪中出伪，不仅一次，而是至再至三。第一次，出于西汉末叶，第二次出于隋之刘炫，第三次出于日本之太宰纯（刻入《知不足斋丛书》第二集中）。郑玄注《孝经》是用的今文本，但是唐注出而郑注微；至宋初，郑注遂亡。今《十三经》中的《孝经》，是唐注本。

（八）《尔雅》，本是秦汉时代的一部名物辞典，与圣道并不相干。其出现在平帝时，又有与《毛诗》《周礼》训诂相合者，故近人亦有谓此书为刘歆伪撰者，但我以为刘歆没有理由伪撰此书。

总上所述，我们知道，今日流行的《十三经》，其中除《尔雅》《孟子》以外，都有伪古文。此种伪古文经，大多数出于西汉之末，但亦有出于东晋者，如《尚书》；更有于出隋代者，如《孝经》。然而皆谓为圣人的真经，这样，就真伪相乱，时代不明了。

以上我简略的说明了群经的今、古文之分，产生的时代及其演变的源流。从这里，我们知道在今日流行的《十三经》中，除

《尔雅》《孟子》外，其余或全为古文，或今、古文并出。我们既从群经中辨别了今文和古文，是不是凡今文皆真，古文皆伪呢？不然。这里所谓真伪，只是今文经对古文经而言。因为古文经对今文经作伪，所以说古文经是假的，今文经是真的。实际上今文经中也有伪文，古文经中也有真史。

例如今日被证实为今文经之《诗》三百零五篇、《书》二十九篇、《礼》十七篇、《易》十二篇、《春秋》十一篇、《论语》（鲁论）二十篇、《孝经》一篇十八章，并非古人自己的记录，而皆为周、秦间学者所纂集，其中固有不少真为古代的实录，亦有儒家托古的伪作。有西汉时加入之篇，如《书》之《泰誓》，《易》之《说卦》等。此外甚至有全为汉人伪撰之书，如《孝经》。他如《尚书》中之《尧典》《皋陶谟》《禹贡》《甘誓》（近人亦有疑《洪范》《梓材》《胤征》《康诰》者）《论语》中之后五篇（《季氏》《阳货》《微子》《尧曰》《子张》），都是后人的伪作，固不能因其为今文而即认为真史也。

古文经对今文经而言，虽为伪经，但亦并非凭空杜撰，而为西汉末许多学者根据今文经及其他古典文献纂集而成。近来疑古学者往往站在今文家的立场，把古文经的纂集归之于刘歆一人的伪造，而且完全为了一种政治目的，即辩护王莽改制。这种说法未免过火。假如刘歆真能一手伪造群经，则他不仅可以称圣人，而且可以称为超圣人了。

实际上，古文经中，还是含有真实的史料。例如，《左传》，虽为《春秋》古文，但其所记，为《春秋》的史实，而且纠正了今文《公羊》上的若干错误，只要我们不为它的八股式的"书法"所蔽，仍然是研究春秋社会历史的最好史料。《毛诗》是古文，但其所录，为西周、春秋的诗歌。只要我们不为那种武断诗的时代、歪曲诗的本义之《毛诗序》所蔽，则《毛诗》仍然是研究西周、春秋社会的最好的史料。《周礼》虽伪，但其中有一部分仍可以认为战国史料。《孝经》虽伪，但由此可以看出汉人的伦理观念。古文《尚书》虽伪，但由此可以看出西汉末叶对古史的传说。关于这些，我们又不能因其为古文而遂认为伪史也。

至于群经中间关于没有文字时代的纪录，如虞、夏之文，不论其为今文，为古文，为西汉人所伪，抑为东晋人所伪，说是真的，都是真的，因为都是记录传说；说是假的，都是假的，因为都不是古人自己留下来的记录。故关于虞、夏之文，只要有考古资料做根据，无论今文和古文，都可以引为旁证。

其次说到诸子。当作史料看，诸子之书，是研究先秦学术思想最主要的史料。而且其中亦有记述前代史实及反映或暗示当时社会内容的记录，故又为研究先秦社会史最好的资料。

诸子和群经相反，不但没有被尊为圣经，而且在儒家学说的教义独裁之下，被指为"异端"，为"邪说"，为"奸言"，为"愚诬之学""杂反之辞"。即因如此，所以也就没有蒙上神秘的云雾。虽然如此，诸子之书，派别分歧，真伪杂出，所以一提到诸子，也令人有目迷五色之感。

关于诸子的学术思想的流派，战国时即有著录。

《庄子·天下篇》所举者有九家：曰墨翟、禽滑釐（附相里勤、五侯、苦获、已齿、邓陵子），曰宋钘、尹文，曰彭蒙、田骈、慎到，曰关尹、老聃，曰庄周，曰惠施（附桓图、公孙龙）。

《尸子·广泽篇》所举者有六家：曰墨子（即墨翟），曰孔子，曰皇子，曰田子（即田骈），曰列子，曰料子。

《荀子·非十二子篇》所举十二家：曰它嚣、魏牟，曰陈仲、史鰌，曰墨翟、宋钘，曰慎到、田骈，曰惠施、邓析，曰子思、孟轲。《天论篇》所举者四家：曰慎子、曰老子、曰墨子、曰宋子。《解蔽篇》所举者六家：曰墨子、曰宋子、曰慎子、曰申子、曰惠子、曰庄子。

《韩非子·显学篇》所举者两家：曰儒，曰墨。"儒之所至，孔丘也；墨之所至，墨翟也。"又于儒分八派，曰："自孔子之死也，有子张之儒，有子思之儒，有颜氏之儒，有孟氏之儒，有漆雕氏之儒，有仲良氏之儒，有孙氏之儒，有乐正氏之儒。"于墨分为三派，曰："自墨子之死也，有相里氏之墨，有相夫氏之墨，有邓陵氏之墨。"此外并附有宋荣子曰："夫是漆雕之廉，将非宋荣之恕也；是宋荣之宽，将非漆雕之暴也。"

《吕氏春秋·不二篇》所举者十家：曰老耽（聃），曰孔子，曰墨翟、曰关尹，曰子列子，曰陈骈（即田骈）、曰阳生（即杨朱）、曰孙膑，曰王廖，曰儿良。

以上诸书，皆系战国时代的著作，其所著录，当系时有其人（惟皇子、料子、它嚣无可考），实有其学。关于上述诸家，据近人考证，除孔子、史鳅、邓析为春秋末年人外，余均为战国时人。即孔子的学说，经其门徒纂集，其成书，当亦在战国时。在这里，只有老子的时代，近来成为问题。以前，皆以老子为孔子的前辈，晚近梁启超著《论老子书成于战国之末》一文，辩证《老子》是战国末年的著作，我同意这种说法。所以诸子之书，大概都是战国时期的作品。

关于诸子的学术思想，在上述诸书中，我们只能看到个别的叙述。虽其中亦隐约可以见其流派，但并无整然之划分。自刘歆《七略》，创为九流出于王官之议，班固因之以作《汉书·艺文志》，于是诸子之书别为十家：曰儒家、曰道家、曰阴阳家、曰法家、曰名家、曰墨家、曰纵横家、曰杂家、曰农家、曰小说家。本为十家，而又曰："其可观者，九家而已。"盖以此而符合于刘歆之所谓九流也。

按九流出于王官之说，显系后起之义。不但在战国诸子的著作中，看不见此说之踪影；即汉初《淮南子·要略》论诸子的学说之起源，亦无此说。《要略》之言曰：

> 有殷周之争，而太公之谋生；有周公之遗风，而儒者之学兴；有儒学之敝（礼文之烦扰），而后墨者之教起；有齐国之地势，桓公之霸业，而后管子之书作；有战国之兵祸，而后纵横修短之术出，有韩国之法令（新故相反，前后相谬），而后申子刑名之书生；有秦孝公之图治，而后商鞅之法兴焉。

《要略》所论，虽不必尽对，但在原则上，他认为诸子学说的兴起，都是时代的产物，这是很正确的。

关于诸子学说的渊源，这里不及多说；这里要说的是诸子的著述之存佚和真伪问题。

据《汉志·诸子略》所录，诸子十家，凡作者一百八十九家，书四三二四篇，其著述之繁富，可以想见。惟《汉志》所录，不限于先秦诸子，汉人的许多著作，也著录在内。而且其中伪托之书，占最大多数。关于这一点，我们可以从《汉志》中竟录有黄帝、神农、风后、力牧等神话人物之著作，可以推知。

不论《汉志》所录，是真是伪，而其所录各书，大都皆以亡佚；今所存者，不过十之一、二而已。而且这十之一、二的存书中，还有很多伪书。先秦的著作，实在屈指可数。

据梁启超《〈汉志诸子略〉各书存佚真伪表》所列，《汉志》所录，儒家之书五十三家，已佚者四十五，仅存者八家，即晏子、孟子、孙卿子、贾谊、董仲舒（即《春秋繁露》）、《盐铁论》、刘向所序四种之三（《新序》《说苑》《列女传》）、杨雄所序四种之三（《太玄》《法言》《州箴》）。道家之书三十七家，已佚者三十四，仅存者三家，即《老子》《庄子》《管子》。法家之书十家，已佚者八，仅存者二家，即《韩非子》《商君书》。名家之书七家，已佚者五，仅存者二家，即《公孙龙子》《尹文子》。墨家之书六家，已佚者五，仅存者一家，即《墨子》。杂家之书二十家，已佚者十八，仅存者二家，即《吕氏春秋》《淮南子》。此外，阴阳家之书二十一家，纵横家之书十二家，农家之书九家，小说家之书十五家，皆已全佚，仅能于他书中见其遗说。

但是传世的子书，却不仅此数，例如儒家中有陆贾《新语》，道家中有《鬻子》《文子》《关尹子》《列子》《鹖冠子》，法家有《慎子》，名家有《邓析子》。此外并有《汉志》所无之书，如儒家中之《孔丛子》《六韬》，道家中之《阴符经》《子华子》《亢仓子》，纵横家之《鬼谷子》，杂家之《于陵子》等，这些书，近来已经证明是后人伪托的。

关于诸子中的伪书，姚际恒《古今伪书考》曾列举全伪之书三十七种。《四库全书总目提要》亦曾于诸子书目之下，一一注明"全伪""疑伪"及"疑撰人"等字样。据晚近学者研究，诸子之书，已决定全书皆伪者有《孔子家语》《孔丛子》（现已公认为魏王肃伪撰）、《阴符经》《六韬》（汉以后人伪撰）、《鬻子》《关尹子》《子华子》《文子》《亢仓子》《鹖冠子》《鬼谷子》《尉缭子》（魏、晋至唐陆续伪撰）、于陵子（明人撰）、陆贾《新语》、贾谊《新书》《老子河上公注》（晋以后人伪撰）、《吴子》《司马法》《晏子春秋》（大约西汉人伪撰）、《列子》（疑为晋张湛撰）。至于凡托名神话人物之著作，如《神农本草》《黄

帝素问》《风后握奇经》等，其为后人伪托，更无可疑。此外如
《申子》《尸子》《慎子》《尹文子》《公孙龙子》，原书皆佚。今
传者或由近人辑出；但原书是否为本人所作，抑为秦汉人依托，
也是问题。

又如《管子》《商子》《孙子》，其书不伪，但决非管仲、商
鞅、孙武所撰，而为战国末年人之书。

《老子》《墨子》《庄子》《韩非子》是真书，但其中亦杂有伪
篇。如《老子》中"佳兵者不详"一节，《墨子》中"亲士""修
身""所染"三篇，《庄子》中之外篇及杂篇之一部，《韩非子》
中"初见秦"一篇，都是后人窜乱之作。

总之，诸子之书，都是先秦古书。两千年来，由于传抄传
写而发生讹误，已属不少，而又不断有人伪托，窜乱，所以几
乎没有一部完全的真书。因而我们从诸子采用史料时，就要用
一番工夫去判别他们的真伪。但这不是说伪托之书就完全没有
史料的价值；伪托之书，只要我们知道他们作伪的时代，他还
是那个时代的史料。例如《周髀算经》，当作周公作则错；当
作周末汉初人作，则仍然是这一时代的古算书。《秦问》《难经》，
当作黄帝及秦越人作则错；当作秦汉间人作，则仍然是这一时
代的古医书。

再次说集部诸书。集部诸书，在四部中问题最少。因为他们
既不如经书之被神化，亦不如子书之多伪托，又不如史书之有窜
乱。如果说他们也有问题，那就只是间有传刻的错误而已。

集部之书，并非专记史实之书，大抵皆系纯文学的，至少亦
为含有文学性的著作，其为研究文学史之主要的资料，尽人皆
知。章实斋曰："文集者，一人之史也。"其实，何只文集如此，
诗词歌赋、小说剧本，又何尝不是历史资料。而且又何只是一人

之史，在任何时代的文学作品中，我们都可以找到作者对当时社会所涂绘的阴影；不过他们所涂绘的阴影，有浓有淡而已。所以我以为集部之书，当作史料看，它们正是各时代的社会缩写，正是各时代的人民呼声，正是千真万确的历史记录。而且其中的历史记录，往往是正史上找不出来的。

例如《楚辞》，在集部中是最古的一种，其中《天问》，记录着战国末叶楚国流传的许多神话传说。在《离骚》中，记录着当时楚国的党争。其他各篇，描写战国末年楚国流行的风俗。这些在战国时的史书中是找不到的。

又如在汉赋中，班固的《两都赋》，张衡的《两京赋》，对于两汉的都市、宫室以及许多琐碎的掌故之记录，是两《汉书》中找不出来的。

在三国时的五言诗中，如王粲的《七哀诗》，描写大混战中之难民逃亡的情形。曹植的《名都篇》，描写当时有闲阶级的生活。而这些，又是《三国志》中找不出来的。

在唐诗中，如杜甫之《石壕吏》《潼关吏》《新安吏》《新婚别》《垂老别》《无家别》，描写安史之乱中唐代政府捆绑壮丁的情形；《哀江头》，描写沦陷以后的长安。白居易的《重赋》，描写唐代农民之被收夺，《轻肥》《歌舞》《买花》《伤宅》，描写唐代统治阶级之骄奢淫逸；《盐商妇》描写唐代商人之豪富。韦庄的《秦妇吟》，描写黄巢入长安的情形。此外，在唐诗中，诗人之记述其所身历的事变和目睹的社会状况的诗歌，尚不知有多少人。其所暴露的事实，又都不是新、旧《唐书》上所能找出来的。

在宋词中，欧阳修的《渔家傲》，描写北宋时一年十二月的节日。秦观咏汴州，谓当时汴州充满了"珠钿翠盖，玉辔红缨"。王与之咏杭州，谓当时杭州"千门绣户笑歌声"。柳永咏钱塘，谓当时钱塘"参差十万人家"。此外如辛弃疾、陆游的作品，都反映出故国山河之感。这些关于风俗、都市和知识分子的情绪，又都不是《宋史》上所能找到的。

在元曲中，如《窦娥冤》《鸳鸯被》，描写元朝统治者的高利贷，以人抵账。《朱砂担》《冯玉兰》描写元朝统治者之强奸杀人。《陈州放粮》，描写元朝统治者的贪污腐化。《冻苏秦》《荐福碑》，描写在元朝统治下知识分子之陷于饥饿。这些，又都是《元史》上找不出来的。

在明代的传奇中，如孔尚任的《桃花扇》，描写南明福王政府之任用宦官党、投降派，放逐忠良，排斥贤士大夫，贪污无耻，内战第一，以及清兵南下时望风而逃的情形，历历如在目前，而这在将来的清史中，对于这一段历史，也未必写得这样生动。

此外，在明、清的章回小说中，也反映出不少的史实。虽然在小说中的人物事实，大半都是假设；但在作者当时，则必须有这一类型的人物和事实。例如《水浒传》中写史进、林冲、鲁达、杨志，都是逼上梁山。不管有无史进等其人，而在明代政府的暴虐政治之下，人民之被迫而暴动，则为事实。又如《儒林外史》写士大夫周进、范进那样热衷可耻，写戏子鲍文卿那样忠厚可爱。不管有无周进、鲍文卿其人，而明代士大夫的风格，不如戏子，则为事实。同书写一个秀才倪老爹，后来竟至修补乐器为生，而且卖了自己的四个儿子。不管有无倪老爹其人，而明代知识分子穷到卖儿卖女的，一定不少，则为事实。又如《金瓶梅》写西门庆的荒淫无耻、武断乡曲、奸淫人民的妇女。不管有无西门庆其人，而明代有这样的豪绅则是事实。又如《红楼梦》写大观园里的秽史。不管有无大观园，而在清代的贵族中有这样豪奢、腐败、淫秽的家庭，则是事实。

总之，自楚辞，汉赋、唐诗、宋词、元曲，以至明、清之传奇小说，乃至现在的许多文艺作品，他们表现出中国文学自己发展之一系列的历史过程；也反映出历史上所不载的社会发展的内容，所以它们是文学，同时也是史料。

五　四部以外的各种文字记录

不仅四部之书皆为史料，即四部以外之任何文字的记录，都有史料的价值。诚如韩愈所云："牛溲马勃，败鼓之皮，俱收并蓄，待用无遗。"只要我们善于抓梳，废纸堆中，往往可以找到比经史子集中更可宝贵的史料。

例如原藏内阁大库之清代档案，民国以来，人皆视同废纸，以后竟当成废纸，廉价拍卖（以档案四分之三，售与故纸商，数九千袋，得价四千元）。但是这庞大的废纸堆中，却含有极其珍贵的史料。例如其中有关于鸦片战争之文件，即有四五十卷。又如其中之康熙年间与俄皇大彼得、法王路易十四住来的文件，更是研究清初的外交宝典。关于档案之整理，只有罗振玉曾就其所得之一部编为《史料丛刊》十册。此外王芝章曾就档案中有关清代宫廷戏剧者，编为《清昇平署志略》二卷。其有待于我们整理者，其数量至为庞大，其工作亦至为艰巨。

又如碑铭墓志，看起来，似乎与历史无关，但是其中也往往有珍贵的史料。例如"大秦景教流行中国碑"（唐建中二年）记基督教始入中国事。开封"挑筋教人所建碑"（明正德六年）记犹太人及犹太教始入中国事。"九姓回鹘可汗碑"（唐刻无年月）记回鹘的历史及与唐朝的关系事。"唐蕃会盟碑"（唐长庆间刻）记唐与吐蕃会盟事。而且在前两块碑文上还保存了古代外国文字。如"大秦景教碑"有古叙利亚文，"九姓回鹘可汗碑，"有古突厥文、粟特文。"唐蕃会盟碑"则有古吐蕃文，因而这些碑铭又是研究古外国文字和古吐蕃文字的资料。此外，私人的墓志，也有时足以补史籍之缺失。如杨家将在宋史中并不重要，但我们读欧阳修所作"供备副使杨君（琪）墓志"，而后知杨业父子，在当世就有"无敌将军"之称。又如七下西洋的郑和，读《明史》，我们只知道他是一个宦者。但自昆明发现"马哈只墓志"，而后知郑和的父亲是阿拉伯人。他若碑碣的捐款数目，足以推知立碑时的物价和人民的生活程度。

　　私人的函札，似乎无关大局；但其中也有些足以补史籍之缺失。例如司马迁《史记·自序》，述其遭受腐刑，几不知其故；但读其《报任安书》，则详知其事。又如三国时，中国大疫，《三国志》仅书某年大疫，而不记其程度。但读魏文帝《与吴质书》，而后知"昔年疾疫，亲故多罹其灾。"又如读多尔衮《致史可法书》，而后知清兵在征服明朝的战争中，曾执行诱降的政策。读明桂王《致吴三桂书》，而后者知桂王求为藩封。此外如清朝的曾、左、李、胡诸集所载的信札，都是研究近代史最好的史料。

　　宗教经典，看起来似乎是一种迷信的说教，但其中也有史料。例如《释氏要略十诵律》云："以佛塔物出息，佛听之。"僧祇云："供养佛华，多听转卖入佛无尽藏中。"这就反映出唐代的僧侣打起佛教的旗帜大放高利贷。此外在各种佛典中都充满了古印度的神话传说。又如基督教的《创世纪》中有"罗得和他女通奸"，"亚伯拉罕和他妹子结婚"等故事，这些都是犹太最古的传说。

又不仅以上的文字纪录中皆有史料，诚如梁启超所云："一商店或一家宅之积年流水账簿，以常识论之，宁非天下最无用之物？然以历史家眼光观之，倘将"同仁堂""王麻子""都一处"等数家自开店迄今之账簿及城间乡间贫富旧家之账簿各数种，用科学方法一为研究整理，其为瑰宝，宁复可量？盖百年来物价变迁，可从此以得确实资料；而社会生活状况之大概情形，亦历历若睹也。又如各家之族谱家谱，又宁非天下最无用之物？然苟得其详赡者百数十种，为比较的研究，则最少当能与人口之出生死亡率及其平均寿数，得一稍近真之统计。舍此而外，欲求此类资料，胡可得也？"（《中国历史研究法》）

又岂仅如梁氏所云账簿、家谱可以当作史料，即杂志、报纸、传单，亦无一不是史料。假如我们把抗战以来，各种杂志中主张民主与反对民主的论文汇集起来，就可以写成一部抗战以来的政治思想史。又假如我们将抗战以来报纸上所载的贪污事件汇集起来，就可以写成一厚本贪污列传。将报纸上可载的兵役故事汇集起来，就可以写成若干新《石壕吏》的诗歌。将报上所载之敌人暴行汇集起来，就可以写成无数的新《屠城记》。在相反的方向，假如我们把报上所载的沦陷区域的人民起义事件汇集起来，又可以写成无数的英雄传记。总之，只要我们耐烦去搜集，则无往而非史料。

（原载著者《史料与史学》，上海国际文化服务社 1946 年 4 月出版）

略论搜集史料的方法

一　史料与方法

在这篇论文里，我提出来的问题，是有关中国史研究之史料方面的诸问题。

我在《怎样研究中国史？》[①]一文中。曾经指出史料对历史研究的重要性。在这篇论文里，我曾经这样说过：研究历史，固然要有正确的科学方法，但"方法的本身，并不就是历史，也不会自动地变成历史。""因此我以为，当我们知道了历史方法以后，就要带着自己知道的方法，走进中国历史资料的宝库。"在结论上，我又说："不钻进史料中去，不能研究历史；从史料中跑不出来，也不算懂得历史。"

在这里，我强调史料对历史研究的重要性，并不是说方法不重要；反之，没有正确的方法，不但不能进行历史之科学的研究；即从事于史料之搜集与整理，亦不可能。史料与方法之相辅相成的关系，正如刘知几所云："夫有学（史料）而无才（方法），亦犹有良田百顷，黄金满籝，而使愚者营生，终不能致于

---

① 见《怎样自我学习》，青年生活社主编。

货殖者矣。如有才而无学，亦犹思兼匠石，巧若公输，而家无梗楠斧斤，终不果成其宫室者矣"[1]。

要使历史学走上科学的阶梯，必须使史料与方法合而为一。即用科学方法，进行史料之搜集、整理与批判；又用史料，进行对科学方法之衡量与考验。使方法体化于史料之内，史料融解于方法之中。

二 史料探源与目录学

一直到现在，我们还没有一部完整的科学的中国史，并且也没有经过科学整理之现存的史料，供给我们作为研究的资料。在今天，我们要想建设一部科学的中国史，还是要从史料的搜集整理和批判着手。搜集史料，并不是一种容易事情。因为中国的史料，虽然浩如烟海，但他们并不像宝库里的金银聚在一起，可以应手取得；而是和矿石一样，埋藏在我们所不知道的许多地方，需要我们耐烦去探求。考古学的资料不必说，沉埋在各种地层之中，不易发现；就是文献上的资料，也是散在各种典籍之中，不易找到。因之，探求史料，正如采矿一样，有时在一个地方可以发现一大批，有时在许多地方竟至找不到丝毫。

第一个难题，就是怎样才知道某种史料存在于某些文献之中？帮助我们解决这一难题的，是目录学。中国自汉以来，就有目录学。刘歆的《七略》，就是中国最初的一部目录学著作。嗣后，班固仿效他的体例，总录东汉初及其以前的群书，作《汉

---

[1] 《旧唐书·刘子玄传》。

书·艺文志》。自是以后，历代史家，多损益班例，于正史的编制中，辟图书目录一栏。如《隋书》、新旧《唐书》均有《经籍志》，《宋史》《明史》均有《艺文志》。此外，尚有无数目录学专著，其中有由政府官撰的，如宋代的《崇文总目》，清代的《四库全书总目》；至于私家的撰著，更不可胜数①。这些目录学的著作告诉我们历代文献的名字、篇章、版本及作者的姓名等等，虽然不很详细，但至少可以作为我们寻找史料的一种线索。

仅仅依靠目录学的指示，还是不能解决问题的。因为目录学不能详细地告诉我们某种书上有某种史料。如果要知道某种史料在某种书上，还是要从一种书到另一种书，逐书搜求。

所谓逐书搜求，并不是见书就翻，而是从与这一史料有关的诸文献上去搜求。例如搜集屈原的史料，我们知道《史记》中有《屈原列传》。从《屈原列传》中，又知道他曾为楚怀王左徒，并且与张仪有关系，于是又追踪这种线索，去搜查《史记》中的《楚世家》及《张仪传》。同时，从《史记》中又知道屈原曾作《离骚》及《怀沙》等赋，于是又再去搜查他的这些文艺作品。

---

① 私人撰著的目录自刘歆《七略》以后，历代皆有。如在晋则有荀勖《中经新簿》的"四部"；在刘宋则有谢灵运《四部目录》和王俭《七志》；在南齐则有王亮、谢朏《四部书目》；在梁则有阮孝绪《七录》和任昉、殷钧《四部目录》；在宋则有晁公武《郡斋读书志》，陈振孙《直斋书录解题》，郑樵《通志·艺文略》，尤袤《遂初堂书目》，王应麟《玉海·艺文目》；在元，则有马端临《文献通考·经籍考》；在明，则有焦竑《国史经籍志》，杨士奇《文渊阁书目》，朱睦㮮《万卷堂艺文记》，陈第世《善堂藏书目》，高儒《百川书志》，黄虞稷《千顷堂书目》，祁承㸁《澹生堂藏书目》；在清则有钱曾《读书敏求记》《述古堂藏书目》，徐乾学《传是楼书目》，王闻远《孝慈堂书目》，姚际恒《好古堂书目》，汪宪《振绮堂书目》，孙星衍《孙氏祠堂书目》，钱大昭《补续汉书艺文志》，钱大昕《补元史艺文志》，顾怀三《补后汉书艺文志》《补五代史艺文志》，卢文弨《补宋史艺文志》《补辽金元史艺文志》，在现在各公私图书馆，也有图书目录。

这样逐书搜求，便可以把屈原的史料完全找到。搜集屈原的史料如此，搜集其他的史料也是如此。

还有一种方法，即从一种书的引用语或注解中去追寻与这一史料有关之第二种书类。因为任何书中，都难免不引用他书的材料或文句；这种被引用的材料与文句，或在本文中指明了他们的来历，或在注解中注明他们的出处。因此我们就可以依据本文或注解中的指示，去追寻原书。也许在原书的注解中，又发现与这一史料有关之其他的书类。这样跟着注解追寻下去，则以前不过是表现于一句两句引用语中的简单史料，以后就可以逐渐集其大成。清代的学者，曾用这种方法，辑成了无数的佚书①。我们若用这种方法来搜集史料，当然也可以扩大我们对于某书有某种史料的知识。

三　史料择别与辨伪学

用上面的方法，我们可以慢慢知道某种史料在某种书籍之

---

①　中国的典籍，历代有散亡；但其佚文，常散见于他书之引用语或注解中。学者因慨古籍散亡，故有辑佚之业。辑佚之业，始于宋代。宋王应麟辑有《三家诗考》《周易郑氏注》各一卷。明时有孙毂辑《古微书》，专门搜集纬书佚文。至于清代，辑佚遂发展为一种专门学问，如惠定宇辑汉代各家经注为《九经古义》十六卷；余仲林承其师法，辑成《古经钩沉》三十卷。以后四库开馆，即以辑佚为主要工作。单就从《永乐大典》一书中辑出的佚书，就有三百八十五种，四千九百二十六卷。其中经部六十六种，史部四十一种，子部一百零三种，集部一百七十五种。此外，从汉人经注及子、史，从六朝及唐人史注、唐人义疏及唐宋间类书中辑出之佚书，尚不知有若干。其中以黄奭《汉学堂丛书》、马国翰《玉函山房辑佚书》两种，类辑的佚书最为丰富。

中。但中国古书有许多伪书，这些伪书都是后人托古之作①，如果不把这些伪书从真书中辨别出来，就开始搜求史料，那我们一定会把伪书上的史料也混在一起，这种伪书上的史料，就会使我们对于史实的判断陷于时代的错误。时代一错，全盘的研究，也就错了。所以第二个难题，就是怎样辨别书的真伪？帮助我们解决这一难题的，是辨伪学。

辨伪学，早在汉代即已开其端绪。如《汉书·艺文志》于其所著录的书目之中，即注明其中有"依托"者七，"似依托"者三，"增加"者一。王充《论衡》中的《儒增》《艺增》《书虚》《正说》诸篇，对古书亦多所辨证。以后，在隋则僧法经著《众经目录》，别立"疑伪"一门；在唐则刘知几于《史通》中有《疑古》《惑经》之作，而柳宗元且证《列子》《文子》《鹖冠子》《亢仓子》皆为伪书，或后人杂作。这些，都是辨伪学的先导。

到宋代，疑古之风大扇，辨伪之学因日益昌盛。如司马光疑《孟子》，欧阳修疑《易十翼》《周礼》及《仪礼》，王安石疑《春秋》，郑樵疑《诗序》及《左传》，朱熹疑《古文尚书》及《周礼》，叶适疑《易十翼》《管子》《晏子》《孙子》《司马法》《六韬》与《老子》。此外，陈振孙著《直斋书录解题》，晁公武

---

① 以古为高，是中国人的一种特别心理。因而托古自重，也就变成了中国学术上的一种特别风气。早在战国时代，学者即竞托古人言语，著书立说。如儒家称尧、舜，而百家言黄帝，即其例证。秦火以后，中国古典文献大半烧毁、西汉初，政府悬金求书，于是伪书大出。西汉末，王莽托古改制，刘歆佐之，又伪造大批古书，以为王莽政治改制的辩护。"经"今古文之争，即始于此。魏晋之交，王肃治经，反对郑康成的经注，又造作一批伪古书，以为抨击郑说之根据。两晋六朝为了对抗佛教的教义，又伪撰一批道书。明代中叶以后，学术复古，所造的伪古书也不少。

著《郡斋读书志》，更指出了不少的伪书。在元代，亦有吴澄著《书纂言》，辩斥《古文尚书》。到明代，则宋濂著《诸子辨》，专力于伪书的检讨；方孝孺著《逊学斋集》，指《古三坟》，《夏小正》《周书》为伪书；梅鹜著《尚书考异》，证《古文尚书》二十五篇为皇甫谧伪作。最后，胡应麟著《四部正伪》，是为中国第一部伪书目录。至于清代，辨伪之学大盛。在清初，姚际恒著《九经通论》及《古今伪书考》。在《九经通论》中，对群经多所辨证；在《古今伪书考》中，则列举伪书百余种。虽其所辨证未必尽当，但总算把问题提出①。以后，辨伪之学日益深入，学者踵起，往往穷毕生之力专辨一书或数书。如阎若璩著《古文尚书疏证》，辨东晋《伪古文尚书》及《伪孔传》；万斯同著《群经辨疑》，于《周礼》多所辨析；万斯大著《周官辨非》，辨《周官》多与古书不合；孙志祖著《家语疏证》，辨《家语》

① 《古今伪书考》分伪书为五类：（一）全部伪者六十九种。其中经部十九种——《易十翼》《子夏易传》、关朗《周易》《麻衣正易心法》、焦氏《易林》《易乾凿度》《古文尚书》《尚书汉孔氏传》《古三坟书》《诗序》《子贡诗传》《申培诗说》《周礼》《大戴记》《孝经》《忠经》《孔子家语》《小尔雅》《家礼仪节》。"史部"十三种——《竹书纪年》《汲冢周书》《穆天子传》《晋乘书》《楚梼杌》《汉武故事》《飞燕外传》《西京杂记》《天禄阁外史》《元经》《十六国春秋》《隆平集》《致身录》。"子部"三十七种——《鬻子》《关尹子》《子华子》《亢仓子》《晏子春秋》《鬼谷子》《尹文子》《公孙龙子》《商子》《鹖冠子》《慎子》《於陵子》《孔丛子》《文中子》《六韬》《司马法》《吴子》《尉缭子》《李卫公问对》《素书》《心书》《风后握奇经》《周髀算经》《石申星经》《葬书》《拨沙录》《黄帝素问》《神异经》《十洲记》《列仙传》《洞冥记》《灵枢经》《神农本草》《秦越人难经》《脉决》《博物志》《杜律虞志》。（二）真书而有杂伪作者十种：《仪礼》《礼记》《三礼考注》《文子》《庄子》《列子》《管子》《贾谊新书》《伤寒论》《金匮玉函经》。（三）书不伪而撰人姓名伪者七种：《尔雅》《韵书》《山海经》《水经》《阴符经》《越绝书》《吴越春秋》。（四）书不伪而书名伪者二种：《春秋繁露》《东坡志林》。（五）著作人不明者四种：《国语》《孙子》《刘子新论》《化书》。

为王肃伪撰；刘逢禄著《左氏春秋疏证》，辨《左传》释经部分为刘歆伪撰；魏源著《诗古微》，非《毛诗》而宗《齐》《鲁》《韩》三家。又著《书古微》，斥《伪古文尚书》。最有名的，是崔述的《考信录》，在这部书中，他对于先秦古书，除《诗》《书》《易》及《论语》之一部分以外，几乎都怀疑是伪书。此外，《四库全书总目》，对于伪书及可疑者，亦有注明①。但此书成于乾隆中叶，许多伪书，尚未考定，故其中注明是真书的，未必都是真的。

到近代，辨伪学仍在继续发展，康有为的《新学伪经考》，王国维的《今本竹书纪年疏证》，都是有名的辨伪之作。此外梁启超在其所著《中国近三百年学术史》中，对辨伪之学，亦曾有

---

① 《四库全书总目》中分伪书及可疑者为四类（一）注明全伪者二十五种——《子夏易传》《古文尚书》及《孔安国传》《古文孝经孔安国传》《风后握奇经》《太公六韬》、黄石公《三略》及《素书》《黄帝宅经》、郭璞《葬书》《鹖子》《子华子》《鬼谷子》《东方朔神异经》及《海内十洲记》、班固《汉武故事》及《武帝内传》、干宝《搜神记》、陶潜《搜神后记》、张华《博物志》、任昉《述异记》《黄帝阴符经》《关尹子》《河上公老子注》、刘向《列女传》。（二）疑伪者两种——《古本竹书纪年》、司马穰宜《司马法》。（三）疑撰人者十种——《尚书大传》（疑非伏生著），《诗序》《方言》《列子》（疑撰人）、《晏子春秋》（疑撰人及年代）王通《文中子》（疑其书并疑其人）、《管子》《商子》《墨子》（疑非管仲、商鞅、墨翟作），《灵枢经》（疑唐王冰依托）。（四）断为后人依托者六种——《孔子家语》及《孔丛子》（断为王肃依托）、陆贾《新语》（断为后人纂集）、《黄帝素问》（断为周秦间人作）、刘歆《西京杂记》（断为梁吴均依托）、《山海经》（断为非夏禹、伯益作）。

所论列，并且拟出一个伪书及疑伪书的目录①。顾颉刚编的《古史辨》，对于辨伪也有不少的贡献。

看起来，辨伪的工作，古人已经做的很多；但是他们并没有做尽，而且他们所辨的，也未必完全正确。因此，当我们搜集史料的时候，不能完全相信古人辨伪的结论，只能把他们的结论作为参考；对于书的真伪，还要重新作一番精密的考查。

当我们拿起一本古书的时候，首先就应该检查史籍上的目录或私家的著录中有没有这本书的名字。因为各时代的书大半都著录于各时代的目录中。如周秦之书，不见于《汉书·艺文志》，隋唐之书，不见于《崇文总目》，元明之书，不见于《四库全书

① 梁启超在《中国近三百年学术史》中，将汉以前的伪书及疑伪者分为六类（一）全部伪，绝对决定者二十种——《古文尚书》及《孔安国传》《古文孝经》及《孔安国传》《孔子家语》《孔丛子》《阴符经》《六韬》《鬻子》《关尹子》《子华子》《文子》《亢仓子》《鹖冠子》《鬼谷子》《于陵子》《尉缭子》《老子河上公注》、陆贾《新语》、贾谊《新书》。（二）全部伪大略决定者七种——《周礼》《孝经》《晏子春秋》《列子》《吴子》《司马法》《毛诗序》。（三）全部伪否未决定者九种——《尚书百篇序》《古本竹书纪年》《穆天子传》《逸周书》《申子》《尸子》《慎子》《尹文子》《公孙龙子》。（四）部分伪，绝对决定者六种——《老子》中《夫佳兵者不祥》一节，《墨子》中《亲士》《修身》《所染》三篇，庄子《外篇》及《杂篇》之一部分，《韩非子》中《初见秦篇》，《史记》中"记昭宣元成以后之文句"，《楚辞》中之屈原《大招》。（五）部分伪，未决定者八种——《今文尚书》二十八篇中之《虞》《夏》书，《左传》中释经语，《论语》二十五篇中后五篇，《史记》中一部分，《荀子》《韩非子》中各一部分，《礼记》及《大戴礼记》中之一部分。（六）撰人名氏及时代错误者十四种——《易象传》《象传》《系辞》《文言》《说卦》《序卦》《离卦》（非孔子作），《仪礼》（非周公作，应为西周末春秋初之作），《尔雅》《小尔雅》（非周公作，系西汉时人集训诂之书），《管子》《商君书》（非管仲、商鞅作，系战国末年法家者流所编集），《孙子十三篇》（非孙武作，当是孙膑或战国末年人书），《尚书大传》（非伏生作：西汉经师所著），《山海经》（非夏禹或伯益作，系汉代相传的一部古书），各种纬书（非孔子作，是战国末年传下来的神话书）《周髀算经》（非周公或商高作，是周末或汉初相传的古算书），《素问》《难经》（非黄帝及秦越人作，是秦汉间医书），《越绝书》（已知作者为会稽袁康，后汉人）。

总目》，就有些可疑。但也有例外，如前代目录上的伪书，后代的目录照抄者，其书名虽见于目录，也是伪书；反之，明清之际若干野史，杂记，以政治关系，多不见《四库全书总目》，但并非伪书。

其次，考查著者有无其人。因为必有著者其人，而后有其人之书。如神农、黄帝、夏禹、风后，都是神话中的人物，实际上并无其人，因而所谓神农《本草》、黄帝《素问》、夏禹《山海经》，《风后握奇经》等书，当然是后人伪托。又如列御寇只是《庄子》书中的寓言人物，实际上亦无其人，故指为列御寇所作之《列子》，自然也是伪书。

再次，考查书的著作时代是否已有文字。如有文字，文字的体裁如何？例如传说中之神农、黄帝下迄虞、夏时代，还是中国史上的野蛮时代，当时并没有文字，又安能留下文字的记录。所以凡托为虞、夏及其以前的书类，都是后人伪托的。例如真《古文尚书》二十八篇中的《虞书》《夏书》，决非虞、夏时人的作品，而是后人推想古代社会之作，这从《尧典》《舜典》《大禹谟》等篇之首句，就有："曰，若稽古帝尧（或"帝舜"、"大禹"）"一句，即可看出。又各时代皆有其流行的文体。如指为某时的书，而书中文字与当时的文体不合，也必为后人伪托。例如《商书》而与甲骨文的文体不合，《周书》而与金文的文体不合，便有可疑。

又次，从书中所载的史实、制度及事物考查。如书中出现著者所不及见之后代的史实、制度及事物，则其书即使非全伪，亦曾为后人所窜乱。例如真《古文尚书》中的《虞书》，出现了"三年之丧"，故知为儒家学说出现以后的作品。《禹贡》的贡物中出现了"璆铁"，故知非石器时代的作品。《山海经》中有汉郡县名，故知非伯益所作。《月令》有秦代太尉官名，故知非周公所作。《管子》记毛嫱、西施，《商君书》记长平之役，其人其事，决非管仲、商鞅所能见，故知非管、商所作。至于《史记》中出现昭、宣、元、成间事，则更为明显之窜乱。此外，前人之书引用后人之书的文句者，其书亦必为后人伪作，如《古文尚书》引《论语》"允执厥中"一语，又引《荀子》"人心之危，道心之危"，故知为儒、道两家学说出现以后的伪作。

又次，从书中所表现的思想考查。例如《管子》中有驳斥"兼爱"和"寝兵"的说教，故知为墨家学说出现以后的著作。《列子》中有"西方之圣人"一语，故知为佛教学说输入以后的著作。

用以上的各种方法考查古书，必能辨别孰为真书孰为伪书，孰为真书中的伪文（如真《古文尚书》中的《虞书》《夏书》），孰为伪书中的真文（如伪《孔丛子》中的《小尔雅》一篇）。这样，我们便不仅知道某种史料在某种书上，而且也知道书的真伪了。

辨别了书的真伪以后，我们就可以从真书上找史料。但这不是说，伪书完全无用。伪书之所以不能用，是因为著作者不用他自己的名字，而要伪托古人，以致使作品的时代不明。因而只要我们确知了伪书的作伪时代，则伪书还是可以用作作伪时代的史料。例如《周髀算经》不当作周公或商高作而当作汉初的算术书；《素问》《难经》不当作黄帝及秦越人作，而当作秦汉间的医书；《山海经》不当作大禹或伯益作而当作汉代相传的古地理书；各种纬书不当作孔子作，而当作战国末年流传下来的神话集成；则这些伪书都有了真书的价值了。

最后，我要特别指出，有一个例外，即研究史前时代的历史，伪书上的史料也可以引用。为什么？理由很简单，因为史前时代的人，尚无文字。没有文字时代的人，当然不能留下任何文字的记录。因而今日所有关于史前时代之文字的记录，不论是载于真书，抑或载于伪书，都是有文字以后的人伪托的。比如《尚书》有真伪，但关于虞、夏之文，都是后人伪托的，真《古文尚书》是汉人的伪托，伪《古文尚书》是晋人的伪托。同是伪托，就没有真伪之分，如果说他们也有分别，那只有记录传说的先后不同而已。

要从文字的记录中找出没有文字时代的人类之自己的记录，那是不可能的。所以我以为要辨别史前史料之是否确定，不能依于文献的真伪，而是要以这种史料是否与考古学的发现相符以为断。合于考古学发现的，就是伪书上的传说，也可以用为旁证；反之，即使是真书上的史料，也要存疑。因为当作假的，则真书上记录的传说，也是伪托；当作真的，则伪书上记录的传说，也有或多或少的历史因素。所以我以为只要有考古学的资料做根据，不但伪《古文尚书》上的史料可以引用，即更荒唐的"纬书"上的史料乃至现在流行的关于远古之传说神话，也可以引用①。

---

① 例如我在《中国史纲》中，说到夏代可能有车的问题，我首先提出考古学的根据，如新石器时代的陶片上，已有车轮的绘画，当时制造陶器，已使用磨轮。然后我再引用真《尚书·甘誓》中"御非其马之正"，伪《古文尚书·五子之歌》中"若朽索之驭六马"，以及《史记》谓夏禹治水"陆行用车"等传说以为旁证。这些传说的引用，决不会使结论陷于错误。因为去掉了这些传说，而夏代可能有车的结论，还是不会动摇的。此外在史前史的部分，我并引用了"纬书"上的传说以为考古学资料的说明。至于没有考古学发现证实的，虽真书上的传说，也不引用。

四　史料辨证与考据学

我们知道了书的真伪，但问题尚未完全解决；因为在真书上的史料，有些也需要辨证的。例如在史籍上我们常常可以看到，同一史实，各书记载互异；同一原文，彼此引述不同；或采摭古书而不记出处，或商榷前世而全违故实。以致事实讹谬，文字错舛，真伪混淆，是非参差。若不加以辨证而随便引用，则不但异说纷纭，无所适从；必至纰缪相因，以讹传讹。所以在辨别书的真伪以后，我们又碰到第三个难题，就是史料的辨证问题。

帮助我们解决这一难题的是考据学。这种学问，很早就有人做，汉人的经注已开其端。自晋以后，辨证史籍的人一天天多起来。如裴骃注《史记》，颜师古注《前汉书》，李贤注《后汉书》，对于原书的文句音义多所解释。裴松之注《三国志》，对于原书的史实多所增补；如有异说，并录备参考，刘攽、吴仁杰的《两汉刊误》，对于原书上的文字错舛多所勘正；吴缜的《新唐书纠谬》，对于原书上史料的讹谬多所纠正。这些，都是考据学的先导。

到了清代，考据学就大大的发展了。在清代，学者因受政治的压迫，不能涉及与现实有关的学问，于是骋其聪明才力，埋头于故纸堆中，从事于与现实无关的考据之学。因而中国的古典文献，无论经书、子书或史书，大部分都经过了一番考证。对于各种史籍中的史实，凡有可疑的，无不探源索隐，钩陈辑佚，考异正讹，纠谬质疑，使其本源大白，讹误自明，异说并陈，是非自见。

清代辨证史料的著述甚多，其中有通辨诸史的，有专辨一史的。通辨诸史的书，最有名的，是钱大昕的《二十一史考异》，王鸣盛的《十七史商榷》，赵翼的《廿二史劄记》。钱书的特点，是对原书上文字的校正，名物的训释，考订史实，则其余事。王书的特点，是在考证原书上的典章制度以及史实的樛葛，使之关节疏通，脉络摇转，至于校释文句，则其余事。赵书的特点，则在提出原书中的重要问题，罗列史料而予以论列，若校勘史实的矛盾，则其余事。三书各致力于一个方面，若融会而贯通之，则对史料之辨证，可以获得多方面的知识。又武英殿版二十四史，每篇之后都附有考证，校文释义，考异致疑。此外，通辨诸史的书，尚有杭世骏的《诸史然疑》，钱大昕的《诸史拾遗》，洪颐煊的《诸史考异》，洪亮吉的《四史发伏》，李贻德的《十七史考异》（未刊），宋书升的《二十四史正讹》（未见传本）等。

专辨一史的书，以辨四史者最多。以四史文体较古，窜乱亦多，特别是《史记》，自冯商、褚少孙以后，窜乱者十余家，若不加以辨证，则真伪相乱，无从辨识。在清代，考证《史记》的著作，有钱坫的《史记补注》，惜其书未刊；梁玉绳的《史记志疑》，杭世骏的《史记考证》，王念孙的《读书杂志》，邵泰衢的《史记疑问》。这些书，对于《史记》上的纰缪，纠正甚多。此外，尚有崔适的《史记探源》，则专辨后人窜乱的部分，欲使《史记》恢复司马迁的原书。

考证两《汉书》《三国志》的著作，其数量亦不减于《史记》。其中考证《汉书》的，多侧重于文字的校正；考证《后汉书》的，多侧重于史实的纠谬①。《后汉书》上的史实之所以有

---

① 辨两《汉书》的著作，有钱大昭的《汉书辨疑》《后汉书辨疑》《续汉书辨疑》，汪大铎的《汉书志疑》，王峻的《汉书辨误》，吴翌凤的《汉书考证》，王念孙的《读汉书、后汉书杂志》，沈家本的《汉书琐言》，周昌寿的《汉书注校补》《后汉书校正》，陈少章的《两汉订误》，沈钦韩的《两汉书疏证》。最后，王先谦著《汉书补注》《后汉书集解》等书，总诸家考证的成果，成为最后的巨制。

纠正的可能，是因为当时已经辑出了许多后汉史的佚书①。至于考证《三国志》的著作②，则其内容，皆系补佚考异。

自《晋书》以下的诸史，辨证的书虽不及四史之多，但诸史皆有考证之书③。此外，尚有专辨某史某一部分的著作，如考证诸史中之书志④，特别是地理志和艺文志。

从这里，我们可以看出，中国文献上的史料，在清代曾经经过一度精密的考证。清代的学者，或通考诸史，或专考一史，或仅考一史中的某一部分，皆能摭拾遗佚，博采群书，属辞比事，刊误释疑。他们辛勤的劳绩，自然是中国学术史上一笔很大的遗产。但是对于史料辨证，清代的学者，也还没有做完，而且也不见得做得尽对；因而还留下不少的问题，等待我们来解决。

以史料的范围而论，清代学者所考证的史料，只是中国史料中的一半，即文献上的史料；至于考古学上的史料，则做得非常

---

① 清姚之骃:《后汉书补逸》二十一卷，其中有刘珍《东观汉记》八卷、薛莹《后汉书》一卷、谢承《后汉书》四卷、司马彪《续汉志》四卷、张璠《后汉记》一卷，谢沈《后汉书》一卷、袁山松《后汉书》一卷。汪文台又辑七家《后汉书》十九卷，附失名《后汉书》二卷。

② 辨《三国志》的著作，有钱大昭的《三国志辨疑》，潘眉的《三国志考证》，梁章钜的《三国志旁证》，陈景云的《三国志举正》，侯发祥的《三国志补义》，尚镕的《三国志辨微》。

③ 自《晋书》以下诸史，皆有考证之书，如卢文绍的《晋书校正》，周云的《晋书考勘》，李慈铭的《晋书札记》，丁国钧的《晋书校文》，洪亮吉的《宋书音义》，李慈的《宋书札记》，吴汝纶的《宋书点勘》《齐书点勘》《梁书点勘》《陈书点勘》。王先谦的《魏书校勘》，杭世骏的《北齐书疏证》。刘寿曾的《南史校议》，李慈铭的《隋书札记》，赵绍祖的《新旧唐书互证》，吴兰庭的《五代史记纂误》，陆心源的《宋史翼》，厉鹗的《辽史拾遗》，施国祁的《金史详校》，李文田的《元秘史注》，王颂蔚的《明史考证据逸》等。

④ 考证书志之例，如孙渊如《史记天官书考证》，梁曜北《汉书人表考》，汪远孙《汉书地埋志校本》，李赓芸《汉书艺文志考误》，钱坫《续汉书律历志补注》，章宗源《隋书经籍志考证》，张宗泰《新唐书天文志疏证》。

不够。这固然是因为当时许多考古学的史料，如新、旧石器文化遗物、甲骨文及汉晋简牍等尚未发现，同时也是因为他们还不认识地下出土的史料之价值。因为在当时并不是完全没有考古学的资料，如殷周之彝鼎，两汉之石刻画像，早已呈现在当时学者之前，但均未被引用为考证古史的资料。

认识考古学上的史料，不是一件容易事情。因为考古学上的史料，和矿石一样，是混在岩石里面的，没有发达的选矿学的知识，即使摆在眼前，也是不能认识的。例如以殷周青铜器物而论，自汉至唐，即偶有发现，但当时之人，不以为史料，而以为神瑞。北宋以后，青铜器物出土更多，学者虽释文考字，但亦未以为史料，而以为玩赏。又如古代简牍，在两晋、南齐、北宋，都有发现；但当时学者不知这是一种珍贵史料，以致散失。今日所存之汲冢遗书，除《周书》或有一部分简牍遗文，其余《穆天子传》《竹书纪年》，大半都是伪托之书。又如殷墟出土的甲骨文，当发现之初，有些头脑顽固的学者如章太炎，硬说是古董商人假造的。又如晚近以来，中国各地先后发现之新、旧石器时代的遗物，虽然已被中外考古学家确证为中国史前时代的文物，但有些学者，至今还表示怀疑。从这里，我们对于清代学者之不知道利用考古学的资料去辨证文献上的史料，是不足奇怪的。

即因不知道利用考古学上的资料及没有考古学的发现做资料去考证史料，所以清代学者的考据学，就只是拘束在文献的部门之中。他们使用的方法，也就是以文献考证文献，即以甲书上的史料辨证乙书上的史料，以真书上的史料订正伪书上的史料，以各书上一般的通论，指斥某一书上独特的异说。这种方法，用以有史以后的史料之考证是可以的；若用于史前史的资料之考证，那就无异以伪辨伪，以疑证疑，结果，还是疑伪。所以清代学者对史前史料的考证，结果只是在神话传说中兜了一些圈了，弄得头昏目眩而一无所得。即对于殷周史，也大半是徒劳无功。至于秦汉以下的史实考证，跟着汉晋木简、唐人写经、以及汉代石刻画像等之发现和其他史籍以外的诸文献之广泛的引用，也有许多要被修正、被补充的地方。

即以文献考文献而论，清代学者也没有考完。例如从他们对诸史之书志考证看来，大半侧重于地理和艺文，其他书志，如天文、律历、人表，虽亦间有考证，但不甚多，至于有关社会经济之食货志，有关阶级抑压之刑法志，有关风俗习惯之舆服志，则绝无考证。此外，包含在历代文艺作品中之最足以反映各时代人民要求的史料，也没有当作史料，被提炼出来。

晚近以来，对于考古学上的史料之考证，已经有了相当的成就，但也不是到了我们就没有事情可做。例如若干青铜器物的时代，尚待考证；若干甲骨文字的字义，尚待训释，若干汉代的石刻画像，尚待说明；所有的汉晋木简、唐人写经，尚待整理和考释。特别是新、旧石器时代的文化遗物，如古人类、古生物的化石，骨角器物，研磨石器和彩陶等，都需要我们作详细而精密的科学研究，才能变成史料。

因此，我们现在对史料考证的任务，是一面批判地接受清代学者对文献上的史料之考证的成果；另一方面，又要开辟一种新的考据学，进行对考古学上的资料之考证。用现在既存的考古学的资料，去衡量清代学者考证过的史料，使考古学的资料与文献上的资料结合为一，然后史料的考证，才算达到最后的完成。

五　史料的搜集整理
与统计学、逻辑学及唯物辩证法

完成了以上的工作，我们才能开始搜集史料。搜集史料最好用作笔记的方法，把自己所要搜集的史料，从原书上一条一条摘录下来，并于摘录的文句之下，注明原书的书名、篇章及页数，以备应用时查考。这种方法，清代的学者多曾应用。如顾亭林的《日知录》，钱大昕的《十驾斋养新录》，陈澧的《东塾读书记》，都是从各种书上摘录下来的史料搜为巨著。

抄录史料是一种拙笨的方法，但是做学问就是一种拙笨的事业。固然，我们可以在原书上做个记号或夹一纸片，等到要用的时候再直接抄录下来；但有时这种记号和纸片会逸出我们记忆之外的。这正如一个建筑工程师对于他的建筑材料，固然可以用到什么材料再去找什么材料，但总不如把他所需要的材料在开始建筑之前完全准备齐全，然后有计划地分配他占有的材料，开始他的建筑。

搜集史料不要东抄西袭，假如我们知道某几种书上有我们所需要的史料，最好是一本一本书从头到尾一字不放松地去搜查。因为也许我们所需要的史料就在我们放松的那一页，或者就是我们放松的那个字。

搜查一本书，可以作一次搜查，这种方法就是不管史料的性质，只要是我们所需要的史料，就毫无遗漏地把他们抄下来。抄下之后，才来分类整理。但我以为搜查的方法，最好是依史料的性质分作若干次进行。例如第一次，搜查经济史料；第二次，再搜查政治史料；第三次，再搜查文化思想史料。这样依次搜查的方法有两种好处：第一，它可以使我们的注意力，完全集中到一点。比如我们搜查经济史料时，要把全力注意经济史料，对于政治和文化思想的史料，暂时不管；反之亦然。这样，就会养成我们的专注力，使我们所注意的史料，在我们面前浮凸出来。第二，可以使我们在搜集某种史料的当中，同时得到与这一史料有关之各方面的知识。比如我们搜集经济史料时，把政治和文化思想史料搁在一边，我们就可以分出注意力来注意与经济史料有关的事项。此外，这种分次搜集下来的史料，不必经过整理，自然就有它的系统。这样一次一次地搜查下去，笔记起来，则这本书便被我们完全拆散，而其中所含的史料，也就在我们的笔记中分别归队了。一种书如此，第二种书以至无数种书都是如此，积而久之，我们抄录的史料便日益丰富。

史料的搜集，也不是一件容易事情，它需要有认识史料的能力。我已经说过，史料，特别是考古学的史料最难认识。不但考古学的史料如此，文献上的史料也是一样。特别是文艺作品中所含的史料，有时只是描出一条灰暗不明的阴影，我们需要从那些阴影中去寻找反映。

不仅文艺作品中的史料如此，即保存在所谓正史上的史料，也不是完全可以从正面看得出来的；但在它们的反面或侧面，却往往暗示出一种重要的历史内容。我们若是把这种有暗示性的史料放弃了，那便是重大的损失。

举几个例子，如《史记·秦始皇本纪》载，三十六年，东郡人刻石云："始皇帝死而地分"。同年，华阴人又遮使者曰："今年祖龙死"。在这两条史料的正面，并没有什么重大的意义；但在他们的反面，却暗示出当时人民对于专制暴君的痛恨达到恶之欲其死的程度；同时也暗示出当时的贫苦农民对土地之渴望。又如同纪记始皇派徐福等入海求蓬莱仙药事，这在正面看来，不过是迷信的记录;而在反面,却暗示出当时的商业发展,已在开始寻求海外市场。又如《汉书·张骞传》记张骞在大夏见邛杖,在正面看来,不过是张骞记其所见;但在侧面,则暗示出在张骞通西域之前,四川和中亚已有直接或间接的交换关系,而其商路则经由今日之缅甸、印度。又如《史记·项羽本纪》载鸿门之宴,刘邦献项羽白璧一双,献范增玉斗一双,这在正面看来,也很平常;但在侧面却暗示出大掠阿房宫的正犯不是项羽,而是刘邦。因为,白璧、玉斗,决非一个亭长家里所能有的,一定是从阿房宫中偷窃的赃物。像这一类具有暗示性的史料充满了历史文献,只要我们耐烦去找,到处都可以碰见。

还有一种史料,个别看来,没有什么意义;要综合起来,才能显出更大的价值。又有一种史料,综合看来,没有什么意义;要分析起来,才有更大的价值。再有一种史料,片面看来,没有什么价值;要比较看来,才能显出更大的意义。我们若是因为不注意而把这一类的史料失掉了,那也是一个很大的损失。帮助我们搜集这一类史料的是统计学。

例如史籍上常有关于天灾的记录,这些记录,若是个别的看来,他们所表现的不过是某年大水,某年旱蝗,某年河决、地震、霜雹、疠疾等片断的史实;但是,若把某一朝代的天灾记录依其发生的先后类聚起来,则它们所显示出来的,便不是片断的史实,而是这一朝代中天灾流行的大较形势,即某一时期天灾最多,某一时期天灾较少;某一区域天灾最大,某一区域天灾较小之综合的说明。这种综合的天灾记录,就能帮助我们了解某一朝代中社会经济和人民生活的状况之变迁。

又如黄河决口,历代史籍皆有记录。这些记录若个别看来,只是报告某年某月黄河在某处决口之片断的史实。近人张了且氏著《历代黄河在豫泛滥纪要》一文，把这一类的史料依其先后类列起来，于是这种综合了的史料所表示的，便不是片断的史实报告，而是历代黄河决口的次数。计西汉七次，东汉一次，魏一次，晋一次，唐十二次，五代十二次，宋（金）七十一次，元六十一次，明一百二十一次，清七十三次，共泛滥三百六十次。从这里，我们可以看出自汉至唐1105年间，黄河泛滥不过二十二次；自五代至清1011年间，黄河泛滥竟有三百三十八次，从这种数字的排列，我们就可以对于黄河的泛滥得到一个总括的概念，即自五代以后，黄河在豫的泛滥日益频繁。

又如自魏晋以降，迄于隋唐，中国的僧侣之前往印度学习佛典者，代有其人。这种史料，个别看来，不过是一些无关大局的个人行动。但是梁启超氏却把这些无关大局的史料类集起来，写成了一篇文章，叫做《千五百年前之中国留学生》。在这篇文章中，他考出自3世纪后半（三国）至8世纪前半（唐末）这四个半世纪中，中国僧侣之前往印度者，总数达二百人左右。其中3世纪后半二人，4世纪五人，5世纪六十一人，6世纪十四人，7世纪五十六人，8世纪前半三十一人。经过这样的综合，于是以前无关大局的片断史料，现在便显示出一种重要的历史内容，即自南北朝至唐，是佛教文化输入中国最繁盛的时代，亦即中印文化交流最发达的时代。

其次，说到必须分析才有意义的史料。例如《汉书·地理志》载平帝元始二年时中国的人口总数为一千二百二十三万三千零六十二户，五千九百五十九万四千九百七十八口。这个笼统的数字，实在没有很多的意义。但是我们若把当时各郡国的人口分别观察，则知当时的人口，大半集中于黄河流域，而尤以今日山东、河南接壤之处，最为密集。当时在司隶校尉之外，全国分为十三部，而司隶校尉及豫、冀、兖、青、徐五部，占地不过八分之一，而人口则占全国总数 68% 以上。从这里，我们就知道在西汉时，中国的经济中心是在黄河流域，而长江流域仍然是地广人稀。

最后，说到必须比较才能显出更大价值的史料。还是以人口数字为例。如《通典》载三国时，人口总数为一百四十七万三千四百二十三户，七百六十七万二千八百八十一口。单从这个史料的本身看来，不过是三国人口总数的记录。但是，我们若把这个数字与东汉桓帝时人口数字（一千零六十七万七千九百六十户，五千六百四十八万六千八百五十六口）比较，则两种数字相减之差，就显出了另一新的历史内容，即三国时人口较之东汉末叶的人口，已经减少了十分之九，而其减少之绝对数字，则将近五千万人。这一个巨大的人口减少的数字，就说明了东汉末年大混战、大饥馑、大疠疫、大流亡所加于社会的破坏。

假如我们用这样的方法，把中国历史上各朝代的物价、田赋、官俸、垦地等的数字都计算出来，相互类比，则许多枯燥无味的数字，都会变成极有价值的史料。

总之，我们要运用各种方法，把史料从原书中钩索出来，从正面看不出来的，从反面看，侧面看；从个别看不出来的，从综合看；从笼统看不出来的，从分析看；从片面看不出来的，从类比看。这样，我们便能网罗所有的史料了。

但是我们从各种书上搜集的史料还是一盘散沙，如果说它们也有系统，那只是被归纳在各种书名之下，即以原书为标题之史料的类聚，如《汉书》上的史料，《晋书》上的史料等。这些史料，都各依来源而自为一束。

现在，我们要开始史料的整理工作了。最初的整理，就是用初等的逻辑方法，把从各种书中搜集来的史料，不依其来源，而依其性质，再为类别。比如我们先立定经济、政治、文化三大类，然后把各种来源不同的史料，分别归纳于这三个类别之中，于是以前各为一束的诸书史料，现在便在各种类别之下，混而为一了。这一分类，就泯除了史料来源的界限，突出了史料的性质。

但是，这种突出来的史料性质，还是一般的性质。为了显出史料的多样性，史料的分类愈细愈好。比如经济一类，又再分为农业、手工业、商业；政治一类，又再分为政权性质、政治机构、政权的发展及其没落、种族关系、国际关系等等；文化一类，又再分为哲学、科学、文学、艺术、宗教等等。然后把已经归纳到经济、政治和文化三大类中的史料，又再依其特殊的性质，而分别归纳于各小类之中。在小类之中，又再分小类。比如农业一类，又再分为土地所有的关系、耕种方法、技术、水利、地租、赋役等等，而将归纳在农业一类的史料，依其性质，再分别归纳于更小的类别之中。农业如此，其他各小类亦如此。这样大类之中分小类，小类之中再分更小的类别，一直分到不可再分为止，于是，以前千头万绪、纷然杂陈的一片灰色的史料，现在便在大的类别之下显出了它们的一般性，小的类别之下显出了它们的特殊性。

经过分类整理之后的史料虽然已经变成条分缕析的小组，但因为这些史料是来自不同的书籍，时代的关系，多被错乱。这就是说，它们虽然是说明同一史实，如西汉的种族关系；但西汉有二百余年，二百余年中的种族关系有很多变化，汉武以前与汉武以后就有大大的改变，因而某几条史料是记录某一时间的西汉种族关系，就必须判明。对种族关系如此，对其他的类别亦如此。

这样，我们在史料分类以后，便要进行史料的分节，即把每一组的史料依其所特征的史实之先后加以再编制，使之成为时间的系列。经过这种再编制，则史料所突出来的便不仅是它的性质，而且也是它所说明的史实之发展过程了。

经过了时间分节以后的史料，并不是就没有问题；因为其中有若干条是完全雷同的，有若干条是小有差异的，甚至有若干条是截然相反的。对于这样的史料，我们又要加以类集，使它们各为一群。雷同的是没有问题的，小有差异或截然相反的就要运用考据学的方法，进行辨证的工作，找出它们所以差异与相反的缘故。这样，史料中的矛盾和纷歧又完全解决了。

最后，还有一个最重要的工作，就是从史料中抽出历史原理。进行这种工作，就需要唯物辩证法的帮助。最初，是把各组史料加以提炼，由一千条史料中抽出一百条，一百条中抽出十条，十条中抽出一条，这一条，就是一千条史料中提炼出来的精髓。再把这一条史料的精髓放在科学高温之下加以蒸发，于是这条史料便汽化而为历史原理。

对某一类史料如此，对其他各类史料也是如此，于是以前的一些史料小组，现在遂升华而为若干条历史原理了。再把这些原理加以辩证的综合，使之在更高的抽象之上化合为一，这就是历史的法则。

有了这种历史法则，我们又倒回来用这种法则去贯串史料，于是这种体化于法则中的史料再不是陈死的片断的史料，而是生动的整然的历史了。

（上海《中华论坛》第二卷第三期，1946年10月1日出版）

论司马迁的历史学

一　司马迁的传略

中国之有文字的历史记录，早在殷周时代。甲骨上的刻辞，钟鼎彝器上的铭文，都是历史记录。春秋战国之际，儒墨并起，百家争鸣，其所著述，亦多称引远古的传说神话，以自实其说。《尚书》《国语》《战国策》之类的著作，且已接近于有系统的历史记录。以后又有《世本》，录"黄帝"以来至春秋时帝王公卿大夫的世系所出。更后又有《楚汉春秋》，记楚、汉之间的史实。但这些著作，或纪年为录，或分国为史，或仅记世系，或截录断片，皆系支离断烂的著作，并未构成一个整然的历史系统；而且写著的方法，亦无一定的成规。至于诸子的著作，则不过借史料以为其立论之根据或例证而已，更无所谓体例。所以我说汉以前，写著历史，尚不成为一种专门的学问，写著历史之成为一种专门的学问，即所谓历史学，在中国，是创始于天才的史学大师司马迁。

司马迁，字子长，左冯翊夏阳人（今陕西韩城）。生于汉景帝中元五年（公元前145），卒年不详。但从他的著作中，可以看出，他在武帝后元年间，尚在人间。例如《史记·高祖功臣侯年表》中书征和者二，后元者一；《惠景间侯者年表》中，书征和者一，后元者三。按后元为武帝最后的年号。后元共二年，其第二年为公元前88年。据此，则司马迁至少活到公元前88年，其年寿约60岁左右。

司马迁出生于一个世家的家庭。据他自己在《史记·自序》中考证，他的始祖是传说中"颛顼"时代的"重黎氏"。"重黎氏"自颛顼历唐、虞、夏、商之世，皆"世序天地"。到周宣王时，"重黎氏"才失其"天地之守"，而为司马氏。司马氏在周代"世典周史"。司马氏出于"重黎氏"的说法，不可信，这大概是司马迁的推想，而其动念，则以"重黎氏"在传说中为"星历"之官。司马氏为"文史"之官，在中国古代"文史"与"星历"不分，故有是说。

《自序》中又说当周惠王、襄王之间，"司马氏去周适晋"。以后分散，或在卫，或在赵，或在秦。司马迁的直系祖先，就是在秦的一支，其徙秦的始祖，即司马错，这大概是可靠的。

《自序》中又历述司马错的子孙，以至于他自己。他说错孙靳，"靳与武安君阬赵长平军，还而与之俱赐死杜邮，葬于华池。靳孙昌，昌为秦主铁官。""昌生无泽，无泽为汉市长。无泽生喜，喜为五大夫。卒，皆葬高门。喜生谈，谈为太史公。"

司马谈就是司马迁的父亲，他是一位学问渊博的史官。他不但记忆许多历史掌故，而且精通天文、历算及诸子百家的学说。《自序》中说他曾"学天官于唐都，受易于杨何，习道论于黄子。"司马谈正撰次旧闻，准备写一部史记，不幸于元封元年，因为汉武帝举行祭泰山的大典，即所谓封禅（封为山顶之祭，禅为山麓之祭），没有带他同去，他认为这是一个莫大的耻辱，于是气愤而死。

司马迁生当西汉隆盛的时代。这时，汉武帝正在胜利地经略边疆的伟业。东至今日之朝鲜，南至今日浙、闽、粤、桂以至安南，西南至今日之黔、滇，西至今日之新疆乃至中亚，都已经划入西汉帝国的版图。只有对北方的匈奴，还没有完全胜利，因此战争在西北仍然继续进行。司马迁亲眼看到当时中国的人民，暴骨沙漠；亲眼看见当时四裔诸民族，稽颡汉庭。汉武帝的历史创造，当然也就开拓了司马迁的历史心胸，他可以看到他以前的人看不到的历史活剧，听到他以前的人听不到的外来传说。

司马迁又生在一个史官的家庭，据他在《自序》中说："天下遗文古事，靡不毕集太史公。"所以他便有优先的机会，去接近中国古典的历史文献。《自序》中说："年十岁则诵古文"。

在司马迁的当时，西汉政府正在高唱"崇儒术，黜百家"的口号，执行文化思想的统制政策；但司马迁却于诸子百家的学术，无所不看。他对于诸子百家，甚至当时尊为正统的儒家学说，都有批判；唯独对于道家的学说，则赞美尽致。他在《史记·自序》中引其父《论六家要指》曰：

> 《易·大传》：天下一致而百虑，同归而殊涂。夫阴阳、儒、墨、名、法、道德，此务为治者也。直所从言之异路，有省与不省耳。尝窃观阴阳之术，大祥而众忌讳，使人拘而多所畏；然其序四时之大顺，不可失也。儒者博而寡要，劳而少功，是以其事难尽从；然其序君臣父子之礼，列夫妇长幼之别，不可易也。墨者俭而难遵，是以其事不可遍循，然其强本节用，不可废也。法家严而少恩；然其正君臣上下之分，不可改矣。名家使人俭而善失真；然其正名实，不可不察也。道家使人精神专一，动合无形，赡足万物；其为术也，因阴阳之大顺，采儒、墨之善，撮名、法之要，

　　与时迁移，应物变化，立俗施事，无所不宜，指约而易操，事少而功多。

　　从这里可以看出司马迁的思想，颇受道家的影响。所以后来班固批评他，说他"论大道，则先黄老而后六经"，其思想"颇缪于圣人"，"此其所蔽也"①。

　　司马迁在少年时就喜欢游历。他不是无目的漫游，而是为了纵观山川形势，参察风俗，访问古迹，采集传说。《自序》中说他年"二十而南游江、淮，上会稽，探禹穴；窥九疑，浮于沅、湘；北涉汶、泗，讲业齐、鲁之都，观孔子之遗风。乡射邹、峄，鄡困鄱、薛、彭城，过梁、楚以归。"又在《五帝本纪·太史公曰》中说："余尝西至空峒，北过涿鹿，东渐于海，南浮江、淮矣。至长老皆各往往称黄帝、尧、舜之处，风教固殊焉。"

　　司马迁曾作过汉武帝的郎中，并曾一度"奉使西征巴、蜀以南，南略邛、笮、昆明。"元封元年，回京复命。适武帝已赴山东，祭泰山；他的父亲，又病在洛阳，"发愤且卒"，因往见父于河、洛之间。《自序》中云其父执其手而泣曰：

　　　　余先，周室之太史也。自上世尝显功名于虞夏，典天官事。后世中衰，绝于予乎！汝复为太史，则续吾祖矣。今天子接千岁之统，封泰山，而余不得从行，是命也夫，命也夫！余死，汝必为太史；为太史，无忘吾所欲论著矣。……
　　　　幽厉之后，王道缺，礼乐衰。孔子修旧起废，论《诗》《书》，作《春秋》，则学者至今则之。自获麟以来，四百有余岁，而诸侯相兼，史记放绝。今汉兴，海内一统，明

---

① 《汉书·司马迁传·赞》。

主、贤君、忠臣、死义之士，余为太史而弗论载，废天下之史文，余甚惧焉，汝其念哉！

司马迁俯首流涕，接受了父亲的遗命。曰："小子不敏，请悉论先人所次旧闻，弗敢阙。"其父卒三岁（元封三年，公元前108年），司马迁被任为太史令，时年三十八岁。

司马迁继任太史令后，一面整理其父遗稿，即所谓"先人所次旧闻"；另一面，又博览皇家图书馆的古书，即所谓"绁史记石室金匮之书"。编列纲领，树立规模，经过了五年之久，至太初元年十一月（公元前104年）才开始《史记》的写著，时迁年四十二岁。

又五年（天汉二年，公元前99年），而司马迁遭李陵之祸。关于李陵之祸，据《汉书·李陵传》载，李陵系李广之孙，少为侍中建章监。李广利率大军击匈奴，武帝派李陵运送辎重。李陵不愿，求自领一军出居延，以击匈奴。武帝壮之，乃与以步兵五千。李陵即率步兵五千，深入沙漠，至浚稽山，单于以骑兵八万围之。李陵备战，终以矢尽道穷，援兵不至，降匈奴。这个消息，传到朝廷，文武百官，都谴责李陵。司马迁以李陵提步兵五千，与匈奴骑兵八万，连战十余日，纵横沙漠，所杀过当。"虽古名将不过也"。而且看李陵的意思，"且欲得其当而报汉。事已无可奈何，其所摧败，功亦足以暴于天下。"适逢武帝以李陵事召问他，他就本着他的意思替李陵说话。他说他的动机，是"欲以广主上之意，塞睚眦之辞"。但武帝误会了他的意思，以为他把李陵投降的责任，推到统帅李广利的身上，替李陵游说。李广利是汉武帝宠姬李夫人的兄弟，与武帝有连皮带肉的关系，怎样能说他一个不字呢？所以司马迁就犯了诬上之罪，应处腐刑。在武帝时，本来有"出资者赎罪"的办法；但司马迁"家贫，财赂不足以自赎，交游莫救，左右亲近不为壹言"，结果下了蚕室，处了腐刑。实际上司马迁遭李陵之祸，真是盖天的冤枉。他在《报益州刺史任安书》中曾说到此事，其中有云：

> 夫仆与李陵，俱居门下，素非相善也。趋舍异路，未尝衔杯酒，接殷勤之欢。然仆观其为人，自奇士。事亲孝，与士信，临财廉，取予义。分别有让，恭俭下人。常思奋不顾身，以徇国家之急。其素所畜积也，仆以为有国士之风。夫人臣出万死不顾一生之计，赴公家之难，斯已奇矣。今举事壹不当，而全躯保妻子之臣，随而媒孽其短，仆诚私心痛之。

由此看来，司马迁之为李陵辩护，并非受李陵之托，为之游说；而是因为他与李陵"俱居门下"，看出李陵的为人，"有国士之风"。同时又看见那些"全躯保妻子之臣"，逢迎皇帝，打击"出万死不顾一生计"的国士，所以慨然犯武帝之盛怒，主持公道。这完全是司马迁正义感的表现。司马迁的这种正义感，是他致祸之由，也是他能成为一个伟大的史学家的基本条件。

司马迁处腐刑后，汉武帝知道他并没有犯罪，所以又任为中书令，而且信任备至。这从任安要他推贤进士可以看得出来。但司马迁自遭腐刑以后，却认为奇耻大辱，他的精神受了很大的摧残。以至"居者忽忽若有所亡，出则不知所如往。每念斯耻，汗未尝不发背沾衣也。"

中书令在武帝时，本来是以宦官充任，他主要的任务，就是传达皇帝的诏令于三公九卿。所以司马迁在《报任安书》中有曰："今已亏形为扫除之隶，在阘茸之中。"又说："行莫丑于辱先，而诟莫大于宫刑。刑余之人，无所比数，非一世也，所从来远矣。

司马迁何以"受极刑而愠色"。这就是固为他的《史记》"草创未就,适会此祸,惜其未成。"他知道他的"先人,非有剖符丹书之功,文史星历,近乎卜祝之间,固主上所戏弄,倡优畜之,流俗之所轻也。"① 假令他伏法受诛,"若九牛亡一毛,与蝼蚁何异?而世又不与能死节者比,特以为智穷罪极,不能自免,卒就死耳。"又说:"仆虽怯软欲苟活,亦颇识去就之分矣,何至自湛溺累绁之辱哉!且夫臧获婢妾,犹能引决,况若仆之不得已乎!所以隐忍苟活,函粪土之中而不辞者,恨私心有所不尽,鄙没世而文采不表于后也。"

自是以后,司马迁乃"自托于无能之辞",退而著史,以终其生。《自序》中曰:

> 七年而太史公遭李陵之祸,幽于缧绁。乃喟然而叹曰:是余之罪也夫!是余之罪也夫!身毁不用矣。退而深惟曰:夫《诗》《书》隐约者,欲遂其志之思也。昔西伯拘里,演《周易》;孔子厄陈、蔡,作《春秋》;屈原放逐,著《离骚》;左丘失明,厥有《国语》;孙子膑脚,而论《兵法》;不韦迁蜀,世传《吕览》;韩非囚秦,《说难》《孤愤》;《诗》三百篇,大抵贤圣发愤之所为作也。此人皆意有所郁结,不得通其道也。故述往事,思来者。于是卒述陶唐以来,至于麟止。

由此而知司马迁之著史,也是因为他"意有所郁结,不得通其道也"。而其所著《史记》,也是他"发愤之所为作也"。虽

---

① 以上所引均见《汉书·司马迁传》引《报任安书》。

然，司马迁却并不是乱发牢骚，而是抱持着一种庄严的态度，把写著历史，当作一种神圣的事业。他在《自序》中说：

> 先人有言：自周公卒五百岁而有孔子。孔子卒后，至于今五百岁，有能绍明世，正《易传》，继《春秋》，本《诗》《书》《礼》《乐》之际，意在斯乎！意在斯乎！小子何敢让焉。

由此看来，司马迁之写著历史，盖志在《春秋》。所以他在《自序》中又托为壶遂之问曰："昔孔子何为而作《春秋》哉？"然后答曰：

> 余闻董生曰："周道衰废，孔子为司寇。诸侯害之，大夫壅之。孔子知言之不用，道之不行也，是非二百四十二年之中，以为天下仪表，贬天子，退诸侯，讨大夫，以达王事而已矣。"子曰："我欲载之空言，不如见之于行事之深切著明也。"夫《春秋》，上明三王之道，下辨人事之纪，别嫌疑，明是非，定犹豫，善善恶恶，贤贤贱不肖，存亡国，继绝世，补敝起废，王道之大者也。

余读司马迁书，想见其为人，而悲其遭遇，不觉慨然而叹曰，"从来贤圣废黜，何其如此相同也。身逢乱世者，固无论矣，以司马迁生当盛汉之隆，亦不能免于无妄之灾。是和贤圣之不容于奸佞也。世无分治乱，时无分古今。司马迁'少负不羁之才'，长有四方之志，亦尝'侧身下大夫之列，陪外廷末议'；亦尝'奉使西征巴蜀以南，南略邛、筰、昆明'，何尝不思竭其材力，以效命于国家。但言之不用，道之不行，而且无罪而遭酷刑，结果，在西汉帝国大远征的大时代中，望着千军万马咆哮而过，而自己却闭门著史，垂空文以自见，述往事，思来者，安得而不愤！虽然，司马迁诚有自知之明，他深知汉武帝英而不明，只知用自己的皇亲国戚如卫青、霍去病之流，只知用豪富的商人如东郭咸阳、孔仅之流，只知用歌功颂德的文人，如司马相如之流。像他那样既富于正义感而思想又"颇缪于圣人"的学者，决不能得志于专制独裁的皇帝之前，其不死于非刑已可谓幸事；又能留下其著作，更为大幸。到今日，司马迁已死去两千多年，他的名字，和汉武帝的名字，同样的响亮。是知事业文章，各有千秋；又知权力之可得而摧残者，人之肉体；至于精神，则可以从血泊中，放出其光采。司马迁曰：'古者富贵而名摩灭，不可胜记；唯俶傥非常之人称焉。'① 如司马迁者，诚为中国史上俶傥非常的人物。"

二　司马迁的历史方法一——纪传体的开创

司马迁唯一的著作是《史记》。《史记》所叙述的范围，上起传说中的"黄帝"，下迄汉武之时。其内容为本纪十二篇、书八篇、表十篇、世家三十篇、列传七十篇，共一百三十篇，五十二万六千五百字。司马迁之著这部书，其用意是"欲以究天人之际，通古今之变，成一家之言"②。实际上这部书，确是中国历史学出发点上的一座不朽的纪念碑。

用本纪、世家、列传、书、表的体裁写著历史，这种历史方

---

① 《汉书·司马迁传》引《报任安书》。
② 《汉书·司马迁传》引《报任安书》。

法，即所谓纪传体的方法。司马迁的不朽，就是因为他开创了这种前无先例的崭新的历史方法。

所谓纪传体的历史方法，即以人为主体的历史方法。此种方法，即将每一个历史人物的事迹，都归纳到他自己的名字下面。一个历史人物如此处理，所有的历史人物都如此处理，于是从这许多个别历史人物的事迹中，显出某一历史时代的社会内容。《史记》就是用这种历史方法写成的一部汉武以前的中国古史。

在《史纪》中，本纪、世家、列传，都是以人为主体而记事的。本纪记皇帝，世家记贵族，列传记官僚、士大夫等。虽作为其主题之人物的政治地位不同，但其皆以人物为记事的主体，则是相同的。或曰：在《史记》中亦有总述文物制度的"书"，及排比年代关系的"表"，这都不是以人为主体的。但我们知道，在《史记》一百三十篇中，本纪、世家、列传，共占一百一十二篇，书、表合计只占十八篇，故知《史记》是以纪传为本体；至于书，则不过是《史记》的总论，表，则为《史记》的附录而已。

纪传体的历史，从今日科学的历史眼光看来，自然还是缺点甚多。这种方法最大的缺点，就是把一件史实，割裂为许多碎片，错陈于各人的纪传之中；而且同一史实，到处重复。例如司马迁下腐刑事，在《司马迁传》中必纪，在《李陵传》中，也不可不提。同样，李陵降匈奴事亦然，这就是一个例子。

但是在司马迁的当时，他能开创这样一个历史方法，是值得赞叹的。因为在当时，所有的古史资料，都是一盘散沙，正像一些破砖乱瓦混在一堆，需要有一个分类的归纳，而纪传体就是一个最好的方法。司马迁能够开创这样一个方法，并且用这个方法，"协六经异传，整齐百家杂语"，把汉武以前的古史，归纳到一百多个历史人物的名下，"自成一家之言"。这如果不是有过人的史学天才，是不可能的。

近人或以为纪传体的历史，简直就等于家谱或墓志铭的汇编。诚然，司马迁的学生（班固在内）的著作，确有此种倾向；但司马迁的《史记》，并不如此。

从《史记》中可以看出，被司马迁纪传的历史人物，并不是毫无历史价值的人物；而是可以从他的历史行为中，透露出一些有关于他的历史时代之社会内容的人物。简而言之，即能特征历史时代的人物。例如他纪五帝，是因为这些神话人物可以暗示出中国史前社会的若干内容。他之传孔、孟及老、庄、申、韩等，是因为从他们的言论中，可以显示出先秦诸子学说的分派。他之传苏秦、张仪，是因为从他们的政治活动中，可以指示出战国时期的国际关系。一言以蔽之，司马迁纪传一个历史人物，至少可以从这个被纪传者身上，透露出若干历史的消息。所以当他写完了一百一十二篇人物纪传以后，汉武帝以前的中国古史，便第一次放出了光明。

司马迁为什么要把纪传体的历史，别为本纪、世家、列传，而又再益之以书、表？这不是随便的划分，而是一种严谨的部署。从这种分类，我们可以看出，他第一步是将他选定的历史人物，依其政治的或社会的地位之不同而别为三类，即以帝王为一类，贵族为一类，官僚士大夫等又为一类。然后分别为帝王写本纪，为贵族写世家，为官僚士大夫等写列传。于是把所有的破碎的零星的史料，分别归纳于这三类的人物的名字之下，使之各成系统。但是人各一传，没有相互的联系，于是又为之书，总述这一时代社会文物制度的演变，以为纪传的总论。尚感不足，又益之以年表，排比人与人、事与事间之时代的顺序，以为附录。

司马迁之作本纪，据其《自序》中云：是为了追寻"王迹所兴，原始察终，见盛观衰"。用近代话说，就是要从王朝的更替，帝王的嬗递中，提纲挈领，表现出整个历史发展的线索。换言之，即用本纪作为全书的提纲，指明历史发展之具体的过程。

即因如此，所以本纪的任务，是要显出史实发生和发展之时间的顺序。因而本纪在体例上，虽以史实分别系于各个帝王，即以事系人。但在内容上又要将某一帝王之事，依次系于其年。换言之，本纪的作法，是既将其人之事系于其人，又要将其人之事系之以年。所以本纪，是纪传体与编年体之混体。

亦因如此，所以本纪虽为帝王的专传，但并不能详记帝王个人的琐事，只能逐年记载在某帝某王时所发生的大事；否则，混淆了他所要显出的历史发展的大势。例如焚书坑儒，在《秦始皇本纪》中，仅记某年焚书，某年坑儒，说明甚简略；而在《李斯传》中，则叙述甚详。又如汉武帝击匈奴，在《武帝本纪》中，只记某年遣某某伐匈奴；而在卫青、霍去病及其他征伐匈奴的将领的列传中，则对于每一个战役，皆有详尽的记录。由此看来，帝王虽为本纪的主人，但帝王本人在本纪中，只是被当作一个历史时代的符号。

又因如此，所以写本纪时，对于帝王，没有选择的自由；因为他们之中的每一个人，不论善恶，都占领一个时间。圣如"尧""舜"，固应为之纪，暴如"桀""纣"，亦必为之纪；英武如秦皇、汉武，固应为之纪，昏暴如二世，亦必为之纪。总之，凡属帝王，必为之纪。

虽然，亦有例外，有名非帝王而司马迁亦为之作本纪者，如项羽，失败之英雄也；吕后，专政之母后也，司马迁并为之作本纪。何也？司马迁曰：

秦失其道，豪杰并扰。项梁业之，子羽接之。杀庆救

赵，"诸侯立之；诛婴背怀，天下非之。作《项羽本纪》。

惠之早霣，诸吕不台（恰）。崇强禄、产，诸侯谋之。

杀隐、幽友，大臣洞疑，遂及宗祸。作《吕太后本纪》。

从这里我们可以看出司马迁纪项羽，是因为项羽在杀庆（宋义号庆子冠军）救赵之后，曾为诸侯所立，名虽西楚霸王，实即当时天子。在诛子婴、背怀王之后，秦已灭而汉未兴，支配这秦汉之际历史时代的，实为项羽。"天下非之"，为时人之主观；"诸侯立之"，为客观的事实。故司马迁纪之。

司马迁之不纪惠帝而纪吕后，是因为惠帝未死以前，已为虚君；即其既死，吕后实以母后而即于帝位。而且崇强诸吕，几移汉祚。在汉高既死，文帝未立的历史时代中，实际上之时代支配者，确为吕后，故司马迁纪之。

司马迁之作世家，据其《史记·自序》云："二十八宿环北辰，三十辐共一毂，运行无穷，辅拂股肱之臣配焉；忠信行道，以奉主上，作三十世家。"

由此看来，世家所录的人物，都是接近历史动力的人物。他们对于当时的历史中心，正如列星之拱北辰，众辐之于车毂，"忠信行道"，环绕在历史中心的周围。这些人物，自然，非割据一地的贵族，即执政一时的辅相。总之，他们不是支配过某一局部的空间，便是支配过某一短期的时间。

只要是割据一地，或执政一时者，司马迁皆为之立世家。例如晋、楚、郑、赵、魏、韩等，割据一地者，有世家；萧何、曹参、陈平、周勃，执政一时者，亦有世家。礼让如吴太伯者有世家，叛变如管、蔡者，亦有世家。周、召二公，开国之元勋也，

有世家；宋微子，亡国之贵族也，亦有世家。五宗三王，皇帝之子孙也，有世家；外戚，后妃之姻娅也，亦有世家。是知世家者，所以录贵族，记卿相者也（但有一限制，至汉高时代为止）。

然而亦有例外，有既非贵族，亦非卿相，而司马迁亦为之作世家者，如孔子，鲁之布衣也；陈涉，"筸隶之人而迁徙之徒也"，司马迁皆为之作世家。何也？司马迁曰：

> 周室既衰，诸侯恣行。仲尼悼礼废乐崩，追修经术，以达王道；匡乱世，反之于正；见其文辞，为天下制仪法，垂六艺之统纪于后世。作《孔子世家》。

> 桀、纣失其道而汤、武作，周失其道而《春秋》作，秦失其政而陈涉发迹，诸侯作难，风起云蒸，卒亡秦族。天下之端，自涉发难。作《陈涉世家》。

从这里，可以看出司马迁之列孔子于世家，是以孔子以经术达王道于当代，"垂六艺之统纪于后世"，在文化思想上所起的影响作用，至为宏大而悠远。司马迁之列陈涉于世家，是以陈涉首义，事同汤、武而义则《春秋》，在现实的历史上所引起的变局，至为剧烈而重大。司马迁认识了革命和文化的历史意义过于王侯卿相的权力，所以他断然列孔子、陈涉于世家。

《史记》有列传七十。《自序》中云："扶义倜傥，不令己失时，立功名于天下，作七十列传。"

从列传中，可以看出司马迁所传的历史人物，不外如次的几类。其一，以节操名于天下者，如伯夷、田横之辈。其二，以学术名于天下者，如老、庄、申、韩、孟、荀、董仲舒之辈。其三，以文彩名于天下者，如屈原、贾谊、司马相如之辈。其四，以武功名于天下者，如白起、王翦、乐毅、田单、李牧、蒙恬、卫青、霍去病之辈。其五，以文治名于天下者，如管、晏、商秧、吕不韦、公孙弘之辈。其六，曾纵横捭阖，左右天下大局者，如苏秦、张仪之辈。其七，曾养士结客、扶危救倾者，如孟尝、平原、信陵、春申四公子之辈。其八，曾风云际会，鞭笞天下者，如韩信、黥布、彭越之辈。其九，为政以德，恩泽及于人民者，如孙叔敖、子产、公仪休、石奢、李离之辈。其十，以医药方术，拯救人命者，如扁鹊、仓公之辈。此外，则为怨毒积于人民之酷吏，如郅都、宁成、张汤、赵禹之流；阿谀而无廉耻之佞幸，如邓通、韩嫣、李延年之流。这些各种各样的人物，大抵非官僚即士大夫。不论其或善或恶，或贤或不肖，其所行为，对于历史皆有其或多或少，或好或坏的影响，故司马迁皆为之传。

虽然，亦有例外，有既非官僚，亦非士大夫，而司马迁亦为之立传者，如卓氏、孔氏、任氏，市井子弟也，而司马迁为之立《货殖列传》。曹沫、专诸、豫让、聂政、荆轲，匹夫之犯上者也，而司马迁为之立《刺客列传》。朱家、剧孟、郭解，以武犯禁之暴徒也，而司马迁为之列《游侠列传》。优孟、优旃，以戏谑为事之优倡也，而司马迁为之列《滑稽列传》。司马季主，长安东市之卜者也，而司马迁为之列《日者列传》。丘子明之流，供奉宫廷之巫祝也，而司马迁为之立《龟策列传》。何也？司马迁言他之传货殖，是以其'取与以时，而息财富。"传刺客，是以其"义不为二心"。传游侠，是以其"救人于厄，振人不赡……不既信，不倍言"。传滑稽，是以其"不流世俗，不争势利，上下无所凝滞……以道之用。"传日者，是以"齐、楚、秦、赵，为日者，各有俗所用"，纪风俗也。传龟策，是以"三王不同龟，四夷各异卜，然各以决吉凶"，志迷信也。用近代话说，司马迁之传货殖、刺客、游侠、滑稽、日者、龟策，是因为从这各种各样的人物身上，可以显出历史上的社会各阶层的人民的活动，从而显出历史之各个侧面。而且这些人物的出现，本身就是一种历史的说明。

此外，司马迁又替中国四周诸民族作传，如南越、东越、朝鲜、匈奴、西南夷、大宛等均有传。这是因为这些民族，在当时与汉族都有着战争或交换的关系。

本纪、世家、列传以外，司马迁又别为八书。八书者，即礼书、乐书、律书、历书、天官书、封禅书、河渠书、平准书。司马迁为什么作八书？他说："礼乐损益，律历改易，兵权、山川、鬼神、天人之际，承敝通变，作八书。"① 由此可知八书之作，可以说是补纪传之敝。因为纪传人自为篇，割裂了社会文物制度一贯发展的系列，看不清社会文物制度"承敝通变"的大势。于是别为八书，揭事为题，类聚而条分，原始而要终。有了八书，则自社会经济基础（平准、河渠）、政治制度（礼、乐、律、历）以至天文（天官）宗教（封禅）的演变过程，莫不提纲挈领，粲然大备。所以我说，八书是《史记》的总论。

《史记》有十表。司马迁为什么作十表？他说："既科条之矣，并时异世，年差有明，作十表。"② 又在《十二诸侯年表·序》中说："儒者断其义，驰说者骋其辞，不务综其终始；历人取其年月，数家隆于神运，谱谍独记世谥，其辞略，欲一观诸要难，于是谱《十二诸侯》。"由此而知司马迁之作十表，实欲指示历史事实或人物的时间性。自十表作，于是上起"三代"，下迄汉武之间，诸侯名臣之世系年代，遂一目了然。所以我说，十表，

---

① 《史记·自序》。
② 《史记·自序》。

是《史记》的附录。

十表在原则上，是以指示史实之具体的年代为目的；但亦有例外，例如于三代，则不纪年代，仅纪世系，而别之曰"三代世表"。又如于秦汉之际，则不仅纪年，而且纪月，又别之曰《秦楚之际月表》。是知十表中，有三种形式，即世表、年表与月表。世表最略，月表最详，而年表则为十表中之常规。

司马迁何为于三代不纪年而纪世呢？他说："五帝三代之记尚矣！自殷以前，诸侯不可得而谱。周以来，乃颇可著。孔子因史文，次春秋，纪元年，正时日月，盖其详哉。至于序《尚书》，则略无年月；或颇有，然多阙，不可录。故疑则传疑，盖其慎也。余读谍记，黄帝以来，皆有年数。稽其历谱谍，终始五德之传，古文咸不同，乖异。夫子之弗论次其年月，岂虚哉？于是以《五帝系谍》《尚书》集世纪黄帝以来迄共和，为世表。"由此而知年代不可得而纪者，司马迁绝不乱抄不可靠的谍记而强为之纪，以求符合于其自己的公式。

司马迁何为而于秦汉之际不纪年而纪月①呢？他说："初作难，发于陈涉，虐戾灭秦，自项氏；拨乱诛暴，平定海内，卒践帝祚，成于汉家。五年之间，号令三嬗，自生民以来，未始有受命若斯之亟也。"即因"五年之间，号令三嬗"，兴亡成败，变化急剧。当此之时，一月之事，多于一年，故司马迁不以年纪而以月纪，别作《月表》。

总上所述，因知《史记》一书，是以纪传为本体，以八书为总论，以十表为附录之一部自成系统的历史著作。

司马迁把过去零碎散乱的史料，分别归类于各人之纪传而演

---

① 《秦楚之际月表》有纪年，但以事系月。

绎之；然后于八书中总其历史时代的背景而作归纳之叙述；最后，则于年表中，排比年代，以求从时间的关系上推求其彼此间之关联。故归纳、演绎、排比，实为纪传体历史方法构成的要素；而其表现的形式，则为纪、传与书、表。

同时，在纪传中，又以本纪为纲领，而以世家与列传演绎本纪的内容，使本纪、世家与列传，构成无形的连锁。然后再以全部的纪、传与书、表相关联。这样，就构成了纪传体历史方法之整然的体系。

在叙述方面，于纪传中，司马迁已经把眼光注射到历史上的社会之各阶层人民的形形色色的活动，注射到历史上的社会之每一个角落的民族，从社会的上层到社会的下层，从中国的本部到中国的四周，无所不纪。于八书中，他不仅注意到礼乐、律历，而且也注意到平准、河渠，注意到天官、封禅，从经济、政治乃至意识诸形态，无所不书。于十表中，他已经知道详者纪月，次之纪年，又次之纪世；从三代下迄汉武，其间诸侯将相，无不依次为表。

余读《史记》，不仅惊叹在今日两千余年前的史学家，竟能创造如此周密的方法，其头脑是何等的精细！眼光是何等的博大！

三　司马迁的历史方法二——纪传体的活用

晚近历史的研究，已经进入科学的阶段，对于纪传体的历史方法，当然不能满足。实际上，这种古典的方法，有一个最大的弊病，就是要把历史割裂为无数的碎片，令人只看见个别人物的活动，看不见人类社会的历史之全面的运动。此种弊病，虽有八书、十表，亦不能完全补救。虽然，在司马迁当时，他并不是用纪传体割裂历史；反之，而是连串历史。因为在当时，并没有整然有系统的历史著作，摆在司马迁的面前，让他去任意割裂，只有片断零碎的史料，散见于古典文献之中，等待他去编纂。纪传体的历史方法，就是为了连串这些零碎的历史资料而开创出来的。

纪传体的历史方法，有一定的公式，自然是过于拙笨。但是在这个方法的创始者运用起来，却能变而通之，神而化之。过细研究过司马迁的历史方法的人，就会知道他之运用纪传体的方法，正如骑着一匹不羁之马，纵横驰骋，无往而不适，无适而不可。

司马迁能够发明纪传体的方法，也能驾驭他自己所发明的方法。他决不用公式来摆布历史，而是用历史去活用他的公式。他唯一的活用方法，就是依据具体历史的资料而或为专篇，或为合篇。

首先，就本纪而论。本纪在原则上，是以帝王名篇，即一个帝王一篇本纪。但是司马迁于夏以前的传说时代，则五帝合为一纪。于夏，于殷，于周，则合一代的帝王，并为一纪。于秦则一代分为两纪，而两纪所分配的帝王，又不平均。于始皇以前，则合所有秦代的先王为一纪；于始皇、二世，则二人合为一纪。而始皇、二世的合纪，又以始皇为主，二世为附。自秦以后，项羽、汉高、吕后、孝文、孝景、武帝，才是一个人一篇专纪。由此而知本纪并不绳于一人一纪的公式，而有其活用之变体。

本纪何为而有此变体？非常明白，司马迁的原则，是事少者纪略，事多者纪详。事详者，则一个帝王为一纪；较略者，则一个朝代为二纪；更略者，则一个朝代为一纪；最略者，则五帝合为一纪。五帝者，即特征中国史前社会中某一阶段的五个神话人物，所以五帝合为一纪，就是把整个史前时代合为一纪。

司马迁说过，"五帝三代之记尚矣"①。"尚矣"就是遥远的意思。当时对于遥远的古史，虽已有传说，但据他实地考察的结果，各地所传不同。当时学者虽已多称五帝，百家虽亦曾言"黄帝"，但"其文不雅驯，荐绅先生难言之"，而"儒者或不传"②。司马迁对于当时流传之古史的传说，完全抱着怀疑的态度，所谓"疑者传疑，盖其慎也"。他于其所致疑者，皆曰："尚矣"；曰："不可纪已"③；曰："靡得而记云"。例如他考历法，则曰："神农以前尚矣。"考龟策，则曰："唐虞以上，不可记已。"④考平准，则曰："自高辛氏之前尚矣，靡得而记云。"⑤考诸侯世系，则曰："殷以前尚矣。"如果要他相信，除非与古文相合。他说："总之，不离古文者近是。"他说：在古文中，虽然"书缺有间矣"，而"《尚书》独载尧以来"，是以虞、夏之文，尚可知也。至于虞、夏以前，则于传说中，"择其言尤雅者"⑥以为史料。因为史料不多，所以于整个史前时代，并为一纪。

至于夏、殷的史料，孔子已不能考。孔子曰："夏礼吾能言之，杞不足征也；殷礼吾能言之，宋不足征也。"⑦自孔子至司马迁，其间并无新的史料发现。而且经过秦始皇一度焚书，故孔子之所不得而征的史料，司马迁亦不能征之。因此，司马迁对

---

① 《史记·三代世表·太史公曰》。

② 《史记·五帝本纪·太史公曰》。

③ 《史记·历书·太史公曰》。

④ 《史记·龟策列传·太史公曰》。

⑤ 《史记·平准书·太史公曰》。

⑥ 以上所引均见《史记·五帝本纪·太史公曰》。

⑦ 《论语·八佾》。

夏、殷两纪，仅就传说，录其世系，而不纪年。若周代史料，虽有《诗》《书》可征，然史料亦简略；且自共和以前，年代尚不可纪，何况其详。所以司马迁于夏、于殷、于周，皆并一代的帝王为合纪。

秦之先世，出自西羌，春秋时，尚不与于中国之盟会。其时代既属远古，而活动范围，又僻在西陲，亦无详细论著之历史资料，故亦并为一纪。至于始皇，则秦族已统一中国，典章制度、人物活动，其录于文书、流为传说者至多。但秦代的历史至二世，已成尾声，史实不多，不能自成一纪。所以司马迁于秦代则分二纪，其一纪，纪秦之先王；其一纪，纪始皇而附以二世。

自楚、汉之际至于汉武，则为司马迁之近代，有若干历史事实都在司马迁的眼前继续发展，耳之所闻，目之所见者，无往而非史料。当此之时，一个帝王的史料，多于夏、殷、周一代的史料，乃至整个史前时代的史料，故司马迁以一帝为一纪。由此看来，司马迁决不略其所详，而详其所不详，以维持其一个帝王一篇本纪的公式；反之，而是依据史实的繁略，以变通其公式。

其次，说到世家。世家，在原则上，是以诸侯之始封祖先或辅相名篇，亦以一人一世家为正规。前者如于吴则以太伯名篇，于齐则以太公名篇，于鲁则以周公名篇，于燕则以召公名篇，于卫则以康叔名篇，于宋则以微子名篇，于越则以勾践名篇。后者如萧何、曹参、陈平、周勃等，皆以人名篇①，而且皆系一人一世家。但是司马迁于陈、杞、晋、楚、郑、赵、魏、韩等世家，则以其封国名篇，换言之，即并一个封国世代的诸侯合为一篇世家，是世家的写法，也有变体。

---

① 都以姓氏以官职或爵位名篇。

世家何为而有变体？顾名思义,我们可以想到世家的主要任务,是在叙述诸侯的世系,即对贵族作集团的描写。集团的描写,必须要有一个鲜明的主题,如某一贵族的始祖,系一有名的历史人物,则以其始祖名篇;如其始祖,来历不明,或来历虽明而无史实可记,则以其封国名篇。

例如吴之太伯、齐之太公、鲁之周公、燕之召公、卫之康叔、宋之微子、越之勾践,都是有名的历史人物,其史迹亦多流传于当时。他们有值得大书的历史价值,有可以详书的历史资料,故司马迁用以为标题,以为一篇的主干,而以其后裔附之。如此,则轻重自分,世系自明。

至于陈、杞、晋、楚、郑、赵、魏、韩等则不然,此诸国贵族的始祖,或为传说中的人物,来历不明;或来历虽明而史料简略,不能当作一个主题的人物,所以就合其世世代代的子孙,平行叙述,合为一个世家,而以其封国名篇。

例如《史记·陈杞世家》记陈之始祖曰:"陈胡公满者,虞帝舜之后也。……至于周武王克殷纣,乃复求舜后,得妫满,封之以陈,以奉帝舜祀,是为胡公。胡公卒……"记杞之始祖曰:"杞东楼公者,夏后禹之后苗裔也。殷时或封或绝。周武王克殷纣,求禹之后,得东楼公,封之于杞,以奉夏后氏祀。东楼公生西楼公,西楼公生题公……"

《楚世家》记楚之先世曰:"楚之先祖,出自帝颛顼高阳……高阳生称,称生卷章,卷章生重黎。……吴回生陆终,陆终生子六人……六曰季连,芈姓,楚其后也"。

《赵世家》记赵之先世曰:"赵氏之先,与秦共祖。至仲衍,为帝大戊御,其后世蜚廉有子二人,而命其一子曰恶来,……恶来弟曰季胜,其后为赵"。

《魏世家》记魏之先世曰："魏之先，毕公高之后也。毕公高与周同姓，武王之代纣，而高封于毕，于是为毕姓。其后绝封，为庶人，或在中国，或在夷狄。其苗裔曰毕万，事晋献公。献公之十六年……以魏封毕万"。

《韩世家》记韩之先世曰："韩之先与周同姓，姓姬氏。其后苗裔事晋，得封于韩原，曰韩武子。武子后三世，有韩厥，从封姓为韩氏。"

像陈胡公、杞东楼公、楚季连之流的人物，有无其人，都大成问题，何能以之作为其世家的主题呢？他若晋之始封诸侯唐叔虞，郑之始封诸侯桓公友，赵之季胜，魏之毕万，韩之韩厥，虽来历较明，但史迹甚少，故亦不能以之名篇。

或曰，陈、杞不说，但晋献公、楚文王、赵简子、韩康子、魏桓子，都是有名的历史人物，何以不以其人为其世家的标题呢？但是我们知道以上诸人，都不是始封的诸侯，他们都是发迹于中世，若以中世的诸侯为其世家的主题，则首尾倒置，先世不明。故虽系有名的历史人物，亦不能以之为主题。

在世家中除以封国为单位合为一篇者，又有以血统为单位合为一篇者，如《五宗世家》《三王世家》，就是例子。此外又有合两个封国而并为一篇者如《陈杞世家》《荆燕世家》，就是例子。

最后，说到列传。司马迁写列传，更表现了他对方法运用的活泼。如前所述，他首先把他所选定的列传中的人物，不管异代同时，先依其人的性质，类而别之，为若干组。然后再次其先后，别其轻重，定其主从，或作专传，或作合传。

在《史记》列传中，我们可以看出凡司马迁作专传的历史人物，大概不是他认为这个人物之事迹独特，没有可以与他类聚的；便是这个人物史实丰富，非专传不能详其平生。如伍子胥、商鞅皆作专传，就是因为他们的事迹独特。如孟尝君等四公子，本为同一类型的人物，可以为合传；韩信、彭越，也是同一类型的人物，可以为合传；乐毅、田单等也是同一类型的人物，可以为合传；但都不作为合传而各为专传，这就是因为他们的史实丰富。把这些人独立起来，作一专传，而将与他们有关的若干史实和人物，附丽在他们的专传中，则可以透露一个历史侧面。若与人合传，反而失去了叙述的重心，所以宁为专传，不为合传。

《史记》中的合传，也有各种各样的体裁。有两人平等并列，合为一传者；有多人平等并列，合为一传者；有以一人为主，一人为从，合为一传者；有以二人为主，多人为从，合为一传者。不论怎样合法，要之，凡合为一传的人物，非其性质相同，即其历史行动有相互的关系。

两人平等并列为一合传者，如管、晏合传，孙武、吴起合传，屈原、贾谊合传，扁鹊、仓公合传，都是因为他们的性质相同。如张耳、陈余合传、魏豹、彭越合传，都是因为他们的历史行动，有相互的关系。

多人平等并列合为一传者，如老子、庄子，申不害、韩非合传，是司马迁以为他们同是道家。仲尼弟子七十七人合传，是因为他们同是儒家的门徒，而又同时并世，在生活上有其相互的关系。此外刺客、循吏、儒林、酷吏、游侠、佞幸、滑稽、日者、龟策、货殖之各为合传，而且这些合为一传的人物，又生不同时，这就是因为他们是同一类型的人物。

以一人为主、一人为从而合传者，如伯夷传而从以叔齐，是以其为兄弟，而又同以身殉于殷朝。以二人为主多人为从而合传者，如孟轲、荀卿合传，而从以淳于髡，慎到、驺奭，这是因为他们同是战国时代的学者。又如卫青、霍去病合传，而从以公孙贺、李息、公孙敖、李沮、张次公、苏建、赵信、张骞、李蔡、曹襄、韩说、郭昌、赵食其、荀彘、路博德、赵破奴，这是因为他们都是武帝时代北击匈奴，远征西域的将领。

此外，在列传中，尚有以民族名篇者，如南越、东越、朝鲜、匈奴、西南夷、大宛等传，这是司马迁以为他们都是蛮夷。实际上，司马迁当时，虽然这些四周诸民族与大汉帝国都有或多或少的关系，但对于他们民族内部的情形，还是不大明了。例如他对西南夷的君长，仅能说，"以什数"，"以百数"，至于他们内部的人物活动，更不知道，所以不能写出民族人物的列传；只有以民族为单位，写出其民族的集团活动。如果南越尉佗，不是司马迁所云是真定人，那么，在《史记》中，就有一篇民族人物的列传了。

总上所述，我们可以看出，司马迁之运用纪传体的方法，是何等的活泼！他就是用这样的方法，写成了一部有名的《史记》。即因他在纪传与纪传之间，建立了一些无形的关系，所以《史记》，拆开看，是许多个人的历史；合拢来看，简直是一部汉武以前的中国通史。

四　司马迁的历史批判——"太史公曰"

司马迁的不朽，固在于他开创了一种新的历史方法；同时，也在于他所写的《史记》不是一部人物传纪的汇编，而是一种富有灵魂的著作。换言之，《史记》不是一部死板的记述的历史，而是一部生动的批判的历史。

从《史记》中，我们到处都可以看到司马迁在大胆地进行他的历史批判。他敢于指斥帝王，贬抑权贵；敢于歌颂"叛逆"，同情贫弱。一言以蔽之，他敢于揭发历史的黑暗，抨击人类的罪恶。他带着一支秃笔，走进中国历史学的领域，用他敏锐的眼光，正义的观感，生动的笔致，沉重的语言，纵横古今，褒贬百代。在他的笔底，不知有若干黜废的贤圣、失败的英雄、侠义的豪杰、市井的浪人，放出了光彩；在他的笔底，不知有若干暴虐的帝王、荒淫的贵族、残酷的官吏、货殖的豪富，现出了原形。

司马迁执行他的历史批判，有各种形式，概而言之，不外四种。一用标题，二用书法，三于叙述中夹以批判，最后而又是最重要的，则为各篇之后的专评，即"太史公曰"之下的文章。"太史公曰"，就是司马迁设计的历史审判的法庭。

用标题执行批判的例子，前已略论。例如列项羽于本纪，就是尊项羽为帝王。列孔子、陈涉于世家，就是崇孔子、陈涉为王侯。纪吕后而缺惠帝，并非抹煞惠帝，而是所以深罪吕后之专国。又如在列传中，对于一般的人物列传，都以其人之名标题，而独于刺客、循吏、儒林、酷吏、游侠、佞幸、滑稽、日者、龟策、货殖，则以其人之行为标题，这就是提示作者对以上各类人物的态度，暗示抑扬之意。

用书法者。如书孔丘则不名，曰："孔子，生鲁昌平乡陬邑，其先宋人也"。书孟、荀，则直称其名，曰："孟轲，邹人也"。"荀卿，赵人"。同样，书老、庄亦不名，曰："老子者，楚苦县厉乡曲仁里人也"。"庄子者，蒙人也"。书申、韩，则直称其名曰："申不害者，京人也"。"韩非者，韩之诸公之也"。书孙武，则在名与不名之间，曰："孙子武者，齐人也"。书吴起，则直称其名曰："吴起者，卫人也"。像这样的书法，正是不说话的批判。他之不书名，是表示他对于其人的最大尊崇。书名，是表示他对于其人并不如何尊崇。

《史记》中有于叙事中，夹以批判者。如《平准书》末载卜式言曰："县官当食租衣税而已。今弘羊令吏坐市列肆，贩物求利。亨弘羊，天乃雨。"《王翦列传》末载论曰："或曰：'王离，秦之名将也，今将强秦之兵，攻新造之赵，举之必矣'。客曰：'不然，夫为将三世者必败。必败者何也？以其所杀伐多矣，其后受其不祥。今王离已三世将矣'。"《刺客列传·荆轲传》末载鲁勾践之语曰："嗟乎！惜哉！其不讲于刺剑之术也，甚矣！吾不知人也。曩者，吾叱之，彼乃以我为非人也。"《晁错列传》末载邓公对景帝之语曰："夫晁错患诸侯强大不可制，故请削地以尊京师，万世之利也。计画始行，卒受大戮，内杜忠臣之口，外为诸侯报仇，臣窃为陛下不取也。"《田蚡列传》末载武帝谓丞相田蚡曰："君除吏已尽未？吾亦欲除吏。"又曰："君何不遂取武库！"这些，都是借用他人的言语，在叙事中兼示批判。

此外，亦有用自己的言语，在叙事中顺便批判者。如《卫青列传》中有曰："大将军为人，仁善退让，以和柔自媚于上。然天下未有称也。"《平准书》中有曰："当是之时，网疏而民富，役财骄溢，或至兼并；豪党之徒，以武断于乡曲；宗室有土，公卿大夫以下争于奢侈；室庐舆服僭于上，无限度。物盛而衰，固其变也。"

以上都是一种暗示。更有于叙事中直指者。如《冯唐列传》云："唐时年九十余，不能复为官，乃以唐子冯遂为郎。遂字王孙，亦奇士。"《外戚世家》云："卫皇后，字子夫，生微矣。"以上不过略举数例而已，此种批判的言语，充满《史记》各篇。

最后说到"太史公曰"。"太史公曰"是司马迁负责的批判，也是《史记》一书的灵魂。司马迁在这里，"贬天子，退诸侯，斥大夫","别嫌疑","明是非","善善，恶恶；贤贤，贱不肖"。执行他对历史人物的批判。

关于"贬天子"者，例如司马迁对秦始皇、二世，都有不好的批评。他借贾谊评秦始皇之语曰："于是废先王之道，焚百家之言，以愚黔首；堕名城，杀豪杰，收天下之兵，聚之咸阳，销锋铸鐻，以为金人十二，以弱黔首之民。……秦王之心，自以为关中之固，金城千里，子孙帝王万世之业也。秦王既没，余威振于殊俗。陈涉，瓮牖绳枢之子，氓隶之人，而迁徙之徒……蹑足行伍之间，而倔起什伯之中，率罢散之卒，将数百之众，而转攻秦，斩木为兵，揭竿为旗，天下云集响应，赢粮而景从，山东豪俊遂并起而亡秦族矣。……何也？仁义不施，而攻守之势异也。"①

评二世曰：二世"繁刑严诛，吏治刻深，赏罚不当，赋敛无度。天下多事，吏弗能纪；百姓困穷，而主弗收恤。然后奸伪并起，而上下相遁；蒙罪者众，刑戮相望于道，而天下苦之。自君卿以下，至于众庶，人怀自危之心，亲处穷苦之实，咸不安其位，故易动也。是以陈涉……奋臂于大泽，而天下响应者，其民危也。"②

司马迁不但对前代的帝王有贬辞，对本朝的帝王乃至对他的当今皇帝，亦有微词。例如在《叔孙通列传》中评汉高祖曰："夫高祖起微细，定海内，谋计用兵，可谓尽之矣。"这就无异说，"谋计用兵"以外，一无所长。《吕后本纪》中评吕后曰："故孝惠垂拱，高后女主称制，政不出房户。"这就无异说"牝

---

① 《史记·秦始皇本纪·太史公曰》引贾谊《过秦论》。
② 《史记·秦始皇本纪·太史公曰》引贾谊《过秦论》。

鸡司晨，惟家之索。"《冯唐列传》中，借冯唐之语评文帝曰："臣愚以为陛下法太明，赏太轻，罚太重，且云中守魏尚坐上功，首虏差六级，陛下下之吏，削其爵，罚作之。由此言之，陛下虽得廉颇、李牧，弗能用也。"其评景帝杀晁错之误，已如前述。

司马迁评武帝，更为大胆。他在《封禅书》中，讥讽武帝惑鬼神，求神仙，迷巫祝，信方士，甚至把自己的女儿嫁给方士，以求换取不死之药；但结果，也只是白送了一个女儿而已。在《平准书》中，他谴责武帝，因勤远略，弄得天下萧萧然，民穷财竭。结果卖官爵，发皮币，专盐铁，算舟车，税缗钱，民不堪其命。《平准书》中有曰：

> 自是之后，严助、朱买臣等招来东瓯，事两越，江、淮之间萧然烦费矣。唐蒙、司马相如开路西南夷，凿山通道千余里，以广巴蜀，巴蜀之民罢焉。彭吴贾灭朝鲜，置沧海之郡，则燕、齐之间，靡然发动。及王恢设谋马邑，匈奴绝和亲，侵扰北边，兵连而不解，……中外骚扰而相奉，百姓抏弊以巧法，财赂衰耗而不赡。入物者补官，出货者除罪；选举陵迟，廉耻相冒；武力进用，法严令具，兴利之臣自此始也。

司马迁亦曾退诸侯，斥卿相。例如评梁孝王曰："植其财货，广宫室，车服拟于天子，然亦僭矣。"[1] 评绛侯周勃曰："绛侯周勃始为布衣时，鄙朴人也。"[2] 评武安侯田蚡曰："武安之贵，在日月之际。"[3] "日月之际"者，即裙带关系也。评相国

---

① 《史记·梁孝王世家·太史公曰》。

② 《史记·绛侯周勃世家·太史公曰》。

③ 《史记·田蚡列传·太史公曰》。

萧何曰："萧相国何于秦时为刀笔吏，录录未有奇节。及汉兴，依日月之末光。"① "依日月之末光"者，即攀龙附凤也。评相国曹参曰："曹相国参攻城野战之功所以能多若此者，以与淮阴侯俱。及信已灭，而列侯成功，唯独参擅其名。""以与淮阴侯俱"者，冒淮阴侯之功也。

司马迁对于草菅人命、蔑视人权的酷吏，极为痛恨。他在《酷吏列传》评曰："自郅都、杜周十人者，此皆以酷烈为声。……然此十人中，其廉者足以为仪表，其污者足以为戒……至若蜀守冯当暴挫，广汉李贞擅磔人，东郡弥仆锯项，天水骆壁推减，河东褚广妄杀，京兆无忌、冯翊殷周蝮鸷，水衡阎奉扑击卖请，何足数哉！何足数哉！"

司马迁对于佞幸之徒极为鄙弃。他在《佞幸列传》中，开始便说："谚曰：'力田不如逢年，善仕不如遇合。'固无虚言。非独女以色媚，而仕宦亦有之。昔以色幸者多矣。至汉兴，高祖至暴抗也，然籍孺以佞幸；孝惠时有闳孺。此两人非有材能，徒以婉佞贵幸，与上卧起，公卿皆因关说。……孝文时中宠臣，士人则邓通，宦者则赵同、北宫伯子。"他说邓通"其衣后穿"，可谓谑矣。最后，太史公曰："甚哉！爱憎之时！弥子瑕之行，足以观后人佞幸矣！虽百世可知也。"

司马迁对于宦官，亦甚卑之。他在《报任安书》中说："刑余之人，无所比数，非一世也，所从来远矣。昔卫灵公与雍渠载，孔子适陈；商鞅因景监见，赵良寒心；同子参乘爰丝变色自古而耻之。"②

---

① 《史记·萧相国世家·太史公曰》。

② 《汉书·司马迁传》。

司马迁对于"财或累万金而不佐国家之急"①的商人，也最为轻视。例如范蠡本是越国的大夫，因为他曾"治产积居，与时逐"。故不列之于官吏，而列之于货殖。子贡本是孔子的门徒，因为他"废著鬻财于曹鲁之间"，故亦不列之于儒林，而列之于货殖。列之于货殖者，贱之也。司马迁在《货殖列传》中评曰："天下熙熙，皆为利来；天下攘攘，皆为利往。夫千乘之王，万家之侯，百室之君，尚犹患贫，而况匹夫编户之民乎！"在这里，司马迁又连带指斥那些假借政治权力而经商的贵族官僚了。

在另一方面，司马迁对于古来黜废的贤圣，则为之赞叹惋惜。例如他于伯夷、叔齐，则曰："岩穴之士，趋舍有时。若此类名堙没而不称，悲夫！"于孔子，则曰："高山仰止，景行行止。虽不能至，然心向往之。"于屈原，则曰："悲其志"。于贾谊，则曰："读《服鸟赋》，同生死，轻去就，又爽然自失矣。"

司马迁最大胆的地方，就是他敢于当着刘邦的子孙，赞美项羽。因为赞美项羽，就等于贬抑刘邦。司马迁评项羽曰："羽非有尺寸，乘势起陇亩之中。三年，遂将五诸侯灭秦，分裂天下而封王侯，政由羽出，号为霸王。位虽不终，近古以来未尝有也。"②

和赞美项羽一样的大胆，司马迁又歌颂陈涉。陈涉在封建统治者看来，正是一个有名的叛逆。歌颂陈涉，就是歌颂叛逆。但司马迁在《史记·自序》中，却把陈涉的起义，比之汤武的革命、孔子的作《春秋》。在《陈涉世家》的评语中又说："陈胜虽已死，其所置遣侯王将相竟亡秦，由涉首事也。"同时，又在

---

① 《史记·平准书》。
② 《史记·项羽本纪·太史公曰》。

《儒林列传·序》中指出，当陈涉起义之时，虽圣人之徒，也去参加他的革命营阵。他说："陈涉之王也，而鲁诸儒持孔氏之礼器往归陈王，于是孔甲为陈涉博士，卒与涉俱死。陈涉起匹夫……旬月以王楚，不满半岁竟灭亡，其事至微浅，然而缙绅先生之徒负孔子礼器往委质为臣者何也？以秦焚其业，积怨而发愤于陈王也。"这段话虽然是对焚书坑儒者的一个警告，也是指明陈涉的革命虽缙绅先生之徒亦往委质为臣的事实。

此外，司马迁对于韩信、黥布、魏豹、彭越这些失败的英雄，都不胜惋惜。他评韩信曰："假令韩信学道谦让，不伐己功，不矜其能，则庶几哉，于汉家勋可以比周、召、太公之徒。"评黥布曰："英布者，其先岂《春秋》所见楚灭英、六、皋陶之后哉？身被刑法，何其拔兴之暴也。"评魏豹、彭越曰："魏豹、彭越虽故贱，然已席卷千里，南面称孤，喋血乘胜，日有闻矣。……智略绝人，独患无身耳。"

司马迁对于善良的官吏，亦为之表扬。他在《循吏列传》中评曰："孙叔敖出一言，郢市复；子产病死，郑民号哭；公仪子见好布而家妇逐；石奢纵父而死，楚昭名立；李离过杀而伏剑，晋文以正国法。"

司马迁对于草野豪侠之士，极为赞叹。他在《刺客列传》中评曰："自曹沫至荆轲五人，此其义或成或不成；然其立意较然，不欺其志，名垂后世，岂妄也哉！"又于《游侠列传·序》中，特别申述其崇拜草野豪侠的理由曰：

> 韩子曰："儒以文乱法，而侠以武犯禁。"二者皆讥，
> 而学士多称于世云。至如以术取宰相卿大夫，辅翼其世主，
> 功名俱著于春秋，固无可言者。及若季次、原宪，闾巷人

也，读书怀独行君子之德，义不苟合当世，当世亦笑之。故季次、原宪终身空室蓬户，褐衣蔬食不厌。死而已四百余年，而弟子志之不倦。今游侠，其行虽不轨于正义，然其言必信，其行必果；已诺必诚，不爱其躯，赴士之厄困。既已存亡死生矣，而不矜其能，羞伐其德，盖亦有足多者焉。……布衣之徒，设取予然诺，千里诵义，为死不顾世，此亦有所长，非苟而已也。故士穷窘而得委命，此其非人之所谓贤豪间者邪？诚使乡曲之侠，予季次、原宪比权量力，效功于当世，不同日而论矣。要以功见言信，侠客之义又曷可少哉？古布衣之侠，靡得而闻已……以余所闻，汉兴有朱家、田仲、王公、剧孟、郭解之徒，虽时扞当世之文罔，然其私义廉洁退让，有足称者。名不虚立，士不虚附。至如朋党宗强比周，设财役贫，豪暴侵凌孤弱，恣欲自快，游侠亦丑之。余悲世俗不察其意，而猥以朱家、郭解等，令与暴豪之徒同类而共笑之也。

在封建皇帝之前，直言极谏之士，往往遭横祸；于是而有善良之士，以滑稽的态度，用戏谑的言语，以为讽刺。这些人，有时"谈言微中，亦可以解纷。"故司马迁亦美之。他在《滑稽列传》中评曰："淳于髡仰天大笑，齐威王横行。优孟摇头而歌，负薪者以封；优旃临槛疾呼，陛楯得以半更。岂不亦伟哉！"

总观以上所录的评语，我们便可以看出司马迁之所善与所恶，所贤与所贱，所是与所非；因而也就知道《史记》一书，不仅是为了叙述历史，而且也是为了批判历史，从而也就知道司马迁之作《史记》，不是为了清算古人，而是为了要从古史中找出一些历史教训，教育他同时并世的人。他在《高祖功臣侯者年表》中说："居今之世，志古之道，所以自镜也。"这就是他作《史记》的用意。

即因司马迁在《史记》中的批评，有些不合于封建的教条，所以后来班固批评他说："其是非颇缪于圣人。论大道，则先黄老而后《六经》；序游侠，则退处士而进奸雄；述货殖，则崇势利而羞贱贫，此其所蔽也。"① 班固对司马迁的批判，大概都中要害；只有说他崇势利而羞贫贱一点，是没有看懂司马迁作《货殖列传》的意义，司马迁之传货殖，不但不是崇势利，而正是贬势利。关于这一点，只要看他把范蠡、子贡列于《货殖列传》就可以证明。以后至于王允，则竟指《史记》为"谤书"②，章实斋又为之辩护，谓其"折衷六艺，何敢于讪上哉？"我以为谓之"谤书"，则未免太过；谓其毫无批判当世之意，亦非司马迁所能同意。诚如章实斋所云："今观迁书，如封禅之惑于鬼神，平准之算及商贩，孝武之秕政也。"孝武之秕政，而司马迁指出之，非"讪上"而何？司马迁以无罪而遭大辱，当然有所愤慨。此种愤慨，常见于言词。例如在《伍子胥列传》中评曰："怨毒之于人甚矣哉！王者尚不能行之于臣下，况同列乎！"又在《屈原列传》中曰："信而见疑，忠而被谤，能无怨乎！"即因司马迁积有怨愤，所以发而为文，则气势蓬勃，热力丰富，因而《史记》一书成为千古的杰作。所以，虽"刘向、扬雄，博极群书，皆称迁有良史之才，服其善序事理，辨而不华，质而不俚，其文直，其事核，不虚美，不隐恶，故谓之实录。"③

---

① 《汉书·司马迁传·赞》。

② 《后汉书·蔡邕传》。

③ 《汉书·司马迁传·赞》。

五　余论——史料的搜集编制及其历史观

《史记》一书，因为充溢着作者的批判精神，后来的学者以为《史记》一书系司马迁发愤之作，因疑其对于史实的纪述，不甚注意。例如班固就说过："其言秦汉详矣，至于采经摭传，分散数家之事，甚多疏略，或有抵牾。"①自宋以后，学者多因袭班固之说，在《史记》中吹毛求疵。如宋王应麟《困学纪闻》中，有《史记正误》一篇，金王若虚有《史学辨惑》，明柯维骐有《史记考要》，清杭世骏有《史记考证》，梁玉绳有《史记志疑》，邵泰衢有《史记疑问》。这些学者的著作，对于《史记》，虽亦各有发明之处，然大抵据经以证史，故其所疑者，未必可疑；其所正者，未必尽正。

我不是说，司马迁对于史实的叙述，完全没有疏漏或自相矛盾的地方；但我以为司马迁的疏漏与自相矛盾，不是因为他不注重史实，或故意歪曲史实，而是因为他在整齐百家杂说，贯穿经传遗文之时，千头万绪，精力有时不能顾及之所致也。据我从《史记》中所知，司马迁对于记录史实，非常严谨。非根据古书，即根据访问，从未随便纪一事，传一人。

其根据古书之例，如司马迁作《五帝本纪》，自唐、虞以下，则根据《尚书》，作殷、周《本纪》，则根据《尚书》《诗经》。他说："自成汤以来，采于《书》《诗》。"②至于自"唐""虞"以上，他一再声明"尚矣""尚矣""不可纪已"。故纪此"尚矣"之时，则择传说中之"其言尤雅者"③，以为资料。

---

① 《汉书·司马迁传·赞》。
② 《史记·殷本纪·太史公曰》。
③ 《史记·五帝本纪·太史公曰》。

对于上古史如此，对于周以来的历史亦如此。如司马迁在《十二诸侯年表·序》曰："太史公读《春秋历谱谍》。"在《六国表·序》，则曰："太史公读《秦记》。"在《秦楚之际月表·序》，则曰："太史公读秦楚之际（按即《楚汉春秋》等）。"在《惠景间侯者年表·序》，则曰："太史公读列封（按即封建诸侯的档案）。"在《孔子世家·太史公曰》："余读孔氏书。"在《仲尼弟子列传·太史公曰》："余以弟子名姓文字，悉取《论语》弟子问，并次为篇，疑者阙焉。"作《老庄申韩列传》《孟子荀卿列传》，皆曾读其人之书。作《孙子吴起列传》，则曾读《孙子十三篇》《吴起兵法》。作《屈原列传》，则曰："余读《离骚》《天问》《招魂》《哀郢》。"作《贾谊列传》，则曰："读《服鸟赋》。"作《陆贾列传》，则曰："余读陆生《新语》书十二篇。"作《管晏列传》，则曰："吾读管氏《牧民》《山高》《乘马》《轻重》《九府》及《晏子春秋》。"一言以蔽之，载之经、传者，必据经、传；其人有著述者，必读其人之书。但司马迁亦非凡书皆信，如"黄帝以来皆有年数"之"牒记"，因与"古文咸不同乖异"，司马迁即不以为据。又如言怪物的《禹本纪》《山海经》，亦不置信。他在《大宛列传·太史公曰》中云："故言九州山川，《尚书》近之矣。至《禹本纪》《山海经》所有怪物，余不敢言之也。"

司马迁著《史记》，并非闭门造车，有若干史料，皆系身历其地或亲访其人而得来。例如他作《河渠书》则曰："余南登庐山，观禹疏九江，遂至于会稽太湟，上姑苏，望五湖，东窥洛汭、大邳，迎河，行淮、泗、济、漯、洛渠；西瞻蜀之岷山及离碓；北自龙门至于朔方。曰：甚哉，水之为利害也！"作《齐太公世家》则曰："吾适齐，自泰山属之琅邪，北被于海，膏壤二千里，其民阔达多匿知，其天性也。"作《魏世家》，则曰：
"吾适故大梁之墟，墟中人曰：'秦之破梁，引河沟而灌大梁，
三月城坏，王请降。'"作《孔子世家》，则曰："适鲁，观仲尼庙
堂，车服礼器，诸生以时习礼其家。余抵回留之，不能去云。"
作《孟尝君列传》，则曰："吾尝过薛，其俗闾里率多暴桀子弟，
与邹、鲁殊。问其故，曰：'孟尝君招致天下任侠奸人入薛中，
盖六万余家矣。'世之传孟尝君好客自喜，名不虚矣。"作《信
陵君列传》，则曰："吾过大梁之墟，求问其所谓夷门。夷门者，
城之东门也。"作《春申君列传》，则曰："吾适楚，观春申君故
城，宫室盛矣哉！"作《蒙恬列传》，则曰："吾适北边，自直
道归。行观蒙恬所为秦筑长城亭障，堑山堙谷，通直道，固轻
百姓力矣。"作《淮阴侯列传》，则曰："吾如淮阴，淮阴人为余
言：'韩信虽为布衣时，其志与众异。'"作《樊郦滕灌列传》，
则曰：吾适丰沛，问其遗老，观故萧、曹、樊哙、滕公之冢，及
其素，异哉所闻！方其鼓刀屠狗、卖缯之时，岂自知附骥之尾，
垂名汉廷，德流子孙哉？余与他广通，为言高祖功臣之兴时若此
云。"这些，都是亲历其地的例子。

　　还有亲访其人者。例如他作《游侠列传》，就曾访问过当时
的大侠郭解。他在《游侠列传·太史公曰》："吾视郭解，状貌不
及中人，言语不足采者。"又如他作《李广列传》，亦曾访问过李
广。他在《李广列传·太史公曰》："余睹李将军，悛悛如鄙人，
口不能道词。"司马迁对于同时的人，大半可以访问者必访问，
不仅对郭解、李广二人为然也。至不能见其人者，则"视其友"。

　　司马迁对于以前的古人，大概有图像者，必观其图像。例如
他在《留侯世家·太史公曰》："余以为其人计魁梧奇伟。至见
其图，状貌如妇人好女。"所以他深以田横没有图像遗留下来，

不能状其貌为遗恨。他在《田横列传·太史公曰》："无不善画者，莫能图，何哉？"

此外，其史料亦有友人转述者。如《项羽本纪·太史公曰》："吾闻之周生曰：'舜目盖重瞳子。'又闻项羽亦重瞳子。"《刺客列传·太史公曰》："始公孙季功、董生与夏无且游，具知其事，为余道之如是。"《霍去病列传·太史公曰》："苏建语余曰。"

由此，可以证明，司马迁对史实的记录，并不是不注意。至于《史记》中所载史实，仍有疏漏抵牾之处者，则是著作家所难免。而且有一部分是司马迁所不能负责的。例如《建元以来侯者年表》中出现了昭、宣、元、成诸帝的年号，《楚元王世家》记地节二年之事，《齐悼惠王世家》书建始三年者二，《司马相如列传·太史公曰》中，出现了扬雄的名字等等，这些都是后人所窜，非司马迁之原作。

据班固《汉书·司马迁传》载，《史记》一书，至宣帝时，始由司马迁的外孙杨恽发表于世。以后流布，颇有缺失，班固所见者已缺十篇。但班固仅说"十篇缺"，而未指明何十篇。张晏曰："迁没之后，亡《景纪》《武纪)《礼书》《乐书》《兵书》《汉兴以来将相年表》《日者列传》《三王世家》《龟策列传》《傅靳列传》。元成之间，褚先生补缺，作《武帝纪》《三王世家》《龟策》《日者传》。"而颜师古则云："序目本无《兵书》，张云亡失，此说非也。"[1] 总之，《史记》是经过后人的纂补，这是很明显的；因而其中有一部分错误，归纂补者负责。

两千年来，读《史记》未有不盛赞司马迁之文章者；诚然，司马迁的文章真是气势蓬勃，既沉重而又飞舞。但无论怎样，文

---

① 《汉书·司马迁传》颜师古注。

章总是司马迁的余事。而且司马迁也从来没有在文字上去雕刻。他决不故为深奥，作出一些让他同时代的人看不懂的文章，以显出自己的高深典雅；反之，他引用古文，多改为汉代当时所通用的言语。例如他引《尚书》，绝不照抄"曰若稽古，帝尧曰放勋，"而是改为"帝尧者，放勋"。如果司马迁生在现在，他一定把这句话改为"传说中的尧皇帝，他的名字叫放勋。"司马迁不学《尚书》，而后来的史学家，偏要学《史记》。假如司马迁死而有知，一定说："这都是他不肖的门徒，只知模仿其皮毛，而不知师承其精神，见帝王则曰神圣，见革命的豪杰，则曰盗贼，何其无耻也！"

司马迁的文章之好，不在于笔调，而在于他善于组织史料。例如他传伯夷，则录其《西山之歌》，以显其气节；传孔、孟，则录其言语，以显其大道；传老、庄，则录其著作以显其学派；传屈、贾，则录其词赋，以显其文章；传儒林，则录其师承，以显其渊源；传管、晏，则录其政绩，以显其文治；传田单、乐毅，则录其战伐，以显其武功；传苏、张，则录其游说，以显其纵横；传货殖，则录其财产，以显其富厚；传刺客，则录其敢死，以显其慷慨；传游侠，则录其重诺，以显其侠义；传滑稽，则录其笑谑，以显其讽刺；传佞幸，则录其卖身投靠，以显其下流无耻。总之，他对于每一个纪传的人物，都能抓住他的特点，阐扬他的特点，使这个被纪传的人物，跃然纸上，萧疏欲动。例如他写刺客，不但从纸上飘起慷慨悲歌之声，简直是匕首当前，鲜血射面。像以上所述，就是司马迁的文章之所以成为千古的绝调。至若之乎也者，乃其余事。

自然，我不是说司马迁的《史记》完全无缺，例如他的历史观受了驺衍终始五德说的影响，而带着历史循环论的色彩。他在《高祖本纪·太史公曰》中说："夏之政忠。忠之敝，小人以野；故殷人承之以敬。敬之敝，小人以鬼；故周人承之以文。文之弊，小人以僿，故救僿莫若以忠。三王之道若循环，终而复始。周、秦之间，可谓文敝矣。秦政不改，反酷刑法，岂不缪乎！故汉兴，承敝易变，使人不倦，得天统矣。"这就是说，历史的发展，即忠、敬、文的循环。所以他在《平准书·太史公曰》中又说："是以物盛则衰，时极而转，一质一文，终始之变也。"此外他又替汉高祖作出一些赤帝、白帝的神话，在《封禅书》中，又征引土德、水德的受命之说。于是用赤、白、黑，配合忠、敬、文，再配合金、木、水、火、土，历史就在金、木、水、火、土的相生与赤、白、黑，忠、敬、文的循环中，在司马迁面前打圈圈了。虽然，我们论一个人，总要根据他自己的时代。在司马迁的时代，正是五行说高涨的时代，他怎能不受影响呢？假如我们以历史的循环论而责司马迁，那就无异责备殷人不该信鬼。

自司马迁开创了纪传体历史方法以后，两千年来，中国的历史家都奉为历史学的正宗，凡写著所谓正史，都用这种方法。一部二十四史，都是用纪传体的历史方法写成的。一直到我们的今日，凡达官显宦死了以后，政府都还有一道"宣付史馆立传"的命令，足见司马迁在中国历史学上的影响之巨大而悠久。

但是司马迁的学生，从班固算起，没有一个能够望及肩背的。中国的学者往往以《史记》《汉书》相提并论，我以为这未免太恭维班固了。班固，充其量，也不过是司马迁的学生中比较高明的一个。他用司马迁的方法，写成了一部西汉的历史；而且关于武帝以前的历史，连文章都是照抄《史记》的原文。如果说他在方法上有发明，那就是把司马迁的"书"，改名曰"志"。如果说他在历史学上也有创见,那就是去掉项羽的本纪,将汉代的历史上推于楚汉之际。取消陈涉的世家,把他降入列传。还有,就是加上了惠帝的本纪,辩护吕后的专政。所以若以《汉书》比《史记》,那真是瞠乎其后矣。

现在历史学已经进入了科学的阶段,纪传体的历史方法已经成了过去。但中国的历史资料大半都保存在纪传体的历史著作之中;为了找历史资料,我们应该知道纪传体的历史方法。同时我并且以为即使在我们今日,纪传体的历史仍不失为一种保存史料最好的方法。因略论司马迁的历史学,以说明纪传体历史方法的内容。

1944 年 11 月 11 日

(重庆《中山文化季刊》第二卷第一期,1945 年 6 月出版)

论刘知几的历史学

一　刘知几的传略

自司马迁以后，历东汉、魏、晋、南北朝，迄于隋唐，其间历史学家接踵而起。如东汉之班固、刘珍、荀悦、蔡邕；晋之华峤、陈寿、孙盛、王隐；宋之范晔、徐爰；齐之沈约、裴子野；梁之萧子显、吴均；陈之谢昊、姚察；北魏之崔鸿；北齐之魏收；北周之柳虬；隋之魏澹、王邵、牛弘、王胄；唐之姚思廉、令狐德棻等；这些人，都是有名的史学家。他们或身为史官，职典纪载，或心存褒贬，私撰国书，其所著述，皆能独步于当代，擅名于后世。虽然，这些史学家的劳绩最多亦不过保存史料而已，对于历史学的方法，并没有什么新的发明。自司马迁而后，迄于唐代，在历史学方法论上，有新的发明者，唯刘知几一人而已。

刘知几，字子玄，徐州彭城人。生于唐高宗龙朔元年，卒于玄宗开元九年（公元661—721年），年61岁。其生存之日，正是大唐帝国全盛时代。

刘知几是汉代皇族的后裔，据他自己在《刘氏家史》上考证，彭城诸刘，都是楚孝王嚣的曾孙居巢侯般的后裔。如果他要妄据"汉为尧后"的伪说，也可以说是圣王之后；但是他不要这样虚妄的远祖，而宁肯承认他的氏族是出自陆终。

刘知几出生的家庭是一个世禄之家。据《旧唐书》本传云："知几，楚州刺史胤之族孙也。"刘胤之是一个学者，和史学家李百药是最好的朋友。在唐高宗永徽中，曾任著作郎及弘文馆学士，与令狐德棻等撰成国史及实录，并以此而封阳城县男。后以年老，不堪著述，才出为楚州刺史[①]。刘知几之父亲藏器就是胤之的从兄之子。藏器亦有词学，官至宋州司马。生二子，长知柔，开元初，为工部尚书。知几即其季子[②]。

刘知几因为家学渊源，自幼就博览群书。《史通·自叙》有云："予幼奉庭训，早游文学。年在纨绮，便授《古文尚书》。每苦其辞艰琐，难为讽读。虽屡逢捶挞，而其业不成。尝闻家君为诸兄讲《春秋左氏传》，每废书而听。逮讲毕，即为诸兄说之。因窃叹曰：'若使书皆如此，吾不复怠矣'。先君奇其意，于是始授以《左氏》，期年而讲诵都毕。于是年甫十有二矣。所讲虽未能深解，而大义略举。父兄欲令博观义疏，精此一经。辞以获麟已后，未见其事，乞且观余部，以广异闻。次又读《史》《汉》《三国志》。既欲知古今沿革，历数相承。于是触类而观，不假师训。自汉中兴已降，迄乎唐皇家实录，年十有七，而窥览略周。其所读书，多因假赁。虽部帙残缺，篇第有遗；至于叙事之纪纲，立言之梗概，亦粗知之矣。"这样就奠定了他后来研究史学的基础。

刘知几的年纪，渐渐长大，便要准备一种走进人生旅途的功课，即所谓应世之学。在唐代以科举策士，词章最为重要。于是

---

① 参看《旧唐书·刘胤之传》。

② 参看《旧唐书·刘胤之传》。

刘知几遂不能专门读史，而要同时致力于文学。《史通·自叙》中云："于时将求仕进，兼习揣摩；至于专心诸史，我则未暇。"刘知几天才放纵，不久便以文学知名于当世。《旧唐书》本传曰：知几"少与兄知柔俱以词学知名"。《史通·在叙》中亦云："余初好文笔，颇获誉于当时；晚谈史传，遂减价于知己。"即因他曾经一度研究文学，所以又准备了他后来写著历史的技术条件。

即因文学甚好，所以刘知几"年登弱冠"，便"射策登朝"①，举进士，并授获嘉主簿。以后又调回京洛，服官中央。从这时，刘知几便放弃了文学的揣摩，专心于史学的研究。《自叙》中云："于是思有余闲，获遂本愿。旅游京洛，颇积岁年，公私借书，恣情披阅。至如一代之史，分为数家，其间杂记小书，又竞为异说，莫不钻研穿凿，尽其利害。"这样，又加深了他的史学素养。

刘知几不仅学习不倦，而且理解力甚强。他自幼读史便不仅徒事记诵，因袭陈说；而是要通过自己的理解，加以批判。《自叙》中云："自小观书，喜谈名理。其所悟者，皆得之襟腑，非由染习。故始在总角，读班（固）、谢（承）两《汉》，便怪《前书》不应有《古今人表》，《后书》宜为更始（刘玄）立纪。当时闻者共责，以为童子何知，而敢轻议前哲。于是赧然自失，无辞以对。其后见张衡、范晔集果以二史为非。其有暗合于古人者，盖不可胜纪。始知流俗之士，难与之言。凡有异同，蓄诸方寸。及年以过立（30岁），言悟日多。"

刘知几性情孤僻，落落寡合。《自叙》中有云："常恨时无同好。可与言者，维东海徐坚，晚与之遇，相得甚欢，……复有永城朱敬则、沛国刘允济、义兴薛谦光、河南元行冲、陈留吴

---

① 《史通·自叙》。

竞、寿春裴怀古，亦以言议见许，道术相知。所有榷扬，得尽怀抱。每云：'德不孤，必有邻'。四海之内，知我者，不过数子而已矣。"

刘知几虽然性情孤僻，但并不高举其自身于社会之外；反之，只要有机会，便要检举社会的罪恶，指斥当代的弊政。新旧《唐书》皆载，当证圣初，武则天诏天下九品以上官吏各言政得失，他便上书指陈当时的政府，刑戮太过，尝罚不公。其中有云："今群臣无功，遭遇辄迁，至都下有'车载斗量，杷推椀脱'之谚。"同书又载，他以武则天时代，"官爵僭滥而法网严密，士类竞为趋进而多陷刑戮"。曾作《思慎赋》以刺时。当时，凤阁侍郎苏味道、李峤见而叹曰："陆机《豪士》所不及也。"

大约在四十岁以后，刘知几才任史官。《旧唐书》本传云："知几（武后）长安中（701—704 年），累迁左史，兼修国史。"以后，又"擢拜凤阁舍人，修史如故。（中宗）景龙初，再转太子中允，依旧修国史。"以后，刘知几的生活，就长期消磨在史馆中了。

刘知几既任史官，可谓学得其用。他常常想把他的历史学创见，应用于国史的编修；但是事实并不如他所想，因为当时的史馆组织，是"临修制度"。史官注记，必须仰承监修的意旨，没有撰著的自由。而当时的监修，大半为毫无知识的贵官，他们既不知明立科条，又喜遇事干涉，十羊九牧，无所适从。同时，当时同列的诸史官又皆流俗之辈，但却"人自以为荀、袁，家自称为政、骏。每欲记一事，载一言，皆阁笔相视，含毫不断。故首白可期，而汗青无日。"[1] 加之，权贵干涉，侦探密布，史官每

---

① 《旧唐书·刘子玄传》。

有所记，"言未绝口，而朝野具知，笔未栖毫而搢绅咸诵。"①实录，则取嫉权门；直书，则见仇贵族。在这样的情形之下，刘知几与诸监修及同事，当然"凿枘相违，龃龉难入，故其所载削，皆与俗浮沈。虽自谓依违苟从，然犹大为史官所嫉。"②

但刘知几却素抱刊削史籍的宏愿。《自叙》中说："其于史传也尝欲自班、马已降，讫于姚（察）、李（德林）、令狐（德棻）、颜（师古）、孔（颖达）诸书，莫不因其旧义，普加厘革。但以无夫子之名，而辄行夫子之事，将恐致惊末俗，取咎时人，徒有其劳，而莫之见赏。所以每握管叹息，迟回者久之，非欲之而不能，实能之而不敢也。"即不得志于史馆，于是"载削余暇"③开始其有名的著作《史通》之写著。《自叙》中说："嗟乎！虽任当其职而吾道不行；见用于时，而美志不遂。郁怏孤愤，无以寄怀，必寝而不言，嘿而无述，又恐没世之后，谁知予者。故退而私撰《史通》，以见其志。"由此看来，《史通》一书亦刘知几"道不行""志不遂""郁怏孤愤"之所为也。

为了写著《史通》，刘知几很想摆脱史馆的职务。恰好当景龙初，中宗西还，于是他便请求留在洛阳。他在洛阳住了两年，这时，全部精力，皆用于《史通》的写作。但是不久便有人说他身为官史而私自著述，所以景龙三年，中宗便驿召他到长安，升为秘书监，仍派他修撰国史。

当他再回史馆时"侍中韦巨源、纪处讷、中书令杨再思、兵部尚书宗楚客、中书侍郎萧至忠并监修国史。"这些监修贵官，意见不一，当时"杨令公（再思）则云'必须直词'，宗尚书（楚

---

① 《旧唐书·刘子玄传》。

② 《史通·自叙》。

③ 《史通·自叙》。

客）则云'宜多隐恶'。"以是史官更难着笔。刘知几深感其弊而无可如何。适萧至忠责其"著述无课",于是他就上书于萧,请辞史官之职。在辞职书上,列陈当时史馆之弊,并谓这些弊端如不革除或补救,则"虽威以刺骨之刑,勖以悬金之赏,终不可得也。"①

辞职书并没有批准;但从此以后,愈为同列史官所嫉,不能有所作为。于是他索性将史馆的职务,委托于著作郎吴竞,而自己则别撰《刘氏家史》十五卷、《谱考》三卷,考其氏姓之所自出。

这时,刘知几的《史通》已经完成,声名扬溢,朝廷也要利用他做招牌,来装点史馆的门面。所以景云中（710—711年）,便升他为太子左庶子,崇文馆学士,加银青光禄大夫。到玄宗开元初（713年）再升左散骑常侍。而其职务,则始终是修撰国史。到开元九年（721年）,他的长子贶,为太乐令,犯事流配。他为他的儿子向执政诉理,玄宗闻而震怒,贬为安州②都督府别驾,而这位大史学家到安州不久就死了。

吾人读刘知几书,而知其兼才、学、识三者而并有之③。惜乎! 任道其职而道本行,见用宁时而志不遂,郁怏孤愤,终至贬

---

① 刘知几辞职书,见《旧唐书》本传及《史通·忤时篇》。

② 《旧唐书·地理志》"安州中都督府隋安陆郡。武德四年,平王世充,改为安州。"安州,唐时属淮南道,辖今鄂东皖西一带。

③ 《旧唐书·刘子玄传》曰:"子玄掌知国史,首尾二十余年,多所撰述,甚为当时所称。礼部尚书郑惟忠尝问子玄曰:'自古已来,文士多而史才少,何也? '对曰:'史才须有三长,世无其人,故史才少也。三长:谓才也,学也,识也。夫有学而无才,亦犹有良田百顷,黄金满籯,而使愚者营生,终不能致于货殖者矣。如有才而无学,亦犹思兼匠石,巧若公输,而家无楩柟斧斤,终不果成其宫室者矣。犹须好是正直,善恶必书,使骄主贼臣所以知惧。此则为虎傅翼,善无可加,所向无敌者矣,……自复古已来,能应斯目者,罕见其人。"

死。贤者委弃，千古同叹，又岂独刘知几为然耶？

二 刘知几的著作、思想及其历史观

刘知几著作甚多，据《旧唐书》本传云：知几"自幼及长，述作不倦。朝有论著，必居其职。预修《三教珠英》《文馆词林》《姓族系录》；论《孝经》，非郑玄注；《老子》，无河上公注；修《唐书实录》，皆行于代。有集三十卷。"此外又撰《刘氏家史》十五卷、《谱考》三卷及《史通》二十卷。在他的著作中，以《史通》一书最为不朽之作。

《史通》一书，分内、外二篇，各十卷，合二十卷。内篇分三十九目，其中《体统》《纰缪》《弛张》三篇，有目无文。今所存者，仅三十六目。外篇分十一目，其中《杂说》一目析为上、中、下三篇，共合为十三目。这部书是刘知几的史学创作，也是中国史学史上第一部历史方法论的巨著。

刘知几之著《史通》，其主要目的，是在于纠正过去中国史学方法上的错误。故全书皆以批判的体裁作为写著的方法，而其论点则侧重于历史学方法。但除史学方法以外，其所涉及的范围亦至为广泛。如其外篇中之《史官建置》，则论史官制度；《疑古》《惑经》《杂说》《五行志错误》《五行志杂驳》，则皆系论历史资料。总而言之，刘知几在这部书中，可以说对他以前的中国历史学，作了一次总的清算工作。

刘知几对于他的《史通》一书，曾经在《自叙》中作过这样的介绍。他说：

若《史通》之为书也，盖伤当时载笔之士，其义不纯，思欲辨其指归，殚其体统。夫其书虽以史为主，而余波所及，上穷王道，下掞人伦，总括万殊，包吞千有。自《法言》已降，迄于《文心（雕龙）》而往，固以纳诸胸中，曾不蒂芥者矣。夫其为义也，有与夺焉，有褒贬焉，有鉴诫焉，有讽刺焉。其为贯穿者深矣；其为网罗者密矣，其所商略者远矣，其所发明者多矣。盖谈经者，恶闻服、杜之嗤；论史者，憎言班、马之失。而此书多讥往哲，喜述前非。获罪于时，固其宜矣。犹冀知音君子，时有观焉。尼父有云："罪我者《春秋》，知我者《春秋》。"抑斯之谓也。①

即固《史通》一书"多讥往哲，喜述前非"，故当时"悠悠尘俗，共以为愚"，而"见者亦互言其短"②。为了答复当时流俗之徒的恶意批评，刘知几曾作《释蒙》以拒之。但当时也还有几个知己，赏识其书。据《旧唐书》本传载："徐坚深重其书，尝云：'居史职者，宜置此书于座右'。"即因《史通》不见重于当时，所以他在《自叙》中叹曰："夫以《史通》方诸《太玄》，今之君山，即徐（坚）、朱（敬则）等数君是也。后来张、陆，则未之知耳。"又在《鉴识》为之慨曰："夫人废兴时也；穷达命也。而书之为用，亦复如是。盖《尚书》古文，六经之冠冕也，《春秋左氏》，三传之雄霸也，而自秦至晋，年逾五百，其书隐没，不行于世。既而梅氏写献，杜侯训释，然后见重一时，擅名千古。若乃《老经》撰于周日，《庄子》成于楚年，遭文、景而始传，值嵇、阮而方贵。若斯流者，可胜纪哉！"但是事实并不

---

① 《史通·自叙》。
② 《史通·自叙》。

如他所想象之恶劣，《史通》一书并没有长期埋没。在他死后不久，玄宗便派河南府至其家，抄写以进。读而善之，并因此而追赠他为汲郡太守、工部尚书，赐谥曰"文"。而这又是他始料所不及的。

刘知几的思想，颇受王充的影响。他在《自叙》中盛赞王充的《论衡》。其言有曰：

> 儒者之书，情而寡要，得其糟粕，失其菁华。而流俗鄙夫，贵远贱近，转兹症悟，自相欺惑，故王充《论衡》生焉。

案王充《论衡》有《问孔》《刺孟》之篇，实为儒家的一位叛徒。而刘知几亦有《疑古》《惑经》之作，其思想亦颇谬于圣人。他在《惑经》中说：

> 昔王充设论，有《问孔》之篇，虽《论语》群言，多见指摘；而《春秋》杂义，曾未发明。是用广彼旧疑，增其新觉。

他在《惑经》中，对于《春秋》之义，提出了十二个疑问，指出其虚妄者五端，大胆陈说，毫无顾忌。故刘知几的《惑经》，实即王充《问孔》的续编。至于其《疑古》篇，则系非难《尚书》；但在《序言》上，亦指斥孔子。其言有曰：

> 故观夫子之刊《书》也，夏桀让汤，武王斩纣，其事甚著，而芟荑不存。观夫子之定《礼》也，隐、闵非命，恶、视不终，而奋笔昌言，云"鲁无篡弑"。观夫子之删《诗》也，凡诸《国风》，皆有怨刺，在于鲁国，独无其章。观夫子之《论语》也，君娶于吴，是谓同姓。而司败发问，对以"知礼"。斯验世人之饰智矜愚，爱憎由己者多矣。

又如王充有《指瑞》《验符》之作，指斥符瑞之虚妄。刘知几在《史通》中，即反对纪录符瑞之《五行志》。《书志》曰：

> 古之国史，闻异则书，未必皆审其休咎，详其美恶也。故诸侯相赴，有异不为灾，见于《春秋》，其事非一。洎汉兴，儒者乃考《洪范》以释阴阳。其事也，如江璧传于郑客，远应始皇；卧柳植于上林，近符宣帝。门枢白发，元后之祥；桂树黄雀，新都之谶；举夫一二，良有可称。至于蜚蜮蝝螽，震食崩坼，陨霜雨雹，大水无冰，其所证明，实皆迂阔。故当《春秋》之世，其在于鲁也，如有早雩舛候，螟蝝伤苗之属。是时或秦人归襚，或毛伯赐命，或滕、邾入朝，或晋、楚来聘。皆持此恒事，应彼咎征，吴穷垂谪，厥罚安在？探赜索隐，其可略诸。……汉代儒者，罗灾眚于二百年外，讨符会于三十卷中，安知事有不应于人，应而人失其事？何得苟有变而必知其兆者哉！

又王充有《书虚》之作，谓竹帛上的文字，不可尽信。而刘知几在《疑古》中，对于《尚书》所载的史实，指出疑问十点。他在结论上说，"孟子曰：'尽信书，不如无书。《武成》之篇。吾取其二三简。'推此而言，则远古之书，其妄甚矣。"

从以上所举各点，我们可以看出刘知几的思想。颇受王充学说的影响，他不迷信圣经贤传，不迷信灾祥符瑞。即因他不迷信圣经贤传，所以他就富有怀疑的精神；即因他不迷信灾祥符瑞，所以他就具有唯物的思想。他就在这种怀疑的精神与唯物的思想上，展开他的历史观。

刘知几反对"历史的定命论"。他以为历史上任何朝代的兴亡，人物的成败，都不是天命，而是人事。他在《杂说》（上）

中说：

> 《魏世家》太史公曰：'说者皆曰魏以不用信陵君，故国削弱，至于亡。余以为不然。天方令秦平海内，其业未成。魏虽得阿衡之徒，曷益乎？'夫论成败者，固当以人事为主，必推命而言，则其理悖矣。盖晋之获之，由夷吾之愎谏；秦之灭也，由胡亥之无道；周之季也，由幽王之惑褒姒；鲁之逐也，由稠父之违子家。然则败晋于韩，狐突已志其兆；亡秦者胡，始皇久铭其说；屦弧箕服，彰于宣、厉之年；征褒与孺，显自文、武之世。恶名早著，天孽难逃。假使彼四君才若桓、文，德同汤、武，其若之何？苟推此理而言，则亡国之君，他皆仿此，安得于魏无讥者哉？夫国之将亡也若斯，则其将兴也亦然。盖妳后之为公子也，其筮曰：'八世莫之与京'；毕氏之为大夫也，其占曰：'万名其后必大'；姬宗之在水浒也。鸑鷟鸣于岐山；刘姓之在中阳也，蛟龙降于丰泽。斯皆瑞表于先，而福居其后。向若四君德不半古，才不逮人，终能坐登大宝，自致宸极矣乎？必如史公之议也，则亦当以其命有必至，理无可辞，不复嗟其智能，颂其神武者矣。夫推命而论兴灭，委运而忘褒贬。以之垂诚，有其惑乎？自兹以后，作者著述往往而然。如鱼豢《魏略议》，虞世南《帝王论》，或叙辽东公孙之败，或述江左陈氏之亡，其理并以命而言，可谓与子长同病者也。

上文列举史实，证明统治者的灭亡，是由于他们自己的罪恶、无能。不能把他们的灭亡归纳为上帝的意思。同样，新的统治者的兴起，也不是上帝预先派定，而是由于他们自己的努力。一言以蔽之，人类的历史是人类自己创造的，与"上帝"、"天命"这一类的鬼话绝不相干。像这样承认人类对历史之创造作用的历史观，就正是刘知几的历史学卓越之点。

其次，刘知几反对以成败论英雄之正统的历史观。他在《称谓》云：

> 古者，二国争盟，晋、楚并称侯伯；七雄力战，齐、秦俱曰帝王。其间虽胜负有殊，大小不类，未闻势穷者即为匹庶，力屈者乃成寇贼也。至于近古则不然，当汉氏云亡，天下鼎峙，论王道则曹逆而刘顺，语国祚则魏促而吴长。但以地处函夏，人传正朔，度长絜短，魏实居多。二方之于上国，亦犹秦缪、楚庄与文、襄而并霸。逮作者之书事也，乃没吴、蜀号谥，呼权、备姓名。方于魏邦，悬隔顿尔。惩恶劝善，其义安归。

在这里，他虽然只提出吴、蜀的名号问题，而其主题，则是反对那种以"势穷者即为匹庶，力屈者乃成寇贼"的历史观。例如他深以班、范二史不列刘玄于光武之前为非。他在《编次》中说："当汉氏之中兴也，更始升坛改元，寒暑三易，世祖称臣而北面，诚节不亏。既而兵败长安，祚归高邑（光武称帝于高邑），兄亡弟及，历数相承。作者乃抑圣公于传内，登文叔于纪首……夫东观秉笔，容或谄于当时。后来所修，理当刊革者也。"按刘玄为新市、平林所拥立，以中国正统派的历史观视之，实为盗贼，而刘知几主张列纪于光武之前，这就是"有以力屈者乃成盗贼"也。

虽然，刘知几对于"成者为王，败者为寇"的历史观仍未扫除干净。例如他反对列项羽于本纪，而曰"正可抑同群盗"。反对列陈胜于世家，而曰"起自群盗"。这又是他自相矛盾的地方。

又刘知几甚至不主张"内中国而外夷狄"的大汉族主义的历史观。他在《称谓》中说：

> 续以金行版荡，戎、羯称制。各有国家，实同王者。晋世臣子，党附君亲。嫉彼乱华，比诸群盗。此皆苟徇私忿，忘夫至公。自非坦怀爱憎，无以定其得失。至萧方等，始存诸国名谥，僭帝者皆称之以王。此则赵犹人君，加以主号；杞用夷礼，贬同子爵。变通其理，事在合宜。小道可观，见于萧氏者矣。

历史是具体的科学，要承认客观的事实，不能以主观的爱憎涂改历史的事实。刘知几可谓深得此理。所以我说他是一个客观主义的历史家。

至于他敢于怀疑，则史料因以订正；敢于非圣，则成见因以打破。这些都是他的科学精神。

三　刘知几论中国历史学各流派

刘知几对于中国历史学各流派，曾经展开一个全面的批判。他在《六家》中，把中国的历史学派分为六家。他说：

> 古往今来，质文递变。诸史之作，有恒厥体。榷而为论，其流有六：一曰《尚书》家，二曰《春秋》家，三曰《左传》家，四曰《国语》家，五曰《史记》家，六曰《汉书》家。

按《尚书》为记言的史体，《春秋》为记事的史体，《左传》为编年的史体，《国语》为分国的史体，《史记》与《汉书》均为纪传体，而前者为通史体，后者为断代史体。这六种历史学体裁不是同时发生，而是中国历史学体裁相续发展之系列，所谓"古往今来，质文递变"的结果。

这六种体裁在最初，都不过是各时代的历史记录者用以记录史实的方法；但是后来的历史学者竞相模拟，于是这六种历史学体裁，遂演化而为六种历史学流派。

例如《尚书》，本来是一种最古的历史记录方法。"自宗周既殒，《书》体遂废，迄乎汉、魏，无能继者。至晋广陵相鲁国孔衍，以为国史所以表言行，昭法式，至于人理常事，不足备列。乃删汉、魏诸史，取其美词典言，足为龟镜者，定以篇第，纂成一家。由是有《汉尚书》《后汉尚书》《汉魏尚书》，凡为二十六卷。至隋秘书监太原王邵，又录开皇、仁寿时事，编而次之，以类相从，各为其目，勒成《隋书》八十卷。寻其义例，皆准《尚书》。"①

又如《春秋》，后来也有袭用其名以为著述的。如晏子、虞卿、吕不韦、陆贾，其所著书，皆谓之《春秋》。

《左传》亦有拟作，如晋著作郎乐资曾撰《春秋后传》三十卷，其书始于周贞王而终于二世之灭。献帝时，荀悦著《汉纪》三十篇，亦依《左传》体裁。以后每代都有拟作，如张璠、孙盛、干宝、徐广、裴子野、吴均等，其所著书，或谓之"春秋"，或谓之"纪"，或谓之"略"，或谓之"典"，或谓之"志"。其名虽异，但其为体，则皆拟《左传》。

《国语》体裁，继之者有《国策》。至孔衍，又以《国策》所书之未尽者，聚为一录，名曰《春秋后语》。当汉氏失驭，英雄

---

① 《史通·六家》。

角力，司马彪又录其行事，著《九州春秋》。这些都是《国语》的流派。

其摹拟《史记》者，则有梁武《通史》，崔鸿等所撰的《科录》，及李延寿的《南北史》等。至于《汉书》，则所有中国的所谓正史，都是属于这一流派。

中国的历史家，大概不出这六种流派。即或稍有形式不同，但亦不过这六种体裁之变体而已。所以刘知几把中国的历史学派分为六家，大概是可以包罗一切的。

刘知几在划分中国历史学的流派以后，又展开其对各家的批判。其论《尚书》的体裁，则以为其最大之缺点就在于这种体裁中，对于人物的记载不能详其平生；对于事实的记载，不能详其年月，而这些又都是历史学上最重要之点。他在《六家》中说：

> 若乃帝王无纪，公卿缺传，则年月失序，爵里难详，斯并昔之所忽，而今之所要。

其次，他以为《尚书》的体裁，既以记言为主，就体裁论体裁，则不应于记言之外，有记事的专篇；但《尚书》中竟有此种例外，这就是体例不纯。《六家》说：

> 盖《书》之所主，本于号令，所以宣王道之正义，发言于臣下，故其所载，皆典、谟、训、诰、誓、命之文。至如《尧》《舜》二典，直序人事；《禹贡》一篇，唯言地理；《洪范》总述灾祥；《顾命》都陈丧礼；兹亦为例不纯者也。

其论《春秋》的体裁，则认为有长处，也有短处。《二体》说：

《春秋》者，系日月而为次，列时岁以相续。中国外夷，同年共世，莫不备载其事，形于目前。理尽一言，语无重出。此其所以为长也。至于贤士贞女，高才俊德，事当冲要者，必盱衡而备言；迹在沈冥者，不枉道而详说。如绛县之老，杞梁之妻，或以酬晋卿而获记，或以对齐君而见录。其有贤如柳（下）惠，仁如颜回，终不得彰其名氏，显其言行。故论其细也，则纤芥无遗；语其粗也，则丘山是弃；此其所以为短也。

其论《左传》的体裁，认为是一种最好的注释体裁。他在《申左》说："《传》之与《经》其犹一体，废一不可，相须而成。"又说："向使《孔经》独用，《左传》不作，则当代行事，安得而详者哉？"这种注释体裁的优美之处，就在于它能补本文之缺略而又不重复本文。《六家》说：

观《左传》之释经也，言见经文而事详传内，或传无而经有，或经阙而传存。其言简而要，其事详而博。信圣人之羽翮，而述者之冠冕也。

其论《国语》，则认为是《春秋》的外传，但是它的特点，就在于"又稽其逸文，纂其别说"，写成周、鲁、齐、晋、郑、楚、吴、越八国的历史。上起周穆王，下迄鲁悼公，自成一种分国为史的体裁。故《六家》曰："此亦'六经'之流、'三传'之亚也。"

其论《史记》的体裁，在《六家》中专说他的短处。他说：

寻《史记》，疆宇辽阔，年月遐长，而分以纪传，散以书表。每论家国一政，而胡、越相悬；叙君臣一时，而参、商是隔。此其为体之失者也。

但在《二体》中，则谓《史记》的体裁有他的短处，也有他的长处。他说：

> 《史记》者，"纪"以包举大端，"传"以委曲细事，"表"以谱列年爵，"志"以总括遗漏。逮于天文、地理、国典、朝章，显隐必该，洪纤靡失，此其所以为长也。若乃同为一事，分在数篇，断续相离，前后屡出。于高（帝）纪，则云："语在项（羽）传。"于项传，则云："事具高纪。"又编次同类，不求年月，后生而擢居首帙，先辈而抑归末章，遂使汉之贾谊将楚屈原同列，鲁之曹沫与燕荆轲并编。此其所以为短也。

其论《汉书》的体裁，则谓与《史记》相同。《六家》曰："寻其创造，皆准子长，但不为'世家'及改'书'曰'志'而已。"即因《汉书》的体裁同于《史记》，所以《史记》的短处和长处，也同样表现于《汉书》。惟《史记》为通史体而《汉书》则断西汉一代以为史，因之《汉书》就没有"疆宇辽阔，年月遐长"之弊。所以他在《六家》中说：

> 如《汉书》者，究西都之首末，穷刘氏之废兴，包举一代，撰成一书，言皆精练，事甚该密，故学者寻讨，易为其功。自尔迄今，无改斯道。

以上乃刘知几对中国历史学各流派的批判，就史体论史体，可谓切中利弊。他在结论中说："《尚书》等四家，其体久废。所可祖述者，惟《左氏》及《汉书》二家而已。"又在《二体》中说："既而丘明传《春秋》，子长著《史记》，载笔之体，于斯备矣。后来继作，相与因循，假有改张，变其名目。区域有限，孰能逾此！盖荀悦、张璠，丘明之党也；班固、华峤，子长之流也。"由此而知刘知几认为最进步的历史体裁，乃是编年体和纪传体。这从历史学发展的观点上看来，也是对的。

惟刘知几于纪传体中，美《汉书》而抑《史记》，未免源流倒置，是其偏见耳。考纪传体确为一种进步的历史体裁。这种体裁，可以说是《尚书》等四种体裁之综合。其中"纪"以编年，犹《春秋》之"经"也；"传"以纪事，犹《左氏》之"传"也；《世家》以分国录诸侯，犹《国语》之分国为史也；又尝录帝王之制诏命令，则又犹《尚书》之载典、谟、训、诰、誓、命之文也。一言以蔽之，这种体裁已并"编年""纪事""纪言""分国"诸体于一书，别而裁之，融而化之，使其相互为用，彼此相衔。以各家之长，济各家之短；而又益之以表历，总之以书、志，卓然自成为一种新的历史体裁。但这种伟大的创造，是司马迁的不朽之功，班固的《汉书》不过是《史记》的拟作而已，又安能望《史记》之肩背？

四 刘知几论纪传体的各部门

刘知几在泛论中国历史学各流派以后，于是集中其论点于纪传体。他就纪传体的各个部门，如"本纪""世家""列传""表历""书志""论赞""序例"等，展开其批判。

他论"本纪"，提出了三点意见。第一，"本纪"所以纪天子，非天子不应列入"本纪"。因此他对于司马迁之列周秦先世于"本纪"，认为"可怪"。列项羽于"本纪"，认为"乖谬"。《本纪》曰：

迁之以天子为本纪，诸侯为世家，斯诚谠矣。但区域既定而疆理不分……案姬自后稷至于西伯，嬴自伯翳至于庄襄，爵乃诸侯，而名隶'本纪'。……此尤可怪也。项羽僭盗而死，未得成君。求之于古，则齐无知、卫州吁之类也，安得讳其名字，呼之曰王者乎？春秋吴、楚僭拟，书如列国。假使羽窃帝名，正可抑同群盗；况其名曰西楚，号止霸王者乎？霸王者，即当时诸侯。诸侯而称'本纪'，求名责实，再三乖谬。

其次，他以为"本纪"所以纪年岁，显国统，故无年号者不纪，无国统者不书。所以《魏志》曹传，权假汉年；韦曜《吴史》，不纪孙和。盖以其子孙虽为天子，其祖先不能因之而亦称天子。如其祖先亦称天子，则当时固有天子，没有历史地位可以安插这位追尊的天子。所以他反对把追尊的天子，写入"本纪"。《本纪》曰：

盖纪之为体，犹《春秋》之'经'，系日月以成岁时，书君上以显国统。……而陆机《晋书》，列纪三祖（追尊晋代的三祖），直序其事，竟不编年。年既不编，何纪之有？

第三，他以为"本纪"的体裁，是以事系年，而且专载大事，以显示某一帝王时代的历史大势，不应把琐碎的细事，写入"本纪"。《本纪》云：

纪者，既以编年为主，唯叙天子一人。有大事可书者，则见之于年月。其书事委曲，付之列传。此其义也。如近代述者魏著作（彦渊）、李安平（百药）之徒，其撰魏（书）、（北）齐（书）二史，于诸帝篇，或杂载臣下，或兼言他事，巨细毕书，洪纤备录。全为传体，有异纪文，迷而不悟，无乃太甚。

他论"世家"，也提出了三点意见。第一，他以为"世家"所列的人物，必须有世可续，有家可承；否则即不应列于"世家"。因此他以司马迁列陈胜于"世家"为不然。《世家》曰：

> "世家"之为义也，岂不以开国承家，世代相续？至如陈胜起自群盗，称王六月而死，子孙不嗣，社稷靡闻，无世可传，无家可宅，而以'世家'为称，岂当然乎？

第二，他以为"世家"所以录诸侯，不应录大夫。因此，他反对司马迁录三晋及田氏之先世于"世家"，而田完反没其名号。《世家》曰：

> 且诸侯、大夫，家国本别。三晋之与田氏，自未为君而前，齿列陪臣，屈身藩后；而前后一统，具归"世家"。……又（田齐）列号东帝，抗衡西秦，地方千里，高视六国，而没其本号，唯以田完制名。求之人情，熟谓其可？

第三，他以为"世家"所列诸侯，应该是专制一国、传世甚久的古代诸侯。而徒有其名的汉代诸侯则不应列入"世家"。《世家》曰：

> 夫古者诸侯，皆即位建元，专制一国，绵绵瓜瓞，卜世长久。至于汉代则不然，其宗子称王者，皆受制京邑，自同州郡；异姓封侯者，必从宦天朝，不临方域。或传国唯止一身，或袭爵才经数世；虽名班胙土，而礼异人君。必编"世家"，实同"列传"。而马迁强加别录，以类相从，虽得画一之宜，讵识随时之义？

此外，他以为还有一类人物，即割据之君，"为史者，必题之以纪，则上通帝王；榜之以传，则下同臣妾。"亦宜列于"世家"。

他对于"列传"提出了五点意见。第一，他以为"列传"所以列卿大夫，非卿大夫则不应编入列传。因此他反对陈寿在《三国志》中列吴、蜀二帝于"列传"。《列传》曰：

> 夫纪、传之不同，犹诗赋之有别。而后来继作，亦多所未详。案范晔《汉书》记后妃六宫，其实传也，而谓之为纪；陈寿《国志》，载孙、刘二帝，其实纪也，而呼之曰传。考数家之所作，其未达纪传之情乎？

第二，他以为"列传"主题，皆系人名，如非人名，即不应列入。《编次》云。

> 寻子长之"列传"也，其所编者，唯人而已矣。至于龟策异物，不类肖形，而辄与黔首同科，俱谓之传，不其怪乎？且《龟策》所记，全为志体，向若与八书齐列，而定以书名，庶几物得其明，同声相应者矣。

第三，"列传"中有"合传"，但他以为"合传"的人物必须同时并世，而其行事，又首尾相随，如"陈余、张耳，合体成篇，陈胜、吴广，相参并录"[1]，这是可以的。至于以异代之人，列于一传，如："汉之贾谊将楚屈原同列；鲁的曹沫与燕荆柯并编"[2]；"老子与韩非并列；贾诩将荀绪同编"[3]，这是不对的。

---

① 《史通·列传》。

② 《史通·二体》。

③ 《史通·编次》。

第四，"列传"中有附出之例；但他以为这种附出的人物，必须"名行可崇"而又"事迹虽寡"，不能独立成传，所以"寄在他篇，为其标冠。若商山四皓，事列王阳之首；庐江毛义，名在刘平之上是也。"若名行不可崇者，则无附出之必要。但"孟坚每一姓有传，则附出余亲。其事迹尤异者，则分入它部，故博陆、去病，昆弟非复一篇；外戚、元后，妇姑分为二录。"① 这也是不对的。

第五，他以为列事作传，所以播其遗烈，显其令闻。但"自班、马以来，获书于国史者多矣。其间则有生无令闻，死无异迹，用使游谈者靡征其事，讲习者罕记其名，而虚班史传，妄占篇目。"② 这更有违"列传"的本意。

他对于"表历"根本反对。他以为历史应该用文词写著。而不应用"表历"排列。而且史实既见之于文词，又再列之于"表历"，实为重复。故他以为载"表历"于史传，未见其宜。"表历"曰：

> 夫以表为文，用述时事，施彼谱谍，容或可取。载诸史传，未见其宜。何则？《易》以六爻穷变化，《经》以一字成褒贬，《传》包五始，《诗》含六义。故知文尚简要，语恶烦芜。何必款曲重杳，方称周备。观马迁《史记》则不然矣。天子有本纪，诸侯有世家，公卿以下有列传。至于祖孙昭穆，年月职官，各在其篇，具有其说，用相考核，居然可知。而重列之以表，成其烦费，岂非谬乎？

---

① 《史通·编次》。
② 《史通·列传》。

在"表历"中，他最反对班固《汉书》所载"古今人表"。他以为班氏的"古今人表"既不表现国统的递袭，又不表现禄位相承，只是品藻贤愚，激扬善恶，这实在不能表示一种连续的历史意义①。而且"人表"中所录的历史人物，既非同出一族，又非同在一时，并且皆系汉以前的人物。以汉以前的人物，而列于《汉书》，更是不伦不类，他在《表历》说：

> 异哉！班氏之《人表》也！区别九品，网罗千载，论世则异时，语姓则他族。自可方以类聚，物以群分，使善恶相从，先后为次，何藉而为表乎？且其书上自庖牺，下穷赢氏，不言汉事，而编入《汉书》，……何断而为限乎？

他以为如必欲作表，亦只应适用于历史上的纷乱时期，如春秋战国及五胡乱华时代。因为在这样的时代，或群雄割据，各为年世；或诸胡错峙，自相君长。世变多端，史实复杂，若申之以表，则诸国分年，一时尽见，所以他以为在《史》《汉》诸表中，惟"列国年表，或可存焉。"自此以后，则唯有崔鸿作表，颇为切要。

他对于"书志"颇为称赞。《书志》曰："纪传之外，有所不尽，只字片文，于斯备录。语其通博，信作者之渊海也。"不过他以为"书志"之中，有"妄入编次"、应予删除者三，即"天文""艺文""五行"是也。亦有"事应可书"，宜予增加者三，即"都邑""氏族""方物"是也。

他之所以主张删除《天文志》，是以为天文变化不大，不如人事每代变易。《书志》曰："夫两曜（日、月）百星，丽于玄

---

① 《史通·杂说》（上）。

象；非如九州万国，废置无恒。故海田可变，而景纬无易。古之天犹今之天也，今之天即古之天也，必欲刊之国史，施于何代不可也？"故他以为"天文"可删。如必欲作志，则亦只应载其当代的日月之蚀，星宿移动，而不应重复天体之概论。

他之所以主张删除《艺文志》，是以为同一书目，"前志已录，而后志仍书，篇目如旧，频烦互出，何异以水济水"。故他以为《艺文志》可删。"如必欲作志，则亦只应列当代撰者所撰之书，不应重复刊载前代之书目。

他之所以主张删除《五行志》，是以为《五行志》多载"虚说"、"浮词"，"言无准的"，"事涉虚妄"。如必予为志，亦只应记当代灾异，不应追证前事，曲加附会。

反之，他主张增加《都邑志》，则从"京邑翼翼，四方是则。……土阶卑室，好约者所以安人；阿房、未央，穷奢者由其败国。此则其恶可以诫世，其善可以劝后者也。"又以"宫阙制度，朝庭轨仪，前王所为，后王取则。……经始之义，卜揆之功，经百王而不易，无一日而可废也。"所以他主张"凡为国史者，宜各撰《都邑志》，列于舆服之上"。

他又以为各种方物，"或百蛮攸税，或万国是贡"，古代皆有纪录。如"《夏书》则编于《禹贡》，《周书》则托于《王会》，亦有图形九牧之鼎，列状四荒之经。"自汉代拓境，四国来朝，各献方物，而种类更多。爰及魏、晋，迄于周、隋，亦遐迩来王，任土作贡。此等方物，与社会经济有关，故凡为国史者，宜撰《方物志》，列于《食货》之前。

他又以为氏族关系血统，如"帝王苗裔，公侯子孙，余庆所钟，百世无绝。"所以历代亦有纪录，如"周撰《世本》，式辨诸宗；楚置三闾，实掌王族。逮乎晚叶，谱学尤烦。用之于官，可以品藻士庶；施之于国，可以甄别华夷。"所以他以为凡为国史者，宜各撰《氏族志》，列于《百官志》之下。

其论"论赞"，则谓后来的作者，都犯了以下的几种弊病。

第一，不必论而强为之论。《论赞》曰："夫论者，所以辩疑惑，释凝滞。若愚智共了，固无俟商榷。丘明'君子曰'者，其义实在于斯。司马迁始限以篇终，各书一论（而冠以"太史公曰"）。必理有非要，刚强生其文，史论之烦，实萌于此。"自司马迁而后，"班固曰'赞'，荀悦曰'论'，东观曰'序'，谢承曰'诠'，陈寿曰'评'，王隐曰'仪'，何法盛曰'述'，扬雄曰'撰'，刘昞曰'奏'，袁宏、裴子野自显姓名，皇甫谧、葛洪列其所号。史官所撰，通称'史臣'。其名万殊，其义一揆。"这些作者的史评，大抵多有"本无疑事，辄设论以裁之。"因而就不免有"私徇笔端，苟衒文彩"的弊病。

第二，重复本文。《论赞》曰："史之有论也，盖欲事无重出，文省可知。"易言之，即简单明了，不重复本文。但后来作者，"多录纪传之言，其有所异，唯加文饰而已。"这就犯了重床迭被的弊病。

第三，"论赞"重出。自班固于序传中以诗体作"述"，范晔改"述"曰"赞"，以后每篇皆有一赞。"事多者则约之使少，理寡者则张之令大"。《论赞》曰"夫每卷立论，其烦已多；而嗣论以赞，为黩弥甚。亦犹文士制碑，序终而续以'铭曰'；释氏演法，义尽而宣以'偈言'"。

第四，论事不当。《论赞》曰："至若与夺乖宜，是非失中，如班固之深排贾谊，范晔之虚美隗嚣，陈寿谓诸葛不逮管、萧，魏收称尔朱可方伊、霍。或言伤其实，或拟非其伦。"这都犯了歪曲史实的弊病。

　　其论"序例"也说后来的作者，犯了以下的两种弊病。《序例》所谓：序者，所以叙作者之意也。故其为体，宜"言词简质"，"敷畅厥义"。但自迁、固以后，华峤而往，后之作者，皆"矜衒文彩"，忘其本义，"累屋重架"，有知所云。这是第一种弊病。又说："夫史之为例，犹国之有法。国无法，则上下靡定；史无例，则是非莫准。"史例既立，则"科条一辨，彪炳可观"；但是后来作者，往往纪传的内容并不依照史例，甚至背道而驰。这是第二种弊病。

　　以上是刘知几对纪传体的批判。这诚如他自己所云："其所发明者多矣。"虽然，尺有所短，刘知几亦有自相矛盾之处。

　　例如刘知几论"本纪"，则曰："项羽僭盗而死，未得成君"；"正可抑同群盗"，不应列诸"本纪"。但在《列传》中则曰："陈寿《国志》载孙、刘二帝，其实纪也，而呼之曰'传'。"按孙、刘之于汉，犹西楚之于秦，都是割据的势力，若必谓项羽为僭盗，则刘备、孙权，又何非僭盗？若必谓僭盗不可以为'纪'则又何以于孙、刘二帝之'传'而曰"其实'纪'也"？此其自相矛盾者一。

　　又如他论"世家"，则曰："陈胜起自群盗"，"无世可传"，"无家可宅"，不应列于"世家"。但《题目》中又谓"平林、下江诸人列为载纪。"按：下江、平林诸人之于汉，亦犹陈胜、吴广诸人之于秦。同为农民暴动的领袖，如必谓陈胜起自群盗，则下江、平林诸人亦起于群盗。如必谓起于群盗者，即不可列于"世家"，则何以又谓下江、平林应列于载纪？此其自相矛盾者二。

　　又如他批评司马迁列周、秦先世于"本纪"，列三晋、田氏先世于"世家"，则持规律以为断曰：诸侯不应列于本纪，大夫不应列于世家。但司马迁列汉代诸侯于世家，于规律正相符合，而又持事实以为断曰："虽得划一之宜，讵知随时之义。"如持事实以为断，但项羽名虽霸王，而实同天子，司马迁列之于"本纪"，并不乖谬。如持规律以为断，则汉代诸侯，不论是否专制一国，传世久暂，而名实诸侯，司马迁列之"世家"又不为错。刘知几有时持规律以绳事实，有时据事实以反规律，此其自相矛盾者三。

又如他论"表历"，则曰："载诸史传，未见其宜。"但在《杂说》（上）则曰："观太史公之创表也，于帝王则叙其子孙，于公侯则纪其年月，列行萦纡以相属，编字戢睿而相排。虽燕、越万里，而于径寸之内犬牙可接；虽昭穆九代，而于方尺之中雁行有叙。使读者阅文便睹，举目可详，此其所以为快也。""表历"之用，既如此其大，何以又说不宜列于史传？此其自相矛盾者四。

此外如《天文志》，所以推数之变化；《艺文志》，所以溯文献之渊源；《五行志》，所以记灾异之现象；而刘知几皆谓可删。凡此都是刘知几评纪传体的美中不足。

五　刘知几论历史学方法

《史通》一书，全部都是论述历史学方法；但其中有一部分系泛论历史学各流派，有一部分系专论纪传体各部分。故这里所谓历史学方法乃系狭义的历史学方法，即刘知几论怎样写著历史的部分。关于怎样写著历史，刘知几论述最详，但若总其要义，挈其宏纲，亦不外如此各点。

（一）论历史学体裁

用怎样的体裁写著历史，这是历史方法论上的一个先决问题。刘知几对于这个问题提出了崭新的见解。这就是说，他坚决地反对模拟已经废弃了的古典体裁，主张应用当时流行的体裁。他在《模拟》中说：

> 语曰："世异则事异，事异则备异。"必以先王之道持今世之人，此韩子所著《五蠹》之篇，称宋人有"守株"之说也。世之述者，锐志于奇，喜编次古文，撰叙今事，而巍然自谓五经再生，三史重出，多见其无识者矣。

在这里，他指出历史的体裁，不是一成不变的，而是随时发展的，学者不应以古为高，妄事模拟。若必欲模拟，则其著述必不能为当代读者所接受。他在《六家》中说："爰逮中叶，文籍大备，必翦截今文，模拟古法；事非改辙，理涉守株。故舒元（孔衍字）所撰汉、魏等书不行于代也。"又说："君懋（王邵字）《隋书》虽欲祖述商、周，宪章虞、夏，观其所述，乃似《孔子家语》、临川《世说》，可谓画虎不成，反类犬也。故其书受嗤当代，良有以焉。"

因此，他以为如必欲模拟，亦只应师其立论命意，而不应学其形式。《模拟》曰："夫明识之士则不然，何则？其所拟者非如图画之写真，熔铸之象物，以此而似也。其所以为似者，取其道术相会义理玄同，若斯而已。"又说："盖貌异而心同者，模拟之上也；貌同而心异者，模拟之下也。然人皆好貌同而心异，不尚貌异而心同者，何哉？盖鉴识不明，嗜爱多僻，悦夫似史，而憎夫真史。此子张所以致讥于鲁侯，有叶公好龙之喻也。"

（二）论历史学言语

体裁是历史学的形式；而言语则是历史学的本体。因为任何形式的历史学，都必须借文字来表现其内容。刘知几在《叙事》中说："昔夫子有云：'文胜质则史'。故知史之为务，必藉于文。"正是说明这一意义。刘知几以为历史虽系述古人之事；但并非写给古人读的，而是写给当代之人读的。因此他反对在历史学上，应用陈死的古代言语，主张应用作者当时流行的言语。他在《言语》中说：

> 夫《三传》之说，既不袭于《尚书》；《两汉》之词，又多违于《战策》。足以验氓俗之递改，知岁时之不同。而后来作者，通无远识，记其当世口语，罕能从实而书，方复追效昔人，示其稽古。是以好丘明者，则偏模《左传》；爱子长者，则全学史公。用使周、秦言辞见于魏、晋之代；楚、汉应对行乎宋、齐之日。而伪修混沌，失彼天然。今古以之不纯，真伪由其相乱。故裴少期（松之字）讥孙盛录曹公平素之语，而全作夫差亡灭之词。虽言似《春秋》而事殊乖越者矣。

在这里，他指出言语也是随时演变的，未必古之言语，优于今之言语。所以《三传》不学《尚书》的言语，《史》《汉》不学《战策》的词句，以今古不同，言语已变。然而自魏以前，作者多效《三史》；自晋以降，作者喜学《五经》；以为如能学像了古人的言语文字，便可以向读者证明他的典雅高古渊博，这岂不荒谬！所以刘知几在《言语》中批判这些"拟古派"曰：

> 夫天长地久，风俗无恒，后之视今，亦犹今之视昔，而

作者皆怯书今语,勇效昔言,不其惑乎!苟记言则约附《五经》,载语则依凭《三史》,是春秋之俗,战国之风,亘两仪而并存,经千载其如一,奚以今来古往质文之屡变者哉?

把近代语改装为古代语,而以写作历史,已经是今古不分,真伪相乱。而北朝诸家,又改夷语为华语,再改近代的华语为古代的华语,这就更使历史的记录,失其真实了。《言语》曰:

> 彦鸾(崔鸿)修伪国诸史,收(魏收)、弘(牛弘)撰魏、周二书,必讳彼夷音,变成华语,等杨由之听雀,如介葛之闻牛,斯亦可矣。而于其间则有妄益文彩,虚加风物,援引《诗》《书》,宪章《史》《汉》。遂使沮渠、乞伏儒雅比于元封;拓跋、宇文德音同于正始;华而失实,过莫大焉。

(三)论历史学的编制

决定了体制和言语,然后才能开始历史学的编制。刘知几认为历史学的编制,最主要的是翦裁浮词,削除繁文。他不主张在纪事体的历史中兼录言论。因为言论与事实夹杂,则叙事因之不能明断。他在《载言》中说:

> 《尚书》之中,言之大者也,而《春秋》靡录。此则言事有别,断可知矣。逮左氏为书,不遵古法,言之与事,同在传中;然而言、事相兼,烦省合理,……至于《史》《汉》则不然,凡所包举,务存恢博;文辞入记,繁富为多。是以贾谊、晁错、董仲舒、东方朔等传,唯上录言,罕逢载事。夫方述一事,得其纪纲。而隔以大篇,分其次序。遂令披阅之者,有所懵然。……愚谓凡为史者,宜于表、志

之外更立一书。若人主之制册、诰令，群臣之章表、移檄，收之纪传，悉入书部，题为'制册章表书'。

在这里可以看出，刘知几之不主张言与事杂书，是因为这样的编制，遮断了叙事的连络。除此以外，他又以为史籍上所载的许多历史文件，都是虚构，不但不能说明史实，反而淆混史实。他在《载文》中列举其例。例如他说：在史籍中，常有"上出禅书，下陈让表，其间劝进殷勤，敦谕重沓，迹实同于莽、卓，言乃类于虞、夏。"又说：在史籍中，"凡有诏敕，皆责成群下，但使朝多文士，国富辞人，肆其笔端，何事不录。是以每发玺诰，下纶言，申恻隐之渥恩，叙忧勤之至意。其君虽有反道败德，唯顽与暴。观其政令，则辛、癸不如；读其诏诰，则勋、华再出。"又说："夫谈主上之圣明，则君尽三五；述宰相之英伟，则人皆二八。国止方隅，而言并吞六合；福不盈眦，而称感致百灵。虽人事屡改，而文理无易，故善之与恶，其说不殊。"这些都是"徒有其文，竟无其事。"若以这类虚伪的历史文件，载之史籍，则"行之于世，则上下相蒙；传之于后，则示人不信。而世之作者恒不之察，聚彼虚说，编而次之。创自起居，成于国史，连章疏录，一字无废。"像这样的历史，已经"非复史书，更成文集"了。所以刘知几在结论上说：

> 凡今之为史而载文也，苟能拨浮华，采真实，亦可使夫雕虫小技者闻义而知徙矣。

（四）论历史学的标题

编制的规律既定，这就要轮到题目了。刘知几以为假如书的内容是体，题目便是这个体的名称，因此，题目必须能概括书的内容。他在《题目》曰："夫名以定体，为实之宾。苟失其途，有乖至理。"但是他以为历来的史学家往往对于标题一点，有些名不符实。

他说照一般的习惯，在史书中，"其编年月者谓之纪，列纪传者谓之书，取顺于时，斯为最也。"但是"吕（不韦）、陆（贾）二氏，名著一书，唯次篇章，不系时月，此乃子书杂记，而皆号曰'春秋'。鱼豢、姚察著魏、梁二史，巨细毕载，芜累尤多，而俱榜之以'略'。考名责实，奚其爽欤！"

又如篇章之标题，亦须与其内容相合。但是"如司马迁撰《皇后传》，而以'外戚'命章。案'外戚'凭'皇后'以得名，犹'宗室'因'天子'而显称，若编'皇后'而曰'外戚传'则书天子而曰'宗室纪'可乎？班固撰'人表'以'古今'为目。寻其所载也，皆自秦而往，非汉之事，古诚有之，今则安在？"这些都是题不对文。

此外，刘知几以为题目的用处，在于揭示内容，故其为体，以简明为要。如列传标题，人少者具出姓名，如《伯夷传》。人多者，唯书姓氏，如《老庄申韩列传》。又人多而姓氏相同者，则结定其数，如"二袁""四张""二公孙"传。但是到范晔，便于题目中全录姓名，其附出的人物，亦以细字列其名于主题之下。降至魏收，则更为琐碎。"其有魏世邻国，编于《魏史》者，于其人姓名之上，又列之以邦域，申之以职官。"这些既已详述于传内，又重标于篇首，大失标题的本意了。

（五）论历史学的断限

断限，就是划分阶段的意思。但刘知几所谓断限，是指断代而言。刘知几以为既断代为史，则在断代史中只应记其所断之代，史实不应超越这个朝代的界限。但是他以为后之作者，并未严守纪律。例如班固《汉书》，是断西汉以为史，而"表志所录，乃尽牺年。"又如"《宋史》则上括魏朝，《隋书》则仰苞梁代。"又如"汉之董卓，犹秦之赵高。昔车令之诛，既不列于《汉》史，何太师之毙，遂独刊于《魏书》乎？"臧洪、陶谦、刘虞、孙（公孙）瓒生于季末，不关曹氏，何"汉典所具，而魏册仍编？"此外，如"沈录金行，上羁刘主；魏刊水运、下列高王。唯蜀与齐，各有国史，越次而载，孰曰攸宜？"以上所举，他认为都是断代不清。

至于"夷狄本系，种落所兴。北貊起自'淳维'，南蛮出于'槃瓠'，高句丽以鳖桥获济，吐谷浑因马斗徙居。诸如此说，求之历代，何书不有？而作之者，曾不知前撰已著，后修宜辍。遂乃百世相传，一字无改。"这些，他认为都是侵官离局，越俎代庖。

总之，刘知几所谓断限，其意即如系一代之史，则非本代之事不书；如系一国之史，则非本国之事不书。

（六）论历史学的叙事

写著历史的方法，最主要的，就是叙事。刘知几论叙事之要有三，即简要、隐晦与确实。而最反对者，则为因习。

他在《叙事》说："国史之美者，以叙事为工；而叙事之工者，以简要为主。"但他所谓简要，并不是略去史实，而是削去繁复。因为自昔以降，史籍之文，日趋繁缛。"作者芜音累句，云蒸泉涌。其为文也，大抵编字不只，捶句皆双，修短取均，奇偶相配。故应以一言蔽之者，辄足为二言，应以三句成文者，必分为四句。弥漫重沓，不知所裁。"文体既如此繁缛，而叙事又多重复。例如刘知几举出叙事之体有四：有直纪其才行者，有唯书其事迹者，有因言语而可知者，有假赞论而自见者。此四种方法，用其一，即可畅叙事理；但后来作者往往四者并用，床上架床。所以刘知几首先提出简要的原则，正是对症下药。

刘知几以为叙事不仅要工，而且要美。历来史籍，叙事之美者，以《春秋》为最，而《春秋》叙事之美，则在于"微婉其辞，隐晦其说。"① 因为这样，文章便有言外之意。所以刘知几以为叙事之要，其次就是隐晦。他在《叙事》中说：

> 章句之言，有显有晦。显也者，繁词缛说，理尽于篇中；晦也者，省字约文，事溢于句外。然则晦之将显，优劣不同，较可知矣。夫能略小存大，举重明轻，一言而巨细咸该，片语而洪纤靡漏，此皆用晦之道也。……夫"经"以数字包义，而"传"以一句成言，虽繁约有殊而隐晦无异。……（其纪事也，）皆言近而旨远，辞浅而义深。虽发语已殚，而含义未尽。使夫读者望表而知里，扪毛而辨骨，睹一事于句中，反三隅于字外。晦之时义，不亦大哉！

叙事之要，尤在于真切。然而后来作者，多以古事比于近事，古人比于近人。设喻不当，遂使史实失其真切。刘知几在《叙事》中曾列举此类例子。如云："论逆臣，则呼为问鼎；称巨寇，则目以长鲸。邦国初基，皆云草昧；帝王兆迹，必号龙飞。"又云：魏收《代史》，"称刘氏纳贡，则曰来献百牢"；吴均《齐录》，"叙元日临轩，必云'朝会万国'。"又云："裴景仁《秦记》，称苻坚方食，抚盘而诟；王劭《齐志》，述洛干感

---

① 《史诵·惑经》。

恩，脱帽而谢。及彦鸾（崔鸿）撰以新史，重规（李百药）删其旧录，乃易'抚盘'以'推案'，变'脱帽'为'免冠'。夫近世通无案食，胡俗不施冠冕。直以事不类古，改从雅言，欲令学者何以考时俗之不同，察古今之有异？"诸如此类，不胜枚举。

刘知几以为叙事之病，莫大于因俗前史之文。它在《因习》中曰："史书者，记事之言耳。夫事有贸迁，而言无变革，此所谓胶柱而调瑟，刻船以求剑也。"他又列举实例以证明因习之弊。例如他说：

> 《史记·陈涉世家》，称"其子孙至今血食"。《汉书》复有《涉传》，乃具载迁文。案迁之言今，实孝武之世也；固之言今，当孝明之世也；事出百年，语同一理。即如是，岂陈氏苗裔，祚流东京者乎！

又如他说：

> 韦、耿谋诛曹武，钦、诞问罪马文（司马昭），而魏、晋史臣书之曰贼，此乃迫于当世，难以直言。至如荀济、元瑾，兰摧于孝靖之末，王谦、尉回，玉折于宇文之季，而李（百药）刊《齐史》，颜（师古）述《隋篇》，时无逼畏，事须矫枉；而皆仍旧不改，谓数君为叛逆。书事如此，褒贬何施？

（七）论历史学上的书法

书法和纪事不同。纪事是叙述史实的原委；而书法则是历史家对史实的褒贬。历史家执行褒贬之法甚多，但要而言之，则不外直书与曲笔。直书者，即以明文严词，直斥权贵；曲笔者，即饰非文过，取媚当道。即因如此，所以自古以来，直书的史学家，多遭刑戮，如齐史之书崔弑，司马迁之述汉非，韦昭仗正于吴朝，崔浩犯讳于北魏，或身膏斧钺，取笑当时；或书填坑窖，无闻后世。反之，曲笔阿时之徒，则功名富贵，忝然偷生。虽然，历史学的任务，是在于明是非，别善恶，贤贤贱不肖，所以刘知几还是主张直笔。他在《直书》中说：

> 盖烈士徇名，壮夫重气。宁为兰摧玉折，不作瓦砾长存。若南、董之仗气直书，不避强御；韦、崔之肆情奋笔，无所阿容。虽周身之防，有所不足；而遗芳余烈，人到于今称之。与夫王沈《魏书》，假回邪以窃位；董统《燕史》，持谄媚以偷荣，贯三光而洞九泉，曾未足喻其高下也。

同时他对于那些曲笔之徒，则大致贬词。《曲笔》中曰：

> 其有舞词弄札，饰非文过，若王隐、虞预，毁辱相凌；子野、休文，释纷相谢。用舍由乎臆说，威福行乎笔端。斯乃作者之丑行，人伦所同疾也。亦有事每凭虚，词多乌有。或假人之美，籍为私惠；或诬人之恶，持报己仇。若王沈《魏录》，滥述贬甄之诏；陆机《晋史》，虚张拒葛之锋。班固受金而始书，陈寿借米而方传，此又记言之奸贼，载笔之凶人，虽肆诸市朝，投畀豺虎可也。

以上所述，乃刘知几论历史学方法之大要。这诚如他自己所云："其为网罗者密矣，其所商略者远矣。"从这里我们可以看出，刘知几论史体，则反对模拟经传，主张应用近体；论言语，则反对宪章虞夏，主张应用今文；论编制，则反对繁文缛词，主张言、事异篇；论叙事，则反对因袭陈说，主张简要隐晦；论命题，则反对题不对文，主张名实相符；论断限，则反对越俎代庖，主张不录前代；论书法，则反对曲笔阿时，主张仗义直书。
这些见解，都是很正确的，特别是反对模拟古典的体裁和古典的
言语，一直到我们的今日，还有教育作用。因为一直到现在，还
有人企图用古典的文字，来掩盖自己的浅薄。惟其中有一点是值
得商量的，即言与事异篇。诚然把长篇大论的文章插入叙事之
中，的确会打断读者对史实的观察之联系；但是有些文词，往往
与史实不能分开，而且甚至就是史实的构成部分，如项羽的乌江
自刎之歌，即其一例。因此，我以为短文而必要者，仍然要插在
叙事之内；长文而次要者，则记于注内，以备参考。如此则言与
事，各得其所。

六　刘知几论历史学文献

刘知几对于他以前的历史文献，也曾经展开一个全面的批
判，他把中国的历史文献，分为两大类：一曰"正史"，二曰"杂
史"。他所谓正史，就是"经""传""史""汉"及其以后的官
修国史；所谓"杂史"就是历代以来私家撰述的史籍。

他在《古今正史》中，历述中国正史的源流。上自《尚书》
《春秋》《左传》《史记》《汉书》，下迄隋、唐诸史，无不源源本
本，详述其作者姓名，成书经过，卷数篇数，及其后来的补注。
其所根据的材料，自《史》《汉》而下，都是援引本书序论的原
文；至梁、陈以还，则多举其见闻所接。

他又在《杂述》中，列举中国历史的流派。他把古今"杂
史"分为十类：一曰"偏纪"，二曰"小录"，三曰"逸事"，四
曰"琐言"，五曰"郡书"，六曰"家史"，七曰"别传"，八曰

"杂记',九曰"地里书",十曰"都邑簿"。叙其性质,举其书名,条分缕析,巨细无遗[①]。

刘知几虽然把全部史籍别为"正史"与"杂史";但他并不是重"正史"而轻"杂史"。他以为治史者,"正史"固然要读,"杂史"也要读。因专读"正史",不读"杂史",则见闻不周。但无论读"正史"或"杂史",都要用批判的眼光去读。他在"杂述"中说:

---

① 《杂述》篇云:

夫皇王受命,有始有卒。作者著述,详略难均。有权记当时,不终一代。若陆贾《楚汉春秋》、乐资《山阳载记》、王韶《晋安陆纪》、姚最《梁昭后略》,此之谓偏记者也。

"普天率土,人物弘多,求其行事,罕能周悉。则有独举所知,编为短部。若戴逵《竹林名士》、王粲《汉末英雄》、萧世诚《怀旧志》、卢子行《知己传》,此之谓小录者也。

"国史之任,记事记言。视听不该,必有遗逸。于是好奇之士,补其所亡。若和峤《汲冢纪年》、葛洪《西京杂记》、顾协《琐语》、谢绰《拾遗》,此之谓逸事者也。

"街谈巷议,时有可观。小说鮨言,犹贤于已。故好事君子,无所弃诸。若刘义庆《世说》、裴荣期《语林》、孔思尚《语录》、阳玠松《谈薮》,此之谓琐言者也。汝颍奇士,江、汉英灵,人物所生,载光郡国。故乡人学者,编而记之。若圈称陈留耆旧、周斐《汝南先贤》、陈寿《益都耆旧》、虞预《会稽典录》,此之谓郡书者也。

"高门华胄,奕世载德。才子承家,思显父母,由是纪其先烈,贻厥后来。若扬雄《家牒》、殷敬《世传》、孙氏《谱记》,陆宗《系历》,此之谓家史者也。

"贤士贞女,类聚区分,虽百行殊途,而同归于善。则有取其所好,各为之录。若刘向《列女》、梁鸿《逸民》、赵采《忠臣》、徐广《孝子》,此之谓别传者也。

"阴阳为炭,造化为工,流行赋象,于何不育。求其怪物,有广异闻,若祖台《志怪》、干宝《搜神》、刘义庆《幽明》、刘敬叔《异苑》,此之谓杂记者也。

"九州土宇,万国山川,物产殊宜,风化异俗。如各志其本国,足以明此一方。若盛弘之《荆州记》、常璩《华阳国志》、辛氏《三秦》、罗含《湘中》,此之谓地里书者也。

"帝王桑梓,列圣遗尘,经始之制,不恒厥所。苟能书其轨则,可以龟镜将来。若潘岳《关中》、陆机《洛阳》《三辅黄图》《建康宫殿》。此之谓都邑簿者也。"

　　刍荛之言，明王必择；葑菲之体，诗人不弃。故学者有博闻旧事，多识其物。若不窥别录，不讨异书，专治周、孔之章句，直守迁、固之纪传，亦何能自致于此乎？且夫子有云：'多闻，择其善者而从之'，'知之次也'。苟如是，则书有非圣，言多不经，学者博闻，盖在择之而已。

　　他以为如果不用批判之眼光去读书，则"见良直而不觉其善，逢症牾而不知其失"。这样，虽"学穷千载，书总五车"，亦犹葛洪所谓"藏书之箱箧，《五经》之主人"。① 虽多亦希以为用。

　　不过他所谓批判，不是根据于主观的爱憎，而是根据于客观的实在。他在《杂说》（下）中说："夫自古学者，谈称多矣。精于《公羊》者，尤憎《左氏》；习于太史者，偏嫉孟坚。夫能以彼所长，而攻此所短，持此之是而述彼之非，兼善者鲜矣。"由此可以看出他的批判态度。

　　刘知几无论对"正史"或"杂史"，皆有批判。他对于"正史"，则在《疑古》中批判《尚书》，在《惑经》中批判《春秋》，在《申左》中批判《公羊》《穀梁》二传，在《杂说》中则批判诸史，上自经传史汉，下迄隋唐，所有的历史文献，无不具体地指出其瘤牾之处，疏略之点，而予以辩证。此外，在《杂说》中，对于十种杂史也逐一予以评述。这样就完成了他对中国历史学文献的批判。

　　他评《尚书》则曰："《尚书》上起唐尧，下终秦穆，其书所录，唯有百篇。而书之所载，以言为主。至于废兴行事，万不记一，语其缺略，可胜道哉！故今后人有言，唐、虞以下帝王之

---

① 　《史通·杂说》（下）。

事，未易明也"①。

评《春秋》则曰："案鲁史之有《春秋》也，外为贤者（隐），内为本国（讳）。事靡洪纤，动皆隐讳。"②是则"有罪者得隐其辜，求诸劝诫，其义安在？"且"孔氏著《春秋》，隐、桓之间则彰，至定、哀之际则微，为其切当世之文，而罔褒讳之辞也。斯则危行言逊，吐刚茹柔，推避以求全，依违以免祸"③。

评《公羊》《穀梁》二传，则曰：其录人言，则"语乃龃龉，文皆琐碎。"其纪事，则"缺漏不可殚论。"其命意则"奖进恶徒，疑误后学。"至于"论大体，举弘纲，则言罕兼统，理无要害，故使古今疑滞，莫得而申焉。"④

评《史记》，则曰："述《儒林》，则不取游、夏之文学；著《循吏》，不言冉、季之政事。"而传《货殖》，"独以子贡居先"；录《佞幸》，"惟以弥子瑕为始"。是其扬善显恶，有所未尽。又说："撰《孔子世家》，多采《论语》旧说；至《管晏列传》，则不取其本书。"是其取材"可除而不除，宜取而不取。"又说："《史记·邓通传》云：'文帝崩，景帝立。'向若但云景帝立，不言文帝崩，斯亦可知矣，何用兼书其事乎？"而于《序传》云："为太史七年，而遭李陵之祸，幽于缧绁"⑤，不及其他。是其叙事，可省而不省，不可省而省。自然他认为最大的弊病，就是"推命而言成败。"

其评《汉书》则谓其以汉史为列"古今人表"，于体裁，大

---

① 《史通·疑古》。
② 《史通·疑古》。
③ 《史通·惑经》。
④ 《史通·申左》。
⑤ 《史通·杂说》（上）。

为不类；以《汉书》抄录《史记》，而一字无改，于纪事事理皆殊。又说："《汉书》编苏氏之传，则先以苏建标名；列韦相之篇，则不以韦贤冠首"。于标题，前后不一。又说："班固称项羽贼义帝，自取夭亡。又云：于公（定国）高门以待封，严母（延年之母）扫地以待丧。如固斯言，则深信夫天怨神怒，福善祸淫者矣。"① 这又与司马迁同陷于历史的定命论了。

其评诸晋史，则曰："东晋之史，作者多门，何氏《中兴》，实居其最。而为晋学者，曾未之知，觊湮灭不行，良可惜也。王、檀著书，是晋史之尤劣者，方诸前代，其陆贾、褚先生之比欤？道鸾不揆浅才，好出奇语，所谓欲益反损，求妍更媸者矣。"

其评《宋略》则曰："裴几原（子野）删略宋史，定为二十篇。芟烦撮要，实有其力；而所录文章，颇伤芜秽。"②

其评《魏书》则曰：以文字而论，则"援引诗书"。"妄益文彩"。使蛮音夷语，顿成经传之文。以书法而论，则"标榜南国，桓刘诸族，咸曰岛夷，是则自江而东，尽为草服之地。"反之，"称登国以鸟名官，则云好尚淳朴，远师少皞；述道武结婚蕃落，则曰招携荒服，追慕汉高。自余所说，多类于此。"③ 卖国求荣，"何其厚颜"如此。

其评北齐诸史，则盛称王邵《齐志》，这是因为这部书，多载方言，保存风俗。他在《杂说》中说："或问曰：王邵《齐志》，多记当时鄙言，为是乎？为非乎？对曰：古往今来，名目各异。区分壤隔，称谓不同。所以晋、楚方言，齐、鲁俗语，六经、诸子载之多矣。自汉已降，风俗屡迁。求诸史籍，差睹其

---

① 《史通·杂说》（上）。

② 《史通·杂说》（中）。

③ 《史通·浮词》。

事。或君臣之目，施诸朋友；或尊官之称，属诸君父。曲相崇敬，标以处士、王孙；轻加侮辱，号以仆夫、舍长。亦有荆楚训多为伙，庐江目桥为圮，南呼北人曰伧，西谓东胡曰虏。渠、们、底、箇，江左彼此之辞；乃、若、君、卿，中朝汝我之义。斯并因地而变，随时而革，布在方册，无假推寻，足以知氓俗之有殊，验土风之不类。然自二京失守，四夷称制，夷夏相杂，音句尤媸。而彦鸾、伯起，务存隐讳：重规、德棻、志在文饰。遂使中国数百年内，其俗无得而言。盖语曰：'知古而不知今，谓之陆沈。'又曰：'一物不知，君子所耻。'是则时无远近，事无巨细，必借多闻，时成博识。如今之所谓者，若中州名'汉'，关右称'羌'，易'臣'以'奴'，呼'母'云'姊'，主上有'大家'之号，师人致'儿郎'之说。凡如此例，其流甚多。必寻其本源，莫详所出。阅诸《齐志》，则了然可知。由斯而言，邵之所录，其为弘益多矣，足以开后进之蒙蔽，广来者之耳目。微君懋，吾几面墙于近事矣，而子奈何妄加讥诮者哉！"

其评《周书》则曰："其书文而不实，雅而无检，真迹甚寡，客气尤烦。寻宇文初习华风，事由苏绰。至于军国词令，皆准尚书。太祖敕朝廷，他文悉准于此。盖史臣所记，皆禀其规。柳虬之徒，从风而靡。"令狐德棻因之，"遂使周氏一代之史，多非实录者焉。"

其评《隋书》则曰："诡辞妄说"，"以无益而书"。又说："呜呼！苟自古著述其皆若此也，则知李斯之设坑阱，董卓之成帷盖，虽其所行多滥，终亦有可取焉。"

刘知几对"正史"的批判，大概如此。现在再看他对"杂史"的批判。他在《杂述》中说：

大抵偏纪、小录之书，皆记即日当时之事。求诸国史，最为实录。然皆言多鄙朴，事罕圆备，终不能成其不刊，永播来叶，徒为后生作者削稿之资焉。

逸事者，皆前史所遗，后人所记。求诸异说，为益实多。及妄者为之，则苟载传闻而无铨择，由是真伪不别，是非相乱。如郭子横之《洞冥》，王子年之《拾遗》，全构虚辞，用惊愚俗，此其为弊之甚者也。

琐言者，多载当时辨对，流俗嘲谑，俾夫枢机者借为舌端，谈话者将为口实。及蔽者为之，则有诋讦相戏，施诸祖宗，亵狎鄙言，出自床笫，莫不升之纪录，用为雅言。固以无益风规，有伤名教者矣。

郡书者，矜其乡贤，美其邦族。施于本国，颇得流行。置于他方，罕闻爱异。其有如常璩之详审，刘昞之该博，而能传诸不朽，见美来裔者，盖无几焉。

家史者，事惟三族，言止一门，正可行于室家，难以播于邦国。且箕裘不堕，则其录犹存；苟薪构已亡，则斯文亦丧者矣。

别传者，不出胸臆，非由机杼，徒以博采前史，聚而成书。其有足以新言，加之别说者，盖不过十一而已。如寡闻末学之流，则深所嘉尚；至于探幽索隐之士，则无所取材。

杂记者，若论神仙之道，则服食炼气，可以益寿延年；语魑魅之途，则福善祸淫，可以惩恶劝善，斯则可矣。及谬者为之，则苟谈怪异，务述妖邪，求诸弘益，其义无取。

地里书者，若朱赣所采，浃于九州；阚骃所书，殚于四国。斯则言皆雅正，事无偏党者矣。其有异于此者，则人自以为乐土，家自以为名都，竞美所居，谈过其实。又城池旧迹，山水得名，皆传诸委巷，用为故实，鄙哉！

都邑簿者，如宫阙陵庙，街廛、郭邑，辨其规模，明其制度，斯则可矣。及愚者为之，则烦而且滥，博而无限，论榱栋则尺寸皆书，记草木则根株必数。务求详审，持此为能。遂使学者观之，瞀乱而难纪也。

以上，是刘知几对"杂史"的批判。此外对《汉书·五行志》，还有单独的批判，这里不及再述。从以上的批判中，我们可以看出刘知几对中国的历史文献，皆认为有美中不足之处；但有一例外，即他对《左传》一书，则认为尽善尽美。他在《杂说》（上）说：

左氏之叙事也，述行师则簿领盈视，呒聒沸腾；论备火则区分在目，修饰峻整；言胜捷则收获都尽，记奔败则披靡横前；申盟誓则慷慨有余，称谲诈则欺诬可见；谈恩惠则煦如春日，纪严切则凛若秋霜；叙兴邦则滋味无量，陈亡国则凄凉可悯。或腴辞润简牍，或美句入咏歌；跌宕而不群，纵横而自得。若斯才者，殆将工侔造化，思涉鬼神，著述罕闻，古今卓绝。

不论他对历史文献的批判是否完全正确，而其所指，皆系据各书内容，并非凭空武断。这种客观的精神和判断的能力，实可惊叹。

七 余 论

《史通》一书，虽系一部专论历史方法的著作，但刘知几在论历史方法之中，亦尝寓褒贬与夺之义。其中《疑古》一篇，题名《疑古》实即讽今。

例如他看到当武后之世，小人满朝，而武后尚以帝尧自居，则天为号。于是他在《疑古》中引据《左传》尧时有四凶而不能去之传说，而曰："斯则当'尧'之世，小人君子比肩齐列，善恶无分，贤愚共贯。"又引据《论语》："舜举咎繇，不仁者远"的传说，而曰："是则当繇未举，不仁甚多，弥验尧时，群小在位者矣。又安得谓之'克明俊德'、'比屋可封'者乎？"

又如他看到唐代史官，为了颂扬李渊而厚诬杨广，欲比杨广于桀、纣，以显出李渊即汤、武。于是他在同篇中引据子贡"桀、纣之恶不至是"一语而曰："武王为《泰誓》，数纣过失，亦犹近代之有吕相为晋绝秦，陈琳为袁檄魏，欲加之罪，能无辞乎？"

又如他看到李渊始则推戴恭帝，终则成其篡夺，而美其名曰禅让。于是谓尧、舜禅让不可信，而曰："观近古有奸雄奋发，自号勤王，或废父而立其子，或黜兄而奉其弟。始则示相推戴，终亦成其篡夺。求诸历代，往往而有。必以古方今，千载一揆。斯则尧之授舜其事难明，谓之让国，徒虚语耳。"

又如他看到李世民弑其兄，而当时论者，比之周公诛管、蔡。因为《左传》有云："周公杀管叔，而放蔡叔，夫岂不爱？王室故也。"为了打击这种谀词谬论，于是他引据《尚书·君奭篇》序："召公为保，周公为师，相成王为左右、召公不说"的传说，而曰："斯则旦行不臣之礼，挟震主之威，迹居疑似，坐招讪谤。虽奭以亚圣之德，负明允之才，目睹其事，犹怀愤懑。况彼二叔者，才处中人，地居下国，侧闻异议，能不怀猜？原其推戈反噬，事由误我。而周公自以不诫，遽加显戮。与夫汉代之赦淮南，宽阜陵，一何远哉！斯则周公于友于之义薄矣。而《书》之所述，用为美谈者何哉？"

以上不过略举数例，以示其范。此种例子，散见于其他各篇者，往往而有，不及备举。但由此已可看出《史通》一书，实为一部富有灵魂的历史著作。诚如他自己所云："其为义也，有与夺焉，有褒贬焉，有鉴诫焉，有讽刺焉。"①

总上所述，可以说就是刘知几的历史学之大概的内容。虽然亦有其短，但是只要我们想见刘知几是 7 世纪末的一位历史学家，那他的短处，就应该由时代负责了。

昔班固评司马迁曰："论大道则先黄老而后《六经》，序游侠则退处士而进奸雄，述货殖则崇势利而羞贱贫，此其所蔽也。"②

傅玄评班固曰："论国体则饰主阙而折忠臣，叙世教则贵取容而贱直节，述时务则谨词章而略事实，此其所失也。"③

刘知几评王沈、孙盛等曰："论王业则党悖逆而诬忠义，叙国家则抑正顺而褒篡夺，述风俗则矜夷狄而黜华夏，此其大较也。"④

吾于刘知几则曰："论大道，则先《论衡》而后《六经》；述史观，则反天命而正人事；疑古史，则黜尧、舜而宽桀、纣；辨是非，则贬周公而恕管、蔡；评文献，则疑《春秋》而申《左传》；叙体裁，则耻模拟而倡创造；此其所以为长也。但其论'本纪'则贬项羽而尊吴、蜀；评'世家'，则退陈涉而进刘玄；此又其所以为短也。"

（重庆《中山文化季刊》第二卷第二期，1945 年 9 月出版）

---

① 《史通·自叙》。
② 《汉书·司马迁传·赞》，《史通·书事》引同。
③ 《史通·书事》引傅玄语。
④ 《史通·书事》。

论中国史上的正统主义

在中国的历史学上，自古以来，就流行着一种正统主义的观念。所谓正统主义，即在中国史上的任何时代，都要指定一个统治集团，作为合法的政府，以之承继正统，而以与这个合法政府同时并世之其他的政治集团为非法的僭伪政府。几千年来，一直到现在，中国的史学家，还在晓晓于正伪之辩。而且这种正统主义的观念，今天仍然在现实的政治生活中发生它的作用。

其实所谓正统主义，完全是封建统治者用以辩护其"家天下"之合法的说教；而其出发点，则是"皇帝至上"的思想。因为封建时代的历史家，以为历史就是圣帝明王的承续，因而天下"不可一日而无君"。一日无君，即认为是历史的中断。所以在任何时代，都要找一个皇帝，系之以正统。这个正统的皇帝，最好是圣帝明王；但是如果当时没有这样理想皇帝，则不管是流氓，是地痞，是大盗，是狗偷，甚至是他们鄙为夷狄的异族，只要他取得了对中国的统治权，他就被尊为神圣，被当作正统。

例如刘邦未做皇帝以前，本是一个"贪于财货，好美姬"[①]的流氓，又曾隐于芒砀山为"盗"，他的身分可以说是流氓而兼"强盗"。但《汉书·高帝纪》谓其一入咸阳，便摇身一变而为

---

① 《史记·项羽本纪》。

"珍物无所取，妇女无所幸"的圣人。朱温在《唐书》上曾被指为盗贼，而在《五代史》上遂被尊为神圣。燕王棣在同一《明史》上，以前指为叛逆，以后又奉为神圣。李存勖、石敬瑭、刘知远，都是沙陀的苗裔，而汉族的历史家竟奉为五代之正统。辽、金、元、清诸代的统治者，或为契丹，或为女真，或为蒙古，而汉族的历史家，亦称之为祖为宗。像这样今日流氓，明日皇帝；今日盗贼，明日神圣；今日寇雠，明日祖、宗的正统主义，充满了中国史乘，举不胜举。

封建时代的历史家，一方面抱着天下不可一日而无君的思想，但同时又认为天无二日，人无二王，即认为在同一时代，不能有两个以上的皇帝。因而如果有了两个或两个以上的皇帝时，他们便从中选择一个，尊之为神圣，奉之为正统，而以其余为僭伪。例如在三国时，有三个神圣，所以历史家或以魏为正统，或以蜀为正统。南北朝时，南方有一群神圣，北方也有一群神圣，所以南方的历史家指北方的神圣为索虏，北方的历史家说南方的神圣是岛夷。五代十国时，中国出现了一大批的神圣，于是历史家便择定梁、唐、晋、汉、周为正统。像这样任意正伪的正统主义，正如司马光所云："宋魏以降，各有国史，互相排黜，南谓北为索虏，北谓南为岛夷。朱氏代唐，四方幅裂，朱邪入汴，比之穷新，运历年代，弃而又数，此皆私己之偏辞，非大公之通论也。"

神圣一经确定，则为不可侵犯之象征。如果再有人反对这个神圣，不管反对得有无理由，都一律被指为盗，为贼，为匪，为叛，为逆。

实则神圣与盗贼相去无几。陈涉、吴广之于刘邦，新市、平林之于刘秀，窦建德、刘黑闼之于李世民，张士诚、陈友谅之于朱元璋，李自成、张献忠之于清顺治，其间相差，实间不容发。然而即因成败不同，而遂或为神圣，或为盗贼，由此而知神圣与盗贼之分，不在其人之性格，而在其成败。正确的说来，只有从神圣中才能找到真盗贼，从"盗贼"中才能找到真神圣。黄黎洲之言曰：

> 自秦以来，凡为帝王者皆贼也。……今也有负数匹布或担数斗粟而行于涂者，或杀之而有其布粟，是贼乎？非贼乎？……杀一人而取其匹布斗粟犹谓之贼，杀天下之人而尽有其布粟之富乃反不谓之贼乎？三代以后有天下之善者莫如汉，然高帝屠城阳，屠颍阳，光武屠城三百，……古之王者，有不得已而杀者二，有罪不得不杀，临战不得不杀，……非是奚以杀为？若过里而墟其里，过市而窜其市，入城而屠其城，此何为者？大将……偏将……卒伍……杀人，非大将、偏将、卒伍杀之，天子实杀之；官吏杀之，非官吏杀之，天子实杀之；杀人者众手，天子实为之大手……百姓死于兵与因兵而死者十五六，暴骨未收，哭声未绝，于是乃服衮冕，乘法驾，坐前殿，受相贺。高宫室，广苑囿，以贵其妻室妾，以肥其子孙，彼诚何心而忍享之，若上帝使我治杀人之狱，我则有以处之矣……。

如黄黎洲所云，则自秦以来的所谓神圣，都是一些杀人犯，而中国的历史家却以杀人犯之世代相承为正统，以反对杀人犯者为盗贼，岂不是非倒置！所以黄氏又说："然则为天下之大害者君而已矣，……而小儒规规焉以君臣之义，无所逃于天地之间。至桀纣之暴，犹以汤武不当诛之……岂天下之大，于兆民万姓之中，独私一人一姓乎！"

正统论者，一般方面，是"皇帝至上"的历史观之演绎；在特殊方面，他们又是历史地辩护现存统治者的合法。例如以三国而论，陈寿以魏为正统，而习凿齿则以蜀为正统；以后司马光又以魏为正统，朱熹复以蜀为正统。这样不同的主张，并不是根据客观的实事，而是历史家要主观地辩护其当时的政权。关于这一点，梁任公说得很正确，他说：

> 陈寿主魏，主都邑也。寿生西晋，西晋据旧都，而上有所受。苟不主都邑，则晋为僭矣。故寿之正魏，凡以正晋也。习凿齿主蜀者，主血胤也。凿齿生东晋，晋已南渡，苟不主血胤，而仍沿都邑，则刘、石、符、姚正，而晋为僭矣。故凿齿之正蜀，凡亦以正晋也。其后温公主魏，而朱子主蜀，温公北宋，而朱子南宋也。宋之篡周宅汴与晋之篡魏宅许者同源，温公之主都邑说也，正魏也，凡以正宋也。南渡之宋，与江东之晋同病，朱子之主血胤说也，正蜀也，凡亦以正宋也。盖未有非为时君计也者。

又如五代十国而选择梁、唐、晋、汉、周为正统，这也是宋人为自己的政权辩护。因为宋代的政权篡自后周，为了正宋，不能不正周。为了正周，于是又不能不正梁、唐、晋、汉。所以宋人正梁、唐、晋、汉、周，也是为了辩护宋代政权是历史的正统。

清以少数民族入主中原，和辽、金、元的情形类似。所以顺治二年，议历代帝王祀典，礼部上奏，主张把辽、金诸帝送上祭坛，几乎要以辽、金为正统而以宋为僭伪。清人之正辽、金，也是为了辩护自己政权的合法。

民国初，北洋军阀修清史，以清为圣朝而指太平天国为发匪，即正清而伪太平天国。他们之所以正清而伪太平天国，也是辩护承继清的北洋军阀的政权是正统，而从太平天国发展出来的辛亥革命和由此而建立的国民党的政权是僭伪。

晚近又有人企图把某一个人尊为神圣某一党派奉为正统。他们不惜尊奉汉奸曾国藩为圣人，以否定太平天国的合法性，其用意也是企图以正曾国藩者正现在的人民屠杀者，以伪太平天国者伪现在的人民军。

这样看来，所谓正统主义，就是以"皇帝至上"、"封建世袭"为原则辩护现存的政权之合法性的工具。诚如梁任公云："若以此而为史，安得不率天下而禽兽也？而陋儒犹嚣嚣然曰：'此天之经也，地之义也，人之伦也，国之本也，民之防也。'吾不得不深恶痛绝，夫陋儒之毒天下也，如是其甚矣！"

（重庆《民主星期刊》第十九期，1946 年 2 月 20 日；延安《解放日报》1946 年 4 月 10 日）

正在泛滥中之史学的反动倾向

近来，在中国史学的领域中，有一种复古的倾向。这种复古的倾向，表现于有人企图把中国的史学研究，拉回古典学派的道路。这里所谓古典学派，即指乾嘉学派的"末流之末流"。

我要着重地指出，这种复古的倾向，是中国史学向前发展中的一个反动。这种反动，不是几个抱残守缺的学究之个人的行动，而是"当作一个阶级的愚民政策"之一部而出现。这个阶级，现在正向全国的人民宣战，他们企图用资本主义的武器，保卫封建的统治，因而史学的复古运动者，也就企图以腐朽的古典学派作武器，进攻科学历史学派的城堡。

文化的复古与政治的反动是分不开的。有王莽的篡汉便有刘歆出现为新莽王朝的国师，替王莽窜乱经传，以说明王莽篡汉之符合于圣人的教义。刘歆虽然和王莽一同埋葬了，但"刘歆型"的文化奴才，直到现在依然存在。这说明了只要有人想做王莽，就有人愿做刘歆。

今天中国虽不是王莽的时代，然而却有人想做王莽的事业。因而文化的复古，还是当前重要政治任务。具体的事实指示出来，早在抗战期间，学术的复古就在不断地蠢动，特别是史学的复古。因为现实的斗争在史学中反映得格外强烈，格外鲜明。

我记得在抗战的首都重庆，曾经召开过一次所谓"全国历史学会"。在这次会议中，应诏而至者有二百以上大学和专科的史学教授。这个会议的目的，就是要组成一个古典派的史学阵容，以对抗科学的历史学派。不幸因为缺少一个领导人物，这次会议算是白开了。

抗战结束，内战展开，政治反动日益强烈，因而史学复古的要求更加迫切。恰好这时就有刘歆那样的文化奴才从美国回来，自告奋勇，于是酝酿已久的史学复古运动终于展开了。

说到这位复古运动的领导者，大家应该记得，他在五四运动前后，曾经揭起实验主义的旗帜以与古典派为敌。现在为什么又转而投到古典派的旗帜下呢？很明白，这不是他个人兴趣的转换，而是他前后的政治任务不同。在"五四"前后，中国市民阶级和美帝国主义的共同敌人是封建残余。当作一个市民学者或文化买办，他的文化任务，当然是反对作为封建残余的意识形态的古典派。现在，中、美两国反动派之共同的敌人，是中国的民主主义者，因而当作一个共同的文化奴才，他的任务自然是纠合一切保守、落后、腐朽的学究，以与新的科学历史学派为敌。不过，和中国的封建残余之为美帝国主义的傀儡一样，中国的古典学派也不过是美国文化买办玩弄的古董而已。

古典派（即乾嘉学派的本身）并不反动；只有在两百年后的今日，重新回到这个学派才是反动。因为各种学派都有他自己的时代。在他自己的时代里都有进步性。古典学派治史的方法，在乾嘉时代是崭新的方法，这表现于它反宋明理学踏空的作风，而以无信不征的精神，开辟了实事求是的学风。

但是研究学问的方法是与时俱进的，跟着时代的前进，就会出现更新的方法；而过去之新的方法，就会变为陈旧。乾嘉学派也不能例外。自从逻辑学的方法传到中国，乾嘉学派的方法即已相形见绌。到现代中国的史学，已经踏上科学的阶梯，乾嘉时代的方法自然更显得幼稚了。

假如把史学方法比作镜子，则乾嘉学派的方法是铜镜，逻辑学的方法是玻璃镜，而科学史观则是 X 光线。至于乾嘉学派的末流之末流，他们手中所有的，则不过是他们祖传下来的一面生了锈的铜镜而已。因而复古主义者在今日而提倡乾嘉学派，这就无异放着 X 光线不用，而主张使用一面生了锈的铜镜。

诚然，乾嘉学派也留下了光辉灿烂的成绩。这种成绩，直至现在还被视为中国学术中之最珍贵的遗产。他们对于史学的贡献，也有不朽的劳绩，特别是对于史料的搜集和考证。不过，他们的努力也就止于史料的整理而已。假如史学的任务不仅是整理史料，还要写成完整的历史，则乾嘉学派对于史学所作的工作只是一半。

而且就这一半工作而言，他们所做的又仅限于文献学方面；对于考古学、民俗学的史料，并未着手，因而对于上古的努力，只是写成了一些神话传说的汇编。其对于有史以后的史料之考证补注，大抵亦以文献为据。假如史料的范围不限于文献，而还存于文献以外，则乾嘉学派整理史料所做的工作只是一半。

再就这一半的一半而说，乾嘉学者所作的工作，又偏于僵死的一面。例如就其所补各史表志而言，十之八九为地理志，其次为经籍志，又其次为天文志、律历志，而对于与社会经济有关的食货志，对于与生活习惯有关的舆服志，对于与艺术活动有关的乐志，则无人措意。他若保存在历代文艺作品中的史料，更是原封未动。假如保留在文献中的史料，除僵死者外尚有生动的部分，则乾嘉学派对于文献学上的史料之整理，又只作了一半。

总而言之，所谓乾嘉学派的史学，其全部内容，就是史料的考证与整理；而史料之考证与整理，又偏于文献学方面；在文献学方面，复偏于僵死的部分。这对于史学而言，只是作了一个局部而又局部的准备工作而已。

以上是就乾嘉学派的鼎盛时代而言。降及末流，则专以撷拾丛残、毛举细故为能事，因而支离烦琐，愈趋芜秽。对于这些末流，章实斋曾有这样的批评：

今之俗儒，且憾不见夫子未修之《春秋》，又憾戴公得《商颂》而不存七篇之阙目，以谓高情胜致，互相赞叹。充其僻见，且似夫子删修，不如王伯厚之善搜遗逸焉。盖遂于时趋，而误以擘绩补苴，谓足尽天下之能事也。幸而生于后世也；如生于秦火未毁以前，典籍具存，无事补辑，彼将无所用其学矣。

梁启超也说：

总而论之，清儒所做辑佚事业，甚勤苦，其成绩可供后世专家研究资料者不少。然毕竟一抄书匠之能事耳。末流以此相矜尚，治经者，现存的三礼郑注不读，而专讲些什么《尚书》《论语》郑注；治史者，现成的《汉书》《三国志》不读，而专讲些什么谢承、华峤、臧荣绪、何法盛；治诸子者，现成的几部子书不读，而专讲些什么《鬻子》《燕丹子》；若此之徒，真可谓本末倒置，大惑不解。

末流如此，至于末流之末流，即今日之所谓古典学派，则更等而下之。他们再没有他们先辈那样的智慧魄力和学问，进行大规模的史料的辑补和考证，只是抓剔糟粕，吹求阙失，企图抄袭陈说，翻为新论；钩稽幽隐，用眩流俗。而其所钩稽与所吹求，又皆支离断烂，无关弘旨；僵死干枯，绝无生气，正如一大旧货摊，破铜烂铁，无所不有，而一无可用。然而他们却人人自以为握灵蛇之珠，个个自以为怀荆山之玉。不知其所握所怀，都是破铜烂铁。退一步说，即偶使有珠玉，他们也不能琢以为器，贯而为串，依然为无用之物。

一言以蔽之，今日之所谓古典派，实已由"史料的整理"堕落到"史料的玩弄"。然而他们却以为史之为学，就是"史料的玩弄"；而且只有玩弄史料，才算是史学的正宗、史学的上乘、史学的专家。实则这些玩弄史料的专家，正是章实斋之所谓"横通"，盖琴工碑匠之流亚。然而他们亦遂江湖挥麈登坛说法，嚣然自命，不自知其通之出于横也。

任何人都知道，史学的任务决不是史料的玩弄，亦不止于史料的整理，而是要辨证史料，综合史料，写成完整而有系统的历史。然而今日之古典派，他们以为只要把史料变成历史，便不算史学。

诚然，史料的整理与鉴别，是研究历史最基本的工作；但史料不就是历史，正犹砖瓦不就是房屋，秫黍不就是酒。然而今日之古典派，却指史料为史学，是直指砖瓦以为房屋，指秫黍以为酒，其为错误，尽人皆知。

任何学问都要依从正确的方法，才能得到正确的说明。历史也是一样，没有正确的方法，则虽有史料，也不会成为说明历史的资料，"正犹愚贾操金，不能货殖。"

没有方法，不但不能写成历史，即搜集史料也不可能。因为史料并不像放在钱柜里的金银，随手可得；而是像矿石一样，埋藏在人所不知的地方。没有采矿学的知识，虽身入宝山，也只有空手而回。今日的古典派即使据有宝山，也是枉然。

古典学派已腐烂至此,何以复古运动者还要提倡他呢? 这就是因为这个学派具有回避现实, 学以为学的传统, 足以愚弄青年, 僵化青年。他告诉青年, 治史的目的, 不是为了致用, 而是为了娱乐; 不是为了从历史上吸收经验与教训, 而是昏迷于废纸堆中, 不省人事。这样习而久之, 一个青年便会变成没有思想没有灵魂的废物, 便会变成不辨黑白、不辨是非的呆子, 从而他们就会把独裁当民主, 把人民当土匪, 把美军强奸中国女学生当"法律问题", 特别会把《水经注》当作最了不得的学问。这样, 一个青年便会白首寒窗而至死不通。结果, 和蠹鱼一样葬身于断简残篇之中。

假如古典派之玩弄史料是"玩物", 则复古运动者之愚弄青年, 便是"玩人"。但是, 我要正告复古运动者, 今天的青年, 已经不是乾嘉时代的青年, 他们是不会被玩弄的。他们对于专制独裁的暴政, 不是容忍, 而是反抗, 他们决不会从斗争的前线退到"时代的后院"。他们正高举唯物史观的旗帜, 把科学方法当作 X 光线, 照明中国史发展的规律、过程及其倾向, 照明反动者的五脏六腑, 当然也会照出刘歆的心肝。

(上海《文萃》第二年十五、十六合刊, 1947 年 1 月 22 日出版)

历史学上的人名、地名与年代

打开一部二十四史或其他古典的编年史，我们一眼就可以看到，满纸都是人名、地名和年代。这些专门名词和数目字，对于一个初学历史的学生，实在是一种最讨厌的东西。

我在初学历史的时候，也曾经感到人名、地名和年代的苦恼，并且因此而一度对历史学发生厌恶。但是不久经验就告诉我，除非我不想学习历史，甚至不想知道历史，否则就要用极大的忍耐去接近这些讨厌的东西。

因为所谓历史，并不是一片灰色的空谈，而是人类过去为生存而活动的事实之记录。具体的说，所谓历史，就是记录"一定的个人，或一定的人类集团（阶级或种族）在一定的时间、一定的空间所进行的一定的事情。"因而在历史上，抽出了人名、地名和年代，可以说，就没有历史了。

举一个例，"民国37年9月22日，陈毅将军解放济南，生俘国民党山东省主席王耀武。"这是一个历史记录。假如我们从这个历史记录中抽出陈毅将军、王耀武等人名，再抽出济南、山东等地名，又抽出37年9月22日等年月日，那么这个记录就会变成"某年某月某日，某将军解放某城，生俘国民党某省主席某人。"这还成什么历史？

是的，历史不完全是一种记录的科学，同时也是一种批判的科学。因为历史学的任务，不仅在于记录史实，同时也还说明史实。换言之，它不仅告诉我们过去的史实"怎么样？"尤其要告诉我们"为什么？"但是我一定要郑重地指出，如果要知道"为什么"，就必须要先知道"怎么样"？正如我们要批判一个人，我们必须要先知道这个人的行为和思想，而且知道的愈详细愈清楚，则对于这个人的批判，就愈恰当，愈正确。否则若执路人而批判之，就无从下手。历史的批判也是一样，没有掌握具体的资料，便无法进行。所谓具体的资料，就是有名有姓的历史人物，有年代有地点的历史事实。因此人名、地名和年代，在历史学上是最重要的。如果从历史上去掉人名，那所有的史实，都会变成无头公案。

关于人名在历史学上的重要，我在《略论中国史研究》一文中曾经指出："在旧的中国史著作中，看不见社会经济的影子，在新的中国史著作中，看不见历史人物的名字，如果前者是观念论，则后者便是机械论。"（见拙著《中国史论集》第一辑）因为历史不是封建经济之自动的发展，还要加入人类之主观的斗争。正确地说，历史是客观条件与主观斗争之辩证的统一。只要我们不否定人类主观斗争在历史上所起的作用，便不应该忽略历史上的人名。

是的，创造历史的，是人类全体，不是单个的个人。人名是标示个人的符号，似乎并不重要。但是我们知道，在历史的行进中，人类的全体往往要以阶级、种族等利害的不同而分裂为两个或两个以上的集团并展开敌对的斗争，同时这种斗争又往往被一个或几个杰出的人物所发起、组织和领导。除非我们否定历史上领导人物的作用，不然，我们就应该重视出现于历史上各时代之具有代表性的人物。

实际上，有若干历史人物的名字，已经不仅是他个人的符号，而是一个阶级、一个种族、一种思想乃至一个时代的符号。例如嬴政（秦始皇）是一个人名，但他却变成了暴虐的代名词；秦桧、洪承畴、汪精卫都是人名，但他们却变成了汉奸的代名词；孔丘、墨翟、杨朱都是人名，但他们却变成了几个学派或思想的代名词；又如陈胜、吴广、樊崇、王匡、陈牧、张角、窦建德、刘黑闼、黄巢、刘福通、徐寿辉、明玉珍、郭子兴、张献忠、李自成、洪秀全都是人名，但他们却变成了农民暴动的代名词。同样，在今天，毛泽东的名字，是他个人的称号，但同时也代表着中国的人民大众；蒋介石的名字，是他个人的称号，但同时也是中国的买办、地主和官僚等一切反动派的符号。一言以蔽之，许多历史人物的名字，都特征着一定的历史内容。如果我们要研究历史，就不能忽略这些人的名字。

其实，人名并不一定讨厌。他之所以讨厌，不是因为他是人名，而是因为我们对于这些人名太生疏的原故。例如没有一个人对刘备、关羽、张飞不感到兴趣的，这就是因为人们从《三国演义》中熟知了刘关张的故事。假如我们一提到建安七子、西晋八王，就会感到头痛。这是因为我们对所谓"七子""八王"的故事不大清楚。因此只要我们努力去认识历史上的人物，那么，历史上的人名就会从纸上浮凸出来，由一个抽象的符号，变成一个有血有肉有灵魂的活人。

地名比人名更要干燥无味；但是在历史上如果去掉了地名，那是不可想象的。因为任何时代的任何历史行动，都要在大地上进行，就是今天的空战，也要把炸弹投掷到地下，才能发生实际的效果。地理和历史的关系，正如戏剧和舞台一样，没有舞台，戏剧的演出是不可能的。离开了大地，历史也没有实现的可能。

地理和历史一样，也在不断的变动中。自然地理的变改，固然需要长久的年代。而政治地理，则历代都有变易，这种变易，又与历史的变动息息相关。例如两汉和唐代等王朝的疆域曾发展到中亚，而东晋、南朝、南宋等王朝的疆域则缩小到长江以南，这些发展和收缩，正是中原王朝兴衰的表征。又如在两汉时期，西域分化为三十六国乃至五十余国，到三国时期，则合并为六国。这种分化和合并，正是西域诸国历史演变的结果。又如同样的中原王朝，各朝代的行政区划有所不同。如秦分三十六郡，汉分十三州，唐分十道，宋分十五路，元分十一省（中书省在外），明分十三省（京师、南京在外），清代分本部为十八行省。又如同样的地方，而古今异名。同样的地名，而古今异地。前者如今之南京，晋曰建康，元曰集庆，明曰应天，清曰江宁；后者如汉之九龙，为海南岛之一县，今之九龙则在香港对岸。如果不弄清楚，就会不知所指，或者张冠李戴。总之，不了解地理，就无从了解历史的进行。例如历史上的战争的进军，商业交通的路线，种族和文化的移动，都要从地名中才能探索出来。

地名之所以讨厌，也是因为我们对于这地方的知识太少。假如我们知道某一地方的内容，自然也可以感到兴趣。例如我们现在看报纸，对于济南、锦州、太原这些地名，一定不会感到枯燥，因为我们从地图上知道它们的方位，甚至知道他们的街市。但是假如有人提到南非洲的某一市镇，就会感到茫然。

在历史学上的年代，比之人名、地名，更为枯燥，因为它是一些数目字的重复，特别是中国史上的纪年，还多一种甲子。但年代在历史学上是重要的，它是贯串千百万条片断史实的一条绳索。有了它，这些史实，才能表示出时间的系列。有了时间的系列，我们才能知道史实发生的时代，这个时代，就是历史研究的据点，才可以看出历史人物或事实本身的时代性，也才可以向上追溯它的渊源，向下推求它的发展，向旁边寻找它的关联。否则，若从历史上去掉了年代，那呈现在我们面前的，就是混乱一团的乱丝，找不到头尾。

是的，有些纪年的历史，按年逐月记载下去，好像一本流水账，杂乱一团。但如果我们把一年的流水账过到分类账，我们便可以知道在这一年中，买了多少油盐柴米鱼肉布帛，而且也可以看出这一年中各种日用品的价格涨落，可以算出一年中生活指数的升降。研究历史也是一样。假如把那些错杂记载的史实，依其性质以为类别而加以整理，我们就可以看出某一朝代社会经济、政治、文化的轮廓，就可以看出内乱外患的起伏。

最后，我还要重复一句：人名、地名和年代，在历史学上是重要的；但是这并不是说要把历史上所有的人名、地名和年代都要死记，而是说只要学习历史，就得要耐烦去接近它们，而且我以为这是一个考验，即一个学习历史的学生，那一天不讨厌人名、地名和年代，他就走进了历史学的大门。

（香港《文汇报》1948 年 10 月 29 日《史地周刊》第六期）

关于历史知识的通俗化问题

——兼答吴兰先生

承吴兰先生来信，对本刊内容提出意见，我们甚为高兴，并愿借此机会谈一谈本国史知识的通俗化，亦即普及化的问题。

任何学科的通俗化的问题都不只是文字上的问题，而且是内容上的问题。现在我们来谈历史知识普及化，尤不能不着重于内容问题，就是拿怎样的内容的历史知识来普及的问题。从旧中国到新中国的变革过程中不能缺少思想战线上的斗争，而本国史的研究正是在思想战线上必要的和重要的方面之一。本国史知识之所以有普及的必要，就是因为我们可以通过科学的历史知识来肃清各种封建的、买办的、个人主义与英雄主义的旧思想，并且我们可以由历史发展规律的正确把握而加强对于中国民族进步方向的信心与认识。统治阶级向来总是利用历史知识来麻痹和欺骗人民，他们片面地和歪曲地解释历史，企图散播正统观念和媚外观念，引起对人民力量的怀疑，宣传反对革命的改良思想以及达到诸如此类的其他目的。因此我们就必须努力把科学的历史知识和人民大众相结合，来代替那些统治阶级所传播的"历史知识"。这样说来，我们的历史研究的任务基本上就是要在人民大众的立场上重新建立中国史的科学知识，以击败统治阶级的非科学的"历史知识"。如果不和人民化与科学化的问题相连结着，通俗化是没有意义的。

　　我们应该承认，旧的历史观念是常常能通过各种通俗形式而散播其影响。至今，都市中的市民很多还是"在无线电里听弹词或平话"，以接受"历史教育"；而这种历史教育的内容多半都是极有害的。很多人对本国历史惟一熟悉的是三国时代，一部《三国演义》教育了他们。可是这种小说，正是封建传统的历史观念的代表。吴兰先生说：有些"用白话译的古史文字，读起来固然比较容易，可是儒家传统的封建思想仍旧原封不动"，也是事实。这些事实证明了避开内容的改造而讲通俗是危险的事；同时也更提醒了我们，如果不能让科学的、人民的历史知识取得通俗的形式，是不能在思想战线上取得彻底胜利的。

　　在人民的立场上以科学方法来研究上下数千年的本国历史的工作固然已开始好多年了，成绩也有不少；但是缺点和不够之处也还很多。我们以为，教条主义的影响在历史研究中并不是不存在的。在教条主义的影响下，我们对于一部中国历史的了解，在许多方面还是停留在概念式的轮廓画和一般性的社会发展规律的认识上；还没有能掌握全部必要的资料，发现各种具体的历史规律，因而也还没有能把对于本国史中的一切重要的历史事实与历史人物的认识都提高到科学的水平上。当然这也不是说，这样性质的工作，我们完全没有做过；而是说，在一部庞大的本国史中，我们所已经做了的，还是渺乎其小。——正因此，历史知识普及化的工作也就受到了限制。概念的知识和抽象的了解，无论用怎样通俗的文字写出来，毕竟还是不能和人民大众相结合的。因此，在历史研究上，提高的问题又不能不与普及的问题同时提出来。我们所谓提高，就是要从旧史学的迷雾下重新整理一切史料（也就不能不进行各种必要的考古与考证工作），使历史的真实复现出来，用实事求是的科学方法来加以分析研究，用人民的立场来给以解释与说明，以求能正确地认识一切历史事实与历史人物，把握一切具体的历史规律。……把这样的研究的结果普及化才真正能对人民有益。

由此可见，我们之所谓普及与提高两方面工作，是密切关联的。但普及与提高两种工作也有着某种程度的区别，这是不可否认的。不能说，只有人民大众有兴趣知道的事件才值得我们研究。因为这一事件必然千头万绪地和其他许多历史现象相关联，如果不全盘地进行研究，孤立地认识这一事件一定会陷于错误。反之，如果忘记了历史研究无论怎样深入，归根结底，还是为了服务于当前人民大众的实践斗争，那也势必会沉溺到无边的史料的海洋里，永远爬不出来。

普及与提高两项工作也不是有着严格的先后次序的。正如在一切科学上一样，普及的要求刺激了提高，提高的努力又指导了普及。二者是互相辅助，互相推动的。

一般说来，对于历史研究上的普及化问题，我们的意见是如此。

至于本刊，因为是在报纸上的副刊，当然应该接受吴兰先生的意见，注意到一定程度上的通俗化的要求；但因为这终究是一个专门性的研究刊物，所以通俗的要求恐怕也只能限于一定的程度。以这样少的篇幅和小的人力，事实上也决不可能在提高方面做多少工作。但就目前历史研究的状况言，在这小刊物上似觉还不能尽废带有提高性的工作。本刊的方针旨趣大体上已见于第一期的《编者的话》中，自将随时根据读者意见而改进。

附带说一说吴兰先生信中提到的几点小节：

一、以"硬记人名、地名、年代和战争"来作为历史知识的全部，固然是不对的，但活的历史知识自也离不开人名、地名、年代等等。否则历史知识将只能是所谓"概念的轮廓画和一般性的社会发展规律"了。（参看本期《历史学上的人名、地名与年代》一文）

二、引用"原文"对于许多读者阅读困难，这是我们也知道的。但如果完全不引用古典文字，则所说变成没有史料根据了。这点只能尽可能设法来使读者得到方便。

三、在第一期《编者的话》中已说明，本刊实以历史为主，地理方面的文字只限于对历史研究有关系者。但过去几期中，还缺少这样性质的地理文字，此后当酌量增加。

（香港《文汇报》1948 年 10 月 29 日《史地周刊》第六期）

附：吴兰先生来信

颉先生：

我在《文汇报》复刊那一天，读到该报七种周刊的预告，知道先生主编《史地周刊》，深深地为我们读者欣幸！昨天读了先生的《编者的话》之后，我愿意把我的浅见写呈左右，请先生指教。

最近我读了吴晗教授的《史事与人物》一书，颇感兴趣。回忆在小学、中学时代，我们吃足历史课的苦头。每逢考试的时候，只知硬记历代的一笔流水账，硬记许多人名，地名，年代和战争。考试一过，这本流水账也就丢掉了。所以上历史课，远不如在无线电里听弹词或平话较有兴趣。

后来在一位教师那里，借读过顾颉刚先生用白话译的古史文字（章）。读起来当然比较容易，可是儒家传统的封建思想仍旧原封不动。

近几年来，读到吴晗教授的新历史文章，才开始对中国历史感到兴趣。

言归正传，我们希望读些什么东西？

一、吴晗先生在《敬贺〈文汇报〉复刊》一文中说："我们希望《文汇报》一定会做到通俗化、人民化……报纸是为最大多数人服务的，要办到人人能读，人人喜读，人人必读。通俗化不只是文字的通俗而已，内容又何尝不应该如此。……"吴先生所指的报纸，当然包括一切周刊在内。老实说，我们不喜欢读太专门的东西，我们愿意读用通俗文字写的历、地。好像石敬瑭、曾国藩等故事，好像历史上人民翻身的故事，好像游记。譬如昨天的《史地周刊》，我们只喜欢读陈思遗先生的《三国时内战中的外族军队》。凡是考古、考证的文字，恐怕太专门了。

二、希望不要太偏重历史方面。例如昨天的《史地周刊》，三篇都是历史文章。我们希望多读游记；如果能就最近人民解放战争胜利声中多讲些战争地理，那是更有兴趣的。

三、文字方面，我们怕读长文，更怕读引用许多原文的文章。因为许多原文，没有注解，我们根本读不懂。我们希望《史地周刊》也做到"人人能读，人人喜读，人人必读"。

敬祝

著安

晚　吴兰上

九月十一日晚

（香港《文汇报》1948年10月29日《史地周刊》第六期）